DIE GESCHICHTE DER ORNAMENTE

VON DER ANTIKE BIS ZUR NEUZEIT

VON
ALEXANDER SPELTZ

parkland

Die Geschichte der Ornamente
wurde erstmals 1915 im A. Schumann's Verlag, Leipzig
unter dem Titel
Das Farbige Ornament aller historischen Stile
veröffentlicht.

Deutsche Lizenzausgabe für Parkland Verlag
Stuttgart 1989

ISBN 3 - 88059 - 321 - 3

Übersetzung von Gisela Parker unter Mitarbeit von First Edition.

INHALT

BILDTAFELN

DIE RENAISSANCE

Anmerkung des Verlags

Der Text zu den Bildtafeln wurde ohne Änderungen der Originalausgabe entnommen; der Ursprung einiger Illustrationen und dargestellten Gegenstände sowie gewisser Institute bezieht sich daher auf den Zeitpunkt der Originalausgabe und nicht auf den heutigen Stand.

EINLEITUNG

Die Verzierung von Gegenständen und Werkzeugen in primitiver Form begann in der Altsteinzeit. Bilder von Tieren, mit spitzen Steinen in Horn oder Knochen geritzt, wurden in Höhlen in Frankreich und in der Schweiz entdeckt. Trotz ihres primitiven Charakters zeigen diese Gravierungen eine außerordentliche Kenntnis der besonderen Merkmale und Bewegungen von Tieren. Skulpturen von Tieren und Menschen in primitiver Ausführung wurden ebenfalls gefunden. Die Meinungen gehen darüber auseinander, ob der Mensch zuerst Zeichnungen oder Skulpturen als Kunstform verwendete. Bereits in diesem Anfangsstadium der kulturellen Entwicklung wurden Farben benutzt, wie eine Reihe von Abbildungen von Mammuts, Auerochsen, Rentieren und Pferden beweist, die man in den Grotten von Eyzies in der Dordogne und Altamira in Spanien fand. Diese farbigen Felsbilder zeigen eine für diese Kulturstufe beachtliche Fertigkeit.

In der Jungsteinzeit verließ der Mensch die Höhlen und lebte in runden oder viereckigen, strohbedeckten Hütten aus Lehm. Gegen Ende dieses Zeitalters entstanden frei im See stehende Siedlungen, die sogenannten Pfahlbauten. Es scheint, daß diese Wasserbewohner im Vergleich zu denen auf dem Land in ihrer Entwicklung zurückblieben. Aus dieser Zeit stammen auch die mächtigen Steingebilde, die Steinhügelgräber, Hünensteine, Cromlechs (kreisförmig angeordnete Steinblöcke) und Bauten wie Stonehenge (Abb. 1), die man besonders in keltischen Ländern findet. Erstaunlicherweise kommen Malereien in dieser Epoche seltener vor und sind außerdem denen der Altsteinzeit weit unterlegen. Es scheint, daß die realistische Gestaltungsweise zugunsten einer neuen Kunstform, die sich der Ornamentierung zuwandte, fallengelassen wurde, während handgearbeitete Geräte einen besseren Sinn für Form verraten und sogar eine Vorliebe für persönliche Schmuckgegenstände. Eine Betrachtung der Flechtarbeiten, die in den Schweizer Seesiedlungen gefunden wurden, zeigt die Anfänge des ornamentalen Designs. Sogar mehrfarbige Ornamente entstanden. Die Tongefäße haben ähnliche Verzierungen, wie Dreieck, Raute, Zickzack, Spirale und Kreis, obgleich es unwahrscheinlich ist, daß Textilentwürfe als Vorlage für keramische Kunst dienten. Die einfache Linienführung wurde zur Norm in der Textilkunst. In Südeuropa wurde gegen Ende des Zeitalters eine Bandkeramik entwickelt, benannt nach der bandförmigen Verzierung von Gefäßen.

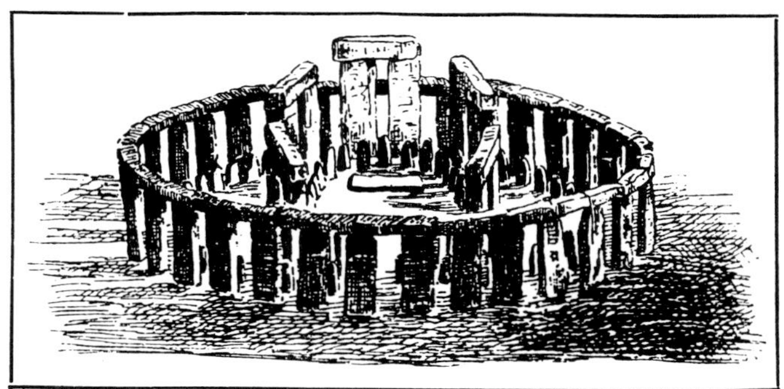

fig. 1.

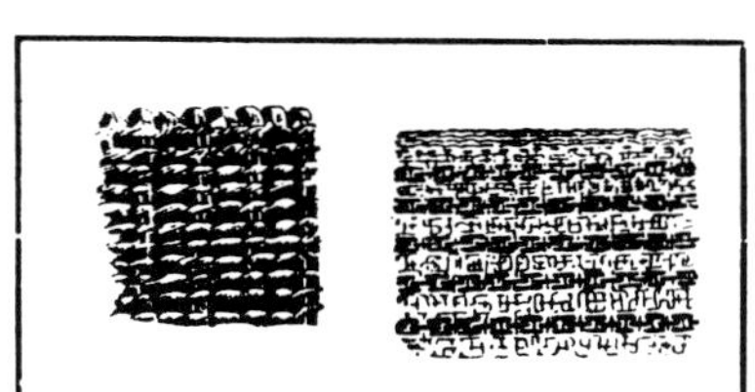

fig. 2.

Der Übergang von der Steinzeit zur Eisenzeit verlief in

den verschiedenen Kulturgruppen nicht gleichzeitig. Die Eisenzeit begann in Vorderasien und breitete sich allmählich über Südeuropa bis nach Nordeuropa aus. Bildwerke aus dem dritten und zweiten Millennium können in Bezug auf künstlerische Ausführung in keiner Weise mit denen früherer Perioden verglichen werden. Jedoch geben uns die überlieferten Keilschrifttexte Aufschluß über diese Zeit. Waffen, Werkzeuge, Geschmeide und dergleichen waren besser gearbeitet und verziert und zuweilen in kontrastierenden Farben bunt bemalt. Ein Ornament-System bildete sich heraus, dessen Motive abstrakt-linear waren und aus Bändern, Schnüren, Spiralen und Kreisen bestanden. Dieser Stil herrschte während eines vollen Jahrtausends in ganz Zentraleuropa vor.

Nach Karl von den Steinen und anderen Experten stellt das Bakairi-Ornament (Abb. 3a) die Schuppen eines Fisches (Mereshu) dar; Abb. 3b verbildlicht die Fledermaus, Abb. 3c ist das Schuppenmuster eines anderen Fisches und Abb. 3d ist ein dreieckiger Lendenschurz. Die Tatsache, daß alle Abbildungen mit schwarzer Farbe ausgefüllt sind, unterstützt die Vermutung, daß sie sich auf konkrete Objekte beziehen; somit werden alle Theorien über das prähistorische geometrische Ornament zunichte gemacht. Ist die Volute, zum Beispiel, die so häufig in der prähistorischen Kunst und auch in der Kunst folgender Zeitalter auftritt, vielleicht eine Imitierung der Spirallinie des Schneckengehäuses, wie wir sie auch im ionischen Kapitell finden?

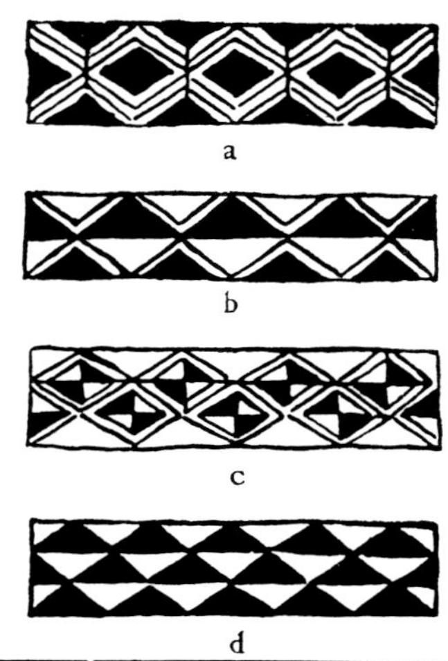

fig. 3.

Es scheint wahrscheinlich, daß die Künstler der Steinzeit in ihren Zeichnungen die Natur nachahmten, statt abstrakte geometrische Figuren zu entwerfen. Sicherlich wurden auch Kopien von den Originalen gemacht und durch diesen Vorgang so entstellt, daß ursprünglich rein naturalistische Darstellungen schließlich ornamentalen Charakter bekamen. Da die Möglichkeit besteht, die Ornamentik noch heute bestehender primitiver Kulturen zu erforschen, läßt sich auch der Ursprung des sogenannten „geometrischen" Ornaments der prähistorischen Kunst bestimmen.

Man kann annehmen, daß die Entwicklung der Ornamentik vom naturalistischen zum geometrischen Motiv führte, denn ein Ornament ist weder von der Idee noch von deren Ausführung her primitiv. Also muß es auf die naturalistische Darstellung eines Objekts zurückgeführt werden. Selbst wenn wir zugeben, daß die Peruaner zur Zeit der Entdeckung Amerikas eine höhere Zivilisationsstufe erreicht hatten als die modernen Indianer in Zentralbrasilien, so läßt sich doch mit ziemlicher Gewißheit sagen, daß die Ornamentik beider Kulturen gleichen Ursprungs war. Die hochentwickelte peruanische Textilkunst läßt gewiß nicht darauf schließen, daß sie das Resultat zweitrangiger artistischer Fähigkeiten ist. Die Entwicklung vom naturalistischem Ornament zum abstrakten, geometrischen Stil läßt sich anhand von Funden in Kreta nachvollziehen.

DIE ANTIKE

Das ägyptische Ornament

Die ägyptische Kunst war das Vorbild für eine Anzahl anderer Nationen, insbesondere für die Achäer und Griechen. Gegenstände, die u.a. auf Kreta, in Mykene und Tiryns gefunden wurden, zeigen deutlich den Übergang von der ägyptischen zur griechischen Kunstform.

Die früheste, uns bekannte ägyptische Wandmalerei war in Schwarz, Weiß und Rot ausgeführt und stellte das Leben am Nil in ziemlich primitiver Form dar. Die Anordnung ist streng stilisiert; eine Kunstform (der Palaststil), die in fast allen Kunstepochen Ägypten beibehalten wurde.

Neben der Flächenmalerei war das Relief in Ägypten verbreitet, und zwar in einer Sonderart: dem versenkten Relief. Hierbei treten die Formen nicht über die Fläche hervor, sondern sind gegen sie durch herausgemeißelte Umrisse abgesetzt. In manchen Fällen wurde auch der Hintergrund ähnlich einem Flachrelief plastisch dargestellt. Der Stil beider Techniken war jedoch gleich.

Die Darstellung der Figuren ist unperspektivisch, aber alle Details sind genau ausgeführt. Der Kopf, die Arme, Beine und Füße sind im Profil, Augen, Schultern und Brust sind von vorn wiedergegeben. Der Rumpf ist dem Betrachter halb zugewendet; die Haltung der Hände läßt die Fingernägel erkennen. Um das Zeichnen der Zehen zu vermeiden, sind die Füße von der Seite dargestellt.

Die Art der Darstellung unterlag einem strengen Schema. Bewegungen der Arme und Beine waren immer seitlich wiedergegeben, wahrscheinlich, um die Bedeutung klarzumachen. In der Regel war das Gesicht nach rechts gedreht. War dies nicht möglich, wurde die Figur mit allen Details in die Gegenrichtung gedreht. Die Anfänge dieser Schematisierung sind bereits an den frühen Kunstwerken der prähistorischen Epoche zu beobachten, jedoch hatten die Künstler jener Zeit mehr Freiheit zum Experimentieren.

Die Reformation von Religion und Kunst unter Amenophis IV. (Echnaton) führte zur Ablehnung des alten Stils und Einführung einer natürlicheren Wiedergabe. Aber bereits unter der Herrschaft seines Nachfolgers Haremhab (1350–1315 v. Chr.) kam es zu einer Gegenreaktion, und der vorherige strenge Stil wurde wieder eingeführt. Originalität und freie künstlerische Ausdrucksformen verschwanden. Das einzige positive Resultat der Umwälzung war die Einführung neuer Maltechniken, wie die Tempelbildnisse des Königs Sethos (1315–1292 v. Chr.) bezeugen.

Neben der Dekoration von Wänden und Decken wurden in Ägypten auch Säulen, Kapitelle und andere Verzierungen koloriert. Die Wände in den Grabstätten der Pyramiden waren mit einem rötlichen, polierten Granit bedeckt und in vielen Fällen mit farbigem Lack überzogen. Hieroglyphen in dunklen Farben wurden jedoch direkt auf die rohe Wand aufgetragen. Es finden sich bereits vereinzelt keramische Wandplatten in 2–3 cm Größe. Wände aus Sandstein oder Ziegelsteinen wurden mit Stuck verputzt, der mit Lack durchtränkt war. Sogar Malereien auf Holz oder Leinwand wurden immer auf eine dünne Gipsschicht aufgetragen. Die Malereien auf Schaft und Kapitell der Säulen wurden in späteren Epochen durch hieroglyphische Reliefs ersetzt, mit einem farbigen Fries um die Basis. Allmählich wurden im Gegensatz zur früheren Periode alle Bauglieder bemalt.

Die ägyptische Kunst der Wanddekoration ersetzte den Wandteppich, wie die rein dekorativen Borten zeigen. Es ist daher anzunehmen, daß Textilien als Vorlage genommen wurden, was sich auch in anderen architektonischen Einzelheiten widerspiegelt. So waren Deckenmalereien eine Nachahmung der bunten Tücher, mit denen im Altertum die Decken der Zelte bespannt waren. Später wurden die Decken mit Sternen auf einem blauen Hintergrund bemalt, was wahrscheinlich den Himmel darstellte, oder sie wurden u.a. mit Bildern von Adlern, dem Skarabäus oder Sternbildern des Tierkreises verziert. Als Motive der farbigen Malereien wie auch der plastischen Kunst dienten die Lotusblüte (das Symbol der Göttin Isis und der keimenden Natur), Nymphen, Papyrus, Palme, Ried usw.

Wie die Malereien, unterlagen auch die Farben einem strengen System. Verschiedene leuchtende Farben wurden nebeneinander benutzt, wobei die Umrisse farblich betont oder oft auch eingemeißelt waren. Die Farbskala umfaßte Rot, Blau, Gelb, Schwarz, Weiß, Grün und Braun. Für den Untergrund wurde nur selten Schwarz benutzt; meistens wurde eine hellere Farbe gewählt, um die hieroglyphischen Symbole klar herauszustellen. Männer wurden in Rotbraun und Frauen in Hellgelb wiedergegeben, wobei die Figuren der Frauen entschieden kleiner dargestellt wurden. Die ägyptische Textilkunst war bereits so weit fortgeschritten, daß mehrfarbige Stoffe, auch mit eingewirkten Figuren, hergestellt werden konnten.

Das babylonisch-assyrische Ornament

Die Assyrer führten die ornamentale Bauart mit bunten Ziegelsteinen ein. Zum Bauen wurden fast ausnahmslos luftgetrocknete Ziegelsteine verwendet. Da eine Gipsverkleidung nicht genügend Schutz für Steine dieser Art bot, mußten sie mit einem anderen, wetterbeständigen Material abgedeckt werden. Deshalb benutzten die Assyrer entweder Alabaster- oder gebrannte Tonplatten, wobei der Farbvielfalt und Verzierung keine Grenzen gesetzt waren. Fußböden wurden ebenfalls mit diesen Kacheln ausgelegt.

Die assyrische Kunst war jedoch, wie die in Ägypten, an Konventionen gebunden, so daß sie schließlich leblos und starr erscheinen mußte. Figuren wurden meist in Gelb auf blauem oder schwarzem Untergrund dargestellt. Grün wurde für Nebenfiguren benutzt, Schwarz für Details, Rot und Weiß für Ornamente. Diese Farbzusammenstellung genügte für rein ornamentale Dekorationen oder zur Wiedergabe von Textilmustern der Gewänder. Die frühen Werke von Nimrud zeigen eine Tendenz zu tiefem Blau, Weiß und Schwarz, aber eleganter wirkten die Farben der Sargon-Epoche, in der Hellblau, Weiß, Gelb und Orange bevorzugt wurden.

Das phönizische Ornament

Die Phönizier hatten einen stärkeren Hang zum Handel als zur Kunst und entwickelten daher keine eigenständige Kunstform. Aber ihr unstetes Leben als Seefahrer blieb nicht ohne Einfluß, denn sie brachten die Kunstwerke des Orients nach Europa, dessen Kultur dadurch neue Impulse erhielt, was besonders für Griechenland galt. Das Gewerbe in Phönizien blühte, und die Einwohner trieben Handel mit einheimischen Artikeln und

Kunstgegenständen von Ägypten, Babylonien und Assyrien. Die Beeinflussung der etruskischen Kunst durch die Griechen war hauptsächlich das Verdienst der Phönizier.

Phönizische Kunstwerke zeigen eine Mischung von ägyptischen und babylonischen Elementen. Die Phönizier sind jedoch berühmt für ihre Glasarbeiten, die denen der Ägypter glichen, und auch für ihre Metallwaren, besonders ihre flachen, geprägten und ziselierten Silberschalen.

Das persische Ornament

Überlieferungen altpersischer Kunst zeigen wenig Eigencharakter. Die Perser brachten Handwerker, meist Kriegsgefangene aus besiegten Ländern, in ihre Städte, wo die von den persischen Königen geplanten, prächtigen Paläste erbaut wurden. Somit entwickelte sich ein Stil unter ägyptischem, babylonisch-assyrischem und auch griechischem Einfluß, während die wenig entwickelte persische Kunst völlig in den Hintergrund gedrängt wurde. In Persepolis war das Relief vorherrschend, während in Susa Wanddekorationen aus farbig glasierten Ziegeln bevorzugt wurden – eine Form der Ornamentik, die wahrscheinlich aus Assyrien und Babylonien stammte. Zwei Friese aus glasierten Ziegeln sind erhalten geblieben: einer stellt jagende Löwen zwischen reich verzierten Motiven dar, ähnlich dem berühmten Löwen-Fries in Babylon, und der andere zwischen Säulen schreitende Krieger in Fünferreihen auf blaugrünem Hintergrund. Hier hat sich der Künstler nicht an die strenge ägyptische Darstellungsform gehalten, sondern die Figuren im Halbprofil wiedergegeben. Auch die Gewänder sind auf natürliche Weise drapiert. Trotz der sich wiederholenden Szenen ist dieser lange Fries sehr beeindruckend. Diese Werke verraten hohe technische Fertigkeit und mehr Farbsinn als die babylonisch-assyrischen Beispiele.

Das ägäische Ornament

Keramik

In der ägäischen Kunst spielt Keramik eine bedeutende Rolle. Besonders auf Kreta erlebte sie eine außerordentliche Blütezeit. Die Buntkeramik des ägäischen Raums ist der griechischen fast gleichzusetzen. Die ältesten Funde aus der neolithischen Zeit sind Fragmente schwarz gebrannten Tons mit einfachen, eingeritzten Figuren, oft weiß ausgefüllt. Die am häufigsten benutzten Motive sind gerade Linien und mit Linien ausgefüllte Dreiecke, oder auch schiefgesetzte Linien und Kamm-Muster; Wellenlinien treten nicht auf. Die auf diese Epoche folgende minoische Kultur (benannt nach König Minos von Kreta) brachte während der Frühzeit zwei Stile hervor. Die Gefäße im früheren Stil waren entweder schwarz, mit weiß ausgemalten Gravuren, oder sie waren mit einem glänzenden schwarzen Band, das direkt auf den Ton aufgetragen wurde, verziert. In der zweiten Periode treten in Weiß ausgeführte Spiralmotive auf. Scheinbar wurden einige dieser Stücke bereits auf der Töpferscheibe hergestellt.

Polychromie in der kretischen Kunst erschien erstmals in der frühen mittelminoischen Epoche. Außer der traditionellen weißen Farbe wurde auch Hellrot, Dunkelrot und

Orange verwendet. Die Gefäße sind zum Teil mit Motiven auf glasiertem Ton verziert; bei anderen sind sie eingraviert wie bei der griechischen Keramik. Diese Periode war eine Zeit des Übergangs, die noch mit der Vergangenheit verknüpft war, aber bereits neue ornamentale Werke schuf, die im spätminoischen Zeitalter vervollkommnet wurden. Hervorstechend ist die naturalistische Wiedergabe und ein neuer Stil, der Ansätze von Reliefornamentik zeigt. Die Oberfläche der Gefäße wurde in gleichmäßige horizontale oder vertikale Abschnitte aufgeteilt, die dann mit Bildmotiven verziert wurden. Eine andere Art der Dekoration bestand aus einem breiten Band, das das ganze Gefäß umschloß.

Keramikware der späten mittelminoischen Epoche (Kamares-Stil) zeichnete sich durch ihre originelle polychrome Opaleszenz in Weiß, Rot und Gelb auf schwarzglänzendem Untergrund aus. Es wurden immer die gleichen Farben verwendet, ohne Rücksicht auf das Objekt. Die Gefäße haben eine Formschönheit, die ältere Versionen nicht aufweisen können.

Üppige Pflanzenmotive und andere Naturformen nahmen den Platz der Linear-Ornamentik früherer Epochen ein. Statt etwas naturgetreu wiederzugeben, war der Künstler jedoch vielmehr darauf bedacht, ein kunstvoll verschlungenes Gebilde aus Linien und Farben zu schaffen. Pflanzliche Motive wurden derart verändert, daß sie fast linearen Charakter erhielten.

Mit Einführung der Monochromie erfuhr die gesamte kretische Kultur eine Umwälzung. Ähnlich der japanischen Kunst, bildete sich ein lebhafter aber ziemlich formloser Stil ohne Details heraus. Während in früheren Zeiten Farben von größter Wichtigkeit waren, stand bei der monochromischen Darstellung das Bild selbst im Mittelpunkt. Ägyptische Motive fanden ihren Weg nach Kreta, jedoch wurden völlig absorbiert.

Zu Beginn des spätminoischen Zeitalters tauchten neue Motive auf, die aus der maritimen Fauna und Flora stammten. Ihre Darstellung war anfangs rein naturalistisch, aber wiederholtes Kopieren von Originalwerken führte dazu, daß die ursprüngliche Form verlorenging. Lediglich der Tintenfisch ist noch erkennbar; andere haben Ähnlichkeit mit dem Nautilus, der Seeschlange und dem Delphin. Weitere Objekte waren Korallen und unter den Pflanzen das Seegras. Außer diesen naturalistischen Ornamenten waren auch mehr schematische Darstellungen von pflanzlichen Objekte verbreitet, wie z.B. ineinander verflochtene Spiralen.

Bei Ausgrabungen auf dem Festland wurden Gegenstände der spätminoischen Zeitepoche gefunden, die von den bereits beschriebenen völlig abwichen: glasierte Gefäße aus den Grabstätten in Mykene, die mit den hellfarbigen Gefäßen, die zur gleichen Zeit auf dem Festland benutzt wurden, nichts gemein hatten. Nachforschungen haben ergeben, daß der Bau der mykenischen Gräber mit der 18. Dynastie Ägyptens (1570–1305 v. Chr.) zusammenfiel und daß zwischen beiden Ländern Verbindungen bestanden.

In der zweiten Hälfte der spätminoischen Epoche wurden Gefäße mit einer grauschwarzen Glasur überzogen, und Ornamente in gleichmäßigen Abständen auf der Oberfläche angebracht. Diese Art der Verzierung war das Resultat einer übertriebenen Schematisierung und führte später zum Niedergang dieser Kunst. Trotzdem zählt diese Kulturepoche noch zu den Höhepunkten Kretas.

Kretische Keramikarbeiten waren beispiellos, verglichen mit denen des Festlands und anderer Inseln. Die kretische Kunst brachte den Kamares-Stil hervor, der mit seiner Farb- und Formschönheit alles übertraf, was die Künstler des Festlandes und benachbarter Inseln zu schaffen vermochten. Nach der Zerstörung der Königspaläste auf Kreta wurde die kretische Kunst Bestandteil der kretisch-mykenischen Kultur.

Ein Charakteristikum der ägäischen Kunst war die Darstellung von tierischen und pflanzlichen Objekten des Meeres. Ihre ursprüngliche Wiedergabe war naturalistisch, nahm aber nach und nach starre und leblose Formen an. Die Bevorzugung dieser Motive ist leicht erklärlich, denn die Bewohner hatten eine enge Beziehung zum Meer; eine Kunstform also, die die Ägypter und Babylonier nicht aufzuweisen hatten.

Ein weiteres Motiv der kretischen Ornamentik, das weder in Ägypten noch Babylonien bekannt war, war die Spirale. Es ist möglich, daß die Volute der prähistorischen europäischen Kunst der ägäischen Ornamentik entstammte. In der ägäischen Ornamentik war der Polyp ein beliebtes Motiv, und es stellt sich die Frage, ob die Volute möglicherweise die stilisierte Darstellung eines aufgerollten Polypenarms sein könnte (Abb. 4–8). Das Goldglied einer Halskette in Abb. 9 war mit Sicherheit einem Polypenkopf nachgeahmt und vielleicht sogar das Modell für das ionische Kapitell; ein Motiv, das bereits in phönizischer und ägyptischer Ornamentik Anwendung fand, ehe überhaupt an eine ionische Kunst gedacht werden konnte.

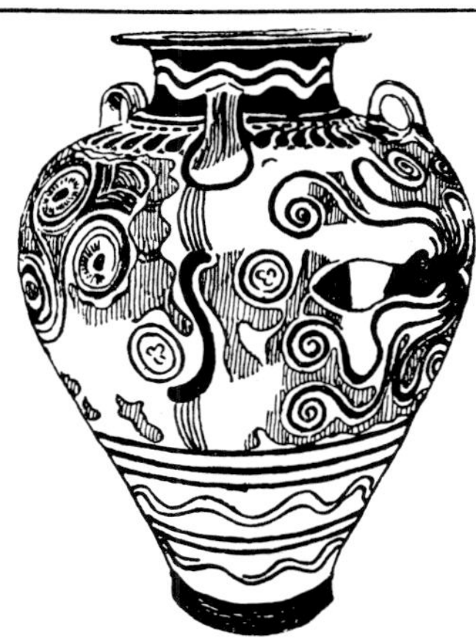
fig. 4.

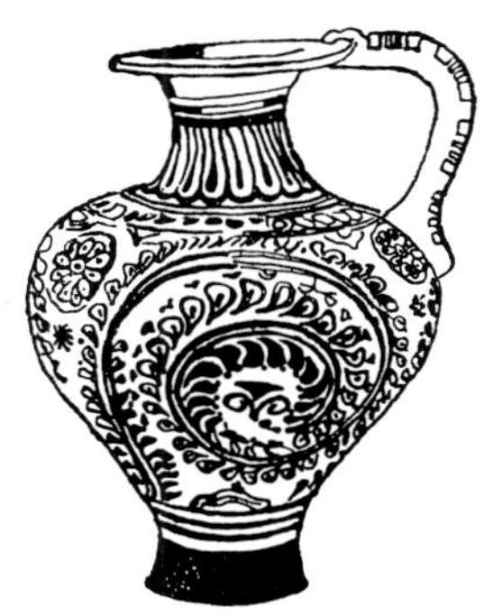
fig. 5.

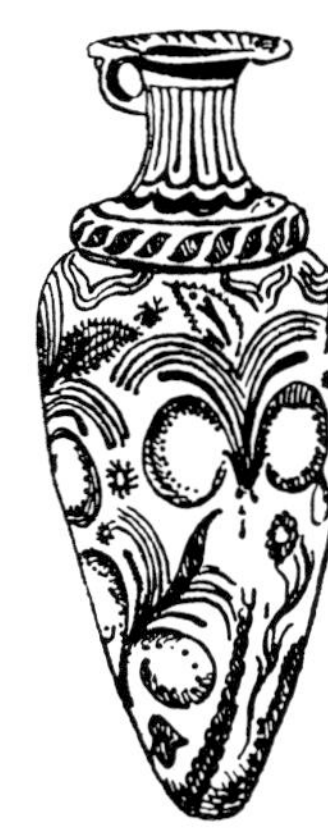
fig. 6.

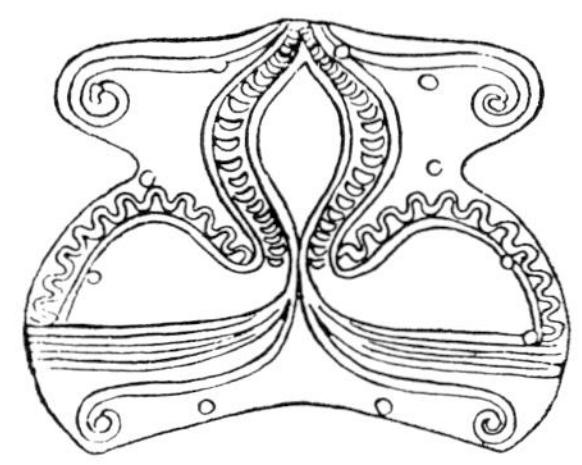
fig. 7.

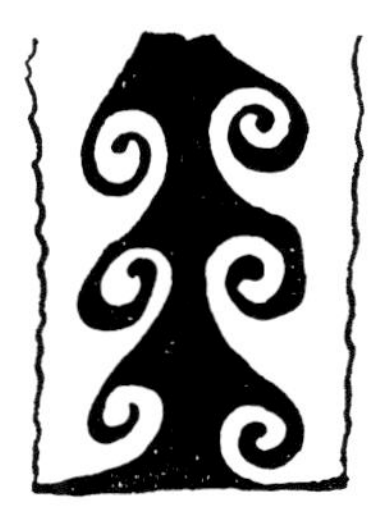
fig. 8.

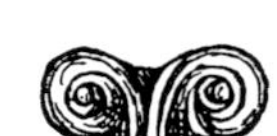
fig. 9.

Es besteht kein Zweifel, daß orientalische und ägyptische Elemente die ägäischen Kunst beeinflußt haben. Ägyptische Kunstwerke mit dem Siegel der 12. Dynastie (ca. 2200 v. Chr.) wurden auf Kreta gefunden. Ebenso wurden am Rande der großen Oase El Fayum, wo im 16. Jahrhundert v. Chr. eine ägyptische Siedlung existierte, Töpferwaren aus Kreta entdeckt.

Ägäische Freskenmalerei

Die Hauptfarben der ägäischen Freskenmalerei waren Weiß, Rot, Gelb, Blau und Schwarz. Wie in Ägypten wurden Männer in Rot dargestellt und Frauen in Gelb, und zwar direkt aufgetragen auf rosafarbene Wände. Im Laufe der Zeit entwickelte sich eine Tendenz zu größeren Farbkontrasten, und Rot und Weiß, Gelb und Blau wurden gleichzeitig verwendet, wobei rote Ornamente einen gelben und schwarze einen blauen Grund hatten. Ornamente auf weißem Grund wurden meistens in Rot, auf rosa Grund in Schwarz gemalt.

Die Wandgemälde von Knossos folgen einem bestimmten Farbkanon, der in der ganzen mykenischen Kulturepoche beibehalten wurde. Jedes Gemälde ist am oberen und unteren Rand mit einer ornamentalen Borte oder Friesen abgeschlossen. Vertikale Unterteilungen wurden nicht gemacht, nicht einmal in den Ecken; die Dekorationen des gesamten Raums bildeten eine Ganzheit. Diese Form der Wandmalerei war ein typisches Merkmal der kretisch-mykenischen Kunst. Die Friese stellen Figuren in voller Größe dar und sind oben und unten mit einem dünnen weißen Streifen markiert, so daß sie sich vom farbigen Grund abheben. Die ornamentale Wanddekoration dieser Kultur bestand lediglich darin, der farbigen Fläche einen Rahmen zu geben. Der Motivschatz umfaßte schuppenartige Gebilde, ineinander verschlungene Kränze, Zickzacks usw. Außer den Wänden wurden auch Decken und Fußböden mit Freskenmalereien dekoriert. Später übte diese Art der Wandmalerei Einfluß auf die keramische Kunst aus, indem nicht nur die Motive, sondern auch die Art des Designs auf diese Kunstform übertragen wurden.

Das griechische Ornament

Polychromie in der Architektur der Antike

Das Polychromieren von Bauwerken hatte seinen Ursprung im Orient, wo die Farbenpracht der Natur den Menschen dazu bewegte, sie in seinen Werken nachzuahmen. Die Assyrer, Babylonier und Perser benutzten vielfarbige Wandplatten als Wetterschutz, denn ihre Häuser waren aus luftgetrockneten Ziegelsteinen gebaut. Auf diese Weise verbanden sie das Nützliche mit dem Schönen. Auch die Innenwände wurden mit Fresken geschmückt.

In Ägypten war die Polychromie jedoch am weitesten verbreitet. Dort wurden nicht nur die Häuserwände, sondern auch die Reliefs der Tempel, Pyramiden, Grabstätten, Paläste usw. bemalt. Der Tempel war die Welt des Ägypters: die Säulen wurden umrankt mit farbigen Lotos, Papyrus und Palmen, üppig wie in der Natur; die blaue Decke war mit gelben Sternen besät wie der Himmel.

Ausgrabungen haben ergeben, daß auch griechische Tempel teilweise farblich dekoriert wurden, wie Funde in Olympia beweisen, obwohl sie aus verschiedenen Perioden der dorischen Epoche stammen. Die regelmäßige Wiederkehr der gleichen Farben an bestimmten Teilen der Bauwerke läßt auf ein konventionelles System der Polychromie schließen.

Es besteht kein Zweifel, daß die Griechen Form und auch Farbe von den Ägyptern übernommen haben. Man verwendete Farben, um das minderwertige Baumaterial zu verdecken, aber auch als Schmuck in Verbindung mit plastischer Ornamentik. Eine andere Erklärung dafür könnte sein, daß eine weitgehende Verwendung von Marmor in natürlichen Farben im grellen Licht Griechenlands schmerzhaft für das Auge war, so daß Polychromie auch ohne ägyptische Einfluß eingeführt worden wäre.

Generell wurden alle plastisch aus der Fläche des Reliefs hervortretenden Formen bemalt, danach auch der Grund selbst. Cellen, Säulen, Architraven und Verkleidungen wurden gelegentlich mit einer Art Wachs behandelt, aber nicht bemalt. Bei dorischen Tempeln wurden die obere Abschlußplatte des Kapitells und die Abdeckung des Architravs bemalt, jedoch nur, wenn die Metopen (Zwischenfelder) mit Reliefs geschmückt waren. Die Vorderseite des Architravs wurde manchmal mit Reben, Goldplättchen oder vergoldeten Inschriften verziert. Unter den Triglyphen (Dreischlitzen) wurden Leisten mit fallenden Goldtropfen und Palmetten angebracht. Die obere Borte hatte ein zartrotes oder grünes Mäander-Motiv, und die Triglyphen selbst waren tiefblau bemalt. Für die Figuren und Ornamente des Giebels wurden natürliche Farben verwendet, wie üblich für Plastikarbeiten, und zwar auf einem braunroten, blauen oder gelblichen Grund. Das Kyma (Zierleiste) war mit Ornamentbändern aus Goldblättern besetzt, und die Zwischenräume der Ovalformen mit herzförmigen Blättchen, rot umrandet und gerippt, auf grünem Grund. Der Löwenkopf an der Kyma, die Ornamente des Sockels und die Giebelornamente wurden mit dunklen Farben bemalt oder vergoldet.

Normalerweise waren die Decke und die Säulenhalle in der gleichen Farbe wie die Wände; die gewölbte Decke war mit vergoldeten Kränzchen auf blauem oder grünem Grund verziert, und die gerade Fläche mit Ornamentbändern des Mäander-Motivs. Die Ovale hatten Zierleisten mit bunter Blattornamentik oder dem Eierstab, während der Untergrund selbst blau und mit Sternen besetzt war.

Die frühen Tempel Griechenlands (z.B. Assos, Pergamon, Ägina) waren aus Kalkstein oder Trachyt gebaut, auf die sich Farbe nicht direkt auftragen ließ. Die Wände mußten daher verputzt werden, wozu feiner, weißer Gips verwendet wurde. In manchen Fällen ist dieser Stuck bis heute gut erhalten geblieben. Da er jedoch oft ausgebessert werden mußte, ging man dazu über, ausschließlich Marmor zum Bau zu benutzen, das hatte auch den Vorteil, daß Farbe direkt aufgetragen werden konnte.

Die Griechen benutzten hauptsächlich die folgenden Grundfarben: Blau, Rot, Grün, Gelb und Gold (für Terrakottagefäße auch Braun und Schwarz); für Hautfarbe wurde Rosa verwendet, Hellgrün und Violett für Gewänder. Der Grund hierfür, wenn man einmal davon absieht, daß diese Skala der ägyptischen entspricht, liegt wahrscheinlich in der Tatsache, daß Malereien an hohen Bauten angebracht wurden und daher klare Farben effektvoller wirkten.

Nicht nur die dorischen, sondern auch die ionischen und korinthischen Bauten wurden an bestimmten Baugliedern mit Malereien versehen, wie Funde in Olympia und der Akropolis in Athen bezeugen. Sogar vollständig bemalte korinthische Kapitelle wurden entdeckt.

Man kann nicht mit Bestimmtheit nachweisen, ob die Römer eine ähnliche Polychromie besaßen wie die Griechen, jedoch benutzten sie verschiedenartig gefärbte Materialen kombiniert mit Bronze. Diese Art der Ausführung war auch den Griechen bekannt, aber der Großteil ihrer Skulpturen war aus Marmor, der dann übermalt wurde.

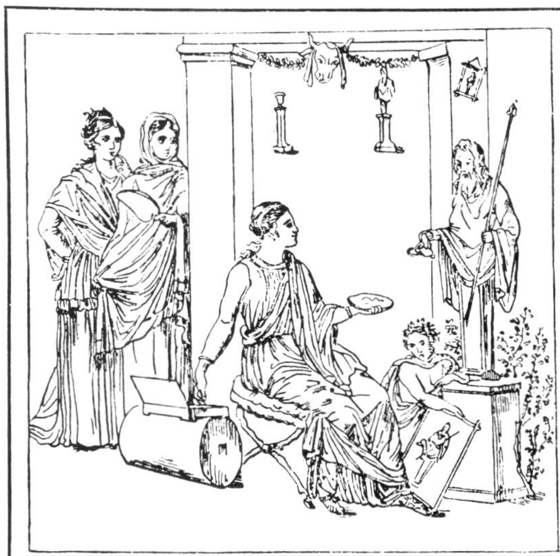
fig. 10.

Auch in Pompeji scheint die Bemalung von Skulpturen üblich gewesen zu sein, wie eine Wandmalerei zeigt (Abb. 10). Das Bild stellt eine Künstlerin dar, die eine Herme anhand einer vor ihr liegenden Skizze bemalt. Das neapolitanische Museum besitzt eine große Anzahl bemalter Plastiken, die aus Pompeji stammen. Unbedeckte Körperteile waren farblos, d.h. es wurde nur Öl oder Wachs aufgetragen, um ihnen das Aussehen der menschlichen Haut zu geben. Die Augen waren jedoch in Farbe.

Bei griechischen Bronzeplastiken wurde hierfür farbiges Material eingelegt; Elfenbein für die Haut, und für die Gewänder Gold oder Bronze. Es ist sehr gut möglich, daß die klassische Kunst der Skulpturmalerei von Ägypten ausging. So fand man zum Beispiel ein Wandgemälde, das den Bildhauer der Königinmutter Tey darstellt, wie er eine Statue der Prinzessin Beckt'eten bemalt (Abb. 11).

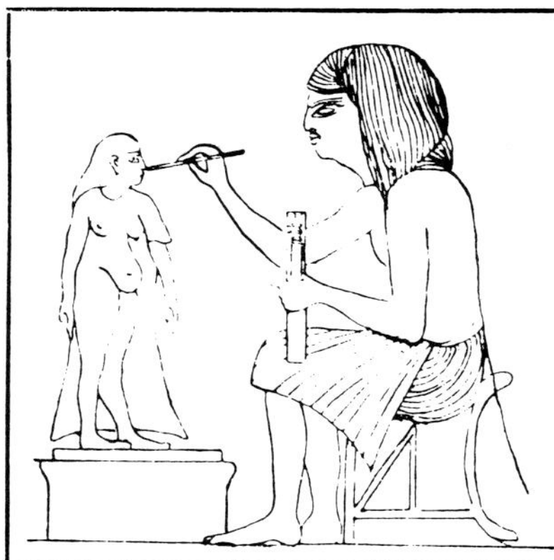

fig. 11.

Ähnlich den griechischen Tempeln wurden auch die Tempel der Etrusker mit figuralen Bildwerken auf Innen- und Außenwänden verziert, wobei hauptsächlich Weiß verwendet wurde. Soweit festzustellen ist, wurden alle mit Holz gebauten Teile des Bauwerks bemalt, zum einen als Schutz gegen Klimaeinflüsse und zum anderen, um die rauhe Oberfläche zu verdecken.

Die Polychromie der griechischen Terrakotten

Die glasierten Farben der antiken Terrakotten sind besser erhalten geblieben als die Farben, die für die Bemalung von Stein benutzt wurden. In Gebieten, wo Marmor rar war, wie in Olympia und Sizilien, wurde das Dachgesims aus Holz oder Stein, oft auch mit Terrakotta verkleidet.

Der dorische Tempel hat sich zweifellos aus diesem mit Terrakottaplatten verkleideten Holzbau entwickelt. Dem Wetter ausgesetzte Teile, wie die Mauerkappe, wurden mit Terrakotta belegt, während das Gebälk und die Triglyphen durch einen Farbanstrich und das vorspringende Gesims geschützt waren. Die Terrakottaplatten waren dreieckig und wurden an den Dachsparren mit Nägeln befestigt. Da das Gesims den Säulen nicht genügend Schutz bot, ging man dazu über, die Säulen aus Stein zu bauen. Auch später noch, als nur noch Stein zum Tempelbau Verwendung fand, wurden weiterhin Terrakottaplatten benutzt. Mit zunehmender Erfahrung stellte man fest, daß ein guter Putz genügend Wetterschutz bot. Dieser mit Farbe überstrichene Stuck ersetzte dann die Terrakottaverkleidung. Anfangs wurden die Dachplatten mit einem schwarzen, braunen oder roten Lack überzogen (Abb. 12). Im 6. und 5. Jahrhundert wurde der Ton leicht, später dann stärker gebrannt.

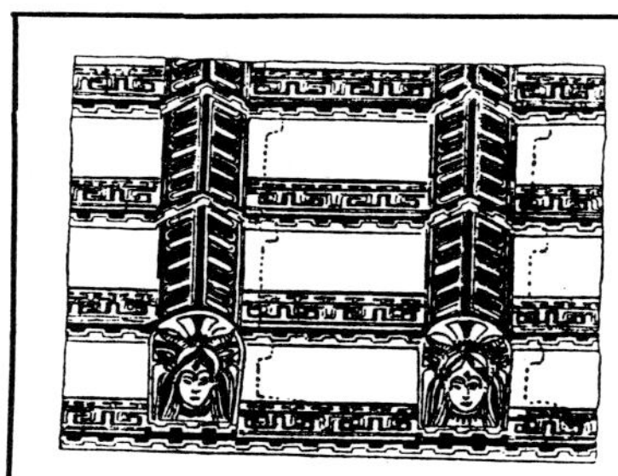

fig. 12.

Die Art der Verzierung war ortsabhängig, und ihre Entwicklung kann chronologisch nachvollzogen werden. Ein typisches Ornament der Verkleidung waren ineinander verschlungene Bänder mit einer Umbördelung, ähnlich der Torusbildung an der Säule. Die Größe und Anzahl der Ornamente hing von der Höhe der zu verzierenden Fläche ab. Die Umbördelung der Fläche und des Kyma wurde mit horizontal oder schräg verlaufenden Bandmotiven oder aber Schuppenmustern, wie in Selinunt, verziert. Weitere Motive waren bunte Streifen, Dreiecke, Rechtecke, Mäander usw. Die Traufenplatten haben überwiegend Bandmotive, aber auch Rosetten und Wellenlinien, die später vom Mäander-Motiv abgelöst wurden.

Der untere, sichtbare Teil der Dachplatten wurde entweder bemalt oder mit Mäander-Ornamenten verziert. Ein Kyma oder besonders angeordnete Tonplatten liefen um das Dach, unterbrochen von Löwenköpfen und Akroteren. Das griechische Kyma ist einfacher und regelmäßiger gestaltet als das sizilianische; der Motivschatz entstammt überwiegend der Flora.

Terrakotta der frühen Periode war dunkelbraun oder rotbraun glasiert. Über diese Glasur wurden Farben, wie helles Orange, Weiß, Rotbraun und Violett aufgetragen. Aus diesem Grund waren sie weniger haltbar. Charakteristische Merkmale sind ihre schwere, plastische Form und die einfachen, geometrischen Motive, wie verschlungene Bänder, Rosetten, Zickzacks, halbrunde Blätter usw. Die Muster wurden eingeritzt und mit Farbe ausgefüllt. Später wich man von der geometrischen Formenwelt ab und entwickelte eine freiere Dekorationstechnik. Statt des dunklen Grundes wählte man ein helles Gelb, das die darauf aufgetragenen Farben hervorhob. Das Design bestand aus einer rhythmisch wiederkehrenden Farbfolge in dunklen Tönen, wie Schwarzbraun und Rot in verschiedenen Schattierungen. Um eine glatte Oberfläche zu erzielen, wurde der Gegenstand mit einer dünnen Tonschicht überzogen, bevor man das Motiv eingravierte. Die Blütezeit der frühen plastischen Kunst wurde jedoch nicht wieder erreicht.

Die griechische Vasenmalerei

Die Kunst der Vasenmalerei unterscheidet sich von den bereits beschriebenen Malmethoden durch ihre monochrome Ausführung und die Abwesenheit von Perspektiven, Chiaroscuro und Schattierungen. Die Figuren sind neben- oder übereinander gereiht; die Handlung ist symbolisch dargestellt. Es ist zwischen der Umriß- und der Silhouettenmalerei zu unterscheiden, wobei Einzelheiten, wie Gewänder und Ornamente innerhalb des Umrisses durch Linien angedeutet werden. Die Silhouetten sind entweder Bestandteil des natürlichen ocker- oder andersfarbigen Grundes, der nicht mit schwarzer Glasur überzogen ist, oder sie erscheinen in schwarzer Glasur auf dem rötlichen oder ockerfarbigen Grund. Bei der ersten Methode wurden die Umrisse eingezeichnet; bei der zweiten eingeritzt. Oft wurden jedoch beide Malweisen gleichzeitig angewendet. Neben schwarzen Silhouetten finden sich auch unglasierte Farben, so daß ein polychromer Effekt erzielt wird. Schwarze Konturen waren jedoch das hervorstechendste Merkmal jener Epoche.

Generell waren die Farben stumpf, mit der Ausnahme von Schwarz, das aus eisenoxydhaltigem Ton bestand und beim Brand einen starken Glanz annahm. Die Beschaffenheit des Tons und der Malfarbe waren bestimmend für die Qualität, ebenso wie Brenntemperatur und -dauer. Da die schwarze Glasur leicht schmelzbar war, konnte man die gelben Figuren mit allen Feinheiten ausführen, während die weißen Umrisse der Figuren in die schwarze Glasur eingeritzt werden mußten.

Bei der griechischen Vasenmalerei muß zwischen folgenden Typen unterschieden werden:

(1) der schwarzen, glänzenden oder auch manchmal stumpfen Töpferware mit eingeritzten oder eingepreßten Dekorationen oder Reliefs. Die Grundierung kann grau sein, glasiert oder unglasiert, mit weißer oder schwarzer Malerei von Ornamenten, Silhouette-Figuren usw. Dieser Stil entwickelte sich vor allem in Apulien. In der Campagna war die Ockermalerei vorherrschend; der Grund war unglasiert, und die Ornamente und Figuren hatten schwarze Binnenlinien. Der gelbliche, rötliche oder bräunliche Farbton war die eigentliche Farbe des Tons, aber es wurde auch verschiedentlich Sinapisrot oder unglasierter roter Ocker aufgetragen, wobei Verzierungen in Weiß oder Gelb angedeutet waren. Schwarze Figuren auf ockerfarbenem Grund wurden in Silhouette eingeritzt und mit einer feinen schwarzen Glasur überzogen. Es wurden auch Vasen mit grau-weißer

Grundierung hergestellt. Die Verzierungen waren in Weiß und Dunkelviolett ausgeführt.

(2) den Gefäßen aus gebranntem ockerfarbigem Ton. Es wurde entweder die natürliche Farbe beibehalten oder der Ton wurde mit roter oder brauner Glasur überzogen. Die Dekorationen erschienen in Ocker auf rotbrauner Grundierung oder umgekehrt, bzw. bestanden aus schwarzen Figuren auf überwiegend glasierter Ockergrundierung, wobei die Umrisse eingeritzt waren. Gewänder wurden violett, die Haut weiß ausgemalt.

(3) weißgrundigen Gefäßen, die mit schwarzbraunen Motiven bemalt waren. Die ockerfarbenen Gefäße wurden mit weißem Ton überzogen und die Darstellungen braun oder schwarz umrissen. Gelegentlich waren die Silhouettenfiguren mit violetten Dekorationen ausgestattet. Vereinzelt wurden antike Vasen mit mehr als sechs verschiedenen Farben gefunden.

Das etruskische Ornament

Etruskische Malerei

Wie in Griechenland, spielte auch bei den Etruskern die Polychromie eine große Rolle bei der Verzierung von Bauten und plastischen und ornamentalen Werken. Griechische Vasen wurden in großen Mengen eingeführt und oft nachgeahmt.

Von der Malerei ist eine große Zahl von Wandgemälden in den Grabanlagen erhalten, von denen Kopien im Deutschen Archäologischen Museum in Rom zu sehen sind. Weitere Kopien befinden sich auch im Vatikan, in Bologna und dem British Museum, aber diese geben die Originale nicht genau wieder. Es scheint, daß die Grabmalerei in Etrurien auf bestimmte Gebiete beschränkt war: in Corneto wurden 50 Grabstätten entdeckt, ungefähr ein Dutzend in Chiusi, vier in Cervetri und je eine in Vulci, Orvieto, Bieda, Bormazo, Cosa, Orte, Veji und Vetulonia. Die Gemälde wurden entweder direkt auf Felsenwände oder auf eine Lage Putz aufgetragen. Da die Felsen dieser Landschaft hauptsächlich aus feinem Kalkstein bestehen, war eine direkte Übermalung möglich. Andere Felsarten wurden mit einer Mischung aus Kalk und Sand verputzt, um eine glatte Oberfläche zu schaffen. Wie in Pompeji, sind auch hier noch die Spuren der Instrumente zu sehen, mit denen die Umrisse gezogen wurden. Die Motive wurden dann mit Farbe ausgefüllt und die Konturen nachgezogen. Die Zwischenräume blieben unbemalt und haben die gelbliche Tönung des Verputzes. Die Hauptfarben waren Rußbraun, Zinnoberrot, Zinnober, Kalkweiß, Ocker und Grün. Durch Mischen wurden weitere Farbtöne hergestellt.

Diese Malereien wurden nicht als Bildwerke, sondern lediglich als Dekoration angesehen. Die Darstellungsweise war, wie in Ägypten, an gewisse Konventionen gebunden. Hierbei war auch bestimmend, daß sie in dunklen Räumen waren und nur bei Fackellicht betrachtet werden konnten. Die Plastiken wurden mit einem Pigment überzogen, das wahrscheinlich Albumin enthielt. Die Wandgemälde stellten die Häuser der Verstorbenen dar, woraus man schließen kann, daß auch in den Häusern Wandmalereien existierten, wie Plinius behauptet. Die Themen sind vielseitig: außer mythologischen Themen wurden Kriegsszenen oder Gelage dargestellt. Eine lebendige Vorstellung vom Leben der Etrusker vermitteln die Darstellungen von Menschen, die Musikinstrumente spielen, tanzen, singen oder ihrer Arbeit nachgehen. Aber auch düstere Themen aus der griechischen und etruskischen Unterwelt und grausige Vorgänge aus Sagen wurden dargestellt. Weiterhin finden sich Porträts, landschaftliche Darstellungen und sogar die detaillierte Wiedergabe einer Metzgerei.

Die Wandmalerei entwickelte sich über mehrere Epochen. Das Kammergrab in Veji in der Campagna wurde wahrscheinlich gegen Ende des 4. Jahrhunderts v. Chr. ausgemalt (Veji wurde 396 v. Chr. zerstört). Der Stil is primitiv, aber anatomisch exakt, was den Eindruck verstärkt, daß die griechische Vasenmalerei zum Vorbild genommen wurde. Seit dem 6. Jahrhundert war der vom Orient beeinflußte griechische Stil vorherrschend. Aus der folgende Periode stammen die bemalten Tonplatten von Cervetri, die das Leben der Etrusker wiedergeben, aber noch einen griechischen Einfluß zeigen.

Dieser Stil wurde allmählich mit toskanischen Elementen durchsetzt. Nach Einführung der rotfigurigen griechischen Vasen (ca. 460 v. Chr.) entwickelte sich ein eigenständiger toskanischer Stil. Die Wandmalereien in Corneto, Chiusi und Orvieto zeigen rein toskanische Elemente neben denen, die unter griechischem Einfluß standen. Die Werke dieser letzten etruskischen Kunstphase beschränken sich überwiegend auf die Darstellung mythologischer Szenen. Ihrer Ausführung ist künstlerisch exakt; die Farbgebung feiner als in früheren Perioden. Aber trotz einiger Beispiele, die hohe künstlerische Fähigkeiten verraten, blieb die Malkunst generell mittelmäßig und wirkt manchmal sogar nachlässig. Die sich ständig wiederholenden Motive erwecken den Anschein, daß bestimmte Vorlagen existierten, die von griechischen Vasen stammten und von Hand zu Hand gingen. Obgleich diese Bildwerke Aufschluß über die allmähliche Entwicklung der etruskischen Kunst geben, ist ihr Wert mehr von historischer als von künstlerischer Bedeutung.

Das römische Ornament

Römische Freskenmalerei

Plinius behauptet, Bilder von der Entstehung Roms gesehen zu haben, woraus zu schließen ist, daß die Malerei in Italien eine alte Tradition war. Außer einheimischen Werken wurden auch Bildwerke eingeführt, vor allem in der augusteischen Zeit. Gemäß Vitruvius wurden Fresken auf Wände aufgetragen, die drei Schichten Putz trugen. Der Putz bestand aus feinstem, gesiebtem Marmorstaub und gelöschtem Kalk. Zum Schluß wurde die oberste Schicht mit Marmorstaub poliert und in noch feuchtem Zustand bemalt. Als Bindemittel dienten Pflanzen- und Tierprodukte, auch Albumen oder Milch (in Ägypten Nilpferdblut), oder auch eine Wachsmischung aus Öl und Harz, um Glanz zu erzielen. Es war möglich, ganze Gemälde mit dem dreischichtigen Mörtel zu lösen und auf einer anderen Wand anzubringen. Malereien auf trockene Wände (al secco) wurden bereits in der Antike durchgeführt, und diese Technik wurde nun für Nachbesserungen benutzt, wobei die Farben mit stark klebenden Substanzen, wie Albumen, Honig und Milch gemischt wurden.

Gut erhaltene Fresken finden sich heute nur noch in Pompeji und Herculaneum; Fragmente auch im Kaiserpalast in Rom. Letztere tragen die charakteristischen Merkmale des Übergangs von der zweiten zur dritten pompejischen Kunstepoche. Aus dieser Zeit ist seltsamerweise in Pompeji selbst nichts erhalten geblieben. Kennzeichnend für diese Werke ist ihre freie Gestaltung und ihr künstlerischer Ideenreichtum. Üppige Girlanden von Früchten und Pfeiler mit religiösen Motiven und Spiralwindungen schmücken die Räume. Die Basis der Säule in der Form einer Korolla scheint jedoch den eigentlichen Zweck ihrer Tektonik verfehlt zu haben, besonders, da weitere Verzierungen angebracht sind. In der Farbgebung ging man dazu über, am unteren Teil dunkle Töne zu benutzen, die nach oben hin immer heller wurden. Licht und Schatten wurden durch weiße oder schwarze Linien angedeutet. Farben, die nicht zusammenpaßten oder keinen Kontrast bildeten, wurden durch andersfarbige Linien getrennt.

Das römische Mosaik

Das Mosaik ist eine Flächenverzierung aus verschiedenfarbigen Glas-, Ton- oder Steinteilchen. Die verschiedenen Techniken dieser Kunst kommen in Pompeji am besten zum Ausdruck. Die einfachste war, die zugeschnittenen Stückchen direkt in den frischen Putz zu setzen. Die Oberfläche wurde dann geglättet und poliert.

Die Mosaikkunst war schon im alten Orient verbreitet. Die ersten europäischen Mosaike befinden sich im Tempel des Zeus in Olympia und gehen auf die erste Hälfte des 4. Jahrhunderts v. Chr. zurück. Sie eigneten sich vorzüglich als Bodenbelag. In Alexandrien, wo alle Wände mit Marmor verkleidet waren, wurde der Fußboden mit Mosaiken belegt. Ebenso verfuhr man in Pompeji, wo bemalter Stuck die Wände bedeckte. Die große Figurenkomposition in Pompeji, die die Schlacht Alexanders des Großen auf Issos darstellt, ist besonders berühmt. Während der römischen Eroberungszüge verbreitete sich diese Kunst in allen römischen Provinzen; so wurden z.B. besonders im Rheinland großartige römische Mosaike entdeckt. Die Motive bestanden oft aus Kreisen, Vierecken usw., in deren Mitte Figuren oder Pflanzen eingesetzt wurden.

Die kleinen Marmor- oder Glasteilchen wurden in einen Mörtel aus Kalk und Öl gedrückt, der auf eine Unterschicht aus Kalk und Kiesel aufgetragen wurde. Spätere Werke sind zwar in technischer, aber nicht in künstlerischer Hinsicht besser ausgeführt. Vom 3. Jahrhundert v. Chr. an wurden Goldfolie und später neben Steinchen auch sehr kleine Glaswürfel verwendet; die Leuchtkraft wurde dadurch noch erhöht, und es entstanden Bildwerke, die alle Zeiten überdauert haben. Aus der figurativen Gestaltungsweise entwickelte sich im Laufe der Zeit die rein ornamentale Dekoration.

Römische Emailarbeiten

Schon in der Antike wurde entdeckt, daß farbige Glasflüsse auf Metall, Glas oder Ton aufgeschmolzen werden konnten. Ornamente oder bildliche Darstellungen wurden mit Farbpasten aus pulverisiertem Glas aufgetragen und eingebrannt. Bei dem sich im 5. Jahrhundert entwickelnden Zellenschmelz (Email cloisonné) wurden zuerst dünne, die Zeichnung bildende Goldstege auf einen Goldgrund aufgelötet, dann schmolz man den so entstehenden Zellen durchscheinende Farbflüsse ein. Das grüne Email, das bei römischen Arbeiten immer unter der Glasmasse aufgetragen wurde, wurde wahrscheinlich benutzt, um eine bessere Bindung zwischen Metall und Auflage zu erzielen. Es ist anzunehmen, daß für Emailarbeiten das gleiche Glas benutzt wurde wie für Mosaike. Farbige Wirkung erzielte man durch den Zusatz von Metalloxyden: Kupfer für Rot, Blau und Grün; Blei für Gelb und Orange. Die chemischen Zusammensetzungen waren zwar den Römern nicht bekannt, aber sie benutzten bereits die geeigneten Materialien zum Färben von Glas, ohne sich ihrer genauen Wirkung bewußt zu sein.

Die pompejische Freskenmalerei

Es besteht kein Zweifel, daß die pompejischen Maler griechisch-alexandrinische Vorlagen benutzten. Dabei ist erkennbar, daß es sich nicht um Originale sondern um etwas ungenaue Kopien handelte. Sie beherrschten jedoch ihre Kunst nicht nur in Konzeption und Komposition sondern auch in Form und Farbe.

Die dekorativen Freskenmalereien sind in vier „Stile" unterschieden worden.

(1) In der republikanischen Epoche wurde die gesamte Wandfläche in horizontale Rechtecke aufgeteilt, um ihr das Aussehen von Marmor zu geben. Als Basis diente ein hervorspringender Sockel, die Wand war in der Mitte durch einen horizontalen Sims geteilt. Die Oberfläche der marmorartigen Rechtecke war erhöht.

(2) Später vergrößerten sich die Rechtecke, während reliefartig angedeutete Säulen den Raum größer erscheinen ließen, als er tatsächlich war. In der Mitte der Wand waren realistische Darstellungen von Menschen und andere Motive angebracht. Der obere Teil der Wand war in Weiß und Blau gemalt, was den freien Himmel darstellte; man unterstrich diesen Eindruck, indem man Bauten, Baumgipfel usw. andeutete.

(3) Unter Augustus wurden neue Motive aus dem Ausland hereingebracht, im besonderen aus dem Orient und Ägypten, und der Marmoreffekt wurde abgeschafft. Die Wand wurde jetzt in drei Teile gegliedert, unterbrochen durch das Anbringen von kleinen Säulen oder anderen Verzierungen. Bei sehr breiten Wänden wurden die beiden Seitenteile nochmals untergliedert. Der mittlere Teil wurde umrahmt, nischenartig ausgebaut und mit einem Bild geschmückt. Die Seitenflügel waren mit Bildern von schwebenden Figuren oder Phantasiegebilden bemalt. Der untere Sockel wurde teilweise weggelassen.

(4) Nach dem ersten Erdbeben im Jahr 62 n. Chr., als Pompeji wiederaufgebaut wurde, machten sich rokokoartige Auswüchse bemerkbar: der Verfall der Künste setzte ein. Übermächtige Dekorationen, Architektur ohne Proportion und überladene Bildwerke waren für diese Epoche bestimmend. Auch die Marmorimitation wurde wieder eingeführt, wobei jedoch die Oberfläche in die Wand eingelassen war.

Es läßt sich nicht mit Bestimmtheit sagen, ob die vier Stile chronologisch aufeinander folgen, denn es ist schwierig, pompejische Fresken einzustufen. Sicher ist jedoch, daß eine Früh- und Spätzeit existierte. Es ist auch bekannt, daß es eine Art Malergilde gab, die Künstler über Generationen hinaus nach dem alexandrinischen Muster ausbildete. Obgleich nicht alle Künstler griechischer Abstammung waren, wurde ihre Arbeit doch als hellenische Kunst klassifiziert.

Die Fresken in Herculaneum haben mit den pompejischen vieles gemeinsam. Künstlerisch sind sie ihnen jedoch überlegen: die Farben sind besser, die Ornamentik einfallsreicher und das Design ausdrucksvoller.

Die Polychromie in der buddhistischen Kunst

Mit der Ausbreitung des Buddhismus, besonders unter König Aschoka (272–231 v. Chr.), begann eine neue Phase in der indischen Kunst, die von der vorangegangenen, wedisch-brahminischen Epoche völlig abwich. Erst im 8. Jahrhundert n. Chr. wurde sie von der neo-brahminischen Kunstform wieder abgelöst. Die Fresken der Felsentempel in Adschanta sind Beispiele für die hohe Entwicklungsstufe dieser Kunst. Die Wände und Pfeiler der Höhlen sind mit Darstellungen aus der Buddhalegende bedeckt, die das Leben jener Zeit mit großer Ausdruckskraft wiedergeben. In den meisten Fällen wird der Gründer der Religion in streng konventioneller Form – wie in China oder Japan – dargestellt, aber er erscheint auch als Mensch, der unter Menschen lebt. Der gleiche Stil, die gleichen Symbole und Ornamente sowie die Art der Gruppierung sind bei buddhistischen Malereien in Nepal, China, Japan, Birma und auf Java zu finden.

Da in der Malerei überall ähnliche Methoden und Techniken Verwendung fanden, ist nicht verwunderlich, daß die Fresken in Adschanta Ähnlichkeiten mit denen in Pompeji und Herculaneum und auch in den ägyptischen und etruskischen Grabstätten aufweisen. Besonders ein Fresko vom Ambrogio Lorenzetti (14. Jahrhundert n. Chr.) zeigt eine starke Ähnlichkeit in der Farbgebung und Ausführung mit den Felsmalereien in Adschanta. Die genaue Wiedergabe von Details, besonders aber der Hände (Abb. 13), läßt erkennen, daß die Künstler in Adschanta eine umfassende Ausbildung erhielten. Die Füße wurden weniger sorgfältig ausgeführt, und in der indischen Plastik war es üblich, Hüften und Busen weiblicher Modelle besonders herauszustellen.

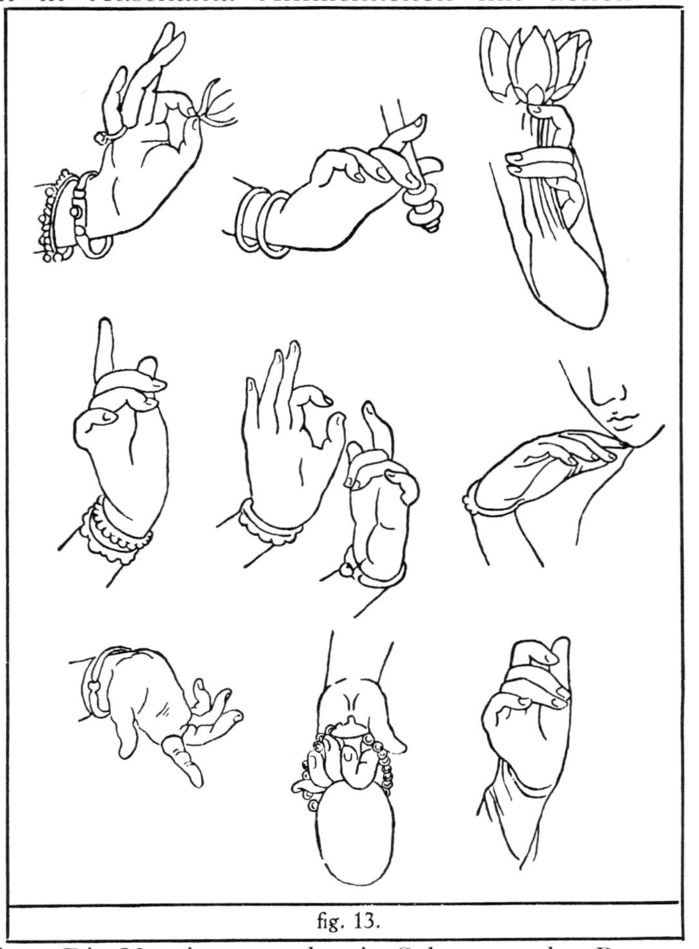
fig. 13.

In der indischen Wandmalerei wurden Methoden der Tempera- und Freskenmalerei miteinander verbunden. Die Unterlage bildete eine Mischung aus Lehm und Kuhdung, die ungefähr 2 cm dick auf der Felswand angebracht wurde. Darüber kam eine Lage Gips, die mit einer rauhen Bürste aufgetragen und danach geglättet wurde. Darauf wurde die Zeichnung vorgezogen oder mit einer pudrigen Substanz markiert. Die Umrisse wurden in Schwarz oder Braun gezogen und dann mit Farbe ausgemalt. Zum Schluß wurden die Details ausgeführt. Zur Aufhellung wurde in manchen Tempeln die Farbe abgeschabt, um den weißen Grund freizulegen.

Das frühe christliche Ornament

Die Ausbreitung des Christentums in den ersten Jahrhunderten brachte bereits eine Kunstform hervor, die trotz klassisch-antiker Züge die neue christliche Philosophie zum Ausdruck brachte.

Die erhalten gebliebenen Beispiele früher christlicher Kunst stellen nur einen kleinen Teil der in jener Epoche geschaffenen Kunstwerke dar. Das bedeutet jedoch nicht, daß das frühe Christentum eine Aversion gegen Kunst im allgemeinen hatte. Das Gegenteil war der Fall, wie die Verzierung der Särge, Grabstätten, Kirchen, Häuser und religiöser und profaner Gegenstände bezeugt. Obwohl also eine frühe christliche Kunstform existierte, machte sie jedoch nur einen Bruchteil der späten Antike aus.

Symbolische Motive frühchristlicher Kunst waren das Christusmonogramm X und P, A und Ω, der Fisch, die Taube und der Anker. Weiterhin finden sich Darstellungen von Christus und den Aposteln in Lebensgröße oder auch in Büstenform, Szenen aus dem Leben Jesus oder aus dem Alten Testament und Bilder des täglichen Lebens mit frommen Inschriften und Symbolen.

Während anfangs Figuren und Szenen wiedergegeben wurden, wurde zu Beginn des Mittelalters das rein ornamentale und dekorative Prinzip bevorzugt. Dies war jedoch kein Zeichen des kulturellen Verfalls, sondern lediglich eine Geschmacksfrage.

Es besteht kein Zweifel, daß während der Zeit des Römischen Reiches die italienische Kunst führend war, aber östlich davon entwickelten sich sehr schnell eigenständige Kunstzentren, hauptsächlich in Gebieten wie Syrien, Palästina, Kleinasien und Ägypten, wo sich die Christen der Frühzeit angesiedelt hatten. Durch die Verlegung der kaiserlichen Residenz von Rom nach Byzanz im Jahr 330 n. Chr. bildete sich ein weiteres Zentrum der Kunst heraus, das Rom mit seinem ganzen Pomp und Gepränge bald überflügelte. Auf diese Weise wurde die Entwicklung der Kunst des Christentums in zwei Hauptrichtungen gelenkt, die östliche und westliche. Der östliche Zweig geriet jedoch unter den Einfluß des Islams, und die frühe christliche Kunst entwickelte sich in der Folge zur sogenannten byzantinischen Kunst.

Als das Christentum 330 n. Chr. zur Staatsreligion erhoben wurde, spielten die östlichen Kunstzentren, besonders aber Ägypten, eine wichtige Rolle. Die Vielzahl von Funden früher byzantinischer und christlicher Kunstwerke in Ägypten haben zu einer völlig neuen Interpretation der frühchristlichen Periode im Rahmen der Kunstgeschichte geführt. In den Nekropolen von Achmim, Antinoe, Fayum, Sakkara und Bawit wurden viele Reste von Textilien entdeckt, die ein neues Licht auf die Entwicklung dieser Kunst werfen. Diese Gewebe wurden von den Kopten hergestellt, die die christlichen Nachkommen der alten Ägypter waren, und zwar wurden die Dekorationen nicht eingewebt, sondern wie bei einem Gobelin geknüpft. Beim Wirken wurden senkrecht zu den Kettenfäden, die zwischen den beiden Hauptbalken des Webstuhls gespannt sind, die Schuß- oder Einschlagfäden mit der Nadel oder Spule eingezogen. Die Grundierung dieser Wirkereien ist meistens gelblichweiß; das Design aus buntem Wollgarn. Die Reste, die gefunden wurden, stammten von reich verzierten Kleidungsstücken. Bildwirkereien mit religiösen Motiven waren oft aus Seide und wurden als Kirchenschmuck verwendet. Die Funde von Achmim sind Beweise, daß Seide schon in frühester Zeit des Reiches getragen wurde. Man beschränkte sich jedoch darauf, Leinen damit zu besetzen oder Leinengewebe mit Seidenfäden zu durchwirken.

Alle Gewebewirkereien der späteren Epochen basierten auf der römisch-klassischen Kunst und nicht der ägyptischen. Nach Verlegung der Kaiserresidenz nach Byzanz kam es in Alexandria zu einer Verschmelzung des hellenistischen Ornaments mit frühchristlicher oder byzantinischer Kunst. Die Epoche nach der Herrschaft von Justinian war durch freie Gestaltung und Farbgebung gekennzeichnet. Die Grundierung ist oft in Lila, Violett oder Rot, die Ornamentierung indigofarben oder in anderen Blautönen, goldfarbig, orange, grün und schwarz.

Das spätgriechische Ornament

Mit dem Untergang der klassischen Kunst kam es in Griechenland und seinen Kolonien zur Bildung eines neuen Stils mit orientalischen Elementen. Beispiele hierfür sind unter den Schätzen von Petrossa (Rumänien) zu finden. Obwohl die Runen auf einem der gefundenen Armreifen beweisen, daß dieser Schatz in germanischem Besitz war, handelte es sich zweifellos um spätgriechische Stücke. Sie wurden wahrscheinlich von einem teutonischen Stamm nach einem Kriegszug im Osten Griechenlands zurückgebracht und vergraben.

DAS MITTELALTER

Das spätklassische germanische Ornament

Im 4. und 5. Jahrhundert drangen germanische Völker vom Norden und Osten Europas in die römischen Provinzen ein, die sich vom Schwarzen Meer bis Spanien und von Nordafrika bis nach England erstreckten. Einige bildeten Staaten, die aber nur von kurzer Dauer waren. Diese Völkerwanderung, in Verbindung mit dem sich immer weiter ausbreitenden Christentum, brachte eine „Völkerwanderungskunst" mit völlig neuen Formen hervor.

Bereits vor der römischen Besetzung hatten die germanischen Stämme eine eigene Kunst entwickelt, die sich dann mit der römisch-klassischen Form verband. Das Kunsthandwerk ist der einzige Zweig der germanischen Kunst, der uns in großen Umfange erhalten blieb und eine Vorstellung von der Stilentwicklung gibt. Die technischen und ornamentalen Charakeristiken dieser Funde zeigen eindeutig, daß eine eigenständige germanische Kunst existierte. So waren z.B. farbige Einlagen in Gold mit Edelsteinen und später Glas ein typisches Dekorationsmittel. Ein weiteres war das Flechtband, oft verziert mit Tierköpfen. Es ist jedoch anzunehmen, daß die Kunst der Zellenverglasung von den Römern übernommen wurde, denn die Kunsthandwerker in den von den Germanen eroberten Gebieten setzten trotz der Verwüstungen ihr Gewerbe fort. Im 5. Jahrhundert waren auch z.B. die Goten keine Barbaren mehr, sondern suchten, die alte römische Kultur zu erhalten. In den Werkstätten wurden jetzt germanische Kunsthandwerker in der Glasbläserkunst ausgebildet, wie viele Funde von Glasgefäßen im Rheinland, in Italien, Frankreich und England beweisen. Diese Glasarbeiten sind jedoch im Bezug auf Formschönheit und Zweckmäßigkeit mit denen der Antike nicht zu vergleichen.

Die Kunst dieser Epoche stand noch weitgehend unter dem Einfluß von Völkerstämmen, deren Zivilisation nur langsam vonstatten ging; der klassische Stil war deshalb in gewisser Weise vom Barbarismus geprägt, besonders diesseits der Alpen. Ein Beispiel hierfür ist das Reliquiar von St. Maurice, im Schweizer Kanton Wallis, von burgundischer Herkunft und aus dem 8. Jahrhundert. Was dieses Werk von den mit byzantinischer Feinheit gefertigten Arbeiten der Goten und Langobarden unterscheidet, ist die schwerfällige Ausführung des Zellenornaments. Während in Mitteleuropa die römische Kunst wegweisend war, folgte man in Oberitalien und Spanien mehr der byzantinischen Kunst. Ein Zeugnis hierfür sind die in Fuente de Guarrazar gefundenen Votivkronen aus Gold, von denen sich neun im Museum von Cluny und drei in der Armeria Real in Madrid befinden. Diese Kronen waren zum Schmuck der Altäre bestimmt. Sie wurden wahrscheinlich in Spanien von byzantinischen Goldschmieden hergestellt.

Das byzantinische Ornament

Die ersten Christen waren der Kunst wenig zugeneigt, da sie sie als eine Ausdrucksform des Heidentums ansahen. Diese Auffassung änderte sich zwar, aber mit dem Ergebnis, daß der klassische Stil abgelehnt und eine eigene Kunstform angenommen wurde. Die Darstellungen in den Katakomben sind meist symbolischer Natur; von Szenen des Martyriums oder anderen Versinnbildlichungen sah man ab. Dagegen findet man mythologische Dekorationen und ländliche Szenen. Die mystischen Symbole, wie Anker, Fisch, Taube usw. erscheinen häufig. Zartheit und Poesie sind in diesen Werken spürbar: Christus als der gute Hirte, der seine Schafe weidet; die unsterbliche Seele unter den Blumen des Paradieses; die allegorischen Figuren von Psyche und Orpheus; Daniel und Jonas. In einigen liturgischen Darstellungen wird neben diesem naiven Symbolismus der leichte Geist der orientalischen Philosophen spürbar. Bis zum Ende des 3. Jahrhunderts hatte die christliche Kunst einen einfachen, volkstümlichen Charakter.

Nach Erhebung des Christentums zur Staatsreligion im 4. Jahrhundert begann ein bisher nie gesehenes Schaffen in der christlichen Kunst. Statt in düsteren Katakomben wurde der Gottesdienst nun in prachtvoll ausgestatteten Basiliken abgehalten, deren Wände mit Marmor und Glasmosaiken verziert waren.

Als anerkannte Religion stand das Christentum nun unter dem Schutz der Staatsgewalt, die ihrerseits politischen Nutzen aus dem Glauben zog. Die christliche Kunst wurde die offizielle Kunst, die, vom Kaiser und dem Hof unterstützt, eine außerordentliche Pracht entfaltete. Durch die Verlegung der kaiserlichen Residenz von Rom nach Byzanz wurde der politische Schwerpunkt des römischen Reiches nach Osten verlegt, wo nun auch das Christentum seinen festen Platz fand. Somit war die Basis für die Entwicklung einer eigenen Kunst geschaffen, die durch Kontakte mit orientalischen Zivilisationen und dem Hellenismus stark beschleunigt wurde. Außer der klassischen Kunst spielte auch die persische eine wichtige Rolle in der Kunstentwicklung der christlichen Kulturwelt. Unter den Sassaniden (226–651 n. Chr.), die das zweite Perserreich begründeten, erreichten die Emaillierkunst und die Bildwirkerei eine Blütezeit.

Somit waren drei Elemente in der christlichen Kunst maßgeblich: die christliche Religion, der Hellenismus und der Orient. Es bildete sich allerdings erst allmählich, unter dem Einfluß von Konstantinopel, eine gewisse Uniformität heraus, die die charakteristischen Merkmale der byzantinischen Kunst aufwies. Diese kann jedoch nicht ausschließlich als religiöse Kunst angesehen werden, denn sie behandelte auch profane Themen.

Wegen seiner geographischen Lage war Konstantinopel besonders geeignet, zwischen Orientalismus und Hellenismus zu vermitteln, und obwohl die damaligen Kunstzentren von Kleinasien und Ägypten für den neuen Stil richtungweisend waren, fand er seine Festigung jedoch erst in Konstantinopel. Der Bau der kaiserlichen Residenz und unzähliger anderer Bauwerke, der Luxus des Hofes und der ständige Kontakt mit den Meisterwerken des Hellenismus brachten eine mächtige Kunstbewegung hervor: die byzantinische Kunst.

Unter den Ländern, in denen die christliche Kunst vom 4. bis 6. Jahrhundert einen Nährboden fand, ist besonders Syrien zu nennen. Es war ein reiches, dicht bevölkertes

Land mit einer blühenden Industrie und Handelsverbindungen bis nach Zentralasien und sogar China. Die Syrer besaßen auch Bildungszentren, in denen verschiedene Zweige der Wissenschaften und Theologie gelehrt wurden, was einem Gedeihen der christlichen Kunst nur förderlich sein konnte. Trotz des großen Einflusses der griechischen Kunst und der langen Römerherrschaft gelang es nicht, den Paganismus in Syrien völlig zu verdrängen, so daß dem syrischen Christentum und seiner Kunst eigentümliche Züge beigegeben waren.

Unter den Städten der Antike nahm Alexandrien den ersten Platz als Handelszentrum im Mittelmeerraum ein. Obgleich Hauptstadt des Hellenismus, war sie doch ihren ägyptischen Traditionen treu geblieben, und der Sieg des Christentums mußte eine Wiedergeburt der eigenen, ägyptischen Kunst begünstigen. So entstand im 3. Jahrhundert die koptische Kunst in Oberägypten, die sich neben dem alexandrinischen Hellenismus behauptete. Zwar nahm die koptische Kunst hellenistische und andere Elemente auf, war aber trotzdem eine aus der altägyptischen Überlieferung hervorgegangene Kunst, die unter der Herrschaft des Christentums im 5. Jahrhundert ihre Blütezeit erlebte. Ebenso wie die syrische Kunst ist auch die der Kopten eine Verschmelzung von hellenischen Elementen mit orientalischen Motiven, die schließlich völlig orientalischen Charakter annahm.

Der alexandrinische Stil war in seiner Formensprache überwiegend dekorativer Art. Das Christentum machte sich diesen Motivschatz bald zu eigen. Die im 4. und 5. Jahrhundert gebauten Kirchen weisen daher eine große Reihe profaner Motive auf, wie z.B. Vögel und Blumen, Jagd- und Fischereiszenen, Landschaften des Niltals, Bauten ähnlich denen der pompejischen Fresken, Genrebilder und Ornamente. Hierbei waren die Künstler immer bestrebt, das Malerische mit dem Realistischen zu verbinden, wie die in Fajum gefundenen ausdrucksvollen Porträts bezeugen. Diese Kunstform finden wir auch in den enkaustischen Malereien von Sinai und den Mosaiken von Ravenna wieder. Es war daher natürlich, daß auch die christliche Kunst unter diesen Einfluß kam, und dieser besonders die Geschichtsmalerei bestimmte. So hatte auch die byzantinische Manuskriptmalerei ihren Ursprung im ptolemäischen Ägypten.

Byzanz verdankt seine Vorliebe für die Polychromie zweifellos dem Orient. Von Persien kamen viele ornamentale Motive und die Technik der Reliefarbeit, die Farbe durch Form ersetzte. Die byzantinische Kunst brachte die Entwicklung der Polychromie zu höchster Vollendung, weshalb die damals aufgestellten Regeln bis heute ihre Gültigkeit behalten haben. Außenflächen wurden mit Marmor und Fayenceapplikationen verkleidet; für Innenflächen verwendete man außer Marmor Glasmosaike. In der byzantinischen Malerei entsprang die pittoresk-realistische Ausdrucksform dem hellenistischen Orient, während der historisch-monumentale Stil seinen Ursprung im eigentlichen Orient hatte.

Nach dem Tode Justinians setzte in der byzantinischen Kunst eine Stagnation ein, die allmählich zur künstlerischen Dekadenz führte. Alle Kräfte wurden eingesetzt, um das von allen Seiten bedrohte Reich zu erhalten. Im 7. Jahrhundert wurde der vom Islam ausgeübte Druck so mächtig, daß viele Byzantiner nach Rom übersiedelten, wo sie einen starken Einfluß ausübten. Griechische Sitten verbreiteten sich in ganz Italien; Feste der griechischen Heiligen wurden gefeiert, und selbst die griechische Sprache wurde angenommen. Natürlich war umgekehrt die byzantinische Kunst durch diesen Umschwung ebenfalls betroffen. Die Werke des 7. Jahrhunderts können daher nur im Zusammenhang mit den zu der Zeit in Italien herrschenden Kunstformen gesehen werden.

Im 8. Jahrhundert waren die Darstellung menschlicher Figuren und die Ikonenverehrung untersagt, und viele religiöse Malereien wurden zerstört. Nach Beendigung der Bilderstürme begann jedoch im 9. Jahrhundert das zweite goldene Zeitalter der byzantinischen Kunst als Folge der gleichzeitigen politischen Renaissance unter den makedonischen Kaisern (867–1056 n. Chr.). Auch hier ging man wieder auf das Altertum zurück und versuchte gleichzeitig, die arabische Üppigkeit in Bagdad, Damaskus usw. nachzuahmen. Dieser Renaissance in der byzantinischen Kunst wurde im Jahr 1204 ein Ende gesetzt, und zwar durch die Eroberung und Plünderung Konstantinopels durch die Kreuzfahrer, wovon sich die Stadt bis zum Einzug der Türken (1543) nicht wieder erholte.

Das byzantinische Glasmosaik

Auf den ersten Blick scheinen sich die Mosaikbildnisse von Heiligen bis auf Unterschiede im Alter und der Haarfarbe alle zu gleichen. Sie wurden in drei Kategorien aufgeteilt: den Engel, den Propheten und den Apostel, und in jeder Kategorie wurden Figuren in ihrer Jugend, Reife und im Alter wiedergegeben. Manchmal scheint dieselbe Person für mehrere Heilige Modell gestanden zu haben, was sich jedoch bei näherer Betrachtung als irrtümlich erweist. Bischöfe und Mönche haben eine rauhe, knochige und traurige Physiognomie und einen schwerfälligen Körperbau, während Engel stolz und strahlend vor Schönheit dargestellt werden. Abweichend vom altgriechischen Muster findet sich ein neuer Typ mit geschlitzten Augen, gebogener Nase und langen, auf die Schultern fallenden Haaren. Generell gesehen spiegeln die Figuren jedoch griechische Vorbilder in Gestalt, Haltung und Kleidung wider. Daneben ist vor allem der Einfluß der Kirche mit ihrer Tendenz zur Askese, auch in der Kunst, erkennbar. Aber Konstantinopel war eine Weltstadt und bot den Künstlern auch andere Anregungen, so daß trotz der durch den Klerikalismus gesetzten Grenzen innovative Kunstwerke geschaffen wurden, die große Eleganz, Harmonie der Komposition sowie Formschönheit und Farbenreichtum in sich vereinigten.

Im 6. Jahrhundert heben sich die weißgekleideten Figuren von einem blauen Grund ab; goldene Gründe waren zur Zeit der Makedonen und Kommonen üblich, die auch eine reichere Farbskala für die Figuren gestatteten und landschaftliche Darstellungen auf ein Minimum beschränkten. Gegenüber der frühen Kunst ist auch in technischer Hinsicht ein Fortschritt zu verzeichnen, so daß vielseitigere und bessere Farbkombinationen möglich waren. So setzte man Komplementärfarben nebeneinander und benutzte leuchtende Farben, die sich vom Goldgrund abhoben. Gute Beispiele von byzantinischen Mosaiken dieser Epoche sind in der Markuskirche in Venedig zu finden, denn Venedig hatte seit alters her Handelsbeziehungen mit Byzanz. Leider wurden viele der byzantinischen Mosaiken während der Renaissance zerstört oder beschädigt. Weitere Mosaikwerke byzantinischer Herkunft sind in Ravenna und auch auf Sizilien, das über drei Jahrhunderte lang eine byzantinische Provinz war, zu sehen.

Die byzantinische Emailmalerei

Die Kunst der Schmelzmalerei wurde sehr früh entdeckt, wie alte ägyptische Funde bestätigen. Die Ägypter befestigten dünne Goldstege auf der Oberfläche des zu verzierenden Schmuckgegenstandes und ließen Edelsteine bzw. farbige Glasflüsse in die so entstandenen Umrisse ein.

In der Zeit des oströmischen Kaisers Justinian vervollkommneten die Byzantiner die alte Kunst der Emailmalerei und entwickelten den sogenannten Zellenschmelz, wobei Goldstreifen auf einen Goldgrund gelötet und dann in den so entstandenen Zellen durchscheinende Farbflüsse eingeschmolzen wurden. Bei der Ausstattung der Sophienkirche (Hagia Sophia) in Konstantinopel und der Herstellung von Schmuckgegenständen und Geräten für den kaiserlichen Haushalt waren den offensichtlich aus dem Orient stammenden Kunsthandwerkern keine Grenzen gesetzt. Die griechischen Kaiser besaßen zwar nicht das Monopol für die Emailkunst, aber sie errichteten Kunstwerkstätten am Hof und förderten somit diese Kunst.

Ihren Höhepunkt erreichte die byzantinische Emailmalerei im 10. und 11. Jahrhundert. Die byzantinischen Emails dieser Epoche sind entweder vom Goldgrund der nicht vertieften Teile der Platte umgeben oder heben sich gegen einen gleichfalls emaillierten Hintergrund ab, der entweder reich mit vielfarbigen Musterungen verziert oder einfarbig smaragdgrün gehalten ist und oft auch mit dichtem Schnörkelwerk durchgezogen ist. Es scheint, daß man für den Grund keine anderen Metalle außer Gold benutzt hat. Da die ikonographischen Regeln verlangten, daß die Gewänder der Heiligen einfarbig erschienen, wurde die Anzahl der Falten vermehrt.

Die stilistische Gewandtheit der byzantinischen Emailleure genoß eine derartige Hochschätzung, daß die Miniaturisten bald begannen, ihre Arbeiten nachzuahmen. Die Miniaturmaler imitierten Emails, indem sie die Felder innerhalb der Umrisse einfarbig ausmalten, wie dies auch innerhalb der Zellen eines Emails geschah, da hier Farben nicht gemischt werden konnten. Schatten und Falten wurden durch eine feine Schraffierung der Gewänder mit Gold ersetzt. Auch italienische Maler und Mosaizisten benutzten in ihren Werken die Methode der Goldschraffierung. Das Siegeskreuz im Domschatz in Limburg, die älteren Stücke der Pala d'oro und von St. Marco sind Zeugnisse der hohen Blüte der byzantinischen Emailkunst im 10. Jahrhundert.

Mit dem Verfall des byzantinischen Reiches im 11. Jahrhundert durch den Verlust seiner Besitzungen in Italien, Nordafrika und Kleinasien wurde die byzantinische Zellenschmelzkunst zu einem Handwerk degradiert. Im 12. und 13. Jahrhundert wurde eine neue Technik entwickelt – der Grubenschmelz – die den Zellenschmelz in den Hintergrund drängte.

Alle vor dem 6. Jahrhundert im Römischen Reich hergestellten Emails waren in der Technik des Furchenschmelzes gearbeitet – eine Methode, aus der sich der Grubenschmelz entwickelte. Hierbei wurden Vertiefungen in das Metall eingegraben oder -gehämmert, die dann mit einer bunten Glasmasse gefüllt wurden. Beim Grubenschmelz wurden ausgehobene Vertiefungen mit undurchsichtigen Farbschmelzen gefüllt und die stehengebliebenen Metallteile ziseliert und feuervergoldet.

Die byzantinische Miniaturmalerei

So wichtig die Werke der Baukunst, der Freskomalerei und Mosaiken auch sein mögen, so muß man doch für einen vollständigen Überblick über die byzantinische Kunst die vielen uns erhalten gebliebenen illustrierten Manuskripte hinzuziehen. Im Gegensatz zur Kirchendekoration, die unter der Aufsicht des Klerus stand, konnten die Manuskriptmaler einen individuelleren Stil entfalten. In der Zeit des Bilderstreits im 8. Jahrhundert wendeten sich die Maler dieser Kunst zu und brachten sie im 9. und 10. Jahrhundert zu ihrem Höhepunkt. Diese Werke lehnten sich aufs engste an alexandrinische und spätantike Vorbilder an, wobei jedoch der Geschmack der Zeit berücksichtigt wurde. In den meisten Fällen beziehen sich die Illustrationen nicht direkt auf den Text.

Der Sieg der Orthodoxie gegen Mitte des 9. Jahrhunderts führte zu einer religiösen

Bewegung, der es jedoch nicht wie vor dem Bilderstreit gelang, die Impulse der neuen Renaissance und die Vorliebe für literarische und profane Formgebung in Byzanz zu unterdrücken. Die Maler des Hofes und der Aristokratie griffen immer wieder auf die frühen klassischen Motive zurück, weshalb in der Buchmalerei dieser Zeit antike Figuren und mythologische und klassisch-allegorische Szenen mit byzantinischen Zügen überwiegen. Die Ikonenmaler schufen die Grundlage für die prachtvolle Ornamentik späterer Generationen, die besonders in der makedonischen Epoche mit ihren Girlanden, Tieren, Vögeln und eleganten Initialen zum Ausdruck kommt. Schließlich mußte sich jedoch die Profankunst der Orthodoxie unterordnen, was einen starren, konventionell gebundenen Stil hervorbrachte, der bis zum Untergang des byzantinischen Reiches vorherrschend war.

Die byzantinische Seidenweberei

Seide war bereits im 4. Jahrtausend v. Chr. in China bekannt; jedoch wurde dort die Kunst der Seidenherstellung als Geheimnis gehütet und nur das fertige Produkt ausgeführt. Es gelangte über Ceylon und Turkestan in den Westen und wurde von den Persern und Phöniziern gegen Elfenbein, Edelstein usw. getauscht, die die Seide wiederum an die Ägypter und Griechen verkauften. Seidenstoffe wurden nicht nur wegen ihrer Farben, sondern hauptsächlich wegen ihres Glanzes und ihrer Leichtigkeit geschätzt.

Erst im 4. Jahrhundert v. Chr. kam unverwobenes Seidengarn nach Europa, und innerhalb kurzer Zeit wurden hier große Mengen Seidengewebe hergestellt. Da der Preis sehr hoch war, wurde Seide nur als schmückender Besatz auf Leinen oder Baumwolle verwendet, und nur die wohlhabenden Schichten konnten sich diesen Luxus, der im 3. Jahrhundert v. Chr. noch gegen Gold aufgewogen wurde, erlauben.

Nachdem jedoch in der Mitte des 6. Jahrhunderts n. Chr. Eier des Seidenspinners nach Europa eingeschmuggelt worden waren, war die Grundlage einer von China unabhängigen Seidenindustrie gegeben. Mit wachsender technischer Fertigkeit wurden reichgemusterte Seidengewebe produziert.

Zur Zeit Konstantins brachen die Perser in das römische Reich ein und brachten Weber von Mesopotamien nach Susa, wo sich eine schon ehemals blühende sassanidische Seidenindustrie aufs neue entwickelte. Da die Gewebe jedoch hauptsächlich für den Export in das Abendland bestimmt waren, mußten die Muster dem Geschmack der Abnehmer angepaßt werden. Kaiser Justinian erhob die Seidenherstellung zum Staatsmonopol, so daß alle Kunstwerkstätten unter kaiserliche Aufsicht kamen. Darauf ist auch zurückzuführen, daß byzantinische Seidengewebe dieser Epoche etwas eintönig im Entwurf und in der Musterung wirken; trotzdem wurden byzantinische Seidenstoffe bis ins hohe Mittelalter im Abendland verwendet.

Während des 7. und 8. Jahrhunderts entwickelte sich die arabische Seidenindustrie mit der ihr eigentümlichen Ornamentik in glänzender Polychromie, die große Berühmtheit erlangte. Selbst in Griechenland nahm man sie zum Modell. Die sizilianisch-sarazenische Seidenherstellung erreichte ebenfalls ihre Blütezeit und man belieferte das gesamte Abendland.

In der Übergangszeit von der klassischen zur byzantinischen Kunst sind in der Kunst der Seidenweberei noch Spuren der römisch-hellenischen Formgebung zu erkennen. Die Farbe der Seidenstoffe ist noch Weiß auf Schwarz, selten Schwarz auf Weiß, sowie Abstufungen von Grau, Braun und Blaßrot. Doch bereits zur Zeit der Erhebung des Christentums zur Staatsreligion trat eine gewisse Versteifung der Figuren ein. Auch die Darstellung christlicher Symbole wurde eingeführt.

Die kaiserliche Residenzverlegung von Rom nach Byzanz resultierte in einer Verschmelzung der römischen Kunst mit der farbenprächtigen des Orients. Die jetzt herrschende Polychromie zeigte sich vor allem in den Gewändern. Das Prinzip der orientalischen Kunst, mehr durch Farbenpracht als durch Muster zu wirken, brachte insbesondere die Damastgewebe zur Geltung, die entweder aus Leinen mit eingewebten Seidenfäden oder völlig aus Seide bestanden.

Im 11. Jahrhundert war jedoch der Höhepunkt überschritten: überdimensionale Motive und grelle Farbgebung zeigten die einsetzende Dekadenz an. Der arabische Einfluß auf die byzantinische Textilkunst läßt sich nicht verkennen, besonders seit der Eroberung Ägyptens; sein besonderes Merkmal ist das Vorherrschen der gelben Farbe – der Lieblingsfarbe Allahs.

Romanische Fresken in Süditalien

Als Byzanz gegen Ende des 9. Jahrhunderts Süditalien wiedereroberte, verwandelte es das Land zu einem „neuen Griechenland", sowohl in bezug auf Sprache als auch auf Religion. Selbst später, nach dem Verlust der Gebiete und der Übernahme durch die Normannenfürsten und das Haus Anjou im 14. Jahrhundert, blieb Süditalien unter griechischem Einfluß. Unter byzantinischer Herrschaft siedelten sich viele Mönche an, die teils in Klöstern, teils in abgelegenen Felsengrotten lebten. Der Mittelpunkt dieser Eremitagen war eine mit Malerei dekorierte, unterirdische Kapelle. Der enge Kontakt mit Griechenland, die lange byzantinische Herrschaft und der ausgedehnte Handelsverkehr mit dem Orient und den griechischen Kolonien führte zur Bildung eines eigentümlich anmutenden Kunststils. Die aus dem 10. bis 12. Jahrhundert stammenden Werke erinnern an Byzanz, nicht allein durch die Inschriften, sondern auch durch Stil und Ikonographie. Die Künstler scheinen unter dem Eindruck gestanden zu haben, statt dieses kleinen Raumes eine große Kirche vor sich zu haben. In manchen Zellen finden sich auch Malereien aus verschiedenen Zeiten. Kleine Unterschiede in der Technik und im Stil sind erkennbar, aber der Motivschatz ist immer gleichbleibend. Stärkere Abweichungen in der Farbgebung bestehen zwischen den Fresken dieser frühen Epoche und denen, die aus späteren Zeiten stammen, denn im 11. und 12. Jahrhundert wurden vorwiegend neutrale, stumpfe Farben benutzt, die beinahe monochrom wirken.

Das romanische Ornament in Deutschland

Die deutsche Emailmalerei

Während der Völkerwanderung wurde farbiger Schmuck gearbeitet, indem rote oder grüne Tafelsteine oder Glasstücke in goldumrandete Zellen eingelassen wurden. Man hat viele dieser Arbeiten gefunden, so z.B. die goldene Trinkschale in Petrossa (Bulgarien), eine große Anzahl von Scheibenfibel, das Schwert Childerichs, die westgotischen Kronen von Guarrazar und viele andere Stücke. Beim Zellenmosaik handelt es sich keineswegs um eine primitive Form des Zellenschmelzes, und die Technik wurde auch in der Blütezeit der byzantinischen Emailmalerei übernommen. In Frankreich und Italien wurde diese Kunstform bereits in der Zeit Karls des Großen durch den Zellenschmelz abgelöst. Byzantinisches Goldemail wurde erst ab 972, nach der Vermählung Ottos II. mit der byzantinischen Prinzessin Theophano, eingeführt. Kurz nach ihrer Ankunft wurde im Benediktinerkloster St. Maximim in Trier eine Kunstwerkstätte nach byzantinischem Vorbild eingerichtet. Das schönste der von dort stammenden Werke ist der Echternacher Codex, an dessen Herstellung die Kaiserin selbst beteiligt war. Nach dem Aussterben des sächsischen Kaiserhauses, unter dessen Schutz die byzantinische Kunst gestanden hatte, wurde diese Kunstform vernachlässigt, und im 12. Jahrhundert gelangte die einheimische Art des Kupferschmelzes zu höchster Vollkommenheit.

Die kirchliche Goldschmiedekunst des Rheinlandes im 12. Jahrhundert verwendete für ihre Arbeiten ausschließlich den Grubenschmelz, bei dem aus Kupfer ausgehobene Vertiefungen mit Farbflüssen gefüllt werden. Die byzantinische und die deutsche Emailkunst unterschieden sich nur darin, daß die deutschen Emailleure Kupfer statt Gold benutzten, wie das in Byzanz der Fall war. Das Verfahren war jedoch dasselbe. Die Bezeichnungen „Goldschmelz" für die byzantinische und „Kupferschmelz" für die deutsche Kunst sind daher besser geeignet als Zellenschmelz. Im Gegensatz zum Goldschmelz müssen die Farbschmelzen beim Kupferschmelz undurchsichtig sein. Kupfer als Grundmetall bot sich an, da mit diesem Material nicht gespart werden brauchte, und somit auf einer dickeren Platte die Gruben besser ausgehoben werden konnten. Durch die Verbilligung des Materials war auch ein größerer Absatz gesichert, denn die Konkurrenz von Limoges war groß. Die Kunstzentren in Köln und Limoges scheinen sich völlig unabhängig von einander entwickelt zu haben. Trotzdem unterscheiden sie sich nur in der Art der Ornamentik.

Das Zentrum der deutschen Emailkunst war das Kloster St. Pantaleon in Köln. Nur die Maas-Schule, die hauptsächlich figürliche Arbeiten herstellte, war Köln in gewisser Hinsicht überlegen. Der bedeutendste Meister in Schmelzarbeiten im Mittelalter war zweifellos der Kölner Benediktiner Friedericus. Seine frühen Werke waren auf Goldgrund ausgeführt, später auf einen Schmelzgrund, wobei die Verzierung von einem Metallsteg umgeben sein mußte, um sie vom Grund zu trennen. Dieser Technik mußte die Ornamentik zweckmäßig angepaßt werden. Daher trat an die Stelle des früheren Eichen- und Distellaubes das verschlungene romanische Blatt- und Rankenwerk. Man begann auch, Glasflüsse in ein und derselben Grube ohne trennende Stege einzuschmelzen. Diese Abschattierung von Dunkelblau zu Hellblau und Weiß und von Blau zu Grün und Gelb ist an den Kölner Arbeiten so fein ausgeführt, daß sie einer Miniaturmalerei gleichkommen. Bei diesem Prozeß wurde nur eine Schicht Farbe aufgetragen und zurückbleibende Vertiefungen wurden mit einem farblosen, durchsichtigen Glasfluß ausgefüllt. Daher rühren der helle Politurglanz und die Weichheit der Farbübergänge, was so viele Kölner Emailarbeiten auszeichnet.

Der bedeutendste Künstler der Maas-Schule war Godefroid de Clair. Er war ein Wallone und kann daher nicht als deutscher Kunsthandwerker bezeichnet werden, obwohl Nieder-Lothringen selbst zum deutschen Reich gehörte. Diese Schule hatte einen stark ausgeprägten Stil, der besonders in den figürlichen Emailarbeiten zum Ausdruck kommt.

Von einem weiteren berühmten Emailleur, dem Magister Nicolaus von Verdun, sind nur zwei Werke erhalten geblieben: der Altaraufsatz im Chorherrenstift Klosternenburg bei Wien (1181) und der Marienschrein in Tourney (1205). Ersterer besteht aus 51 Tafeln (von denen 6 bei der Erweiterung 1329 hinzugefügt wurden), die in drei übereinander angeordneten Reihen Szenen aus dem Leben Christi und dem Alten Testament darstellen. Die vergoldeten Figuren sind auf einen blauen Emailgrund gesetzt; alle übrigen Teile sind nach der Lothringer Schule mehrfarbig emailliert. Dieses Werk ist von großer Bedeutung, denn es verbindet höchste technische Fertigkeit mit künstlerischer Vollkommenheit.

Die Aachener Schule war sowohl von der Kölner, als auch von der Maas-Schule beeinflußt. Die Entstehungszeit ihrer Hauptwerke läßt sich genau bestimmen: sie beginnt 1215 mit dem Karlsschrein und endet 1249 mit dem Schrein der heiligen Elisabeth. Charakteristisch für diese Schule sind die plastisch geformten Filigranarbeiten mit reichem Besatz von Edelsteinen.

Im 14. Jahrhundert wurde die Emailkunst auf Kupfer in Deutschland von dem Silberreliefschmelz abgelöst – eine Technik, die gegen Ende des 13. Jahrhunderts in Siena und Paris ausgebildet wurde. Hierbei wurden die in Silber eingeschnittenen Darstellungen mit durchsichtigen Farbschmelzen überzogen. Auch waren die Darstellungen nicht mehr flächenhaft, sondern sie hoben sich plastisch vom Hintergrund ab; eine Wirkung, die durch den Überzug eines durchsichtigen Glasflusses noch erhöht wurde. Die gotischen Künstler bevorzugten Silber, weil man darauf transparente Glasflüsse auftragen konnte, was bei Kupfer nicht möglich war.

Glasmalerei

Die Vorliebe für Wandmalereien in romanischen Kirchen führte dazu, auch die Fenster mit Bildern zu versehen statt sie, wie bisher, mit Tüchern zu verhüllen. So entstand die Glasmalerei.

Bleigefaßte Glasfenster werden erstmals im 10. Jahrhundert erwähnt. Der Erzbischof Adalbero von Reims (969–988) soll als erster seine Kirche mit farbigen, bilderreichen Fenstern verziert haben. In der ersten Dekade des 11. Jahrhunderts wurde die berühmte Klosterschule für Glasmalerei in Tegernsee gegründet. Die ältesten mit Schwarzlot bemalten und verbleiten Glasfenster sind die Prophetenfenster des Augsburger Doms (um 1100). In Frankreich sind die ältesten Werke die Chorfenster in Saint-Denis, die der Abt Jugerius von 1140–1144 herstellen ließ. Die Westfenster in Chartres wurden von demselben Künstler gearbeitet.

Im 11. Jahrhundert war Fensterglas bis zu 5 mm dick, unregelmäßig und dunkelgrün wie Flaschenglas. Es konnten auch nur Stücke bis zu 12 cm Größe hergestellt werden. Die in der Masse gefärbten Glasplatten erschienen in fünf Farben: Rot, Blau, Gelb, Grün und Violett. Das gewöhnliche, leicht gelbe Glas wurde für Hautfarben verwendet. Als Malfarbe wurde Schwarzlot, ein leichtflüssiges Bleiglas, benutzt, das den Scheiben vor der Verbleiung im Ofen aufgeschmolzen wurde. Beispiele aus dem 11. und 12. Jahrhundert zeigen eine gewisse Schwerfälligkeit; genaue Beschreibungen der Glasmalerei haben Eraclius und der Mönch Theophil hinterlassen.

Romanische Fenster hatten gerade aufsteigende, durch einen Halbkreis verbundene Gewände von verschiedener Größe. Da aus technischen Gründen nur relativ kleine Glastafeln hergestellt werden konnten und das mit Bleiruten verbundene Gebilde gegen Winddruck gesichert werden mußte, wurden auf der Außenseite Windeisen mit Bleihaften befestigt und zur Verbindung der einzelnen Felder untereinander eiserne Sturmstangen in das Mauerwerk eingelassen. Die große Zeit der Glasmalerei begann im 13. Jahrhundert, als die Kirchenwände immer mehr in Fenster aufgelöst wurden.

Mit dem Übergang von der romanischen zur gotischen Kunst der Glasmalerei mußte auch der Stil geändert und den schmalen, hohen Fenstern angepaßt werden. Als die großen französischen Kathedralen der Frühgotik ihrer Vollendung entgegengingen, wurden Kirchenfenster in großen Mengen hergestellt. Nach Verlegung der Führung von Chartres nach Paris (1250) ist jedoch ein merklicher Rückgang festzustellen, und man konzentrierte sich mehr auf die Herstellung von blauen und roten Mosaikfenstern.

Der 1322 eingeweihte Kölner Dom hat sehr feine Glasmalereien aufzuweisen, die von Herzog Johann I. von Brabant, dem Grafen Thierry von Kleve und vielen Kölner Patriziern gestiftet wurden. Die gebräuchlichsten Farben waren Blau, Rot und Gelb; Grün und Violett treten seltener auf.

Im 15. Jahrhundert wurde die Komposition über das ganze Fenster ausgedehnt und statt der dekorativen Borten erschienen perspektivische Bauwerke ähnlich den pompejischen Wandmalereien. Mit Beginn der Renaissance, als die Aufträge für Kirchenfenster immer mehr zurückgingen, wandte sich das Kunsthandwerk der Glasmalerei mehr weltlichen Dingen zu.

Die romanische Bildwirkerei in Skandinavien

Die alten nordischen Sagen und Dichtungen erzählen, wie Gudrun für Thora Teppiche mit Darstellungen des Lebens in Krieg und Frieden wirkte, und daß Brünhild ihre Liebe für Sigurd bewies, indem sie seine Heldentaten in feinen Stickereien wiedergab. Diese Motive wurden für lange Zeit von der skandinavischen Gewebewirkerei beibehalten. Da die Kunst der Teppichknüpferei eine sehr alte Tradition besonders in Norwegen war, beweist ein beim Niederreißen der Holzkirche von Hedemarken gefundener Teppich von 2 m Länge und 1,20 m Breite, der aus dem 11. Jahrhundert stammt. Sein Alter läßt sich durch die dargestellten Waffen und Rüstungen bestimmen, die mit denen des ca. 1080 in Bayeux hergestellten berühmten Teppichs übereinstimmen. Auch die dargestellte Architektur ist im romanischen Stil. Sehr alte gemusterte Teppiche und Kissenbezüge mit Tiermotiven wurden ebenfalls aufgefunden.

Das mittelalterliche Ornament in Frankreich

Wandmalerei

Die französische Wandmalerei hatte ihren Ursprung in der römischen Malerei, die in Frankreich bis zur Völkerwanderung herrschend war. In der Merowingerzeit bildete sich allmählich eine neue Kunstform heraus, die teils von den in den Klöstern bewahrten Traditionen und teils von der byzantinischen Kunst beeinflußt war. Obwohl die Bauten jener Epoche nicht mehr existieren, sind jedoch genügend Manuskripte erhalten geblieben, die genauen Aufschluß über derzeitige Wandmalereien geben.

In der Frühzeit treten heidnische und christliche Figuren gleichzeitig auf. So wurde Christus oft als Orpheus dargestellt, der die Löwen mit seiner Musik zähmt, oder als junger Hirte mit einem verirrten Lamm auf den Schultern. Er erscheint auch als Phoenix auf einer Palme oder in der Form eines Fisches. Die Motive steigerten sich immer mehr in die Allegorie hinein, wie z.B. die Wiedergabe von Getauften als aus einer Quelle trinkende Hirsche, Weinstöcke oder Berge zeigt; die gläubigen Christen werden als Pflanzen, Schafe oder Vögel dargestellt, und die vier Evangelisten als sich über das Weltall ergießende Ströme.

Gegen Ende des 7. Jahrhunderts erließ die Kirche ein Dekret, daß die Allegorie abgeschafft und durch realistische Darstellungen der Kreuzigung Christi zu ersetzen sei. Dazu kam es nicht sofort; in der Übergangsperiode wurde Christus immer noch als junger, triumphierender Mann gemalt. Danach wurden jedoch für die Gestaltung religiöser Bildnisse strenge Regeln niedergelegt, was erklärt, weshalb alle Malereien bis zum 10. Jahrhundert einem uniformen Stil folgten. Beispiele hierfür sind die Schöpfung Adams, wie er jung, bartlos und nackt vor Gott steht, umgeben von strahlendem Licht. Im Hintergrund sind Bäume und Tiere zu sehen, am Himmel Sonne und Mond. Weiterhin wurde die Schöpfung Evas ähnlich dargestellt, ebenso die Austreibung Adam und Evas aus dem Paradies durch einen Engel mit einem Feuerschwert in der Hand. Joseph und Maria auf der Flucht nach Ägypten: Berge im Hintergrund, Maria mit dem Kind auf einem Esel, Joseph mit Wanderstab; im Vordergrund eine Stadt, von deren Mauern die Götzenbilder herabfallen. Die Malerei in der Zeit der Kreuzzüge war rein symbolisch: ein Baum stellte einen Wald dar, eine gekrümmte Linie Wolken, ein Tor ein Haus oder eine Stadt. Da die Glasmalerei noch im Anfangsstadium stand, war in der Kirchendekoration die Wandmalerei während dieser Epoche führend.

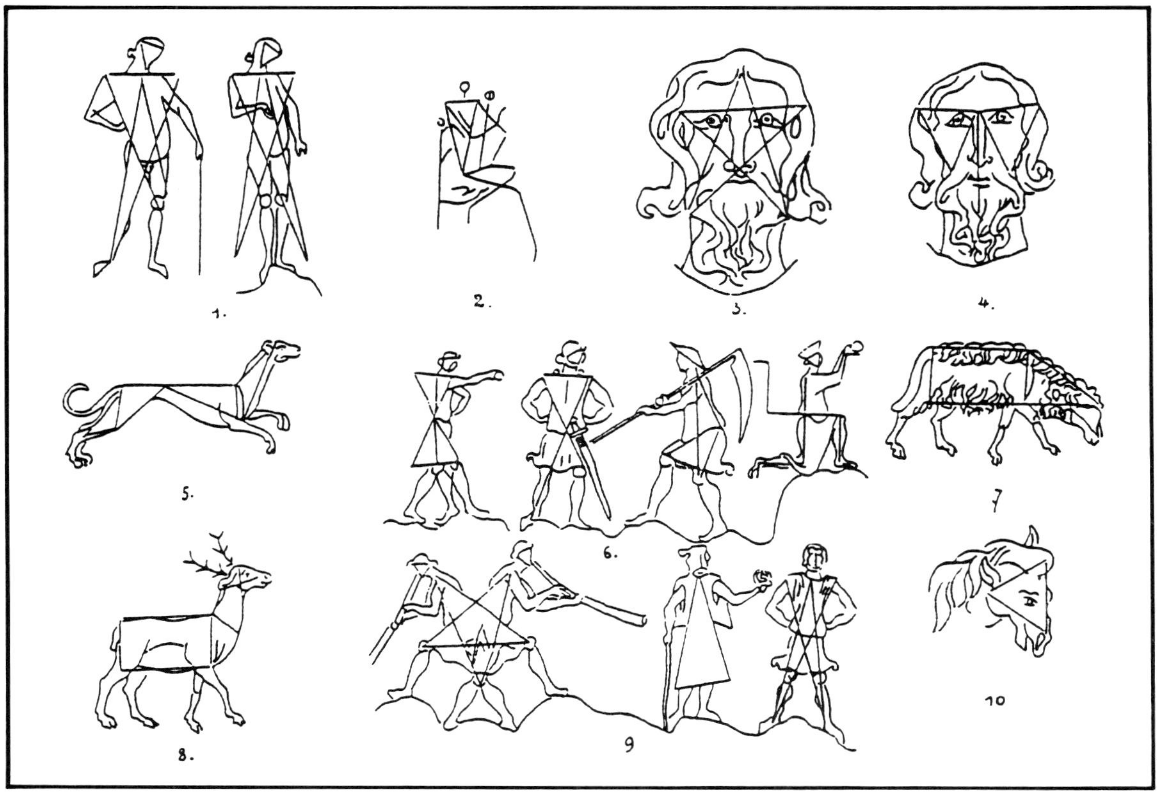

Abb. 14 Beispiele von geometrischen Prinzipien, die zum Konstruieren von Figuren im 13. Jh. angewandt wurden.

Mit der im 13. Jahrhundert einsetzenden Transformation der Architektur begann auch eine neue Phase in der Wandmalerei. Gestaltung und Stil werden freier, aber durch die bald zum Gemälde gewordene Glasmalerei muß sie sich oft unterordnen. Aber die Wandmalerei behauptete sich weiterhin nicht nur in den Kirchen, sondern griff auch auf die Schlösser über, wo Darstellungen mit großem Wirklichkeitssinn entstanden. Das Ziel der Malerei war, nicht nur zu schmücken, sondern auch zu belehren.

Die Künstler dieser Zeit verfügten über eine Reihe praktischer Regeln, die selbst den weniger talentierten unter ihnen erlaubte, das in den alten Werken herrschende Gleichgewicht zu erreichen. Die Nationalbibliothek von Paris besitzt das Buch eines Architekten des 13. Jahrhunderts, Villard de Honnecourt, nach dem die damaligen Künstler ihre Kompositionen auf geometrischen Prinzipien aufbauten (Abb.14). Die verschiedenen Maltechniken der Fresken-, Wachs-, Tempera- oder Ölmalerei veränderten sich kaum über die Jahrhunderte.

Bodenmosaike und -platten

Die Römer übernahmen die Kunst des Mosaiks von den Griechen und brachten sie zu höchster Vollendung. Es wurde hauptsächlich zur Dekoration von Fußböden benutzt; selbst für Zelte wurden transportable Mosaikböden hergestellt. Die in Frankreich gefundenen römischen Bodenmosaike stammen überwiegend aus der Frühzeit, wie ihr einfacher aber großartiger Stil zeigt. Allmählich fand man Mosaiken zu kostbar für Böden und benutzte sie stattdessen als Wandschmuck. Um neben der Malerei bestehen zu können, mußte der Mosaizist laufend neue Methoden erfinden, was schließlich zu einer Erschöpfung dieser Kunst führte.

Nach Erhebung des Christentums zur Staatsreligion nahm sich die Kirche dieser Kunst an. In kurzer Zeit entwickelte sich die Mosaikkunst zur führenden religiösen Kunstform und erreichte im Laufe der Zeit einen neuen Höhepunkt. Während des Bilderstreits in Byzanz flohen viele Mönche nach Italien, wo sie die Kunst der Mosaikmalerei so verfeinerten, daß sie bis ins 12. Jahrhundert hinein als maßgeblich galt. Die Christen übernahmen die heidnischen Tempel und verwandelten sie in Gotteshäuser, wobei die Fußböden jedoch meistens beibehalten wurden. Bald wurden auch die Fassaden und Innenwände mit Mosaiken bedeckt. Die älteren Basiliken hatten Böden aus konzentrischen oder tangierenden Kreisen nach dem alexandrinischen Muster. Die im Frankreich entdeckten Mosaiken der frühchristlichen Periode waren nicht von einheimischen, sondern von italienischen Künstlern geschaffen worden. Ab dem 12. Jahrhundert wurde jedoch das Mosaik als Bodenbelag in Frankreich allmählich durch dekorierte Steinplatten oder lackierte Tonplatten abgelöst. Dieses Material war billiger und erzielte trotzdem einen guten Effekt.

Bereits in der Antike überzog man Terrakotten mit einem glänzenden Email, hauptsächlich im Orient und Euphrattal. Der Firnis bestand aus einem alkalischen Aluminiumsilikat, versetzt mit einem färbenden Metalloxyd, wobei später Blei oder Zinn verwendet wurde. Die vom 11. bis 17. Jahrhundert in Frankreich benutzten Bodenplatten haben einen durchsichtigen, leicht gelb gefärbten Firnis. Dagegen ist die Basis bei den fayencierten Platten das undurchsichtige Zinnoxyd, wie bei den maurischen Platten und den französichen aus dem 16. Jahrhundert. Es sind demnach zu unterscheiden: Platten mit durchsichtigem Firnis, Platten mit matter Oberfläche und Fayenceplatten mit undurchsichtigem Überzug. Die ersten beiden wurden vom 11. bis 17. Jahrhundert verwendet, während Fayence erst im 16. Jahrhundert erschien und bald durch Marmor verdrängt wurde.

Die von den Römern in Frankreich eingeführten Tonplatten hatten einen großen Vorteil gegenüber den Steinplatten. Sie waren nicht so kalt und hatten eine bessere Toleranz für die Wärme, die von der unterirdischen Heizung ausströmte. Die älteste aufgefundene, gefirnißte Platte in Frankreich stammt aus dem Kloster Saint Colombe-lès-Sens vom Grabmal Richard des Gerechten von Burgund (936 n. Chr.). Demnach geht die Anwendung von Bleiglasur bis zur Karolingerzeit zurück. Es ist daher eine irrige Annahme, daß emaillierte Platten erst durch die Kreuzfahrer in Frankreich eingeführt worden seien.

Im Mittelalter wurden die Muster und Verzierungen in den halbtrockenen Ton gepreßt und die Vertiefungen mit Ton mit einem Zusatz von färbenden Metalloxyden, wie Mangan, Chrom, Ocker usw., ausgefüllt. Für den Firnis wurde Schwefelblei benutzt.

Im 12. Jahrhundert wurden zwei verschiedene Arten von Platten hergestellt: die Reliefplatten, matt oder gefirnißt, die später durch das Mosaik verdrängt wurden. Gegen Ende des Jahrhunderts erschienen die mit geometrischen Ornamenten verzierten Platten, die, in längliche Felder gelegt, durch Streifen matterer Farbe getrennt wurden. Im 13. Jahrhundert werden individuell ornamentierte Platten ohne Rücksicht auf das Gesamtdesign verwendet. Grün verschwindet, Braun und Schwarz werden beibehalten. Ein Unterschied zwischen Keramikplatten des 12. und 13. Jahrhunderts besteht nur insofern, als daß sie architektonischen Neuerungen angepaßt wurden. Darstellungen von Lilien finden sich häufig; auch bildeten oft vier oder acht Platten ein Ornament. Ein leichter Rückgang dieser Kunst ist bereits im 13. Jahrhundert erkennbar, und im 15. Jahrhundert geht sie ihrem Ende zu.

Die italienische Seidenweberei

Statt der Bildwirkerei florierte im Mittelalter in Italien die Seidenweberei. Diese in Oberitalien ausgeübte Kunst kam zweifellos aus Sizilien und Unteritalien, wo unter den Normannen und Hohenstaufen die Seidenwirkerei nach byzantinisch-sarazenischem Muster eine hohe Blüte erreichte. Bis zum 15. Jahrhundert war Lucca führend, obwohl auch in Venedig, Florenz, Mailand, Bologna und Genua Seide hergestellt wurde. Im Mittelalter bis hin zur Renaissance versorgte Italien das gesamte Abendland mit Brokat, Samt und Seide. Die frühen italienischen Seidengewebe waren Imitationen des orientalischen Stils, vielfach sogar mit arabischen Inschriften. Erst mit der Entwicklung der gotischen Kunst setzte sich im 14. Jahrhundert ein vom Orient unabhängiger Stil durch. Was die Seidenmuster dieser Epoche auszeichnen, sind der Ideenreichtum und die freie Anordnung, die fast landschaftlich anmutet. Aus der sarazenischen Palmette wurden Bäume, aus der Arabeske Weinranken, Eichen und Rosen, wie sie auch in der frühgotischen deutschen Glasmalerei und Teppichwirkerei vorkommen.

Die Kalligraphie und Miniaturmalerei des Mittelalters

Von der Antike bis in das frühe Mittelalter wurde Papyrus als Schriftträger benutzt; selbst noch die Dokumente der ersten Könige von Frankreich bestanden daraus. Erst im 8. Jahrhundert verbreitete sich die Verwendung des Pergaments und im 13. Jahrhundert des Papiers aus Lumpen. Als Schreibgerät benutzte man entweder ein aus

Ägypten stammendes biegsames Rohr oder Pinsel mit Tinten verschiedener Farbe, und im 8. Jahrhundert dann den Gänsekiel. Dokumente in der Zeit Karls des Großen erscheinen oft in Gold und Silber auf purpurnem Pergament.

Die Kalligraphie und Miniatur – eine Malerei oder Zeichnung in Handschriften und Büchern, die sogenannte Buchmalerei – wurde besonders in Klöstern ausgeübt zu der Zeit, als Bücher noch handschriftlich kopiert wurden. Da Pergament sehr teuer war, wurde der Text ohne Absätze zusammengedrängt, und die Initialen kamen auf. Dieser durch Größe hervorgehobene Buchstabe am Anfang von Büchern oder Abschnitten war anfangs in Schwarz und schmucklos. Allmählich wurden Rot, Blau, Gold und Silber benutzt und kleine Bilder begleiteten den Text. Somit entstand aus der Ornamentierung der Initialen die Buchmalerei und in der Folge die Miniaturkunst.

DIE RENAISSANCE

Die Renaissance stellt nicht nur einen Wendepunkt in der Geschichte der Kunst, sondern auch in allen anderen Bereichen dar. Mit ihr beginnt die abendländische Neuzeit, die Bewußtwerdung der menschlichen Persönlichkeit, der Humanismus. „Renaissance" bedeutet die Wiedererweckung einer vergangenen Kultur, und diese Bewegung setzte im 15. Jahrhundert in Italien ein. Die antike Gestalten- und Formenwelt wurde wiederentdeckt und mit einem neuen Wirklichkeitssinn verbunden.

Im Mittelalter wurde das Geistesleben durch den Klerus bestimmt. Neue wissenschaftliche Erkenntnisse, die dem starren Dogma der katholischen Kirche widersprachen, wurden unterdrückt. Dieser Zustand war auf die Dauer unhaltbar. Die Kirche verlor an Autorität, denn die Menschen wandten sich der Philosophie und Kunst der Antike zu. Das dem Diesseits zugewandte Weltgefühl, und nicht das dem Jenseits zugewandte, wie es die Kirche des Mittelalters verlangte, erwachte zu voller Stärke und führte zu den großen Geistesbewegungen der Renaissance.

In den darstellenden Künsten der italienischen Renaissance ist vor allem das auf die Antike zurückgreifende, genaue Studium der menschlichen Anatomie und der Natur zu erkennen. Auch die Ornamentik der Antike wurde wieder aufgegriffen und ihr Motivschatz weiter entwickelt. Der Übergang war rapide, da es zu dieser Zeit eine große Reihe führender Künstler der dekorativen Kunstform gab. Die schnelle Verbreitung des neuen Stils war außerdem auch durch die Erfindung des Kupfer- und Holzstichs, und später des Hochdruckverfahrens, gegeben.

Einige der ornamentalen antiken Motive der italienischen Renaissance hatten auch im Mittelalter Anwendung gefunden, während andere neu entdeckt wurden. Da die gotische Kunst nur teilweise bis Italien vorgedrungen war, entnahmen die italienischen Künstler ihre Modelle der Antike, statt sie nach gotischem Muster zu entwickeln. Hierin lag die Stärke der Kunst der italienischen Renaissance; sie zerstückelte sich nicht, sondern konzentrierte sich auf einen einzigen Stil, aus dem später der Barockstil hervorging.

Die frühe Florentiner Schule bevorzugte in der Architektur einen rustikalen Stil mit wenig Ornamentik. Dasselbe galt auch für Einrichtungsgegenstände. Im 15. Jahrhundert trat jedoch eine Änderung ein: eine Tendenz zur Eleganz und Verzierung machte sich bemerkbar. Diese Freude am Ornament übertrieb man im 16. Jahrhundert; die Ausführung wurde oberflächlich und überladen.

Deutschland übernahm den Renaissancestil bis zu einem gewissen Grade ebenfalls, obwohl die Überlieferungen der Spätgotik fortlebten. Die gotische Kunst entsprach der deutschen Natur in ihrer Einfachheit, aber trotzdem wurden auch italienische Formen der Renaissance übernommen. Reisen nach Italien regten deutsche Künstler dazu an, den gotischen Stil mit dem italienischen der Antike zu verbinden. In der Baukunst war ihr Bemühen mehr auf den Baukörper als auf den Schmuck gerichtet, denn die Vielfalt der Ornamentik der italienischen Renaissance war zu überwältigend für ihren Geschmack.

Somit näherten sich nur wenige Bauten dem Wesen der italienischen Renaissance; auch die Ornamentik dieses Stils war nicht verbreitet, sondern wurde dem deutschen Geschmack angepaßt.

Das älteste Renaissancewerk in Deutschland ist ein 1492 von Georg Seld in Augsburg gearbeiteter Altar, der in der Reichenkapelle in München zu sehen ist. Kurz danach begann Albrecht Dürer, sich mit Motiven der Renaissance zu befassen, jedoch kehrte er immer wieder auch zur gotischen Form zurück. Besonders seine Entwürfe für Goldschmiedearbeiten zeigen den Renaissancestil in all seiner Schönheit.

Bis zum Ende des 17. Jahrhunderts war Nürnberg der Mittelpunkt der deutschen Renaissance, während Augsburg die zweite Stelle einnahm. Bald wurden die Künstler jedoch an die Höfe der Prinzen gerufen, die sich die Förderung der Künste zur Aufgabe machten. Nach langem Stillstand lebte auch der Kirchenbau wieder auf.

In Frankreich, wo die politische Macht zentralisiert war, stand die Kunst der Renaissance unter dem Schutz des Königs und seiner Höflinge. Hier nahm die Renaissance ihren Einzug durch die Werke von Benvenuto Cellini und Andrea del Sarto. 1530 rief König Franz I. die Künstler Rosso und Primistinio nach Frankreich, die überwiegend in Fontainebleau arbeiteten und eine Schule gründeten. Girolamo della Robbia, der keramische Werke schuf, arbeitete ebenfalls am Hof Franz I. und starb 1566 in Paris. Katharina von Medici, die den späteren König Heinrich II. heiratete, ließ viele französische Künstler in Italien ausbilden, wie z.B. Jacques Androuet-Ducesseau, Philippe de l'Orme, Pierre Lescot, Jean Goujon und Germain Pilou. Wie in Deutschland beschränkte sich der Renaissancestil in Frankreich anfänglich auf die Ornamentik; erst später griff er auch auf die Architektur über.

In den Niederlanden, die mit Deutschland engen Kontakt hatten, erreichte die Kunst der Renaissance im 15. Jahrhundert eine Blütezeit. Die bedeutendsten Künstler dieser Epoche waren Lukas van Leyden, Johannes Vredemann de Vries und Hans Collaert.

Die keramische Kunst der italienischen Renaissance

Nachdem die italienische Stadt Faenza durch ihre Tonware Berühmtheit erlangt hatte, wurden alle farbigen, mit Zinnglasur bedeckten keramischen Erzeugnisse als Fayencen bezeichnet. Auch gefärbte Bleiglasuren wurden verwendet.

In Italien nannte man jedoch diese Töpferware Majoliken, nach den von Mallorca eingeführten spanisch-maurischen Keramikarbeiten. Majoliken wurden bereits im 12. und 13. Jahrhundert hergestellt, wie ihre gotische Ornamentierung bezeugt, jedoch beschränkte man sich auf viereckige und runde Platten zur Dekoration von Kirchenfassaden, wie z.B. in Bologna und Pisa. Auch waren diese Stücke nur Halbfayencen oder Mezzomajoliken, in die das Muster eingekratzt wurde.

Echtes Majolika wurde Anfang des 15. Jahrhunderts von der Familie della Robbia in Florenz produziert, aber es müssen darüber hinaus noch weitere Werkstätten bestanden haben, wie Funde in Florenz, Castelfiorentino und Siena zeigen. Die Ornamente in bläulich-schwarzer oder violetter Glasur waren auf einen weißen Grund aufgetragen. Die Verschmelzung von gotischen und arabischen Motiven ist ein Zeichen, daß diese Kunst von spanisch-arabischen Importen beeinflußt war. Die Wiedergabe von Majoliken in deutschen und holländischen Malereien des 15. Jahrhunderts zeigt, daß sie bereits bis in diese Länder gelangt waren.

In Faenza, dem Mittelpunkt der frühen Kunst, ist das älteste erhalten gebliebene

Fayencegefäß aufbewahrt (datiert zwischen 1393 und 1405). In dieser Epoche waren gotisch-orientalische Motive vorherrschend. Die Farbgebung war noch etwas unsicher und wechselte zwischen Blau, Violett, Grün, Gelb und Braun. Es wurden hauptsächlich Krüge, Urnen, Kacheln und Apothekerkannen hergestellt. Mit der Einführung der Ornamentik der Renaissance gegen Ende des 15. Jahrhunderts begann die Blütezeit der Fayencekunst mit ihren figuralen und dekorativen Motiven und ihrer hervorragenden Qualität in Ausführung und Farbgebung. Ab 1530 wird speziell in Urbino die Figurenmalerei bevorzugt, und erst um die Mitte des 16. Jahrhunderts tritt das Ornament wieder in den Vordergrund.

Die Majolikaware diente überwiegend zur Dekoration und wurde nur an besonderen Festtagen benutzt. Die Entwürfe stammten teilweise vom Künstler selbst, meist aber waren die Motive Kopien von Kupferstichen, die z.B. von den venezianischen Stechern Marco Antonio, Agostino Venetiano und Marco Dente oder auch von deutschen Künstlern angefertigt worden waren.

Siena erlangte Berühmtheit für seine reich verzierten Keramikplatten, während Castel Durante seit 1525 besonders wegen seiner grau-in-grau gearbeiteten Platten bekannt war.

Es scheint, daß Venedig enge Beziehungen mit Faenza hatte, jedoch erklärt dies nicht die eigenartige Ornamentik der frühen venezianischen Majoliken. Die graue oder blaue, dick aufgetragene Glasur schillerte in bunten Farben. Die Motive muteten orientalisch an: Blüten mit zierlichen Stengeln, die in Blau auf einen grauen Grund gemalt waren. Um 1525 wurde diese Kunstform vom Renaissancestil abgelöst, und 1540 führte man noch zusätzlich den Stil der Urbino-Schule ein.

Die Goldschmiedekunst der italienischen Renaissance

In der Renaissance beherrschte ein Künstler oft mehrere Kunstrichtungen. So war er gleichzeitig Maler, Bildhauer, Architekt, Kupferstecher und Goldschmied. Einer der ersten dieser vielseitigen Meister der Künste war Lorenzo Ghiberti (1381–1455), der wegen seiner großen Bronzeskulpturen und Goldschmiedearbeiten bekannt war. Andere große Künstler, deren Laufbahn in Werkstätten der Goldschmiedekunst begann, waren Giovanni Turini aus Siena, Michelozzo Michelozzi, der später ein berühmter Architekt und Bildhauer wurde, Andrea Verocetio, der Plastiken für den Vatikan schuf und Pietro Perugino ausbildete, und Leonardo da Vinci. Der erste Künstler, der ein Juweliergeschäft eröffnete, war Antonio des Pollajuolo (1426–1498) – außerdem auch als Maler tätig und Erfinder einer neuen Technik, durchsichtiges Email auf einen Reliefgrund aufzutragen. Der bedeutendste Goldschmied der Renaissance war jedoch Benvenuto Cellini (1500–1570), der zuerst in Italien und später in Frankreich seine Kunst ausübte, wo er zur Ausbreitung des Renaissancestils beitrug.

Die meisten der überlieferten Juwelen der Renaissance sind Anhänger für Halsketten, die in der Mehrzahl von Cellini angefertigt worden waren. Den Mittelpunkt des Schmuckstücks bildet gewöhnlich eine Perle oder Kamee, umgeben von Emailvoluten oder -figuren. In der frühen Renaissance waren noch Emailarbeiten beliebt, doch durch das wachsende Interesse an klassischen Schmuckgegenständen und Kameen, gewannen auch das Schneiden und Schleifen von Edelsteinen an Bedeutung. Der erste Meister dieser Kunst scheint Vittore Pisano gewesen zu sein; die Hauptzentren der Edelsteinverarbeitung waren Florenz, Mailand und Rom.

Italienische Buchmalerei

Wie in allen anderen Kunstformen der Renaissance, war Italien auch in der Buchornamentik führend, obwohl die Kunst des Buchdrucks mit gegossenen beweglichen Lettern von Deutschland kam und in Italien anfangs ausschließlich von Deutschen ausgeführt wurde. Bis zum Ende des 15. Jahrhunderts wurde die gotische Schrift und nur Schwarz benutzt, aber ein Werk des Kirchenschriftstellers Lactantius des Jahres 1465 war bereits in Antiqua. Alle Buchornamente der Renaissance in Italien waren klassischer Natur, wobei, wie in Deutschland, der Drucker Platz für die später von Hand einzuzeichnenden Illustrationen ließ. Da die Handmalerei zu kostspielig war, begann man um 1570, auch die Ornamente zu drucken. In dieser Zeit entstanden die prachtvoll verzierten Initialen, Überschriften und Randleisten mit Motiven von Putten, Blattranken und Blumen.

Bis jetzt konnte nicht festgestellt werden, ob der Holzschnitt in Deutschland oder Italien seinen Anfang nahm. Sicher ist jedoch, daß Italien Deutschland in der Technik des Holzschnitts, wie auch in der des Stahlstichs, bald überflügelte.

Der erste uns bekannte Drucker in Italien, der Bücher mit klassischen Ornamenten herausbrachte, war ein Deutscher namens Erhart Ratdolt. Er erarbeitete sich ein Vermögen in Venedig und kehrte 1486 in seine Heimatstadt Augsburg zurück.

Einer der berühmtesten Buchdrucker Italiens war Aldus Pius Manutius, dessen Werke in ganz Europa bekannt wurden. Allerdings waren sie noch mit der Hand verziert. Ottavio Petrucci, der eine Werkstatt in der Nähe Venedigs hatte, war der erste Drucker, der Notenblätter mit beweglichen Lettern druckte. Leider sind nur eine kleine Anzahl seiner Werke erhalten geblieben.

In Mailand wurde die erste Druckerei 1477 von zwei Deutschen, Ulrich Scinzengeler und Leonhard Pachel, gegründet. Boninus de Bononis arbeitete in Brescia von 1481 bis 1491 und gab seine illustrierte Version von Dantes Werken heraus – eine der schönsten Arbeiten der Buchdruckerkunst, die die Renaissance hervorbrachte.

Tonware aus Oiron

Nur sehr wenige Stücke dieser Fayencewerke sind erhalten geblieben. Ihre Musterung ist so zierlich ausgeführt, daß sie den feinen Motiven der Goldschmiedekunst gleichkommen. Diese Fayencen wurden zwischen 1529 und 1568 unter der Anleitung von Helene de Hangest und ihrem Gatten Artus Gouffier von dem Kunsthandwerker François Carpentier im Schloß Oiron in der Nähe von Thonars hergestellt. Die frühen Werke sind charakteristisch für ihre schönen Linien und ihre Elfenbeinfarbe (1528–1537); danach waren die Form- und Farbgebung weniger bestechend. Nach dem Tode der Gouffiers starb diese Kunst ebenfalls aus.

Es wurden mehrere Versuche gemacht, die Technik und den Stil dieser Ware nachzuahmen, jedoch ohne Erfolg. Die meisten der wenigen erhalten gebliebenen Stücke entstammen dem Speiseservice Heinrichs II. und Dianas von Poitiers, weshalb sie auch manchmals als Fayencen bezeichnet werden.

Französische Fayencen

Mit dem Rückgang der keramischen Kunst in Italien emigrierten viele italienische Künstler nach Frankreich und gaben der dort bestehenden Kunst neue Impulse. Der Florentiner Töpfer Girolamo della Robbia zum Beispiel arbeitete ab 1538 in Frankreich. Andere gründeten später Werkstätten in Lyon, Nantes und Nîmes. Die ersten Werke des französischen Töpfers Masseot Abaquesne in Rouen datieren aus dem Jahr 1542, aber sie zeigen noch den italienischen Stil. Ein eigenständiger Dekorationsstil kam mit den Werken von Bernard Palissy auf, der in seiner Jugend die Glasmalerei erlernte, sich aber auch mit der plastischen Kunst und Malerei befaßte. Durch seine Reisen in Frankreich, Flandern und Deutschland gewann er Interesse an der Keramik und errichtete 1542 eine eigene Werkstatt in Saintes. Als Anhänger des Calvinismus wurde er 1562 inhaftiert, aber durch die Hilfe seines Gönners Connetable de Montmorency wieder freigesetzt. Der König berief ihn 1565 nach Paris, wo er für Maria de Medici arbeitete.

Sein individueller Stil ist wahrscheinlich darauf zurückzuführen, daß er von Beruf kein Töpfer war und somit seinen eigenen Ideen und Techniken entwickelte. So war er auch der Erfinder der durchsichtigen Bleiglasur. Seine Hauptfarben waren Mangangelb, Kobaltblau und Gelb. Die Glasuren kommen am besten in seinen dekorativen Platten zum Ausdruck; sie haben weiche, flache Vertiefungen und Motive von Ranken, wobei die Farben ineinander laufen.

Emailwaren aus Limoges

Limoges war bereits im Mittelalter für seine Grubenschmelzarbeit bekannt. Im 15. Jahrhundert entwickelte sich dort ein individueller Stil, der vielleicht aus der französischen Glasmalerei hervorging oder, was wahrscheinlicher ist, aus Köln stammte. Diese Art der Schmelzmalerei hatte nichts mit der byzantinischen Technik des Gruben- oder Zellenschmelzes gemeinsam.

Wegen des hohen Goldpreises wurde auf Kupfer gearbeitet, besonders wenn es sich um große Werke handelte. Bei dem in Limoges angewandten Verfahren, dem sogenannten Maleremail, wurde Kupfer mit einer dunklen Schmelzmasse überzogen und in diese eine Emailmalerei eingebrannt. Dies erforderte keine große künstlerische, jedoch besondere handwerkliche Fertigkeit. Die Motive waren hauptsächlich Nachahmungen von deutschen, französischen und italienischen Kunststichen.

In der frühen Periode bis 1530 waren Nardon und Jean Penicaud führend, die die Umrisse der Dekorationen auf Kupfer eingravierten und dann die gesamte Fläche mit einem durchsichtigen Glasschmelz bedeckten. Die durchscheinenden Linien wurden dann dunkler nachgezogen und die Innenräume farblich ausgeführt. Weiß und Gold wurden für besondere Effekte benutzt.

Nardon und Jean Penicaud produzierten Email in den schönsten Farben, jedoch lassen sich daran noch kleine technische Unvollkommenheiten erkennen. Die Blütezeit in Limoges begann erst, nachdem man bessere Methoden des Aufschmelzens und Einbrennens der Farben entdeckt hatte. Ein Nachteil war, daß die Leuchtkraft der Farben beeinträchtigt wurde, was schließlich zu einer grau-in-grau Tönung führte.

Hautfarben und Gold wurden separat aufgetragen.

Der größte Meister des zweiten Stils in Limoges war Leonhard Limousin (1505–1577), dessen Werke in Form- und Farbgebung unübertroffen waren. Heinrich II. ernannte ihn 1548 zum Hofmaler, und in dieser Kapazität schuf er unter anderem zwei große Altarbilder für Ste. Chapelle in Paris nach Zeichnungen des Malers Niccolo dell'Abbate. Der produktivste Künstler in Limoges war Pierre Reymond, der von 1534 bis 1578 tätig war. Wegen der Unmenge der ihm zugeschriebenen Werke ist anzunehmen, daß er eine große Werkstatt hatte und seine Schüler einen Teil der Arbeiten ausführten. Er konzentrierte sich auf die grau-in-grau Ausführung. Weitere bekannte Meister waren Jean Court (genannt Vigier) und Jean de Court; auch das Monogramm T.C. kommt oft vor.

Französische Goldschmiedearbeiten

Während sich in Italien die Renaissance zuerst in der Baukunst bemerkbar machte, beeinflußte sie in Frankreich anfangs alle anderen Künste. Franz I. förderte die neue Kunstrichtung, indem er italienische Maler, Bildhauer und Goldschmiede nach Frankreich holte, u.a. Primaticcio, Dosso Dossi und Cellini, die schon bald französische Schüler ausbildeten. Wie aus den Dokumenten jener Zeit hervorgeht, gab der Hof Aufträge zur Anfertigung einer großen Zahl von Schmuckstücken, wie Kettenanhänger, Ringe, Armbänder und Medaillons. Diese hatten anfangs figurale religiöse Motive, später entstanden Darstellungen aus der Mythologie. Die feinen Reliefarbeiten mit wenig Email wurden nach dem Vorbild Cellinis vom Hochrelief und der völligen Überziehung mit Email abgelöst. Die wichtigen französischen Goldschmiede waren Vincent du Bonchaz und Colembert, die beide aus Lyon stammten. In Tours erlangten Loys Benoist, Gedanyn und Mataurin de Cosse Berühmtheit. Sehr wahrscheinlich ist der Fortbestand des italienischen Renaissancestils in der französischen Ornamentik auf Cellinis Einfluß zurückzuführen. Diese Kunstform kam erst unter Heinrich III. (1574–89) zum Zerfall, als man begann, Schmuck mehr nach seinem materiellen Wert als der künstlerischen Ausführung zu beurteilen.

Französische Buchmalerei

Da Frankreich führend in der gotischen Kunst war, ging die Assimilation von Elementen des Renaissancestils nur langsam vor sich. Dies traf vor allem auch in der Buchmalerei zu. Während die deutschen Miniaturisten versuchten, eine eigene Form aus von Italien übernommenen Elementen zu bilden, wurden in Frankreich hauptsächlich Kopien von italienischen Vorlagen angefertigt bzw. auch direkt übernommen. Dieser Zustand änderte sich erst unter Franz I., und Frankreich entwickelte einen eigenen Renaissancestil, besonders auch in der Buchornamentik. Als Franz I. 1518 die Herrschaft übernahm, waren die Buchornamente noch Nachahmungen deutscher oder italienischer Motive. Jedoch begann Geofroy Tory, der die neue Kunst zwei Jahre in Italien studiert hatte, die französischen Buchdruckereien ab 1519 mit Miniaturen zur Dekoration von Büchern zu versorgen. Seine Motive wurden erstmals von dem Drucker Simon de Cotines verwendet. Tory schuf den reinen Renaissancestil, und seine Arbeiten wurden als klassische Beispiele der französischen Buchmalerei angesehen. In der Folge machten sich alle französischen Künstler diesen Stil zu eigen.

Die Kunst des Druckens mit beweglichen Lettern wurde 1469 von drei Deutschen, Martin Crantz, Michael Freiburger und Ulrich Gering, in Paris eingeführt. Ihre ersten Bücher waren in römischer Schrift gedruckt, die dann aber durch die gotische ersetzt wurde. Um 1500 gab es in Paris bereits fast 50 Druckereien. Die Gebetbücher, die nach 1486 in Frankreich so beliebt waren, wurden zuerst von Simon Vostre herausgegeben; später dann u.a. von Philippe Pigouchet und Antonie Verard. Diese Gebetbücher zeigten überwiegend noch den Stil der französischen Gotik und waren handdekoriert. Henry Estienne benutzte ab 1500 ornamentale Initialen des Renaissancestils, die jedoch italienischen Ursprungs waren. 1521 übernahm Simon De Colives die Druckerei von Estienne und wechselte zum französischen Renaissancestil über. Charles Estienne, der Bruder Henrys, gründete 1536 ebenfalls eine Druckerei, die so erfolgreich war, daß sogar Guillaume Morel, der Buchdrucker des Hofes, seine Ornamente nachahmte.

Neben Paris war Lyon ebenfalls ein Zentrum der Buchmalerei; dort wurde das Druckverfahren 1473 eingeführt und nahm eine ähnliche Entwicklung wie in Paris. Zu den ersten dieser Kunst gehörten Jacques Saccon und Jean Marion, die allerdings nur Kopien deutscher und italienischer Holzschnitte benutzten, wie auch der dort ansässige deutsche Buchdrucker Sebastian Gryphius. Hans Holbein fertigte ebenfalls Arbeiten für die lyonnaisischen Buchdrucker Melchior und Caspar Prechsel und Jean Frellonan.

Deutsche Goldschmiedekunst

Während in Frankreich die Kunst der Renaissance unter dem Schutz des Königs stand, wurde diese Funktion in Deutschland von den Städten übernommen, denn die Macht des Königshauses war beschränkt, ebenso wie seine Mittel. Die neue Kunst faßte zuerst in Augsburg Fuß und gelangte dann nach Nürnberg. Die Künstler dieser Epoche waren nicht nur Maler und Zeichner, sondern auch Goldschmiede, Holzschnitzer und Kupferstecher. Da die Verwendung von Edelmetallen bevorzugt wurde, ist erklärlich, weshalb die Künstler der frühen Renaissance den neuen Stil akzeptierten und ihren Zwecken anpaßten. Aus der Übergangsperiode sind viele Künstler zu nennen, wie z.B. Zeitblom und Martin Schaffner in Ulm; die Flamen Jan Grossaert, Jean Swart und Pieter Christus; Martin Schongauer in Colmar; Bart Bruyn in Köln; Konrad Fyoll in Frankfurt; Mathias Grünewald in Aschaffenburg und Lucas Cranach in Thüringen. In Nürnberg arbeiteten die Schüler Albrecht Dürers: Albrecht Altdorfer, Hans Sebald, Barthel Beham, Augustin Hirschvogel, Hans Schäuffelin und Georg Penz. Außerdem finden wir in Augsburg Hans Burgkmair und Hans Holbein den Jüngeren, deren Arbeiten die der anderen weit überragten.

Der Stil der deutschen Goldschmiedekunst läßt sich am besten am Beispiel der Anhänger verfolgen, die zum Tragen an Halsketten, zum Schmuck der Kopfbedeckung und als Ohrgehänge hergestellt wurden. Im Mittelalter waren die Verzierungen religiöser Natur, aber in der Renaissance werden figurale mythologische oder historische Motive verwendet; auch Darstellungen von Tieren kommen später hinzu. Prinzen drückten ihr Wohlwollen durch Überreichung eines Anhängers aus, so daß sie die Bedeutung des heutigen Ordens annahmen. Man schmückte sich mit Halsketten, an denen eine Medaille, ein Medaillon oder ein geschliffener Edelstein hing. Das Tragen von Ohrgehängen war eine orientalische Mode, die sich vor allem in Spanien und Sizilien verbreitete. In Deutschland waren sie weniger üblich und wurden nur von Frauen benutzt.

Der Hals- und Brustschmuck bestand aus Ketten, und mit der Zeit wurden sie in allen Längen und in einer solchen Anzahl getragen, daß der Vorderkörper bis zu den Knien bedeckt war. Quer über die Brust war oft eine breite Kette gespannt, an der Schmuckstücke aus Email oder Edelsteinen hingen. Von besonderer Art waren die Brautketten, deren Gehänge mit Wappenmotiven verziert waren. Auch Gürtel wurden aus Edelmetall gearbeitet, wobei die Glieder größer geformt waren. Die meisten waren jedoch aus mit Samt belegtem Leder, verziert mit Goldstickereien, Knöpfen, Metall oder Perlen. Schnallen waren überwiegend aus mit Gold oder Silber überzogener Bronze. Knöpfe waren reich verziert und wurden oft neben ihrer eigentlichen Funktion als Verzierung an Gewändern, Hüten und Kappen angebracht. Es scheint, daß Armschmuck während der Renaissance nicht allgemein üblich war, aber Ringe waren sehr beliebt. Da man Handschuhe trug, wurden die Ringe darüber getragen oder es wurden Öffnungen in die Handschuhe eingearbeitet, damit der Schmuck sichtbar war. Ringe wurden an allen Fingern getragen, oft in einer solchen Vielzahl, daß sie den ganzen Finger bis zum Nagel bedeckten. Das Motiv der Renaissance war vor allem die Schlange, besetzt mit Edelsteinen. Eheringe waren mit besonderer Sorgfalt gearbeitet und mit Ornamenten verziert. Viele Ringe waren auch mit Email eingelegt.

Deutsche Buchmalerei

Johannes Gutenberg beschäftigte sich mit dem Problem des Buchdrucks in Straßburg von 1436–1444, aber sein Gedanke, die Druckform aus beweglichen Metalltypen zusammenzusetzen, verwirklichte sich nicht bis 1459, als er wieder in Mainz war.

Die Kunst der gedruckten Buchmalerei in Deutschland ist so alt wie die Kunst des Druckens selbst. Das 1457 erschienene Psalterium von Fust und Schöffler enthielt 306 zweifarbig gedruckte Initialen, für die Holzschnitte und Stiche verwendet wurden. Der Zweifarbendruck war jedoch noch zu problematisch, so daß man bei weiteren Publikationen auf die alte Methode zurückgriff und wieder Raum für den Illuminator ließ.

In den 70er Jahren des 16. Jahrhunderts begannen andere Drucker ebenfalls, ihre Bücher mit typographisch ausgeführten Ornamenten zu verzieren. 1472 wurde in Augsburg ein gotisches Alphabet von Initialen herausgegeben, das erstmals in Rempipollis Guldin-Bibel, dann in Bischof Salomos Glossa in Konstanz verwendet wurde. Die Initialen der Augsburger Bibeln, die um 1580 erschienen, waren anhand von Holzschnitten ausgeführt. Die Ornamentik war jedoch noch überwiegend gotisch.

Während der Renaissance bestanden mehrere Zentren der Buchmalerei in Deutschland. Augsburg, wo die Druckkunst 1468 von Georg Leiner eingeführt wurde, war jedoch führend, denn die Augsburger Werke bestachen durch ihre feine gotische Typographie. 1508 führte der Augsburger Drucker Hans Burgkmair den Bruch mit der gotischen Form herbei und entwickelte sich zu einem der gesuchtesten Künstler des deutschen Renaissancestils. Ein weiterer deutscher Künstler der Buchmalerei, der frei von italienischem Einfluß war, war Daniel Hopfer, der ab 1514 für die Augsburger Druckereien arbeitete. Nach seiner Rückkehr aus Venedig im Jahr 1486 schloß sich auch Erhardt Ratdolt dieser neuen Bewegung an. Hans Othmar war der Gründer einer Druckereifirma, die große Berühmtheit erlangte. Erhard Öglin, ein Zeitgenosse Othmars, brachte die Technik der Buchdruckerkunst zur Perfektion und wurde zum Hofkünstler ernannt.

In Nürnberg eröffnete Johann Sensenschmid ca. 1470 die erste Werkstatt. Weitere folgten, und innerhalb kurzer Zeit erlangte die Nürnberger Druckkunst Weltruhm. Unter den Buchmalern ist vor allem Anton Skoberger zu nennen, der 1483 seine Deutsche Bibel herausgab. Er benutzte die gleichen Holzschnitte, die 1480 in der Kölner Ausgabe erschienen. Die gotischen Initialen wurden nicht abgeschafft, bis Albrecht Dürer 1513 von seiner Italienreise zurückkehrte und den Renaissancestil aufgriff. Besonders bemerkenswert sind sein großes Alphabet für Kinder und zwei weitere dekorative Alphabete. Dürer und sein Schüler Hans Springinklee, der ebenfalls ausgezeichnete Werke schuf, arbeiteten für drei Nürnberger Druckereien: Georg Stüchs, Hieronymus Hölzel und Pr. Peypus. Peypus benutzte als erster römische Schriftzeichen.

Basel war das Zentrum des Holztafeldrucks, bevor bewegliche Lettern entwickelt worden waren. In Brants „Narrenschiff" von 1494 lassen sich bereits die Anfänge einer realistisch-künstlerischen Buchornamentik erkennen. Auch hier geriet die gotische Kunst mit der Renaissance in Konflikt. Das erste, im Renaissancestil ausgeführte Buch kam 1513 heraus, und zwar von dem Baseler Druckverleger Michel Furter. Hans Holbein war 1518 in Basel tätig und trug dort zur Verbreitung des Renaissancestils bei. Seine meisterhafte Art, Figuren mit Ornamenten in Harmonie zu bringen, seine realistische Darstellungsweise und seine gründlichen architektonischen Kenntnisse verschafften ihm Weltruf, so daß es die Drucker als eine Ehre ansahen, seine Werke zu veröffentlichen. In der ersten Hälfte des 16. Jahrhunderts wurde Basel für seinen hohen Standard in der Druckkunst so berühmt, daß die gelehrten Männer jener Zeit, wie z.B. Erasmus von Rotterdam und Thomas More, ihre Werke dort drucken ließen. Nach dem Tode Holbeins hatte jedoch die Baseler Buchornamentik ihren Höhepunkt überschritten.

1466 gelangte die Druckkunst durch Ulrich Zell nach Köln. Hier ging der Übergang von der Gotik zur Renaissance nur sehr langsam vor sich, da Köln kaum Kontakt mit Italien hatte. Erst in den 20er Jahren des 17. Jahrhunderts finden sich Bücher mit Renaissanceornamenten, und diese waren zum Großteil Kopien der Baseler und Nürnberger Schule.

Wittenberg verdankt seinen Ruf als das fruchtbarste Zentrum der Buchdruckerei Martin Luther und Lucas Cranach dem Älteren. Georg Rhau wurde durch die Veröffentlichung der Gebetbücher Luthers und Melanchthons bekannt. Der bedeutendste Druckverleger Wittenbergs im 16. Jahrhundert war Hans Lufft; er gab Luthers erste Version der Bibel mit Illustrationen von Lucas Cranach heraus.

Die Künstler der Hoch- und Spätrenaissance wurden in späteren Epochen durch Kunsthandwerker ersetzt, die zwar das erforderliche künstlerische und technische Wissen besaßen, aber trotzdem nicht in vollem Maße mit ihren Vorgängern konkurrieren konnten.

DER BAROCK

Im Gegensatz zu der klaren Harmonie des Klassizismus und der Renaissance zeigt die Kunst des Barocks Bewegtheit und einen dynamischen Geist. Die Gestaltungsformen der Antike, der Renaissance und des Klassizismus sprechen den Intellekt an, befriedigen aber trotzdem den Schönheitssinn mit ihrer eleganten Ausgewogenheit und zierlichen Ornamentik. Das Ziel der Barockkunst war jedoch, nicht auf den Geist, sondern auf das Gefühl einzuwirken; sie wollte den Beschauer überraschen und überwältigen.

Man versuchte bis zu einem gewissen Grade bereits in der Spätgotik, und dann in größerem Maße in der Renaissance, alle Aspekte des Lebens zu einem harmonischen Ganzen zusammenzufügen. Man wandte sich vom Mittelalter mit seiner lebensverneinenden Auffassung ab und griff auf die Antike zurück, die dem Leben viel positiver gegenübergestanden hatte. Nach der Reformation nahm die Renaissance in nördlichen, und besonders in calvinistischen Ländern ihren Fortgang, während in katholischen Gebieten die Dogmen der Kirche wieder auflebten. Dies führte zu wuchtigen, beinahe oppressiven Kunstformen mit krassen Elementen. In der Baukunst, und speziell in der Ornamentik, wurden die klaren Linien der Renaissance durch eine komplexe, schwerfällige Formgebung abgelöst.

Obgleich der Barockstil im Anfangsstadium etwas schwer und bedrückend anmutet, macht dies schon im 2. Viertel des 17. Jahrhunderts dem Gefühl der Leichtigkeit und Lebhaftigkeit Platz.

Die Kunst des Barocks gelangte von Italien nach Spanien, Süd- und Westdeutschland und Belgien. Im Norden Europas stieß sie auf Widerstand: der Kontrast zwischen der katholischen Aristokratie Belgiens und dem calvinistischen Bürgertum Hollands wird nur allzu deutlich, wenn wir die Werke Rubens mit denen von Franz Hals vergleichen. Unter Louis XIV. erreichte der Barock später auch in Frankreich eine Blütezeit. Trotz des anfänglichen Widerstands hielt der neue Stil bis zu einem gewissen Grade schließlich doch Einzug in Nordeuropa, speziell in England und Norddeutschland. Der Grund dafür mag die Hinwendung des Barocks von der kirchlichen zur profanen Kunst gewesen sein. Man paßte jedoch die aus Italien stammenden Gestaltungsformen den nordeuropäischen Traditionen an. Der Dreißigjährige Krieg in Deutschland und die Gefahr einer türkischen Invasion in Österreich behinderten die Entwicklung eines homogenen Barockstils in diesen Ländern. Jedoch erholte sich Deutschland überraschend schnell von den Verheerungen der langen Kriegsjahre.

Allgemein gesprochen, standen Österreich und Süddeutschland unter dem Einfluß des italienischen Barocks, während Norddeutschland niederländische Barockelemente aufnahm. Besonders in Norddeutschland neigte man zum Konservatismus auch in der Kunst, was hauptsächlich auf die Haltung der Gilden zurückzuführen ist. Zum Beispiel findet man noch Elemente der Renaissance, wie toskanische Säulen, in der deutschen Architektur und an Möbelstücken bis in das 18. Jahrhundert hinein.

Boulle-Möbel

Diese vor ungefähr 250 Jahren hergestellten Möbelstücke haben Weltruf erlangt und sind heute nur noch in Museen oder privaten Sammlungen zu finden. André-Charles Boulle war einer der bedeutendsten französischen Kunstschreiner, der Kunstfertigkeit mit dem in jener Zeit bestehenden Luxus zu verbinden wußte. Darüberhinaus begann seine Laufbahn zu einem Zeitpunkt, als die Innendekoration in Frankreich eine völlige Änderung erfuhr.

Die bis dahin in Frankreich üblichen Möbel waren einfach und beinahe primitiv gearbeitet. Die Haupteinrichtung bestand aus Truhen und Schränken aus Holzbohlen, die mit Metallbeschlägen zusammengehalten wurden. Um diese Beschläge zu verdecken, bemalte man die Möbel oft mit Ölfarbe oder bezog sie mit Leinen. Zu Ende des 14. Jahrhunderts begann man, größere Stücke mit architektonischen Ornamenten zu verzieren. Durch die Verwendung von Dübeln und Spunden erzielte man nicht nur eine größere Stabilität, sondern verbesserte auch das Aussehen. Farbe wurde jedoch noch bis zum 16. Jahrhundert benutzt.

Im 17. Jahrhundert entfaltete sich ein übermäßiger Luxus. Das Mobiliar diente nicht mehr seinem eigentlichen Zweck sondern wurde zum Schaustück. Boulle war jedoch nicht der Urheber dieses Stils. Bereits im 14. Jahrhundert findet man Truhen und Schränke mit Elfenbeineinlagen, die aus dem Orient stammten und mit Zitaten aus dem Koran und Arabesken verziert waren. Auch in Frankreich wurden zu dieser Zeit Holzeinlegearbeiten hergestellt, oder man führte mit Intarsien dekorierte Möbel aus Spanien, Italien, Flandern und Indien ein.

André-Charles Boulle wurde 1642 in Paris geboren. Bereits sein Großvater Pierre war Kunstschreiner am Hof des Königs gewesen, und es wurde als eine besondere Auszeichnung angesehen, daß André-Charles Boulle schon mit 29 Jahren zum Hofkunsttischler ernannt wurde und eine Wohnung im Louvre bezog. Nur wenigen Künstlern wurde diese Ehre zuteil. In den Hofdokumenten erscheint sein Name erstmals 1669. Sein schönstes Werk ist eine für den Dauphin angefertigte Kommode. Es ist bedauerlich, daß Boulles Stücke nicht restauriert wurden, nachdem sie durch die Feuchtigkeit im Louvre beschädigt worden waren, sondern in ein Möbellager geschafft wurden.

Im August 1720 brach ein Feuer aus, das auch auf Boulles Werkstatt und Haus übergriff. Nur einzelne Teile der dort aufbewahrten Sammlung konnten gerettet werden. Außer seinem Vorrat an kostbaren Materialien verlor Boulle seine Kupferstichsammlung, alle Zeichnungen und antiken Skulpturen. Der Schaden war unermeßlich. Boulle schien vom Pech verfolgt und mußte sogar fliehen, um seinen Gläubigern zu entkommen, zu denen auch seine Handwerker und Kunden zählten. Seine Arbeiten wurden jedoch geschätzt und bewundert.

Auch seine vier Söhne wurden als Kunsttischler ausgebildet, wovon zwei mit ihrem Vater im Louvre arbeiteten und nach seinem Tode 1732 die Werkstatt übernahmen. Der talentierteste unter den Brüdern war Charles-André, der den Zunamen Boulle de Sène annahm, um Verwechslungen mit anderen Familienmitgliedern zu vermeiden. Er wohnte in der Rue de Sèvres (alte Schreibweise Sène).

Französische Fayencen des Barocks

Mit dem allmählichen Rückgang des Renaissancestils im 17. Jahrhundert sank auch die Kunst der Keramik auf ein so tiefes Niveau, daß nur noch Tonware zum täglichen Gebrauch hergestellt wurde. König Louis XIV. bestimmte jedoch, daß am Hof nur Fayenceware zu benutzen war, und dadurch kam es zu einer erneuten Blüte der Keramikkunst. Um 1600 brachte der Herzog Charles de Gonzaga den Künstler de Conrade von Savona nach Nevers, wo er ein Familienunternehmen gründete, das über viele Generationen fortbestand. Weitere Fayencewerkstätten wurden von Barthélemy Bourcier, Nicolas Etienne und Pierre Custode eingerichtet. Die keramische Kunst in Nevers war kennzeichnend für 5 verschiedene Stile. Diese waren:

(1) der italienische Stil (1600–1660)
(2) der persische Stil (1630–1700)
 der chinesisch-japanische Stil (1600–1750)
 der französische Stil (1640–1789)
(3) der Stil nach der Schule von Rouen (1700–1789)
 der Stil nach der Schule von Moustiers (1730–1789)
(4) der Wachsstil (1770–1789)
(5) der Stil der Dekadenz ab 1789.

Nevers war bekannt für seine figuralen Motive von Heiligen und die charakteristischen Malereien in Blau; ansonsten wurden jedoch zum Großteil die Stile anderer Zentren der Fayenceindustrie nachgeahmt.

Von größerer Bedeutung war Rouen, wo Poterat, Guilliband und andere im 17. Jahrhundert eine florierende Industrie aufbauten. Anfangs zeigte Fayence aus Rouen noch italienische und holländische Elemente, die aber gegen Ende des 17. Jahrhunderts verschwanden. Der Stil Rouens (blaue Motive auf weißem Grund) ähnelt feinen Stickereien oder Spitzenarbeiten; auch hat er vieles gemeinsam mit der Kunst der Miniaturmalerei und Intarsia. Die Zeichnungen für diese Fayencen wurden von Etienne de l'Aulue, Theodore de Bry, Virgilius Selus, Beham und anderen Künstlern ausgeführt. Der Mode folgend, ging man später auf die persische und ostasiatische Ornamentik über, wie das Füllhorn, Blumen, Pflanzen, Vögel usw. Dadurch ging der charakteristische Stil verloren, aber die schöne Symmetrie der früheren Werke wurde beibehalten.

In Südfrankreich wurde Fayence in Moustiers und Marseille hergestellt. Die frühe Ware aus Moustiers hatte blaue Dekorationen auf weißem Grund. Später wechselte man zur Polychromie über und produzierte qualitativ hochwertige Ware, die selbst in Rouen und Nevers als Vorbild diente. In Marseille war die Herstellung polychromer Fayencen ebenfalls verbreitet.

Holländische Fayencen

Der deutliche japanische Einfluß auf holländische Fayencearbeiten des 17. Jahrhunderts läßt sich durch die zwischen den beiden Ländern bestehenden Handelsbeziehungen erklären. Die 1602 gegründete holländische Ostindische Handelsgesellschaft war so erfolgreich, daß Japan 1640 die spanischen Händler des Landes verwies und Holland das europäische Handelsmonopol überließ.

Der Grundstein der holländischen Fayenceindustrie wurde 1611 mit der Formation einer Gilde in Delft gelegt, zu der auch die beiden Delfter Kunsthandwerker Hendrick Gerritoz und Hermann Pietersz gehörten.

In der ersten Periode, die ungefähr 50 Jahre andauerte, war die Formgebung wenig elegant und die Ornamentik überladen. Die Hauptmotive der Delfter Fayenceware dieser Zeit bestanden aus Gruppenbildern von Figuren, die von Girlanden, Blumen, Früchten, Putten, Füllhörnern und dergleichen umgeben waren. Die Farbgebung war dunkel, mit braun-violetten Umrissen. Polychrome Stücke waren selten, und auch dann wurde meistens nur Gelb mit etwas Rot benutzt. In dieser Epoche hatten Delft und Nevers vieles gemeinsam. Die einzige Ausnahme bildeten die Arbeiten des Harlemer Künstlers Hendrick Goltsius.

Um 1650 trat eine Wende ein: mittelmäßige Ornamentierer wurden von erstklassigen Künstlern und kleine Werkstätten von Großbetrieben abgelöst. Dieser Umschwung läßt sich deutlich an der Zahl der durch die Gildeprüfung gegangenen Meister erkennen: von 1611 bis 1640 waren es nur 8, während von 1651 bis 1660 über 20 die Prüfung ablegten. Delft erlangte sehr bald Weltruhm, und die Nachfrage nach Delfter Fayencen war so groß, daß in Kürze 26 Fabriken eröffnet wurden. Der Ornamentmaler Aelbregt de Keizer verlegte sich vor allem auf japanische Motive, während Abraham de Kooge die natürliche Farbe des Tons herauszubringen suchte. Er benutzte milchigweiße Glasuren und weiche Halbtöne, wobei die Motive fest umrissen waren. Seine Kacheln kamen in Schönheit den Kameen gleich. F.V. Frymton bevorzugte ebenfalls den zweifarbigen Effekt anstelle der Polychromie; seine Spezialität waren Landschaftsszenen. Die Blütezeit der Delfter Fayenceindustrie war eng verknüpft mit der Blüte der holländischen Malkunst, und beide Kunstzweige profitierten von Hollands Stellung in Europa als große See- und Handelsmacht.

Ein neuer Umschwung in der Delfter Fayenceindustrie kam im 18. Jahrhundert. Bis zu diesem Zeitpunkt waren Delfter Fayencen Luxusgegenstände gewesen, die sich nur die wohlhabenden Klassen leisten konnten. Plötzlich fielen die Preise, wahrscheinlich aus Gründen der Überproduktion. Die Hersteller begannen, ihre Ware den Bedürfnissen und dem Geschmack ihrer weniger bemittelten Kunden anzupassen, und auf diese Weise erwuchs aus der Kunst der Fayenceherstellung ein Handwerksgewerbe. Einzelne Künstler, wie z.B. J. Verhaagen, dessen beste Arbeiten aus den Jahren 1725–1735 stammen, versuchten, die frühe monochrome Gestaltungsweise wieder ins Leben zu rufen, aber die meisten mußten sich mit der Massenproduktion abfinden. Ein weiterer Einzelgänger war Piet Vizeer, der die prächtigsten Farben entwickelte. Zacharia Dextra und J.P. Dextra imitierten Dresdner Porzellan mit großem Erfolg, aber es blieb dennoch nur Imitation.

Der Rückgang der Delfter Fayenceindustrie wurde durch die Entwicklung der Porzellanindustrien anderer Länder beschleunigt.

Andere Zentren der Fayenceindustrie waren Harlingen, Utrecht, Arnheim und Amsterdam.

DAS ROKOKO

Nach dem Tode Louis XIV. von Frankreich im Jahr 1715 setzte eine Reaktion gegen den übertriebenen Luxus und Pomp von Versailles und das Hofleben im allgemeinen ein. Paris wurde wieder der Mittelpunkt des französischen Lebens, und im Gegensatz zu den mächtigen Barockpalästen baute man wieder in kleinerem Stil, der mehr Bequemlichkeit bot.

In der Innendekoration bevorzugte man statt Säulen und Pilastern abgerundete Formen, wie z.B. leicht gewölbte Decken. Auch die Farben wurden leichter und beschwingter. In Frankreich bildete der Régencestil unter der Regentschaft Philipps von Orléans (1715–23) den Übergang vom Barock zum Rokoko.

Einer der bedeutendsten Maler der Zeit war Gille-Marie Oppenort (1672–1743), der bei Mansart, Bernini und Pozzo in die Lehre gegangen war und den Palais Royal dekorierte. Germain Boffran (1667–1754) sollte ebenfalls erwähnt werden, denn durch seine Bemühungen wurde dieser Stil auch außerhalb des Landes bekannt. Der Régencestil brachte weitere Künstler hervor: so z.B. Claude Gillot, Claude Andran, und vor allem Jean Antoine Watteau (1684–1721). Auch die kapriziöse Kleinplastik, wie z.B. Gruppen von musizierenden Äffchen, wurde in dieser Zeit eingeführt. Der unumstrittene Meister der Chinoiserie war jedoch der Maler Watteau. Die Chinoiserie war eine im Rokoko sehr verbreitete Stilrichtung, die chinesische Zierformen und Szenen aus dem Leben der Chinesen verwendete.

Die Symmetrie spielte im Rokoko, wie in der Gotik, nur eine untergeordnete Rolle. Was zählte, war das Leichte, Aufgelöste, Zierliche: daher auch die Tendenz zum Fernen Osten.

Während in Frankreich der Régencestil den Übergang vom Barock zum Rokoko (oder Louis-Quinze-Stil) bildete, ging man in Deutschland direkt zum Rokokostil über. Im Gegensatz zur Renaissance war der Hof in Deutschland zu dieser Zeit bemüht, die Künste zu fördern, und es war auch nur natürlich, daß man sich nach den Verheerungen des Dreißigjährigen Krieges der künstlerischen Entwicklung der Nachbarländer anschloß. Nach dem spanischen Erbfolgekrieg unterlagen einige Teile Österreichs und auch Süddeutschland dem Einfluß Italiens, während in anderen Gebieten Deutschlands französische und holländische Einflüsse überwiegten. Das soll jedoch nicht besagen, daß der Rokokostil in Deutschland nur eine Abart der französischen Version war. Besonders in der Architektur entwickelte sich ein homogener deutscher Rokokostil, der in Frankreich nicht zu finden ist. Auch bezog sich dieser Stil mehr auf die Innendekoration, und seine Auswirkungen auf den Außenbau waren in Frankreich wesentlich geringer als in Deutschland. Der deutsche Rokokostil ist der von Fesseln befreite Barock.

Verantwortlich für die neuen Elemente des deutschen Rokoko waren Habermann, Nilson und Meil. Auch französische Künstler, wie z.B. Cuvilliés, arbeiteten für Friedrich den Großen.

DIE BILDER

Bild 1

Gegenstände von dem Gräberfeld in Ancona, Peru

1, 5, und 14: Spindeln aus Hartholz mit Tonzylindern; – 2, 4, 6 und 12: Schals, auch als Kopfschmuck getragen; – 3: Perlenhalsband; – 7, 9: Bemalte Keramikgefäße; – 8, 10 und 11: Umhängetaschen; – 13: Fragment von bemalter Tonware. (A. Stübel und W. Reiss, *Das Gräberfeld von Ancona*).

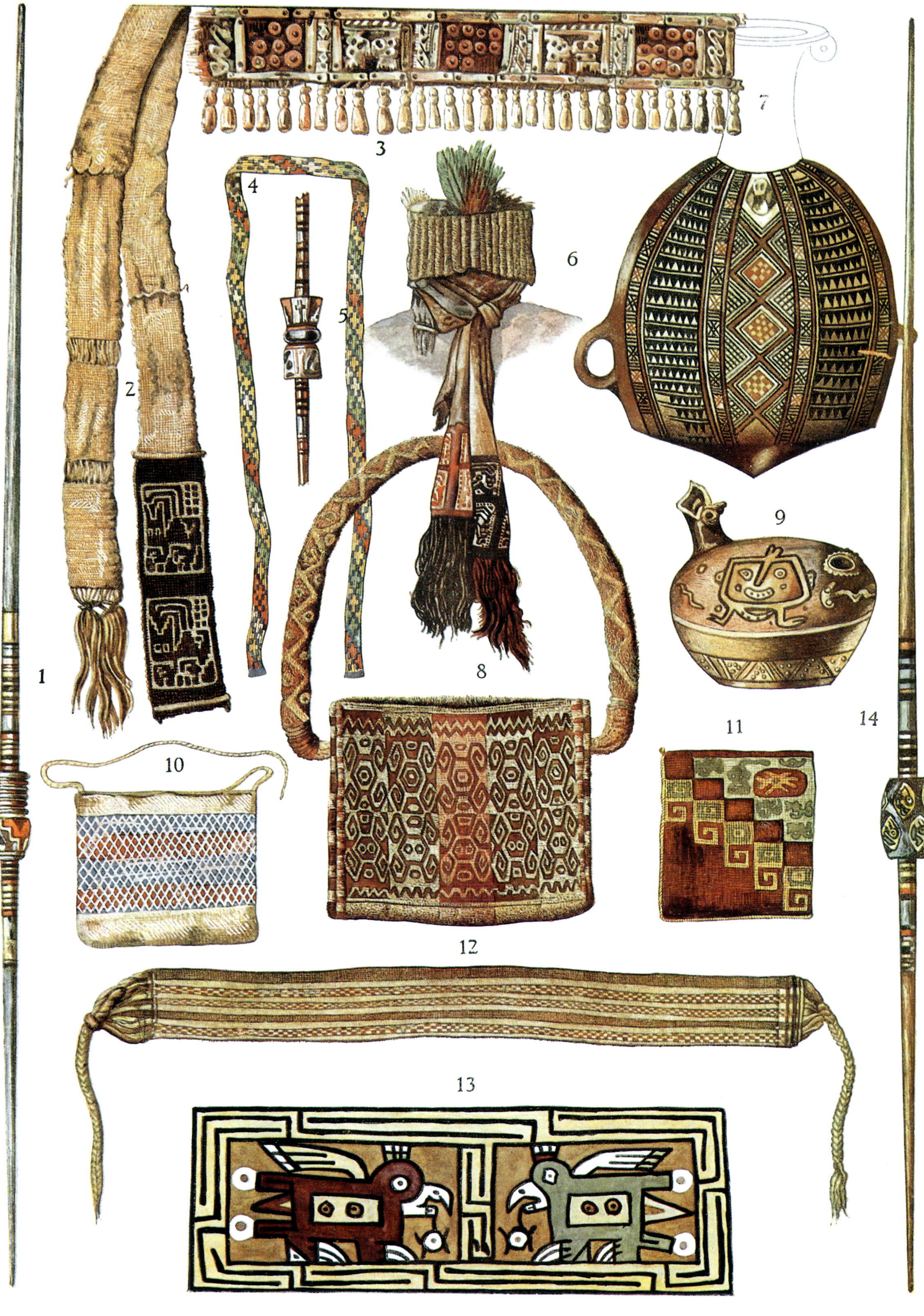

1
2
3
4
5
6
7
8
9
10
11
12
13
14

Bild 2

Textilien von dem Gräberfeld in Ancona, Peru

1 – 11: Baumwoll- und Wollgewebe und Stickereien. (A. Stübel und W. Reiss, *Das Gräberfeld von Ancona*).

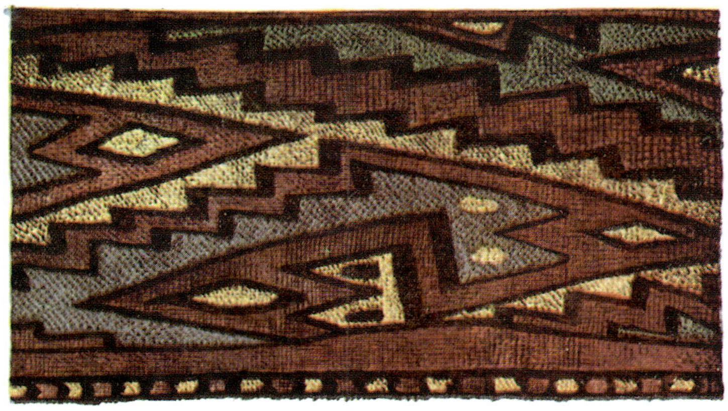

1

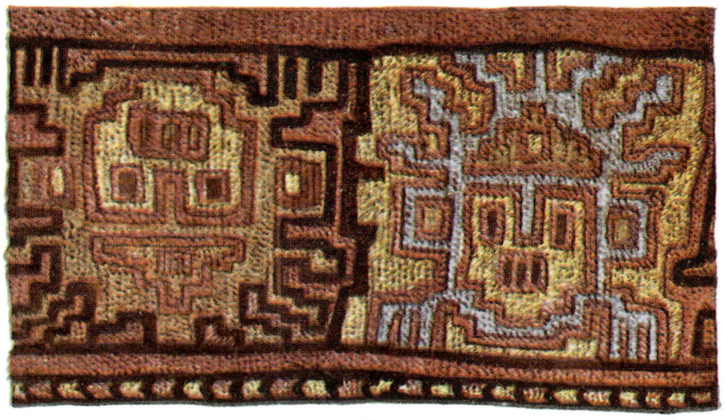

2

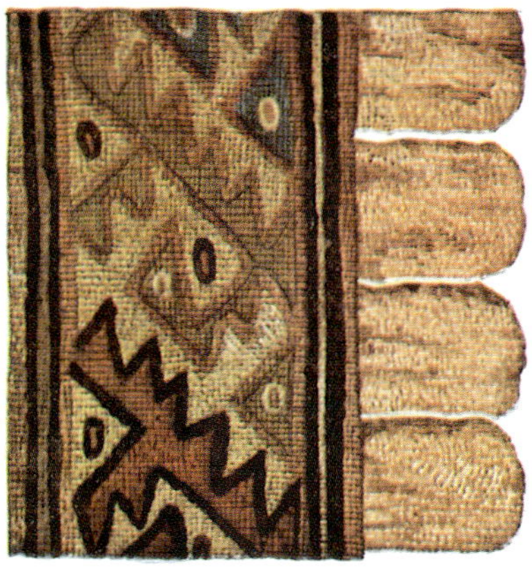

4

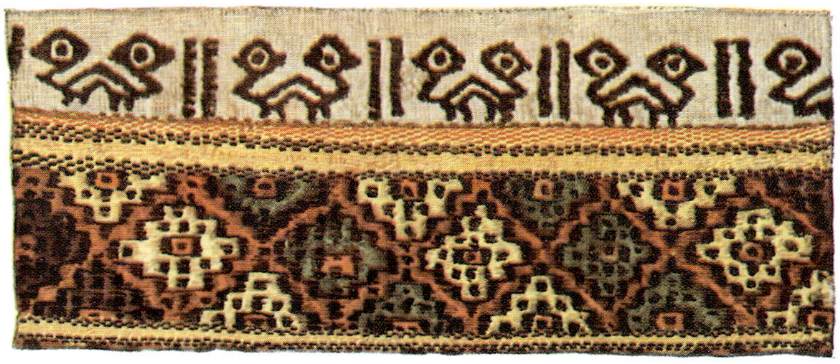

3

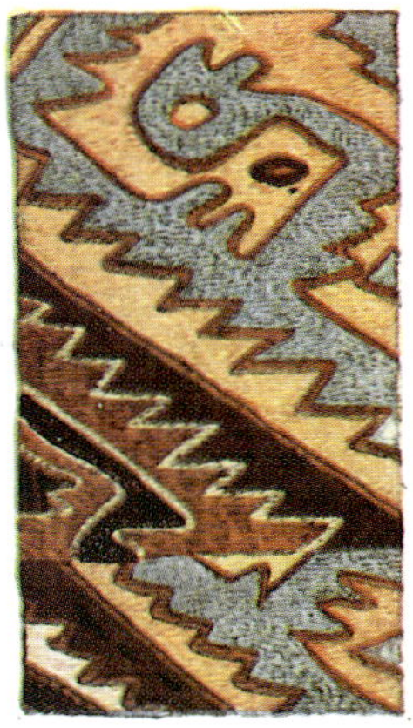

5

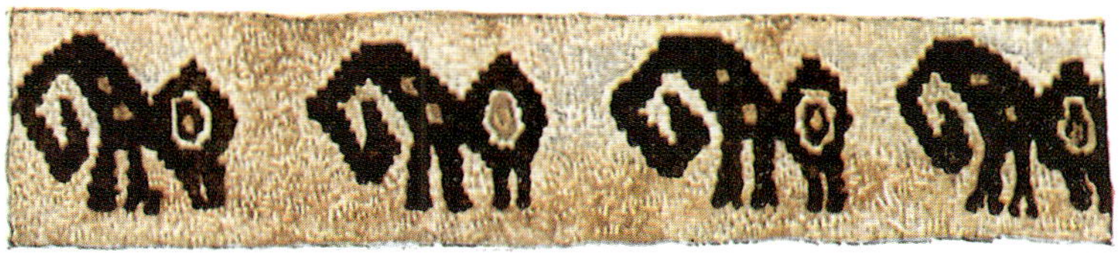

6

7

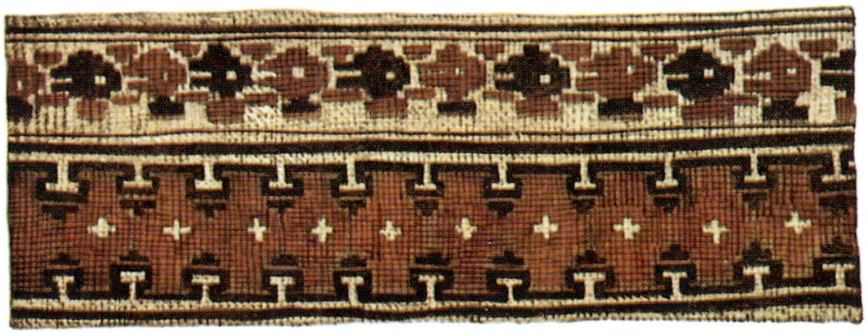

8

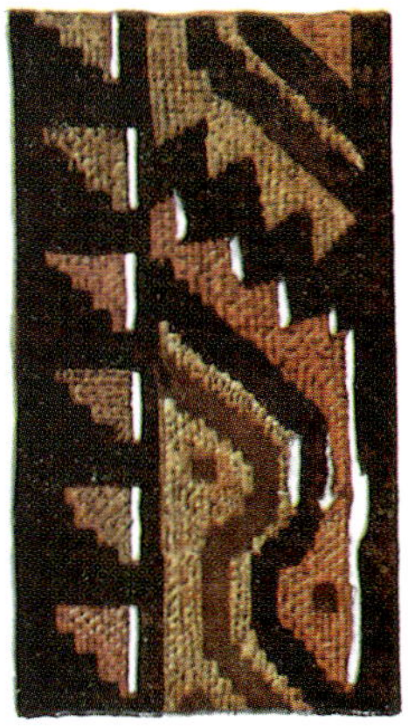

9

10

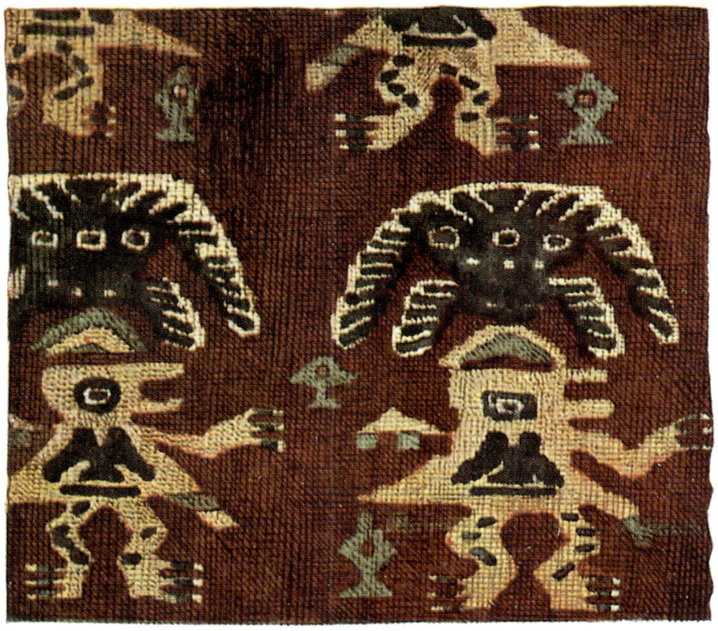

11

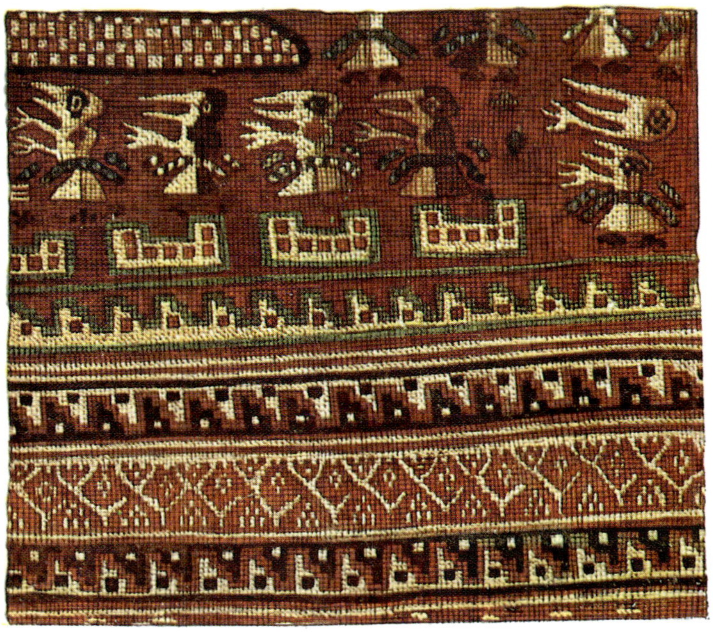

Bild 3

Polychromie in der ägyptischen Architektur

1: Kapitell von Philä, 18. Dynastie (Prisse d'Avennes, *Histoire de l'art égyptien*); – 2: Kapitell von den Dromos, 1. Jh. v. Chr. (Max Baumgärtel, *Allgemeine Geschichte der bildenden Künste*); – 3 und 4: Ornamentbänder und Friese (Prisse d'Avennes); – 5: Bündelpfeiler aus Karnak, 18. Dynastie, König Thutmosis III. (Prisse d'Avennes); – 6: Pilaster aus Theben, 18. Dynastie (Prisse d'Avennes).

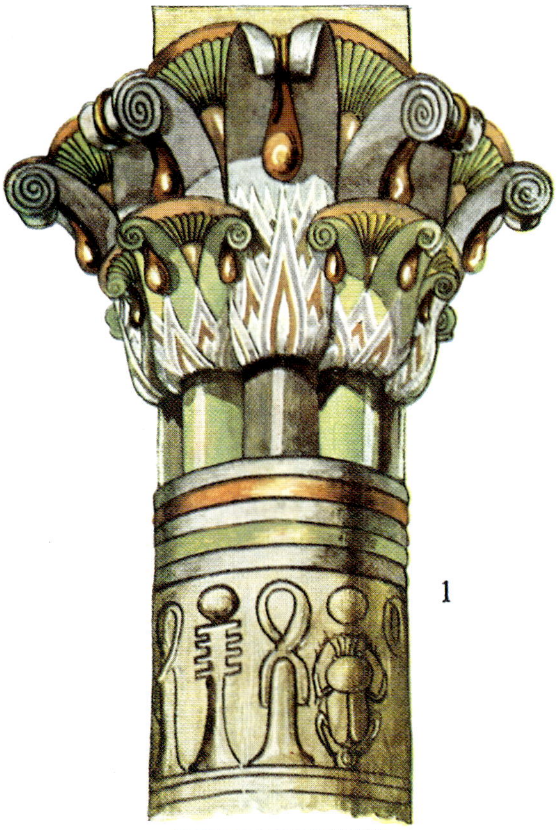

1

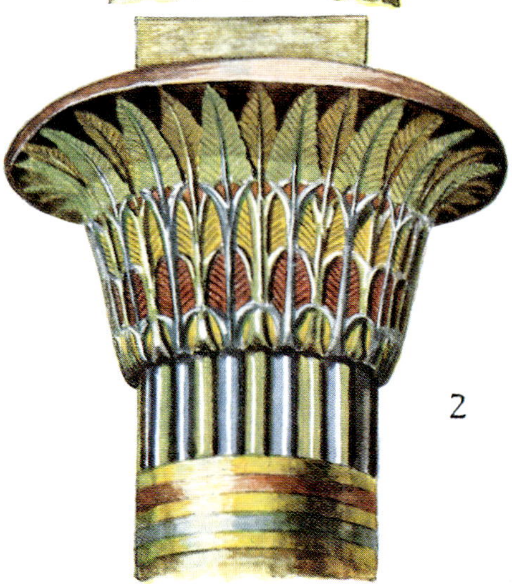

2

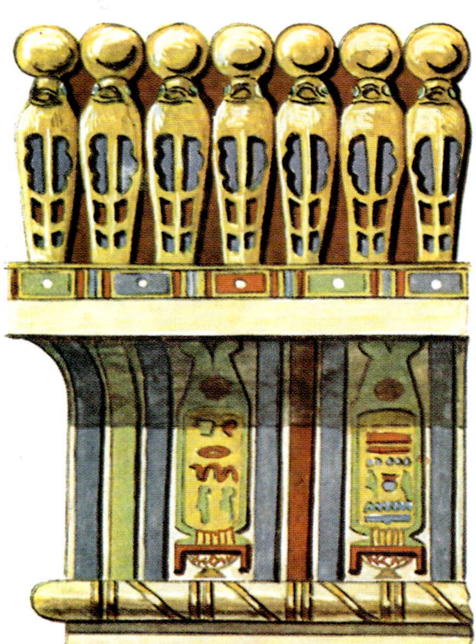

3

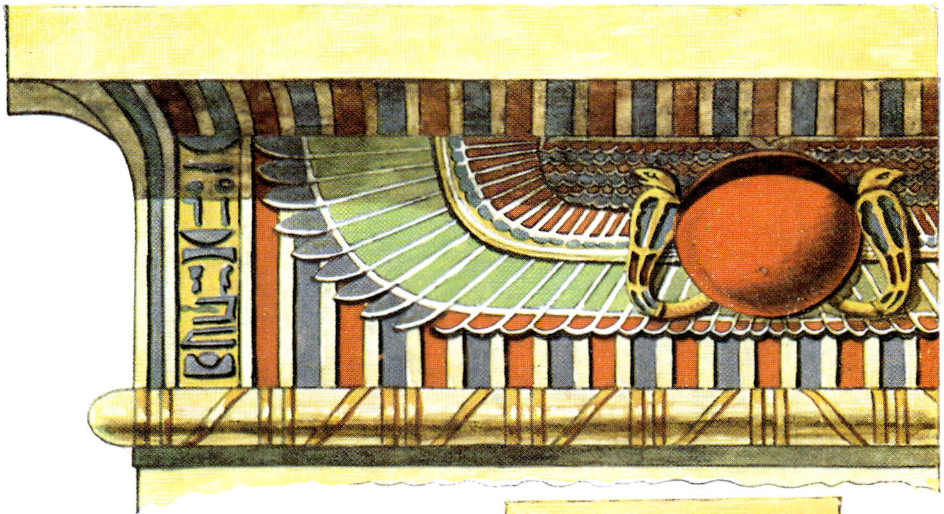

4

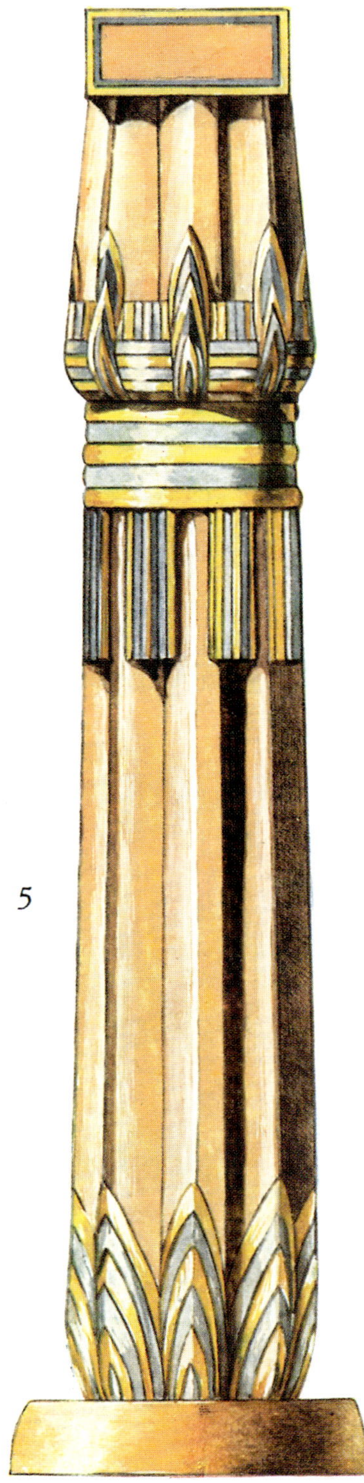

5

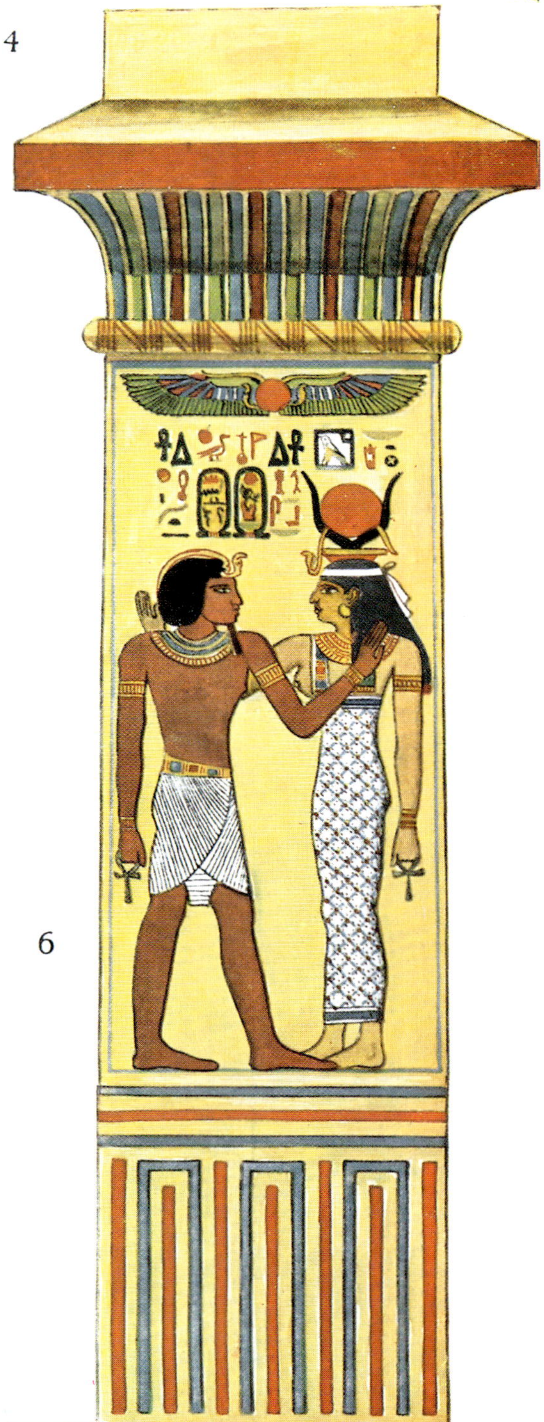

6

Bild 4

Ägyptische Decken- und Wandmalerei

1 und 3: Deckenmalerei aus Memphis, 18. Dynastie; – 2, 4, 5, 6 und 12: Ornamentbänder mit Blumen aus der Nekropolis in Theben, 18.–20. Dynastie; – 7 und 8: Blumenfriese aus Grabmälern; – 9: Deckenverzierung aus der Nekropolis von Theben, 18. Dynastie; – 10: Porträt des Pharaos Mienptah-Hotephimat, Nekropolis von Theben, 19. Dynastie; – 11: Deckenmalerei von der Nekropolis von Theben, 20. Dynastie. (Prisse d'Avennes, *Histoire de l'art égyptien*).

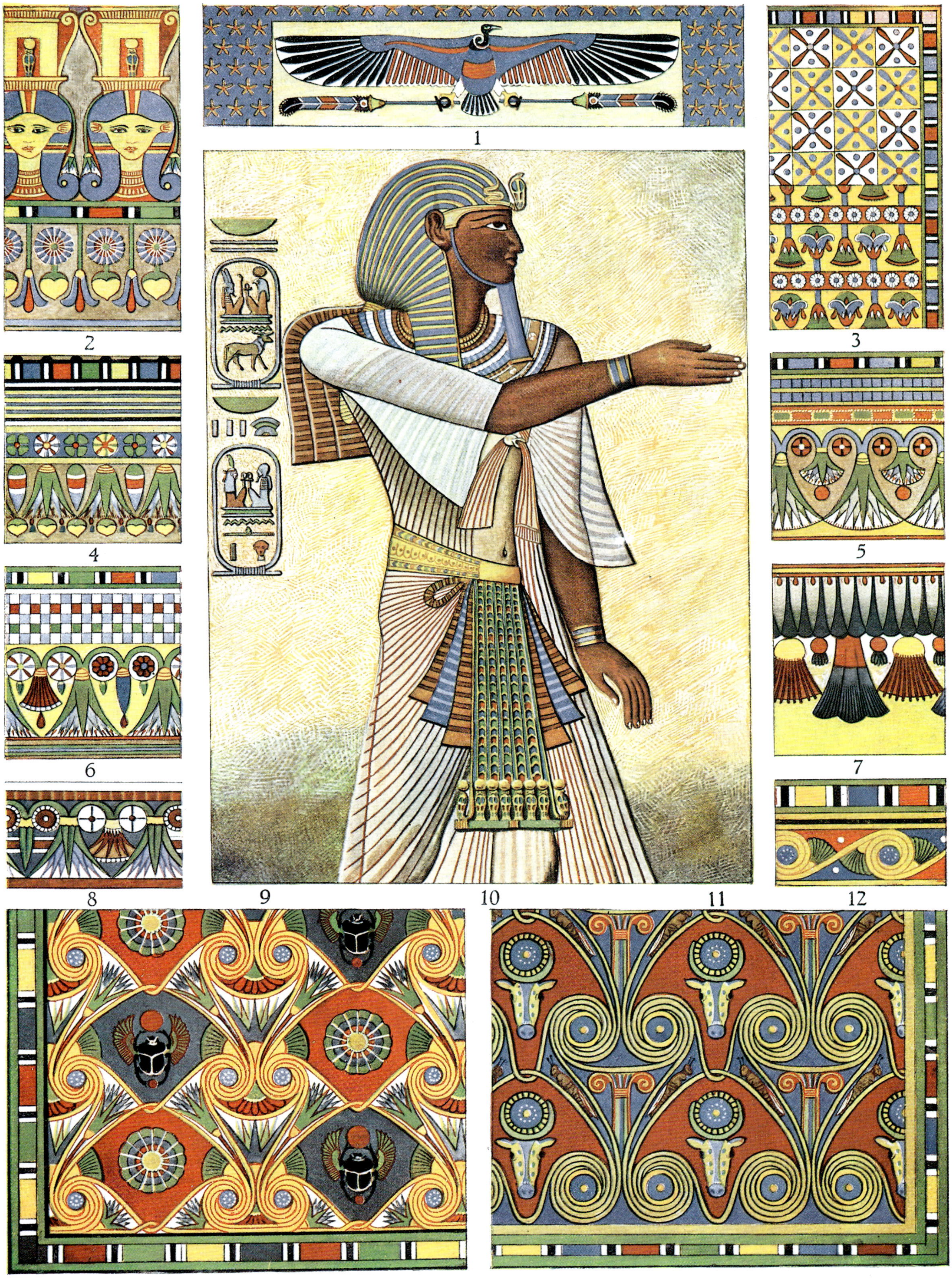
1
2
3
4
5
6
7
8
9
10
11
12

Bild 5

Ägyptische Holzornamentik

1, 4, 6 und 8: Holzpfeiler aus Theben, 18. und 20. Dynastie; – 2, 3, 10 und 11: Möbel aus der Nekropolis von Theben, 18. und 20. Dynastie; – 5, 7 und 9: Toilettenartikel aus verschiedenen Perioden. (Prisse d'Avennes, *Histoire de l'art égyptien*).

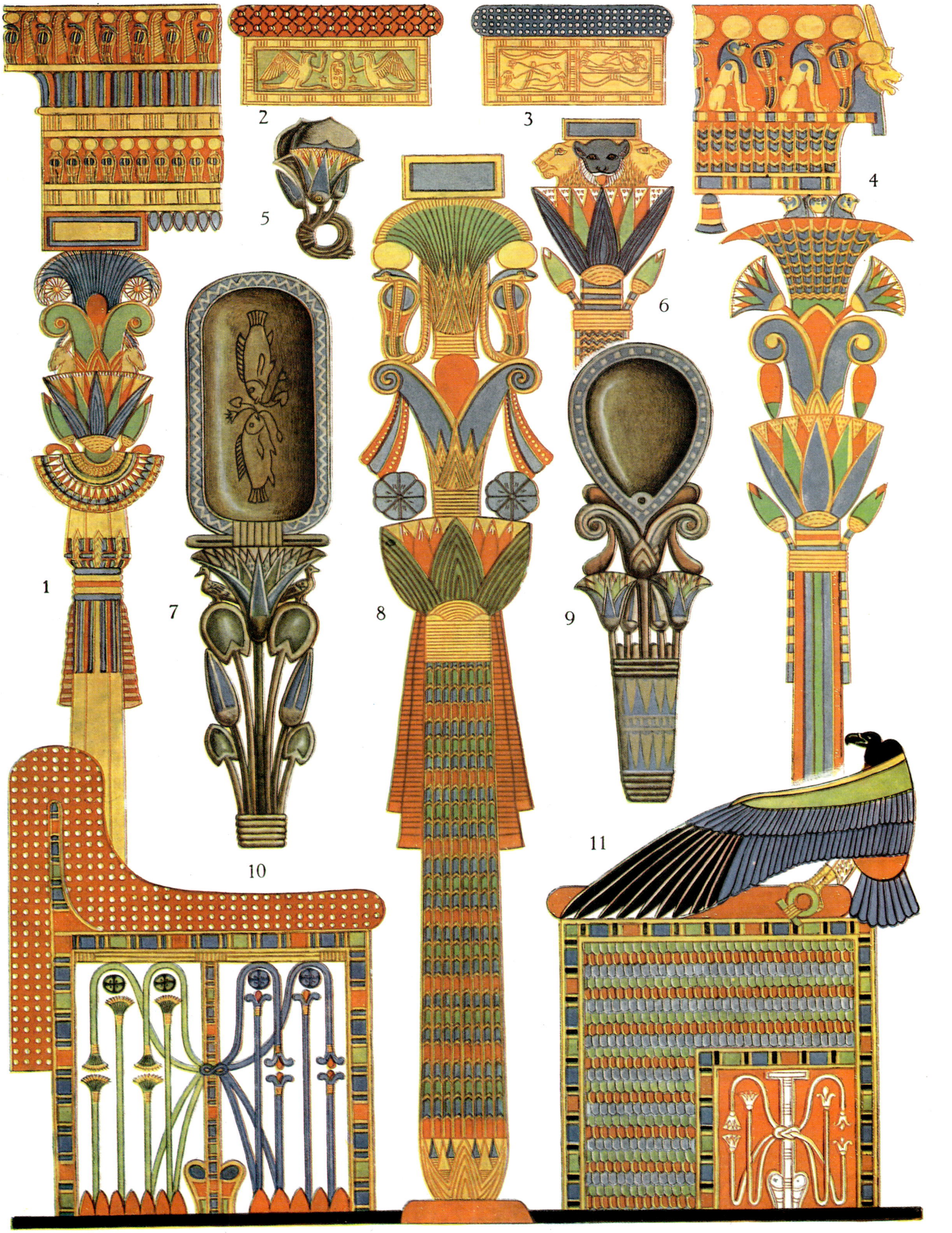
1
2
3
4
5
6
7
8
9
10
11

Bild 6

Ägyptische Gewebe und Schmuckstücke

1, 3 und 23 – 25: Webereien und Stickereien (Prisse d'Avennes, *Histoire de l'art égyptien*); – 2, 13, 18 und 22: Gewebe (Fischbach, *Ornamente der Gewebe*); – 4 – 10, 12, 14 – 17 und 19 – 21: Schmuckstücke verschiedener Epochen (Prisse d'Avennes); – 11: Gewebe aus der Zeit Amenophis II., 15. Jh. v. Chr. (Anton Springer, *Handbuch der Kunstgeschichte*).

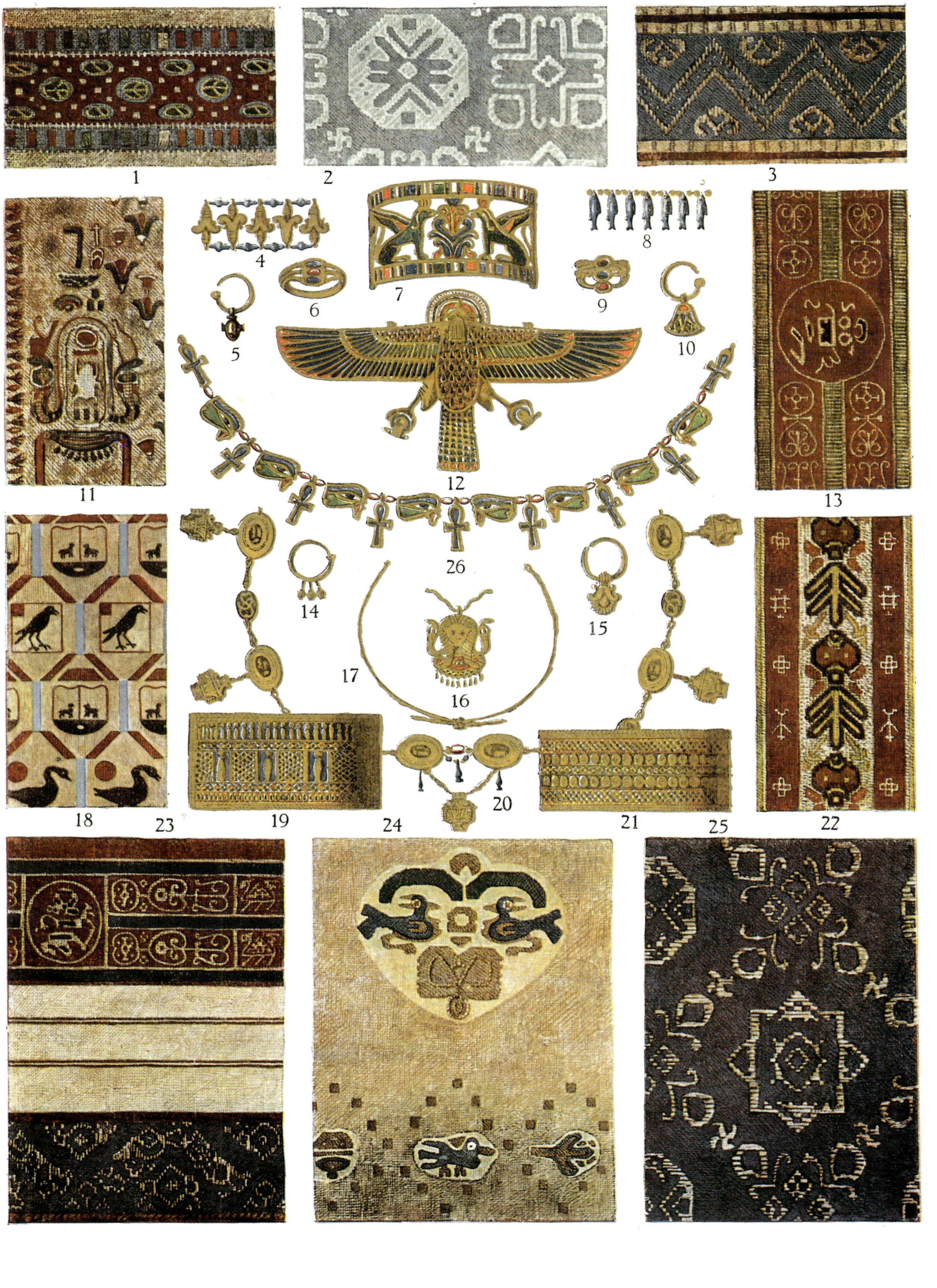

1
2
3
4
8
7
6
9
5
10
11
12
13
26
14
15
17
16
18
19
20
21
22
23
24
25

Bild 7

Ägyptische Keramiken

1: Darstellung eines Gefangenen in Flachrelief, Tonware der 20. Dynastie, Gizeh-Museum; – 2: Tonschüssel, 18. Dynastie; – 3: Keramikring, ptolemäische Epoche; – 4: Amulett, Mittleres Reich; – 5: Ushabti (Sarkophag), Ton, Höhe 195 mm, Giseh-Museum; – 6: Schüssel, 19. Dynastie, British Museum; – 7: Vase mit Deckel, Terrakotta, 19. Dynastie; – 8: Kartusche Amenhoteps II., 18. Dynastie; – 9: Tonamulett, 25. Dynastie. (Wallis, *Egyptian Ceramic Art*).

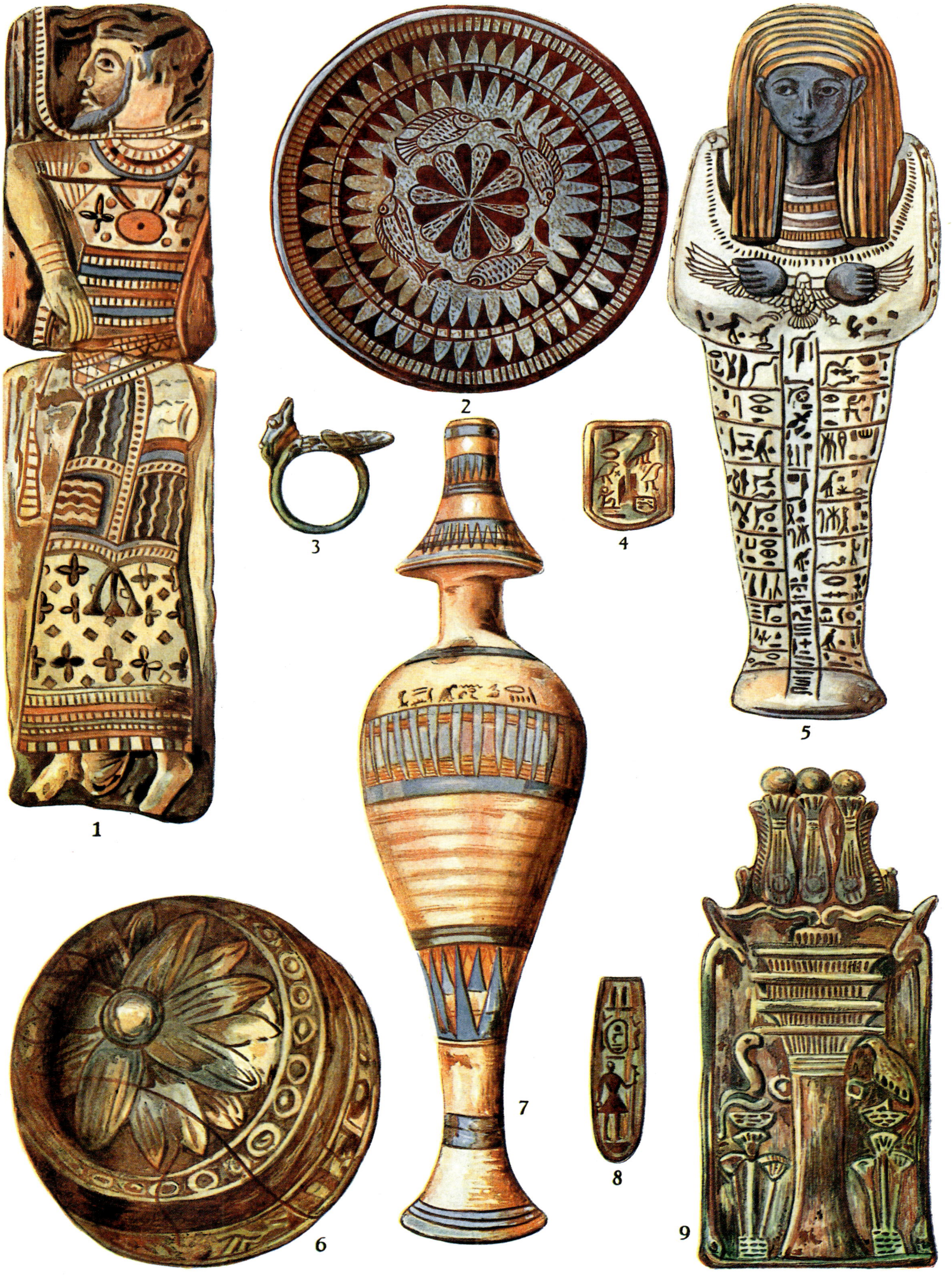
1
2
3
4
5
6
7
8
9

Bild 8

Assyrische glasierte Kacheln und Fresken

1: Fresko (Max Baumgärtel, *Allgemeine Geschichte der bildenden Künste*); – 2: Fresko im Palast König Assurnasirpals in Nimrud (Georges Perrot et Charles Chipiez, *Histoire de l'art dans l'antiquité*); – 3: Wanddekoration aus glasierten Platten in Nimrud (Perrot et Chipiez); – 4 – 6: Wanddekorationen aus glasierten Platten vom Harem in Chorsabad (Perrot et Chipiez); – 7: Wandmalerei im Palast König Assurnasirpals in Nimrud (Perrot et Chipiez); – 8: Ornament aus glasierten Platten am Eingang des Palastes in Ninive (Perrot et Chipiez).

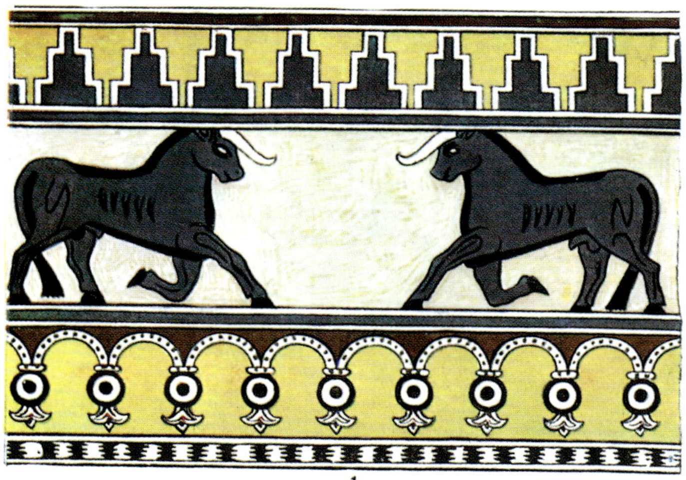

1

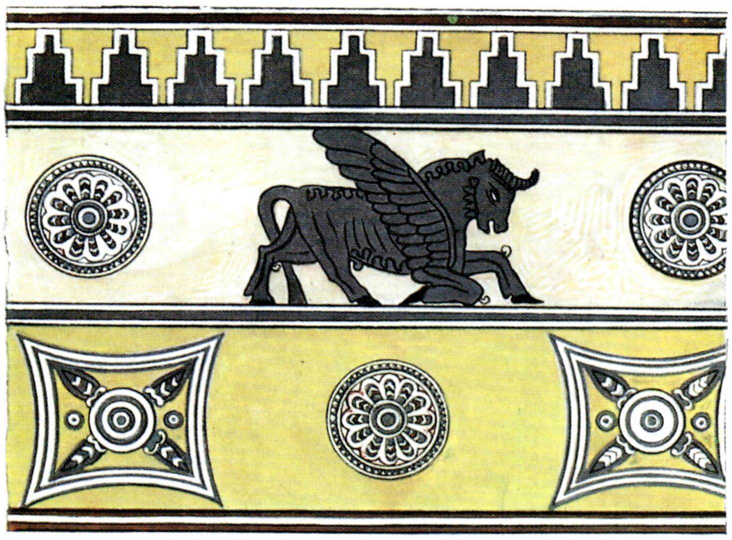

2

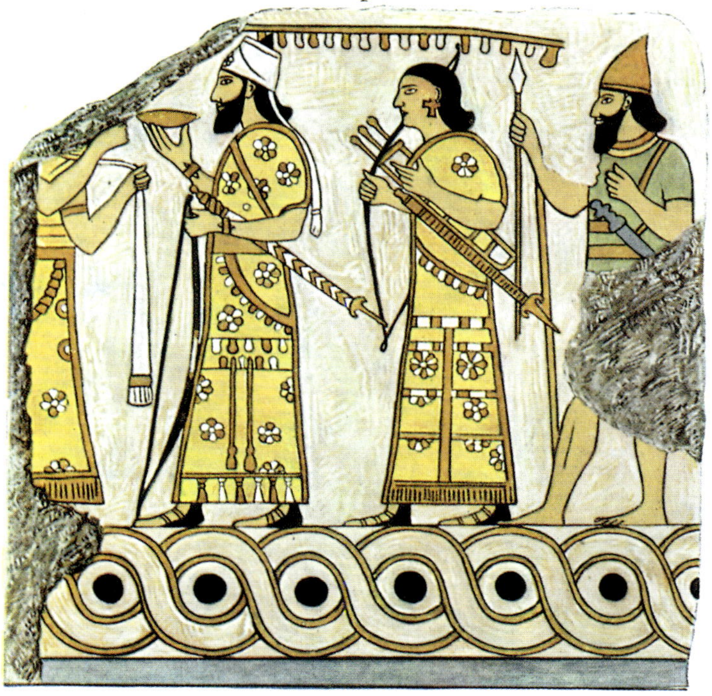

3

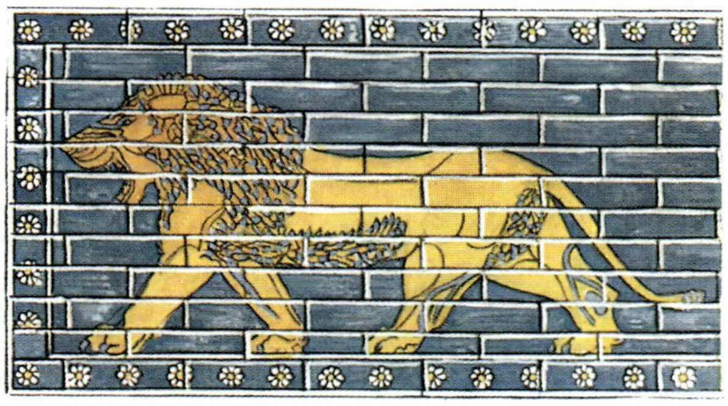

4

5

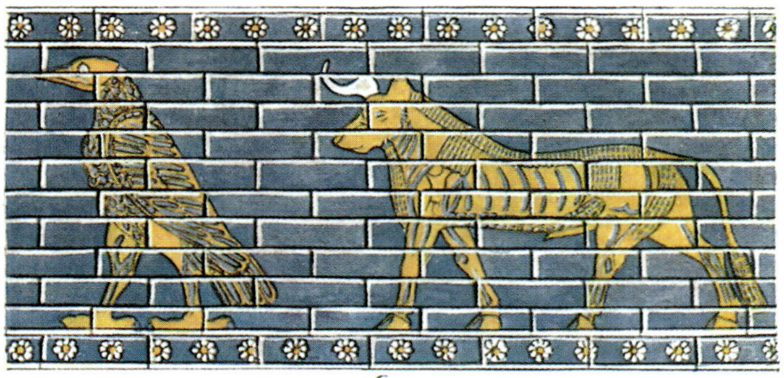

6

7

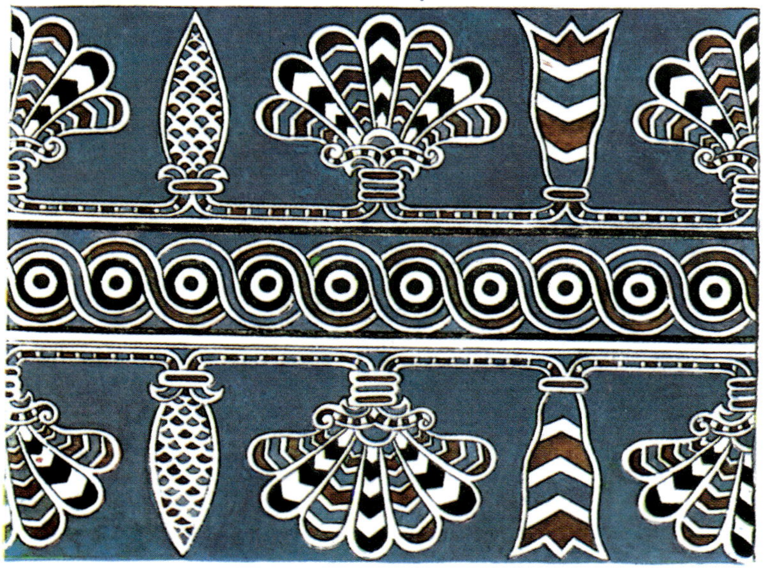

8

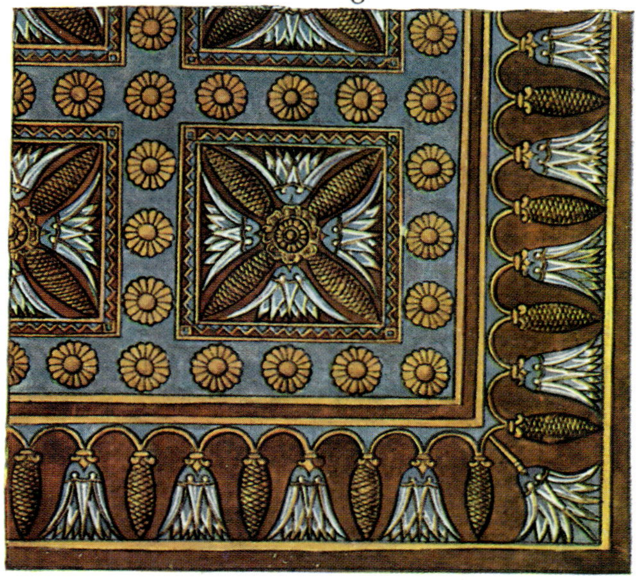

Bild 9

PHÖNIZISCHE GLAS- UND TONARBEITEN

1, 2, 5 und 12 : Glasierte Gefäße aus Kamiros, Rhodos; – 3, 4, 8, 10, 11, 13 und 14: Phönizische Glasgefäße, Crean-Sammlung; – 6: Vase aus Zypern, Eugène Piot-Sammlung; – 7: Keramikbüste aus Zypern, Louvre; – 9: Phönizische Halsketten, Louvre. (Georges Perrot et Charles Chipiez, *Histoire de l'art dans l'antiquité*).

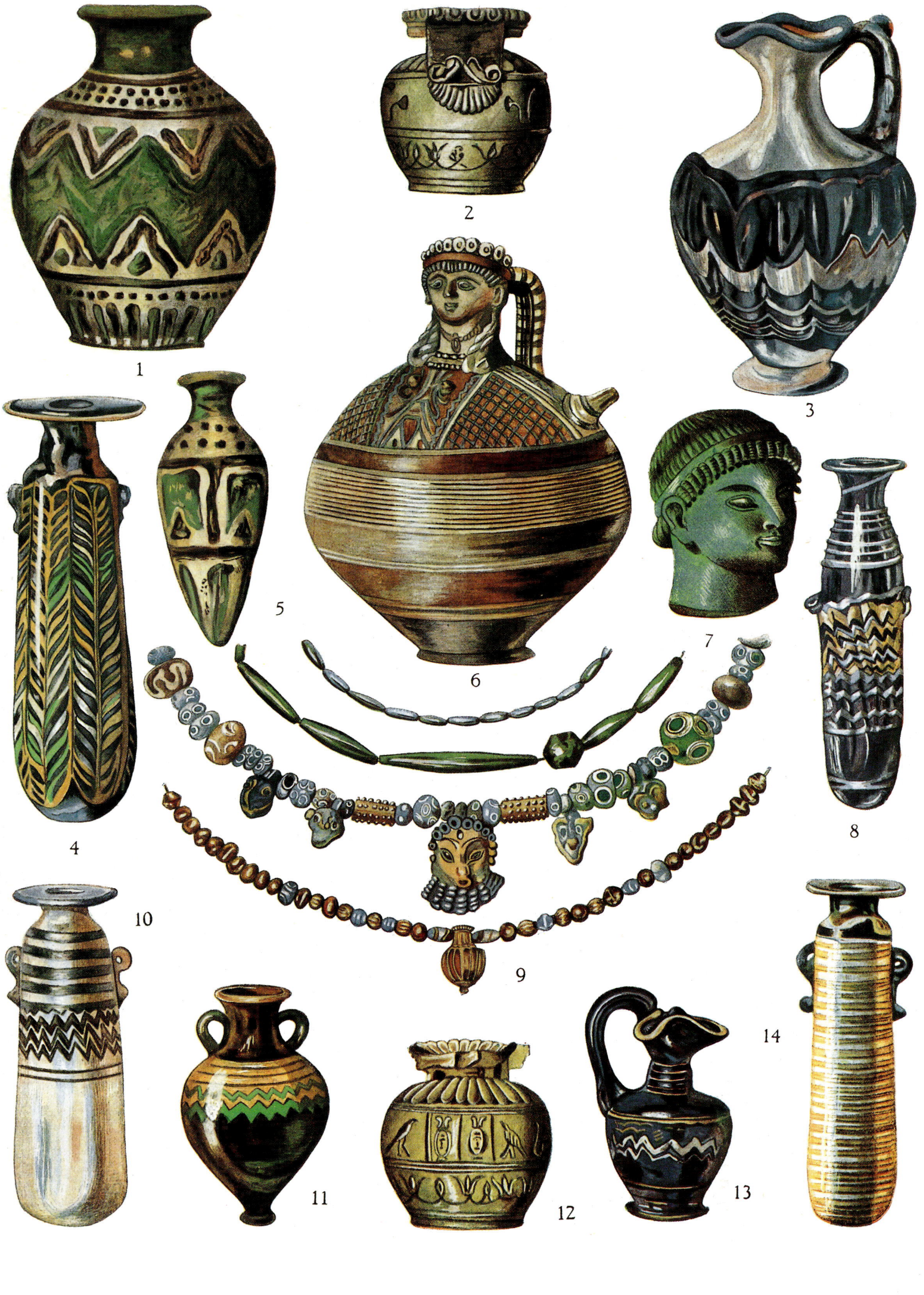
1
2
3
4
5
6
7
8
9
10
11
12
13
14

Bild 10

Persische Keramikplatten

1: Fries, Darstellung von Bogenschützen, glasierte Tonplatten, Susa; – 2: Fries mit Löwen, glasierte Tonplatten, Susa. (Georges Perrot et Charles Chipiez, *Histoire de l'art dans l'antiquité*).

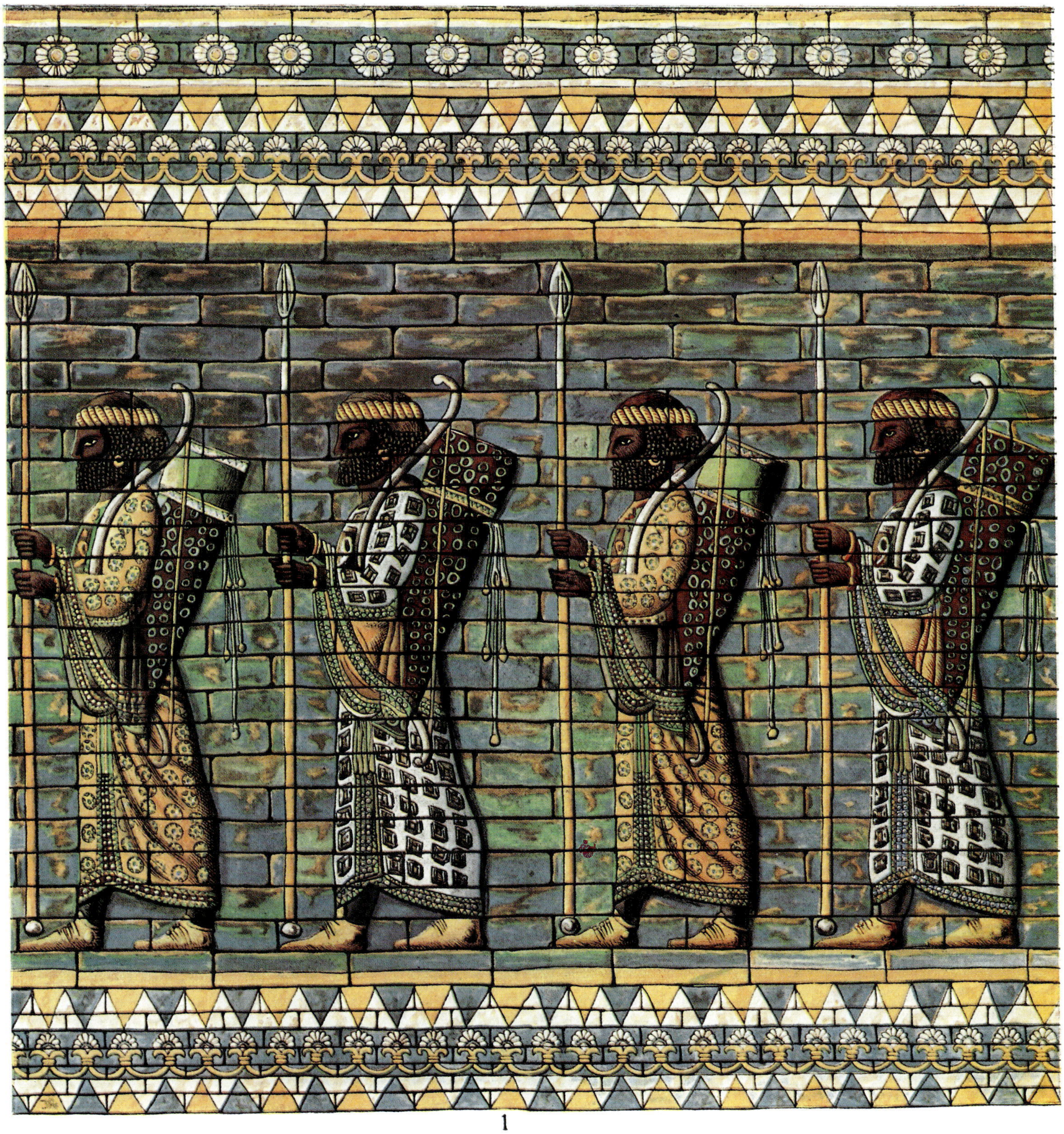

1

2

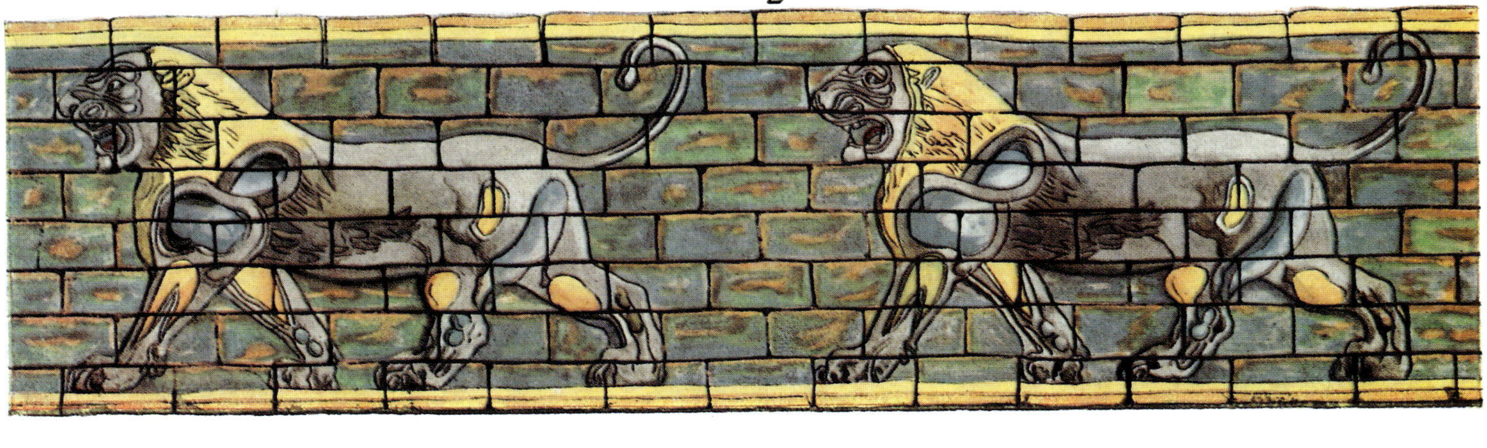

Bild 11

DIE KERAMISCHE KUNST AUF KRETA

1, 3, 4 und 9: Gefäße im Kamares-Stil (*Journal of Hellenic Studies*); – 2, 5, 6 und 8: Gefäße im spätminoischen Stil (Boyd-Hawes, *Gurnia*); – 7 und 8: Gefäße aus der mittleren minoischen Epoche von Phästus (*Monumenti antichi*).

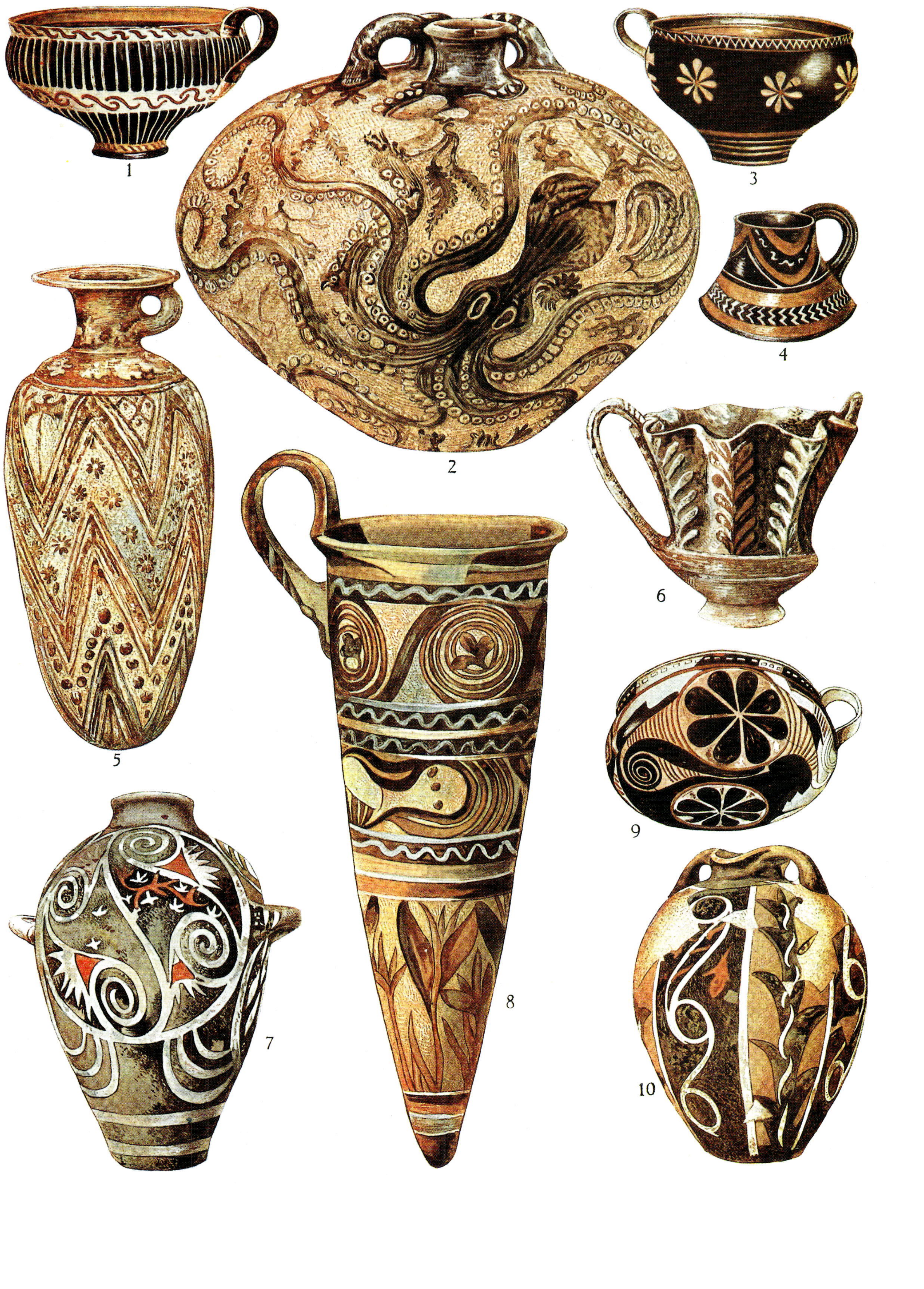
1
2
3
4
5
6
7
8
9
10

Bild 12

Mykenische Fresken

1 und 2: Rekonstruktion von Friesen des Palasts von Tiryns; – 3: Schilderfries der Frühzeit (Tiryns); – 4: Spiralenfries (Tiryns). (Kaiserliches deutsches Archäologisches Institut in Athen; *Tiryns*, bearbeitet von Gerhardt Rodenwaldt, Rudolf Haekel und Noel Haton).

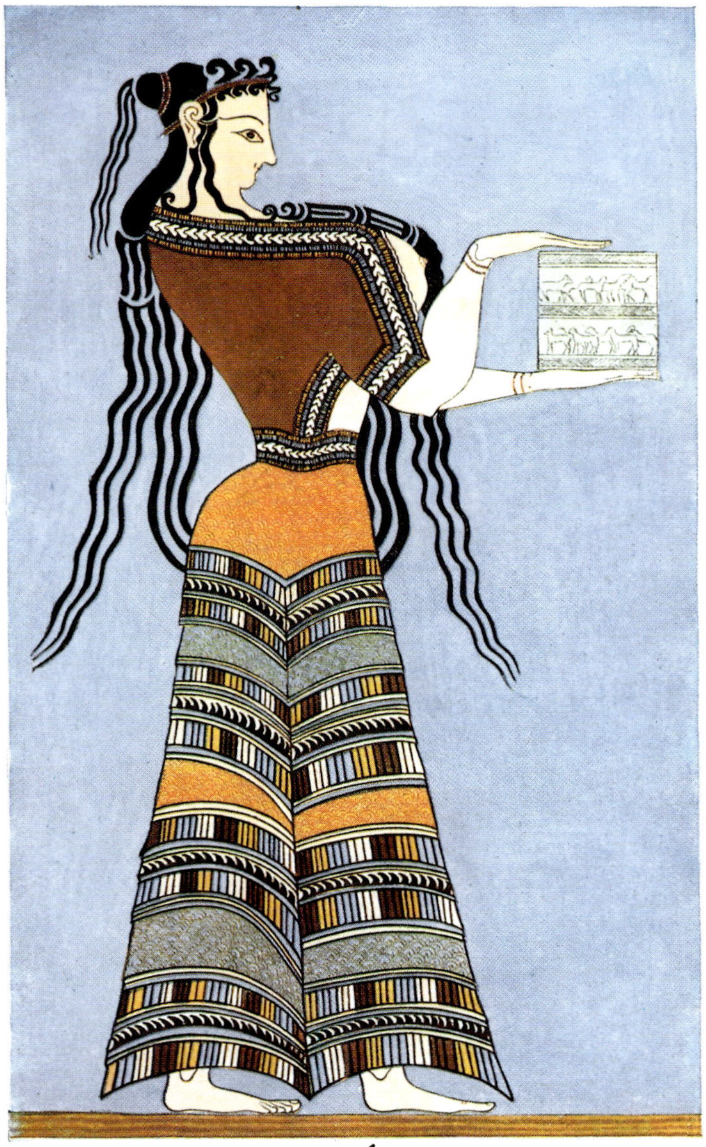

1

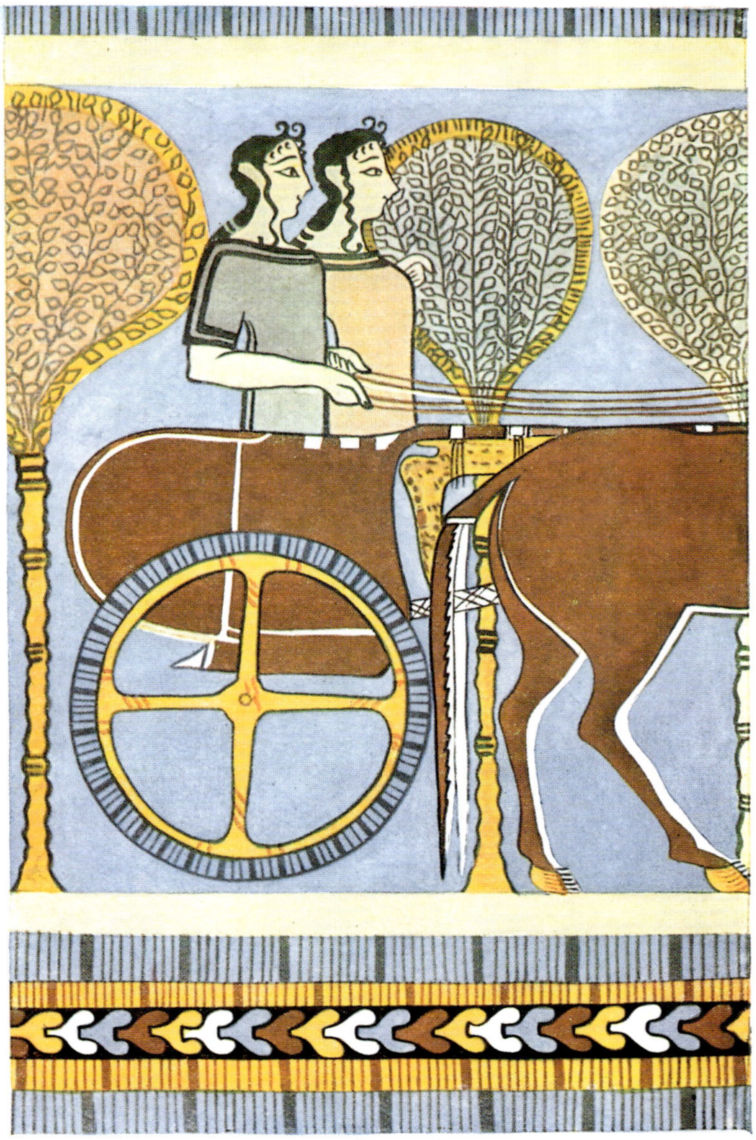

2

3

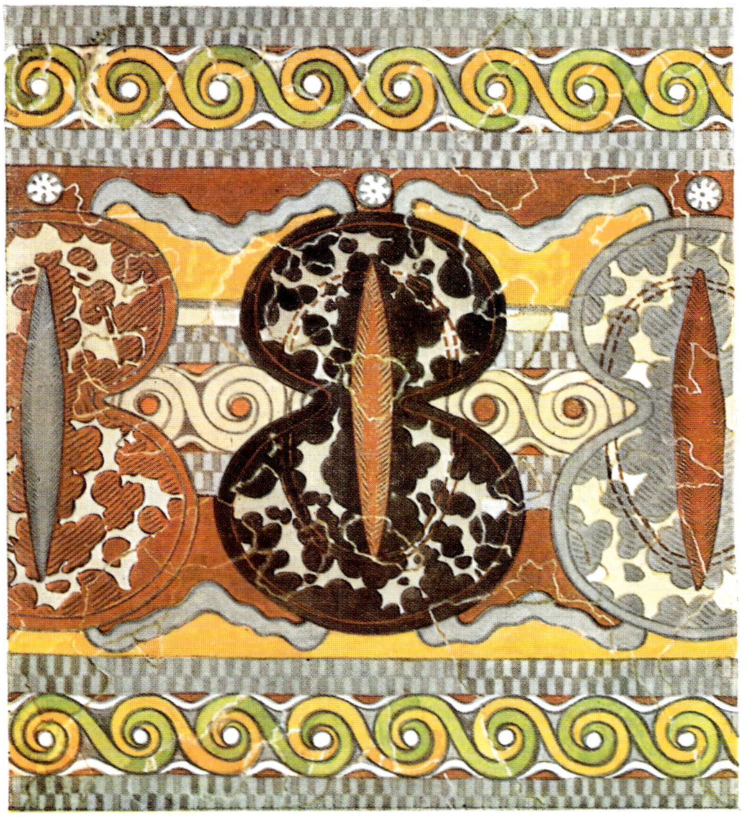

4

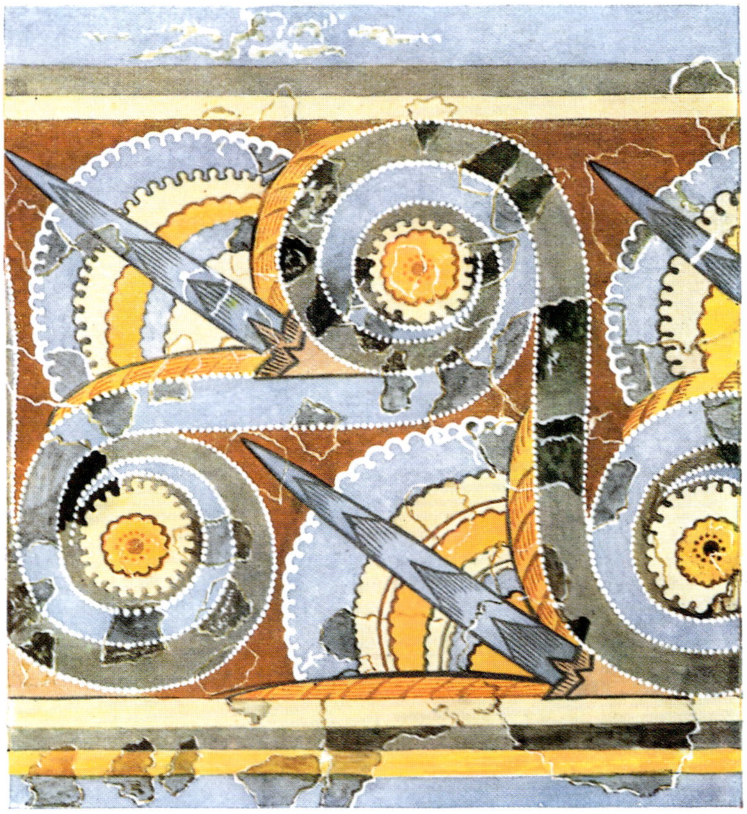

Bild 13

Griechische Marmorornamentik

1: Kyma des Phigalia-Tempels (Fenger, *Die dorische Polychromie*); – 2: Giebelornament am Parthenon, Athen (Fenger); – 3: Kyma der Propyläen, Athen (Fenger); – 4, 5 und 6: Eierstab-Kymation, Akropolis, Athen (Hittorf, *Restitution du temple d'Empédocle*); – 7: Torus aus dem Erechtheion, Athen (Hittorf); – 8: Weiblicher Torso von der Akropolis, Athen (Hittorf); – 9: Kyma vom Tholos, Epidaurus; – 10: Giebelornament, Phigalia (Fenger); – 11: Kapitell vom Themis-Tempel, Rhamnus (Fenger); – 12: Kapitell vom Parthenon, Athen; – 13, 14 und 15: Details von Gewändern (s. Abb. 8).

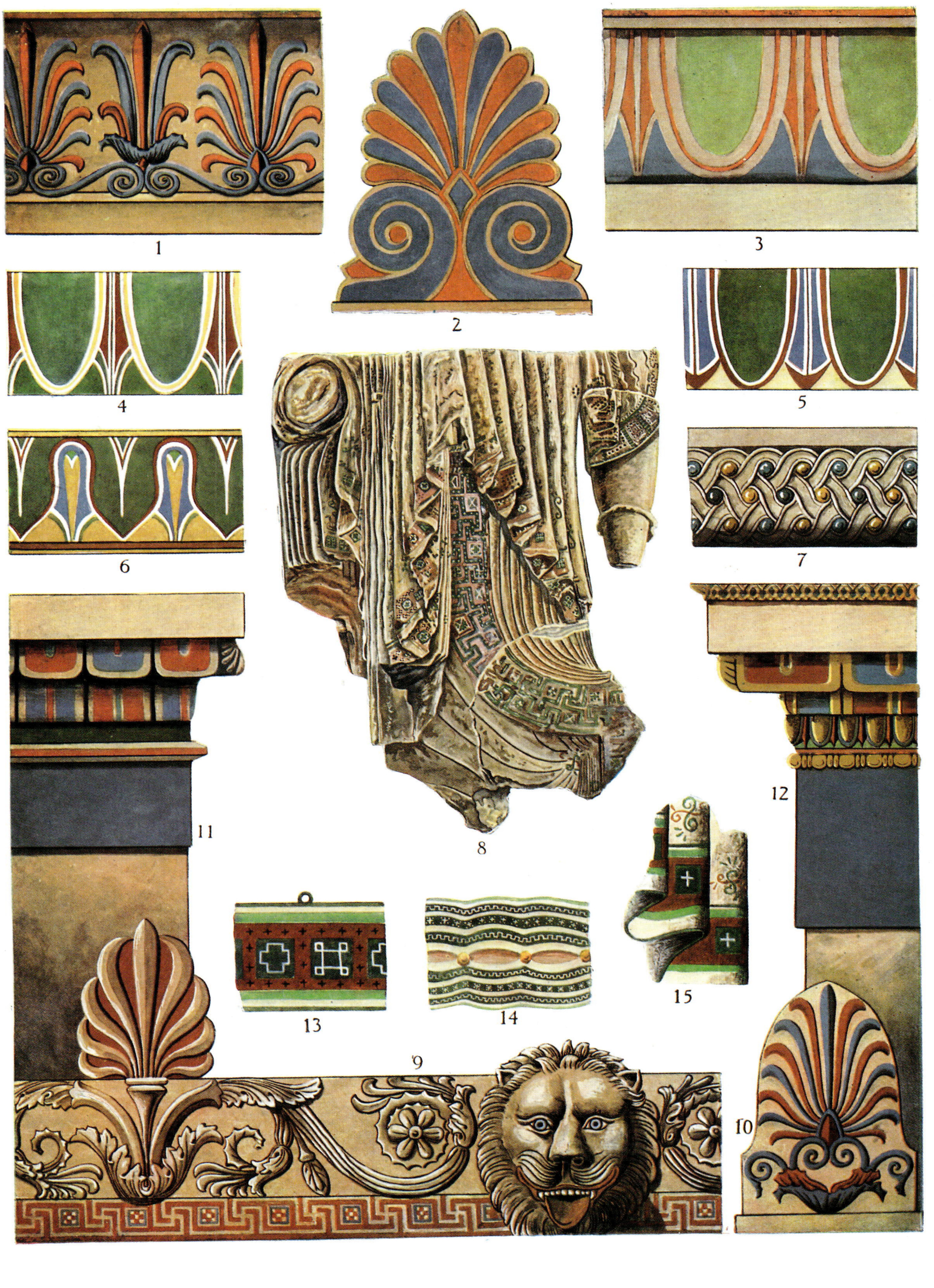
1
2
3
4
5
6
7
8
11
12
13
14
15
9
10

Bild 14

Polychromie in der griechischen Architektur

1: Kapitell vom Hera-Tempel, Selinunt (Fenger, *Die dorische Polychromie*); – 2: Kapitell vom Nike-Apteros-Tempel, Athen (Fenger); – 3: Kapitell aus den Propyläen, Athen (Fenger); – 4: Metope aus Ton, entdeckt in Phallazalle (Hittorf et Zanth, *Architecture antique de la Sicile ou recueil des plus intéressants monuments d'architecture des villes et des lieux les plus remarquables de la Sicile ancienne*); – 5 und 6: Zierleisten von den Akropolis-Tempeln, Selinunt (Hittorf et Zanth); – 7: Deckeneinlage im Erechtheion, Athen (von Quast, *Das Erechtheion zu Athen*); – 8: ditto (Durm, *Die Baukunst der Griechen*).

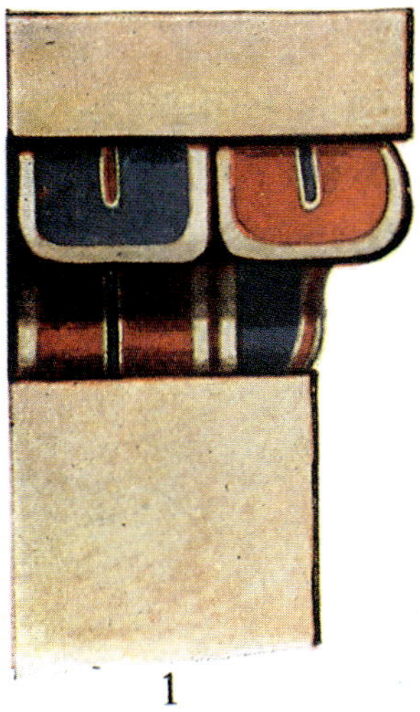

1

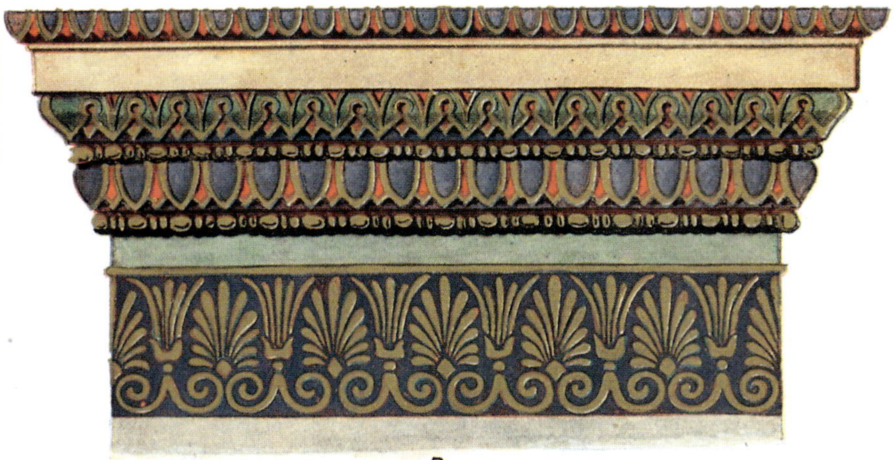

2

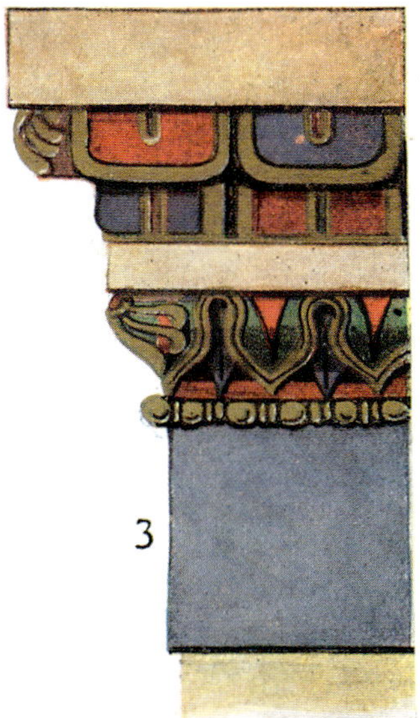

3

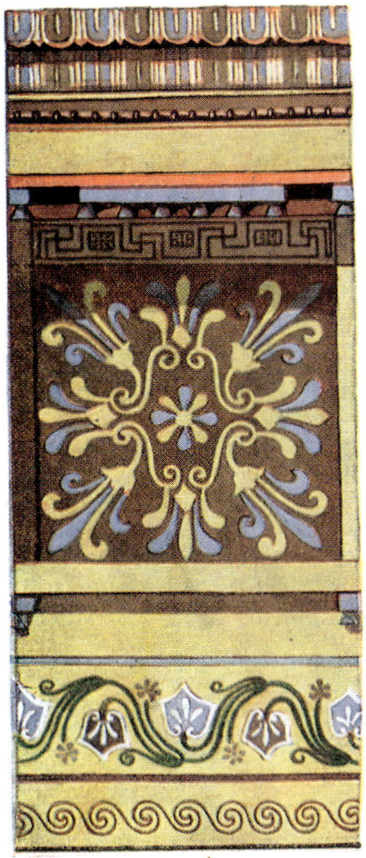

4

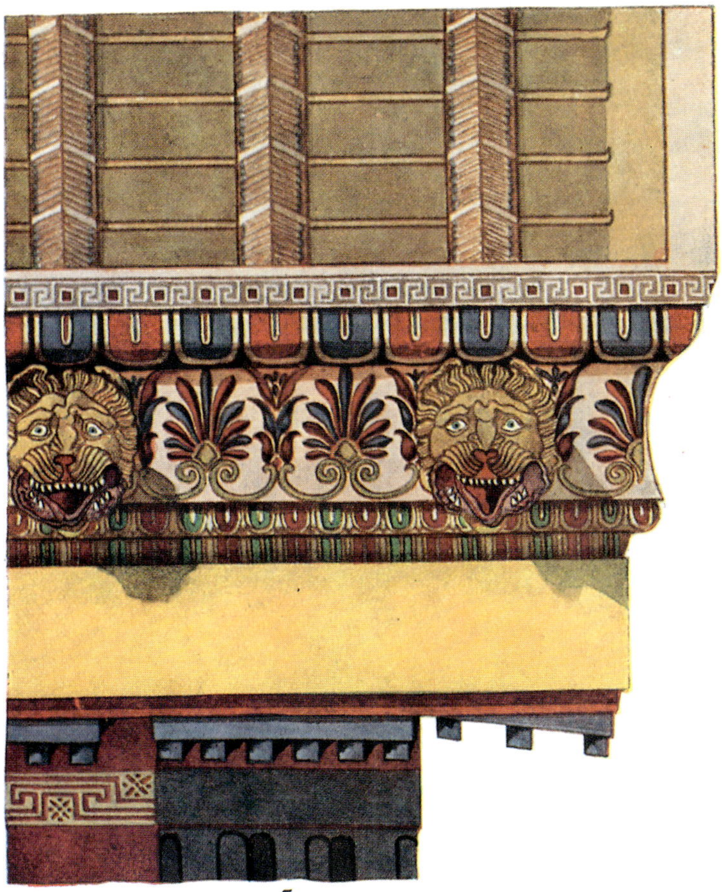

5

6

7

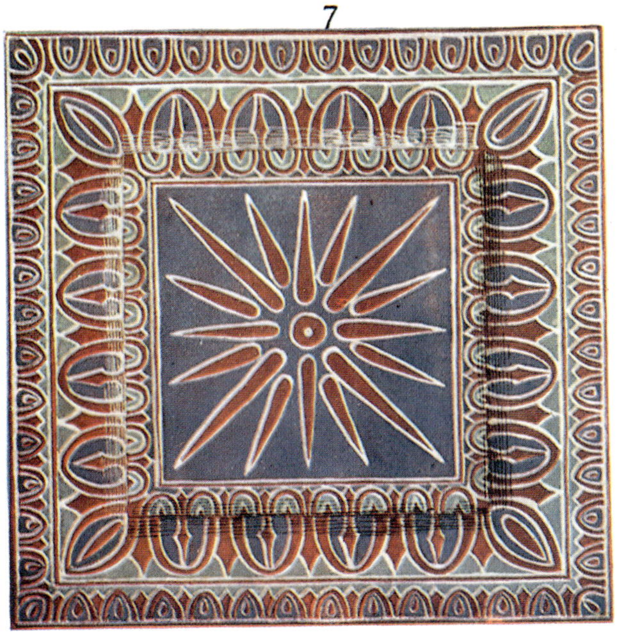

8

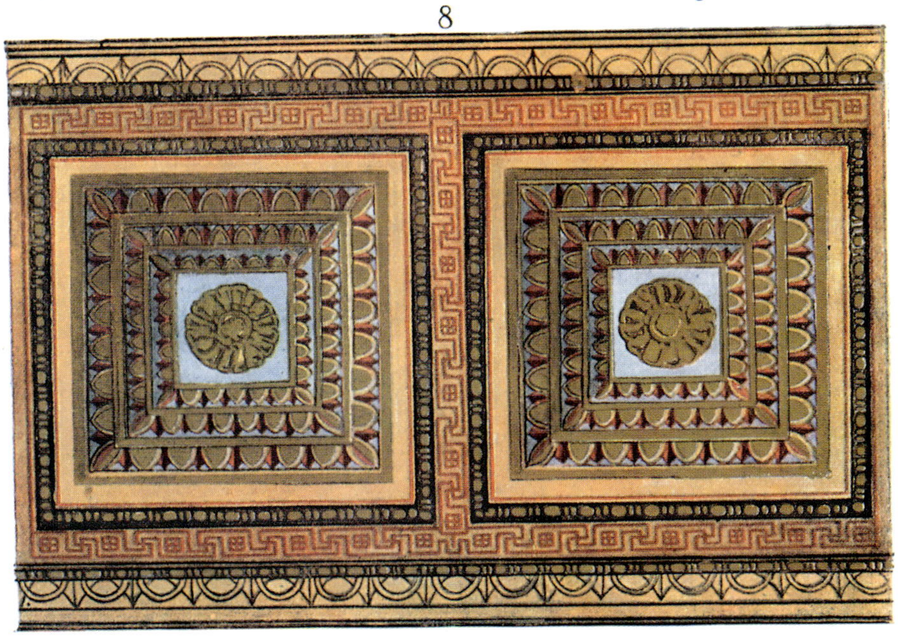

Bild 15

Griechische Vasen

1: Trinkgefäß in der Form eines Hirschkopfes, mit Tasse, Spätzeit; – 2: Gefäß in der Form eines Frauenkopfes; – 3: Apulisches Räuchergefäß (gemischter Stil); – 4: Apulische zweihenkelige Tasse; – 5: Hydria; – 6: Lekythos (Gefäß für geweihtes Öl – verwendet im Grabkult), attischer Stil; – 7: Vase mit asiatischen Elementen; – 8 und 9: Schalen mit Henkeln, Spätzeit; – 10: Krater (Gefäß zum Mischen von Wein mit Wasser); – 11: Amphore; – 12: Lekythos, Kombination des schwarz- und rotfigürlichen und des polychromen Stils. (Lau, *Die griechischen Vasen*).

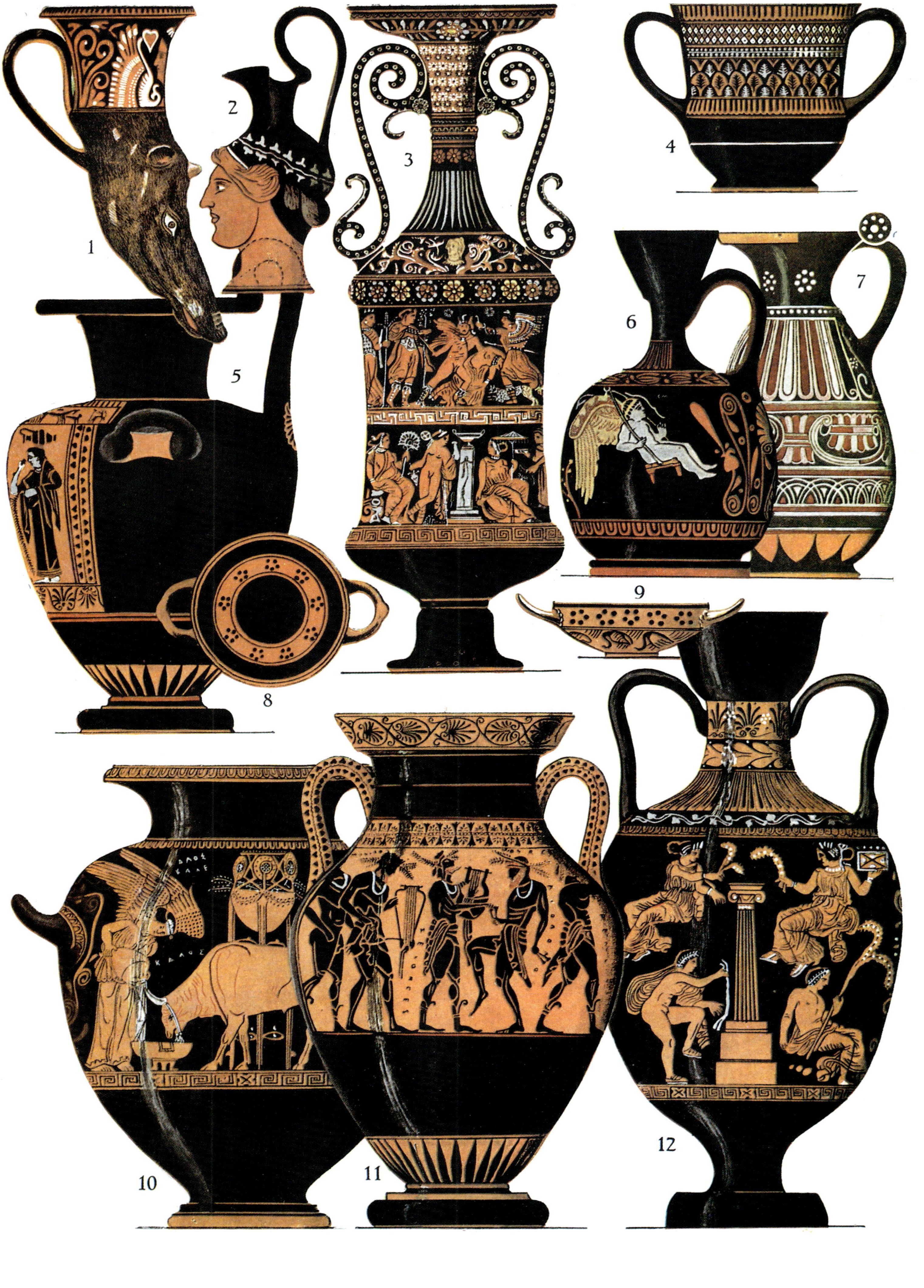
1
2
3
4
5
6
7
8
9
10
11
12

Bild 16

Griechische Marmormosaiken

1: Marmorboden aus Olympia (Poppe, *Sammlung von Ornamenten und Fragmenten antiker Architektur, Skulptur, Mosaik und Toreutik*); – 2, 10 und 11: Marmormosaiken (Boden) von Eleusis (Poppe); – 3 – 9: Fragmente von sizilianischen Böden, z.T. im Museum des Grafen Biscari (Hittorf, *Restitution du temple d'Empédocle*).

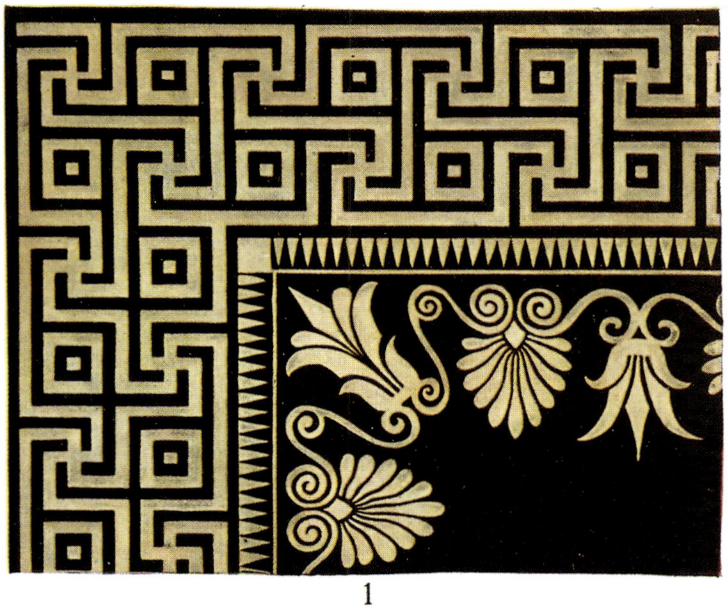

1

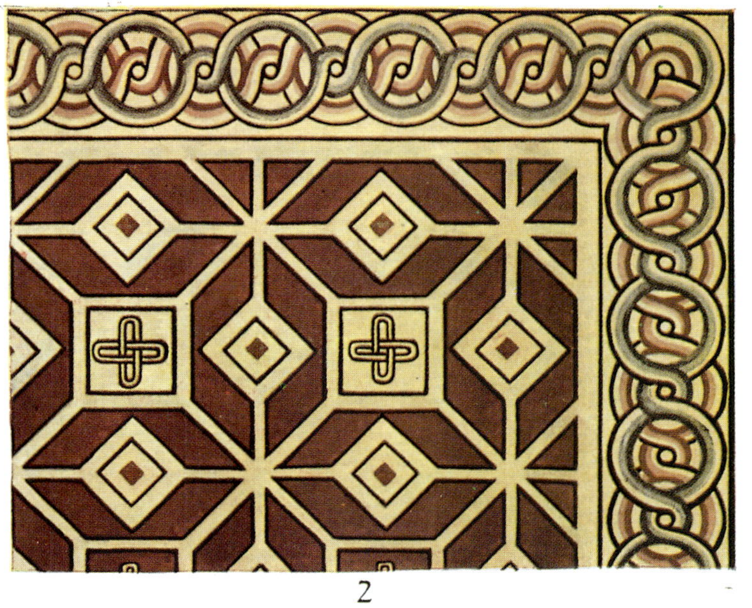

2

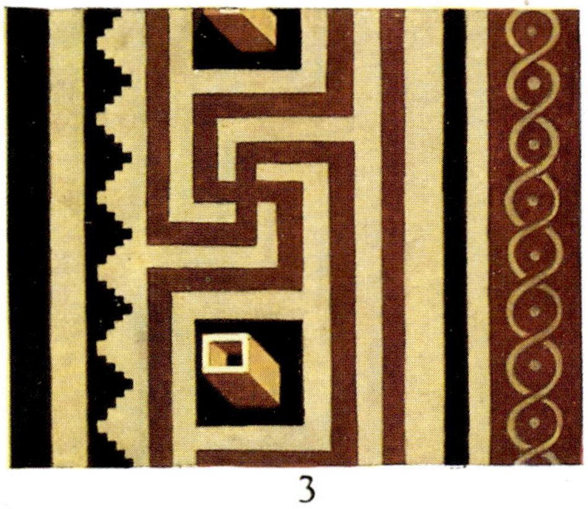

3

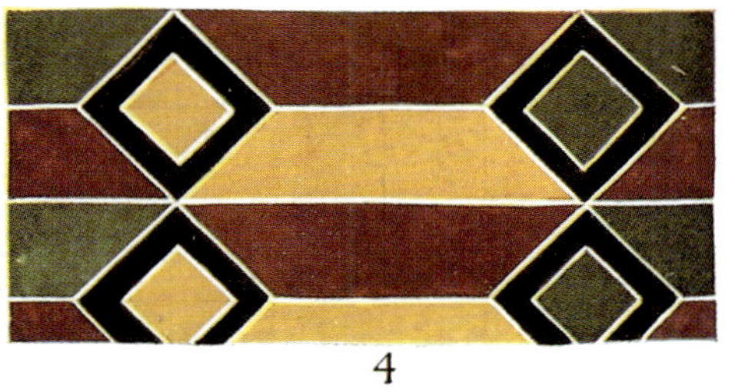

4

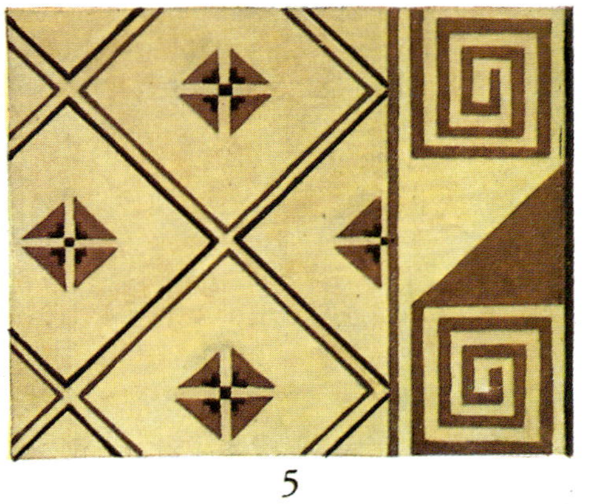

5

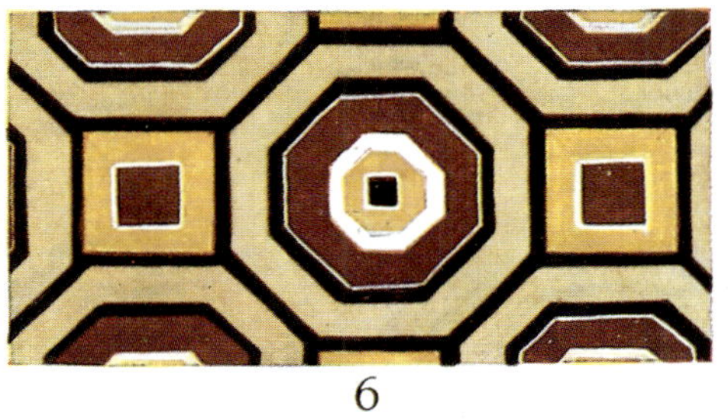

6

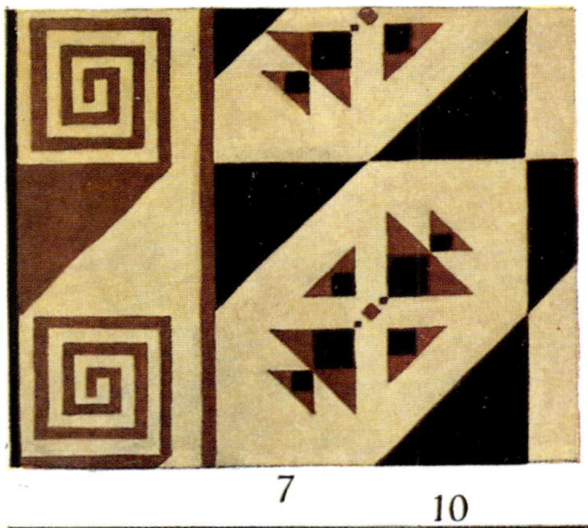

7

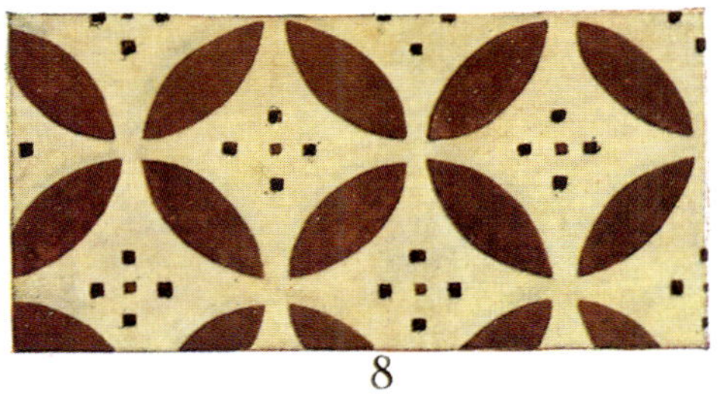

8

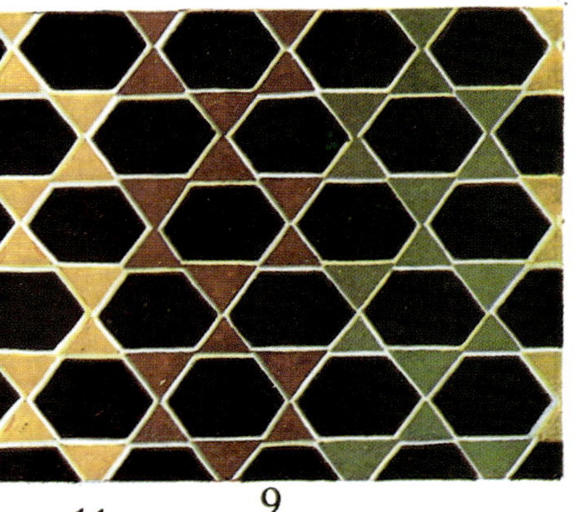

9

10

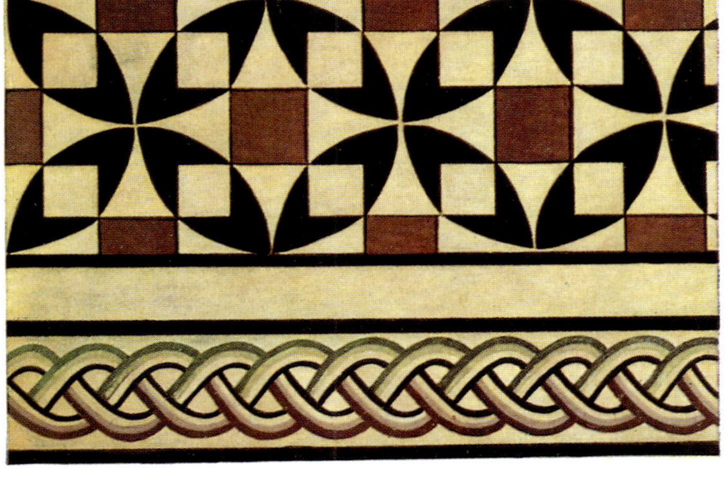

11

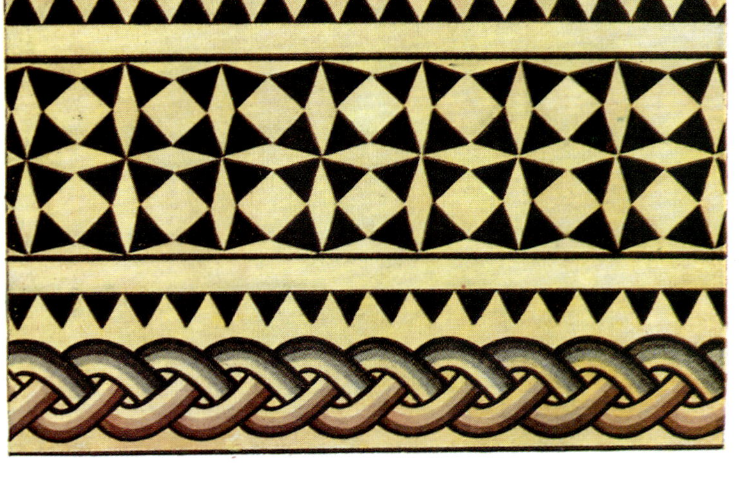

Bild 17

Etruskische Fresken

1, 3, 4 und 5: Farbige Tonplatten aus Cervetri (Martha, *L'Art étrusque*); – 2 und 8: Fresken von den Grabmälern Corneto-Tarquinia, 6. Jh. v. Chr. (Antike Denkmäler); – 6 und 7: Bemalter Tonsarg der Familie Seianti, gefunden in der Nähe von Chiusi (Poggio Cantarello).

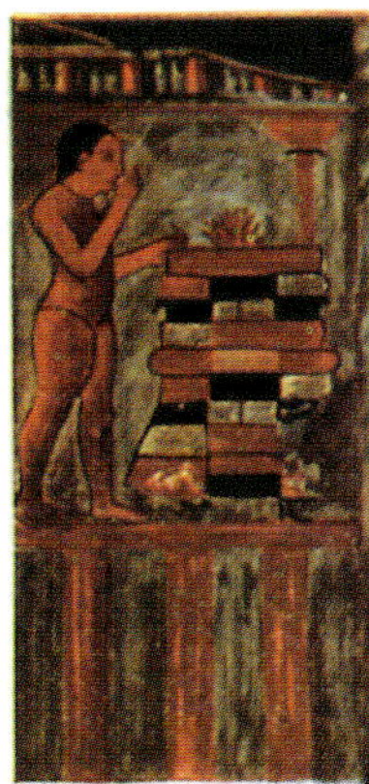

1

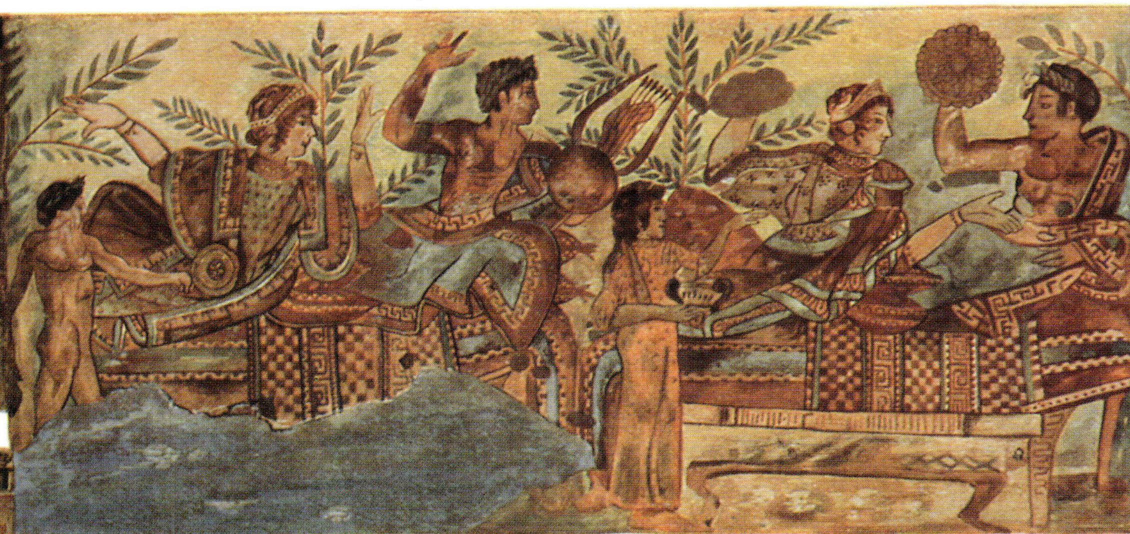

2

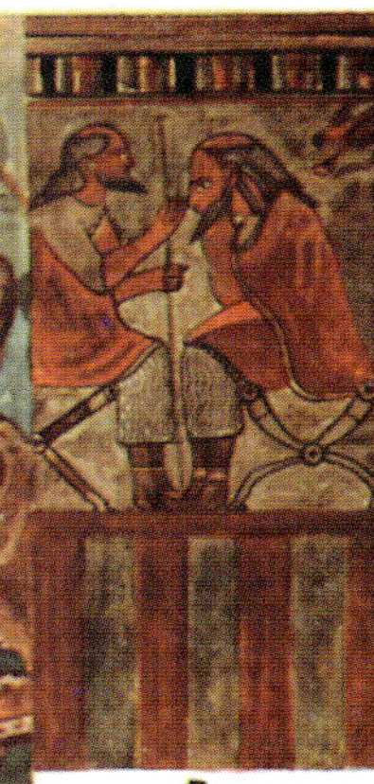

3

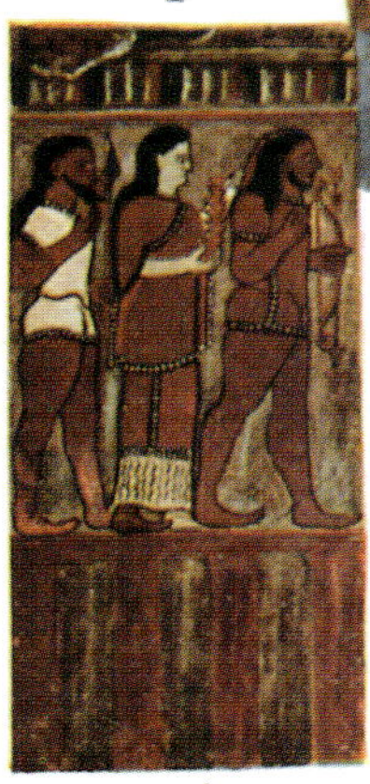

4

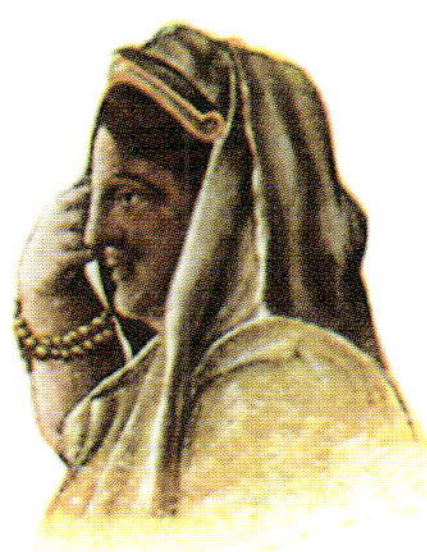

6

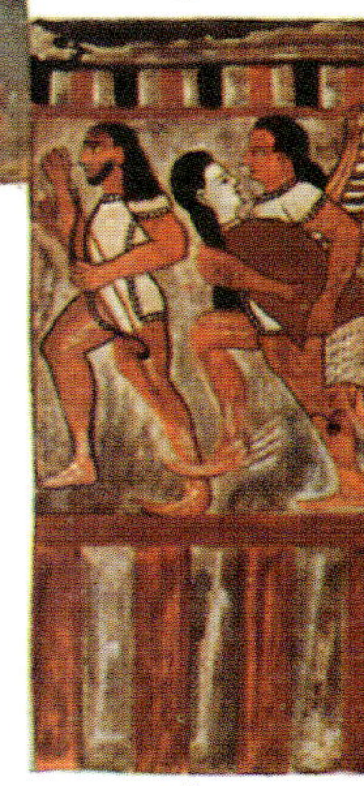

5

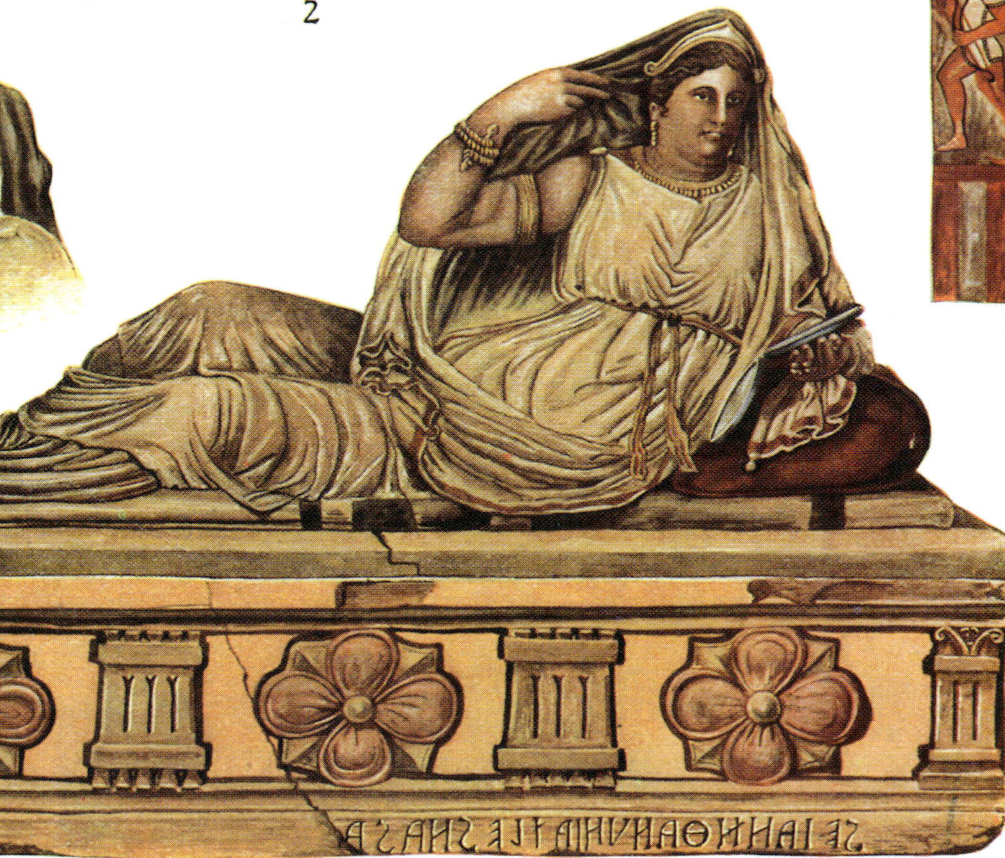

7

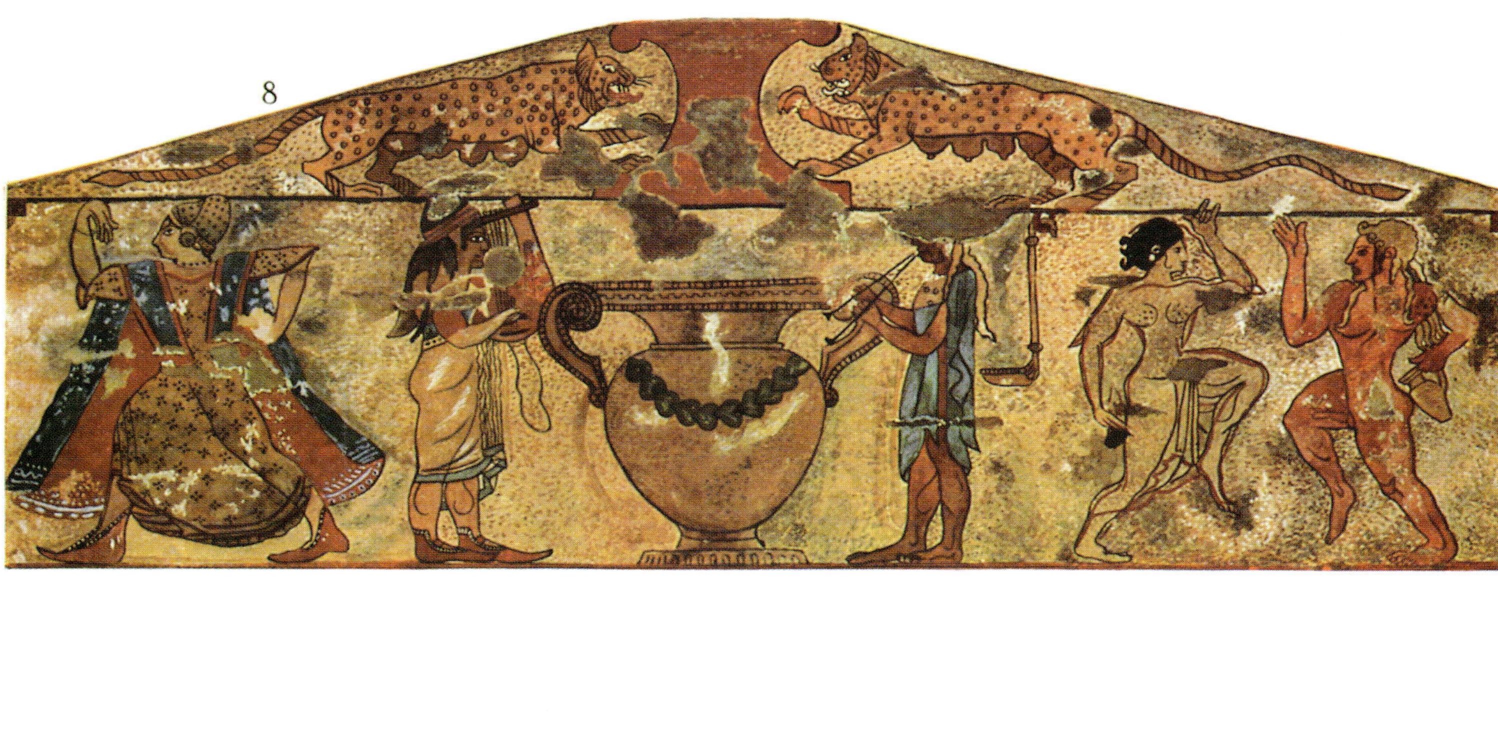

8

Bild 18

Wanddekorationen aus den Kaiserpalästen auf dem Palatin in Rom (Schwechten).

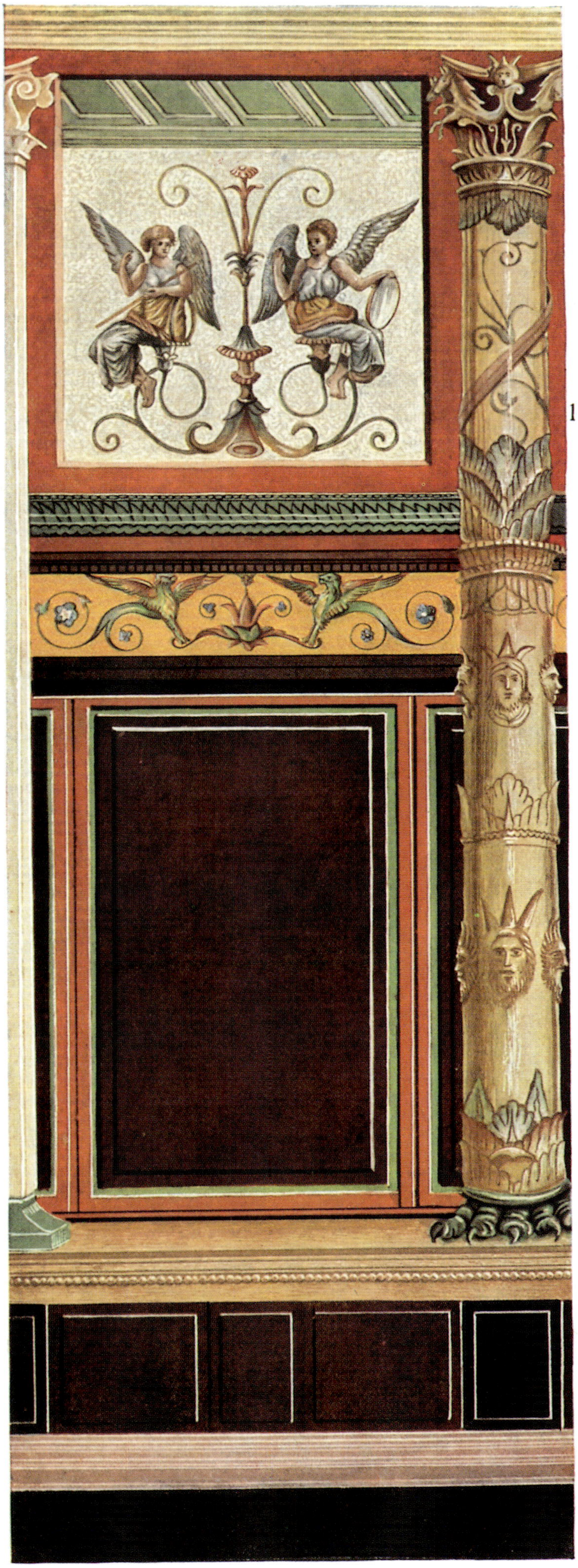

1

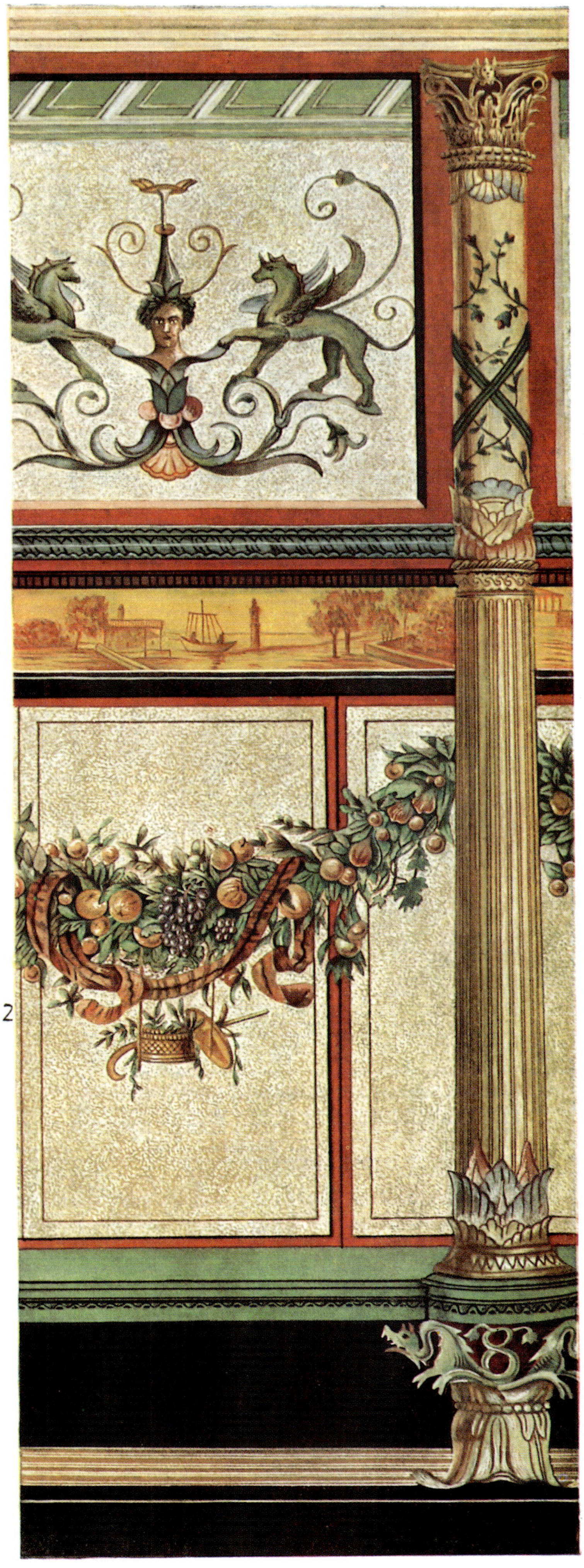

2

Bild 19

Römische Marmormosaiken

1: Marmorboden eines Hauses in Brescia (Gruner, *Specimens of ornamental art*); – 2: Fußboden einer römischen Villa in der Nähe von Wiltingen; – 3 und 4: Boden im Bad einer römischen Villa in Vilbel (Frankfurt/Main); – 5: Fußboden eines römischen Hauses in Trier; – 6: Kopf eines Kriegers, Bodenmosaik in einer römischen Villa in Nennig; – 7: Römisches Fußbodenmosaik in Euren (Vorlagensammlung der Kgl. Kunstgewerbebibliothek in Dresden).

1

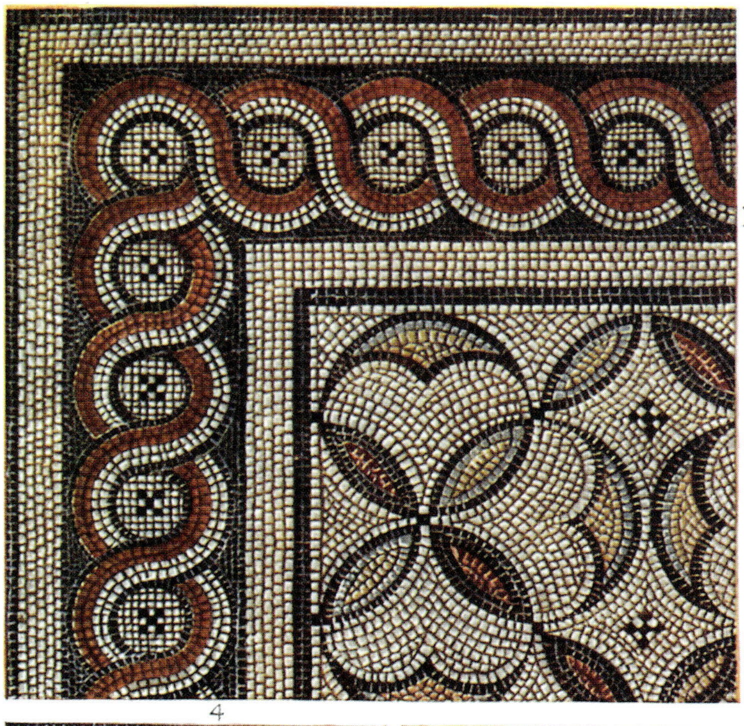

2

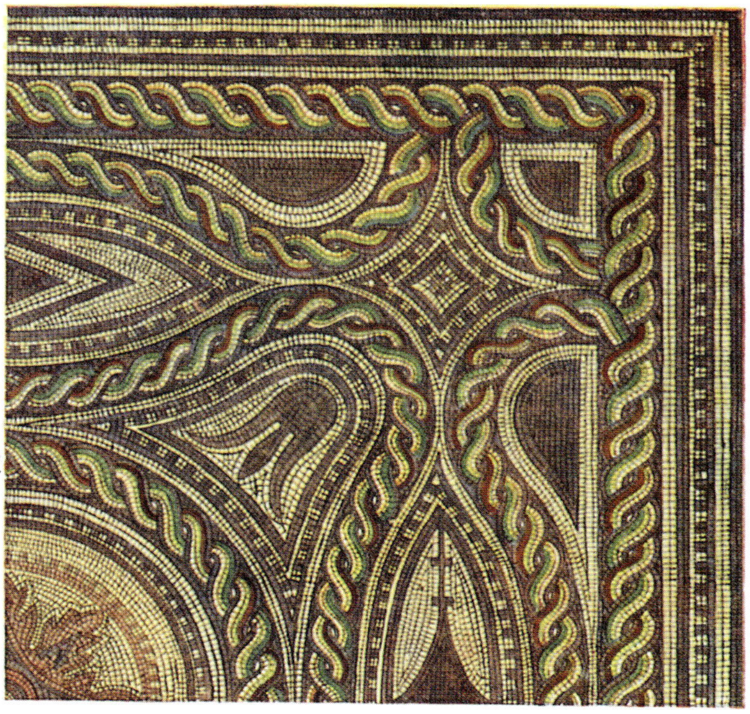

4

3

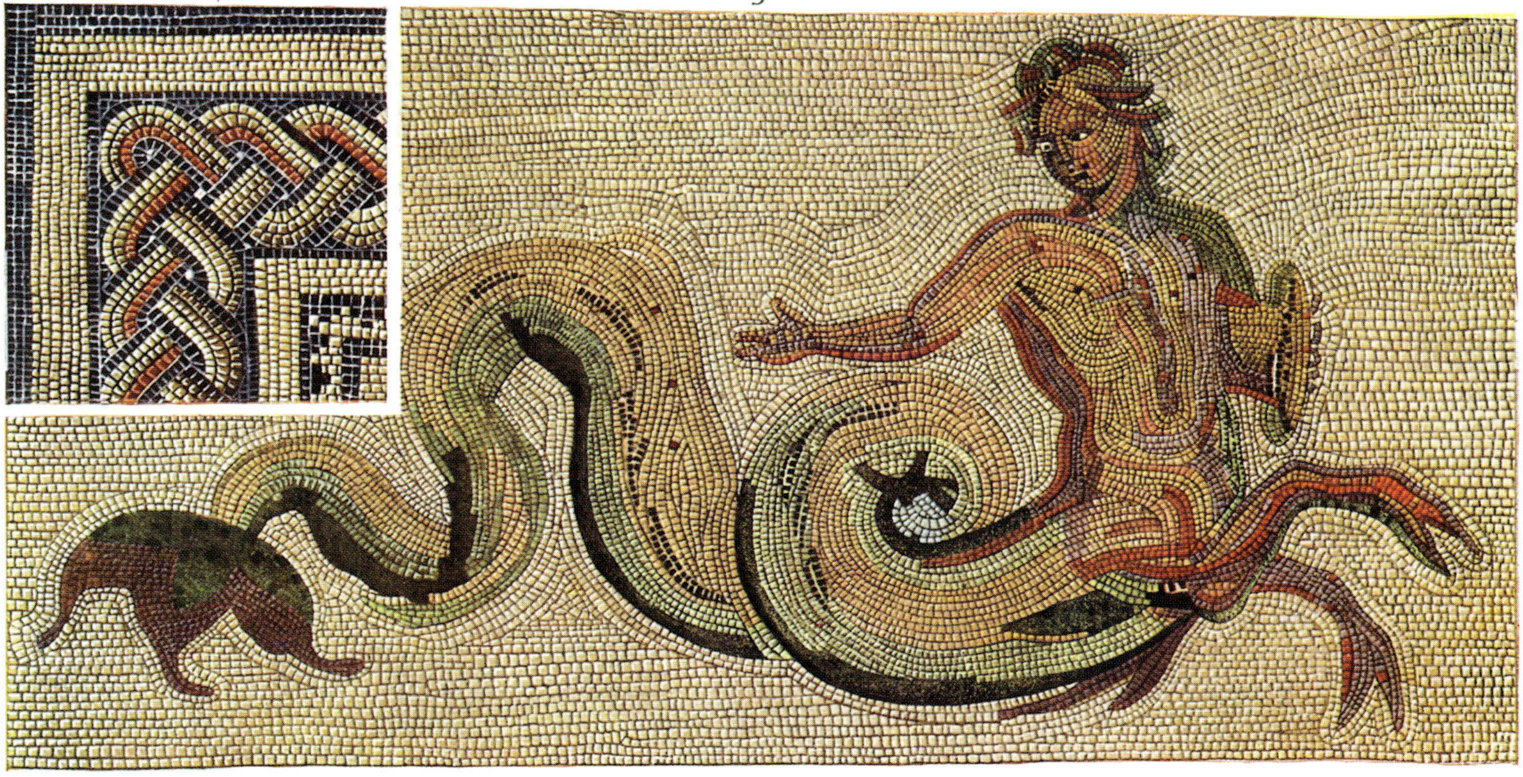

5

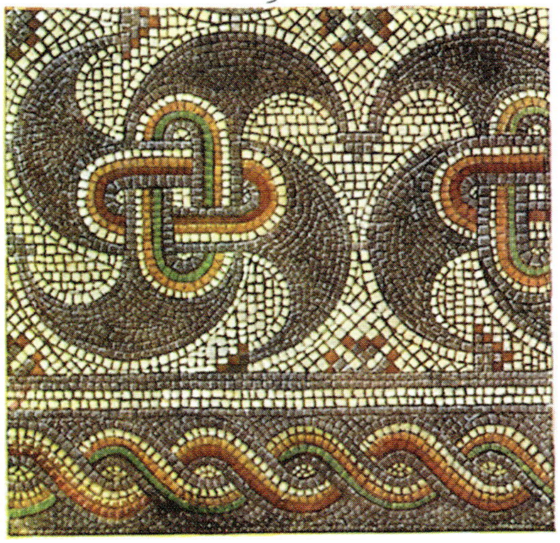

6

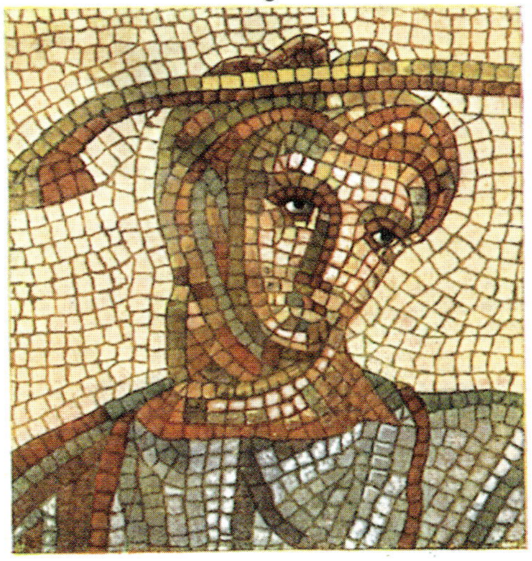

7

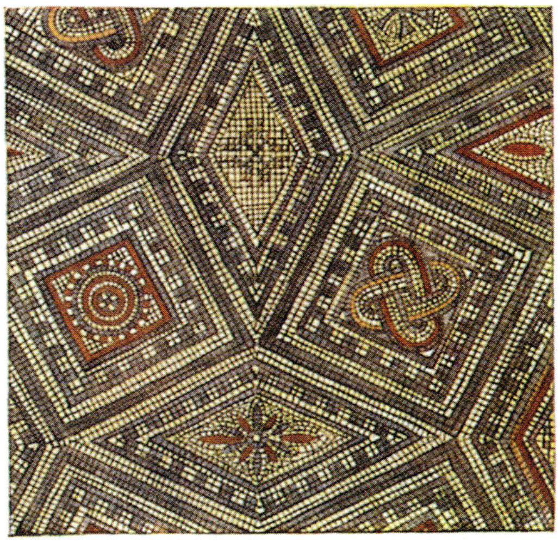

Bild 20

Römischer Gold- und Emailschmuck

1, 3, 5 – 13, 17 und 20 – 23: Römische Anstecknadeln aus Gold und Email, Wiesbadener Museum (V. Cohausen, *Römischer Schmelzschmuck*); – 2, 4, 14 und 16: Römische Ohrgehänge aus Pompeji (Nicolini, *Pompeji*); – 15 und 24: Römischer Armschmuck, Pompeji (Nicolini); – 18 und 19: Ringe aus Pompeji (Nicolini).

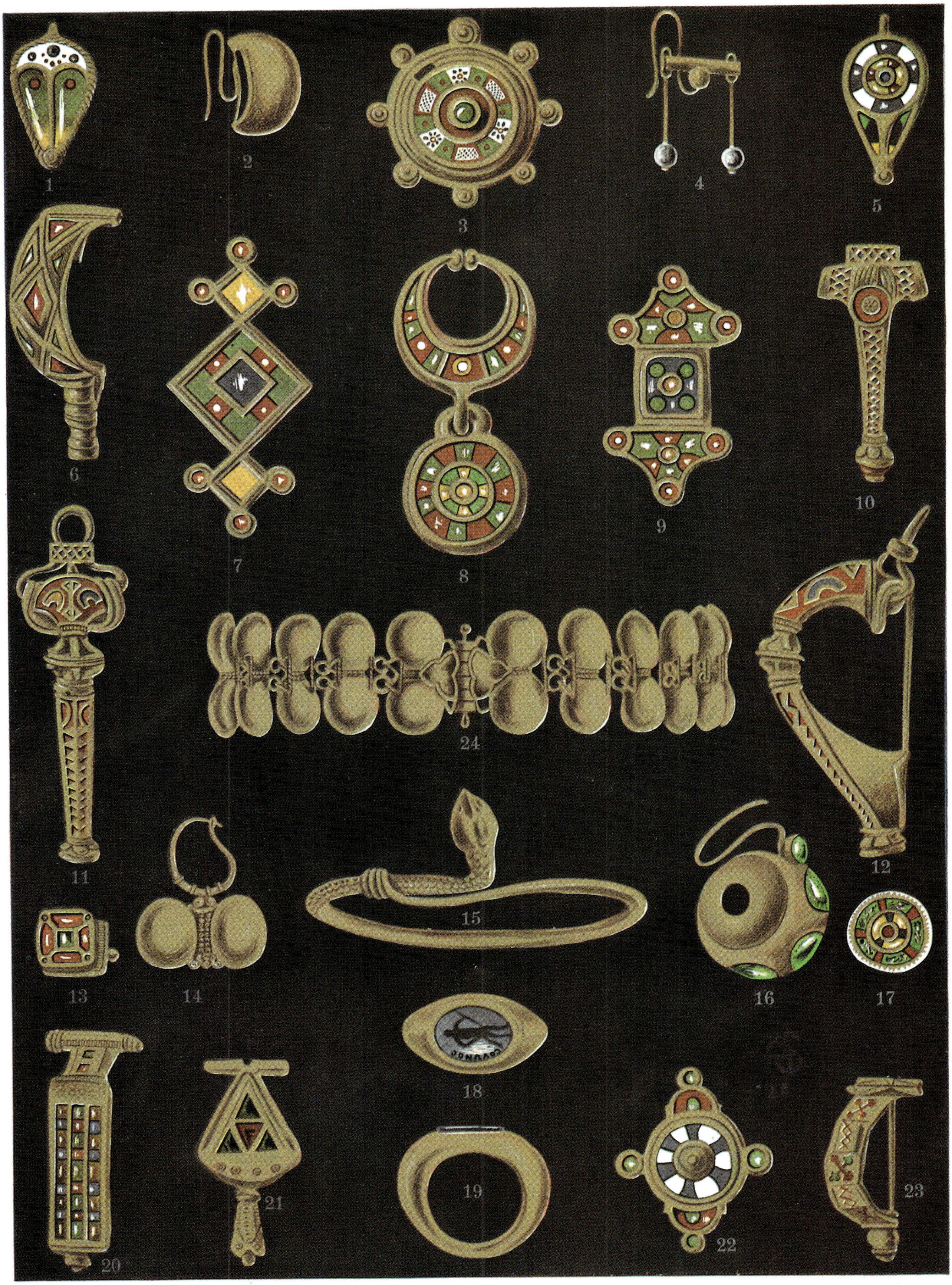
1
2
3
4
5
6
7
8
9
10
11
24
12
15
13
14
16
17
18
19
20
21
22
23

Bild 21

Pompejische Fresken

1: Fresko der 1. Epoche (Presuhn, Die pompejanischen Wanddekorationen); – 2: Fresko der 2. Epoche (Nicolini, *Pompeji*).

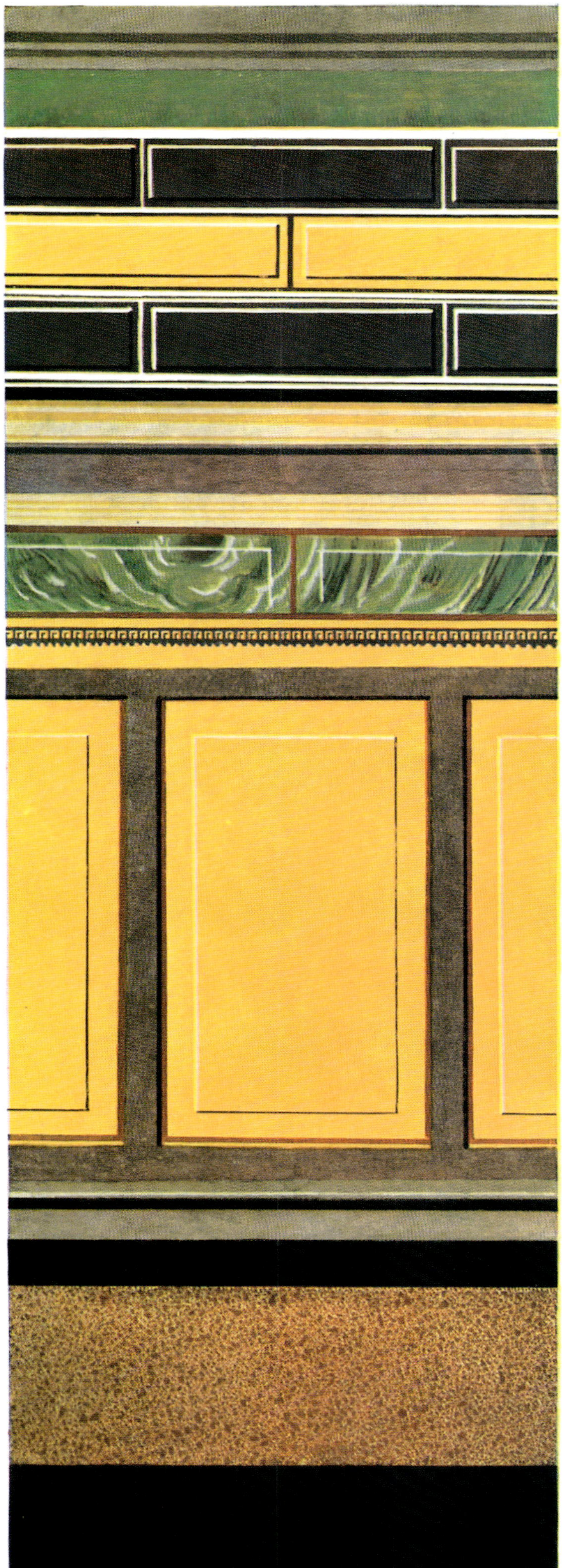
1

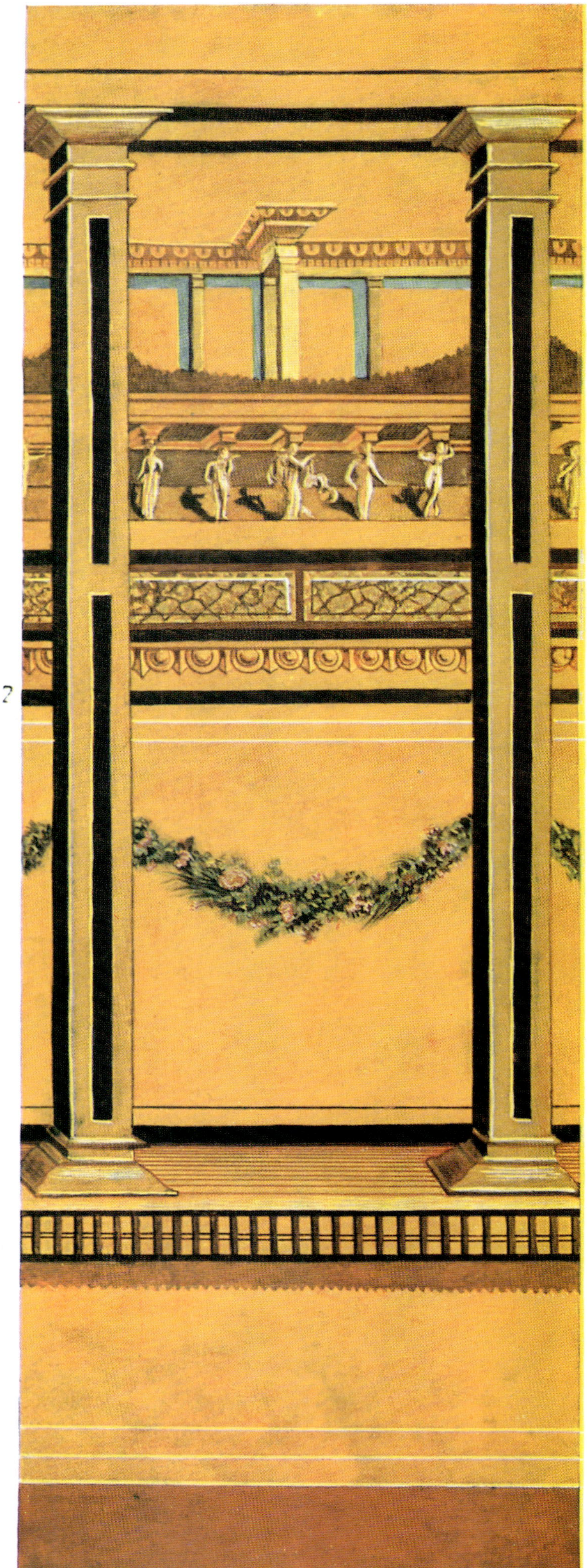
2

Bild 22

Pompejische Fresken

1 und 2: Fresken im Hause des Labyrinths, 2. Epoche. (Gruner, *Specimens of ornamental art*).

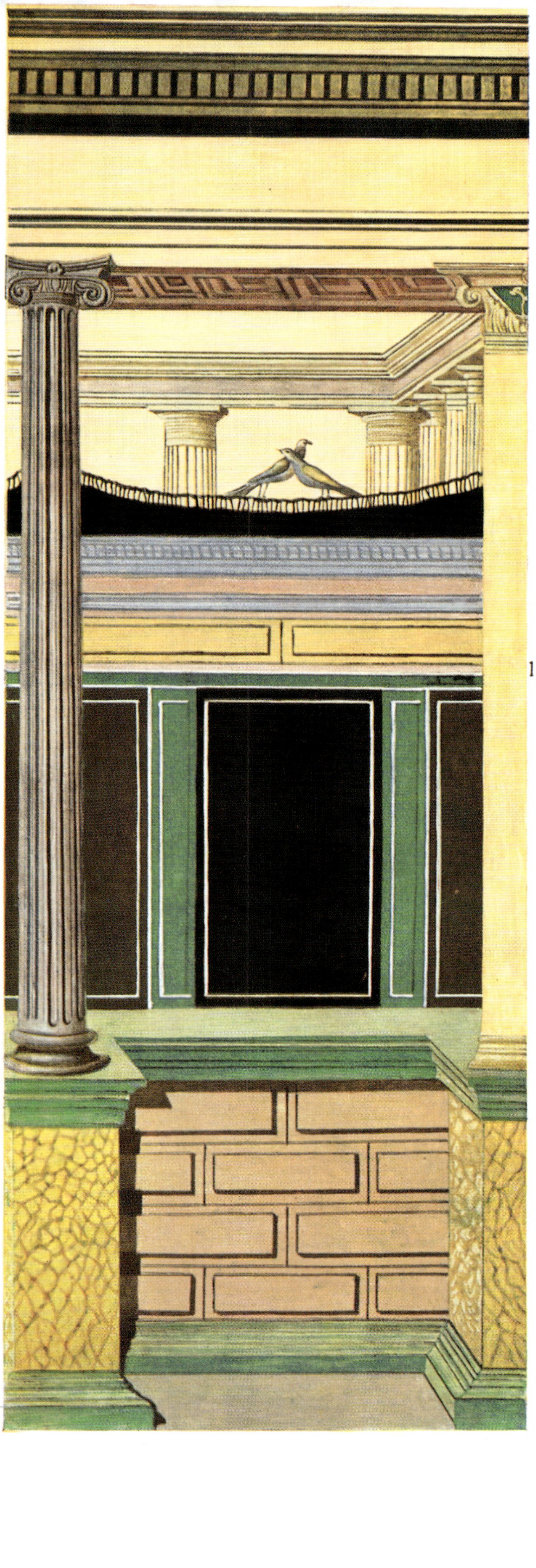

1

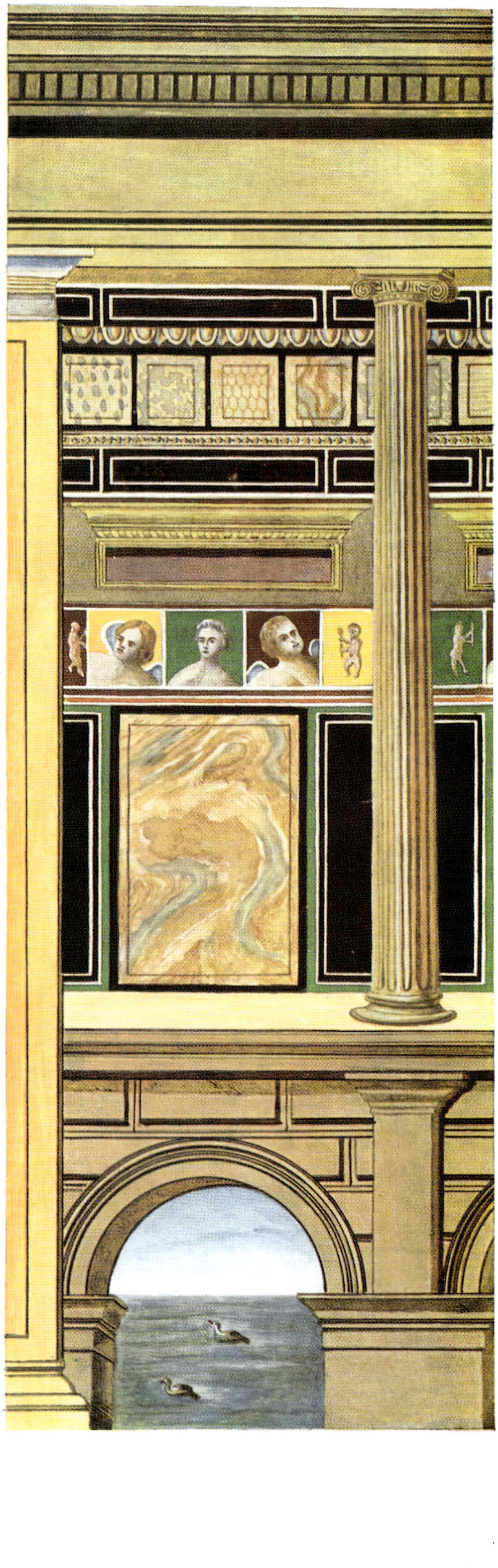

2

Bild 23

Pompejische Fresken

1: Fresko der 3. Epoche; – 2: Fresko der 4. Epoche. (Nicolini, *Pompeji*).

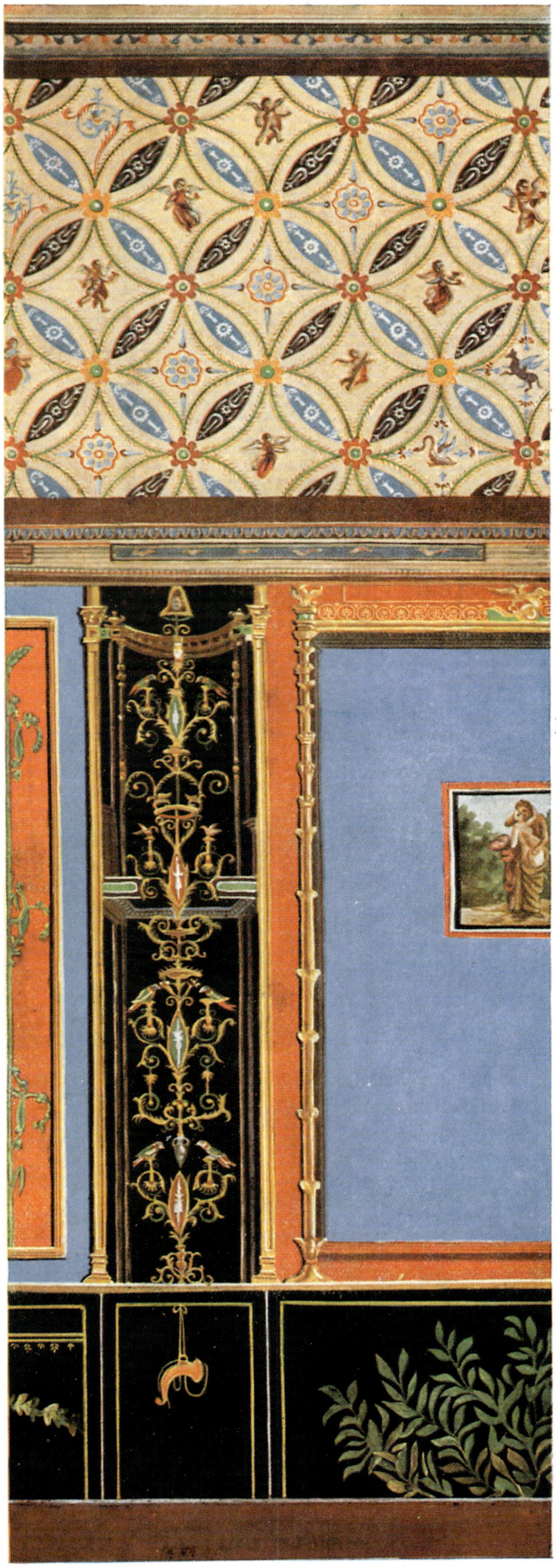

1 2

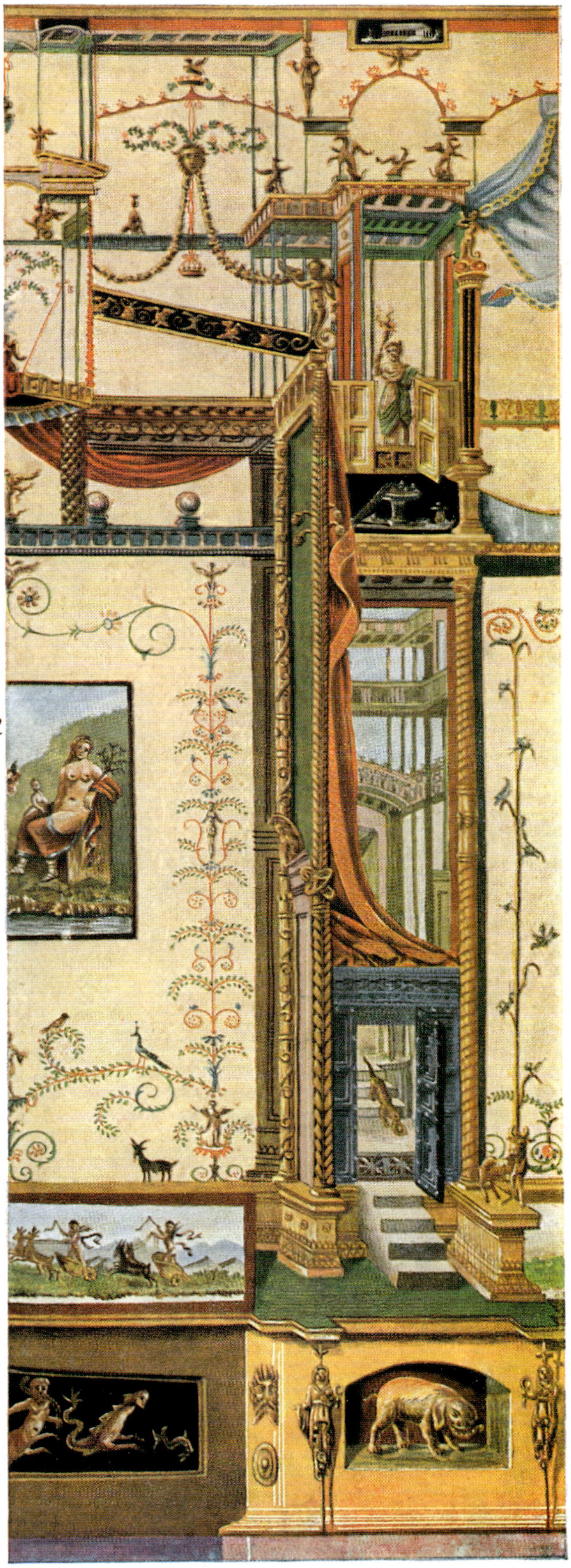

Bild 24

Römisch-hellenische Fresken

1: Fresko aus Herculaneum (Zahn, *Ornamente*); – 2: Pompejisches Fresko (Nicolini, *Pompeji*).

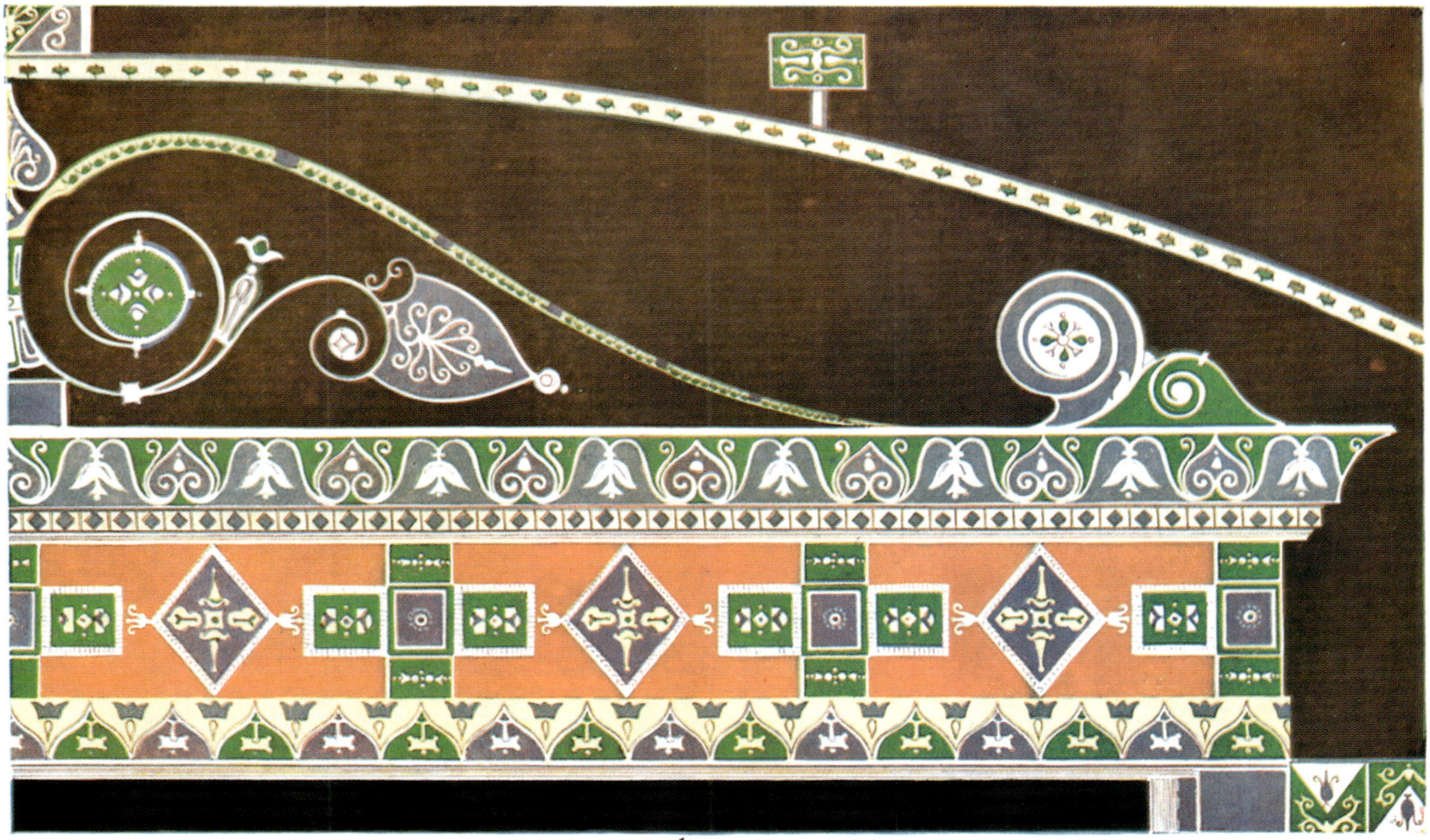

1

2

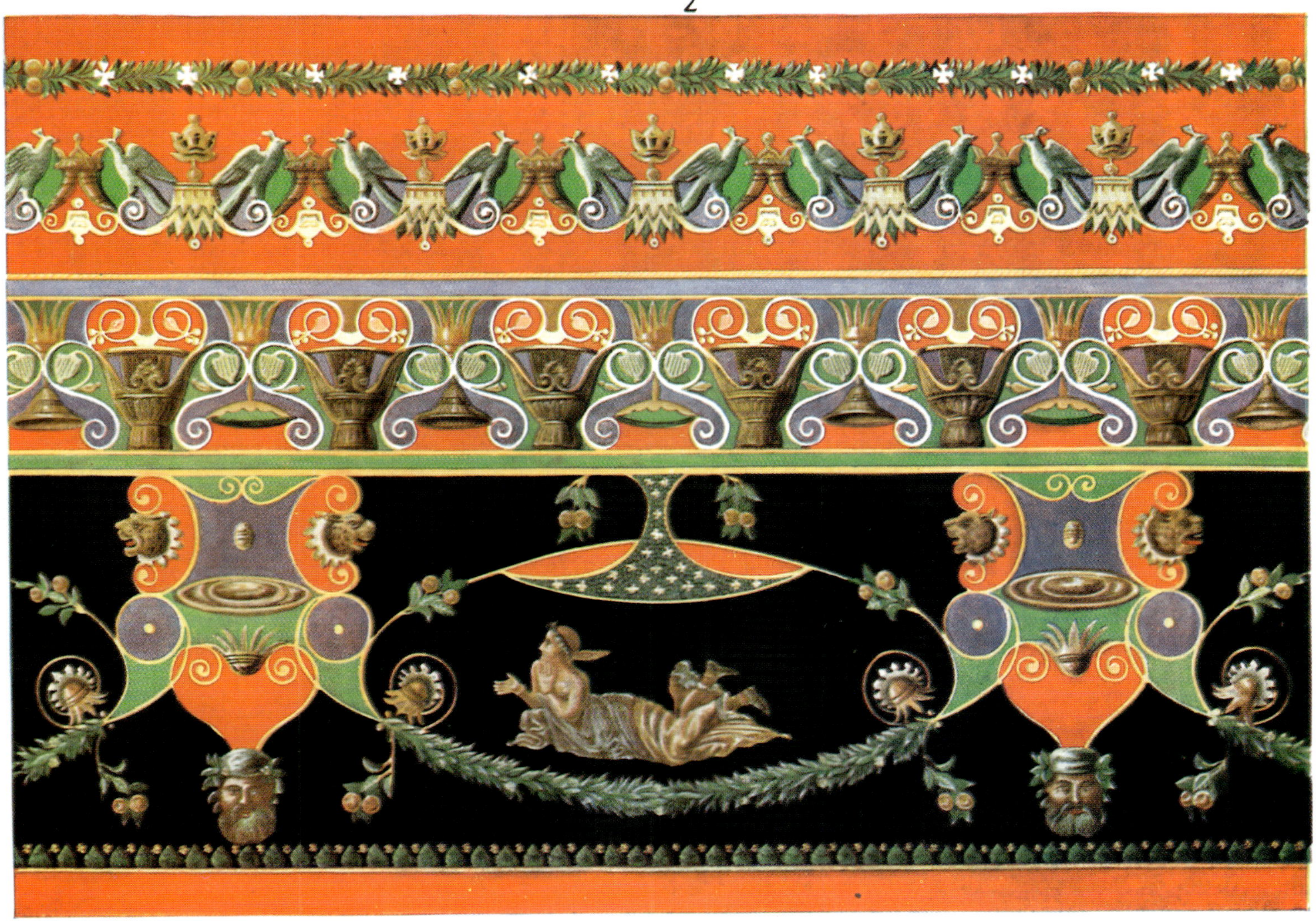

Bild 25

Römisch-hellenische Wanddekorationen

1: Fries aus Herculaneum (Zahn, *Ornamente*); – 2 – 4: Pompejische Friese (Zahn); – 5: Springbrunnen in einer Nische des Hauses der Medusa, Pompeji (Gruner, *Specimens of ornamental art*).

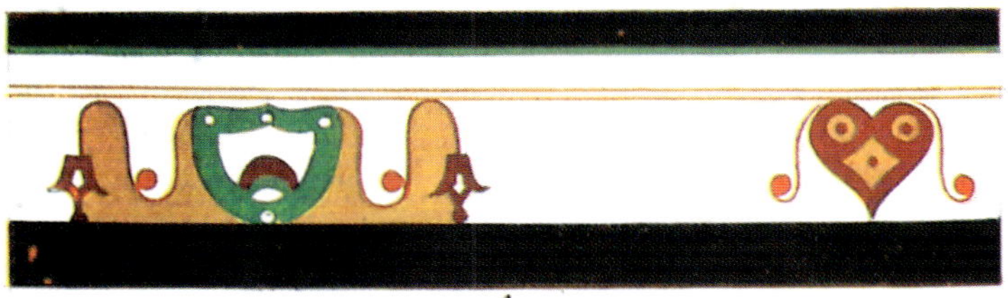

1

2

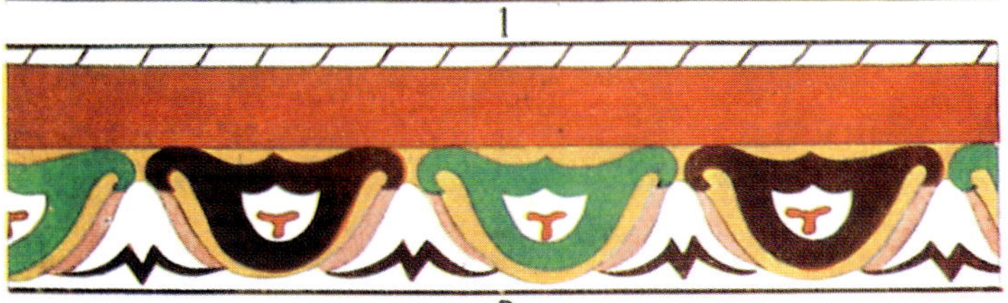

3

4

5

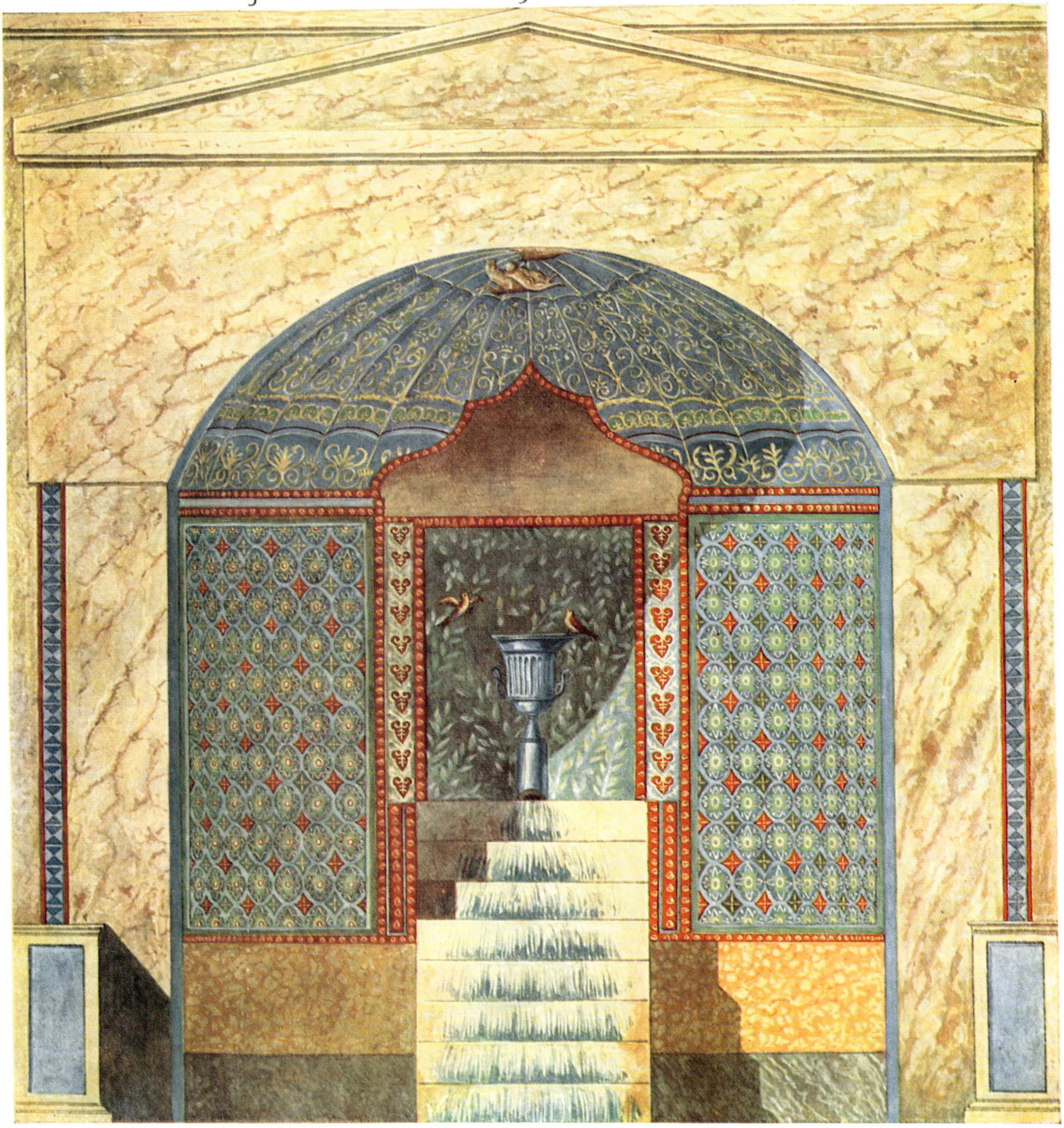

Bild 26

BEMALTE POMPEJISCHE STUCKARBEITEN

1, 6, 7, 8 und 13: Bemalte Säulen und Kapitelle aus Stein, mit Stuck überzogen; – 2 – 5 und 9 – 12: Farbige Innenfriese. (Zahn, *Ornamente aller klassischen Kunstepochen*).

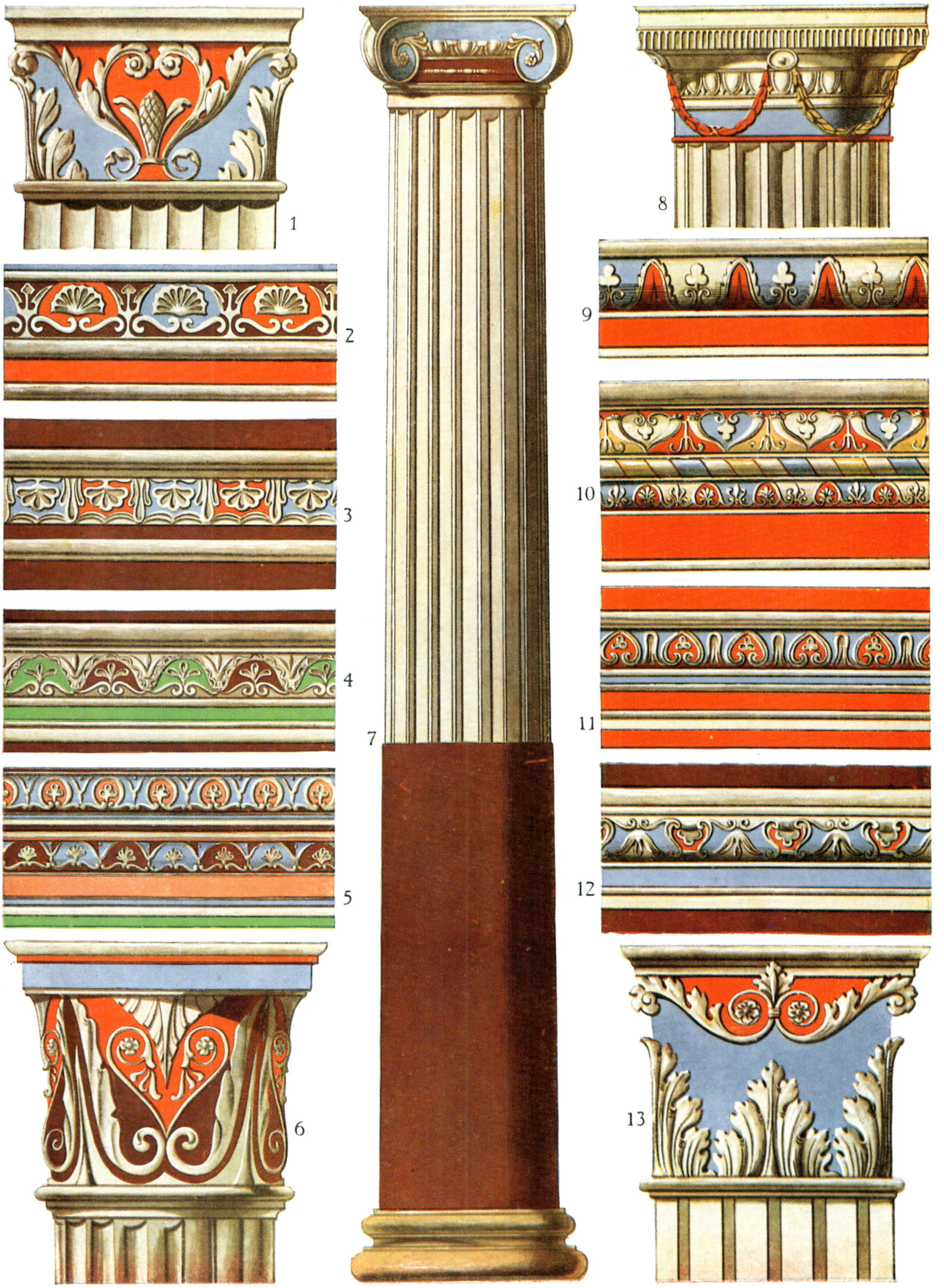
1
2
3
4
5
6
7
8
9
10
11
12
13

Bild 27

RÖMISCHE MARMORMOSAIKEN

1 – 4, 7, 10 und 11: Marmormosaiken aus Pompeji; – 5, 6, 8 und 9: Rosetten aus Marmor, glasiert, aus Herculaneum (Zahn, *Ornamente*).

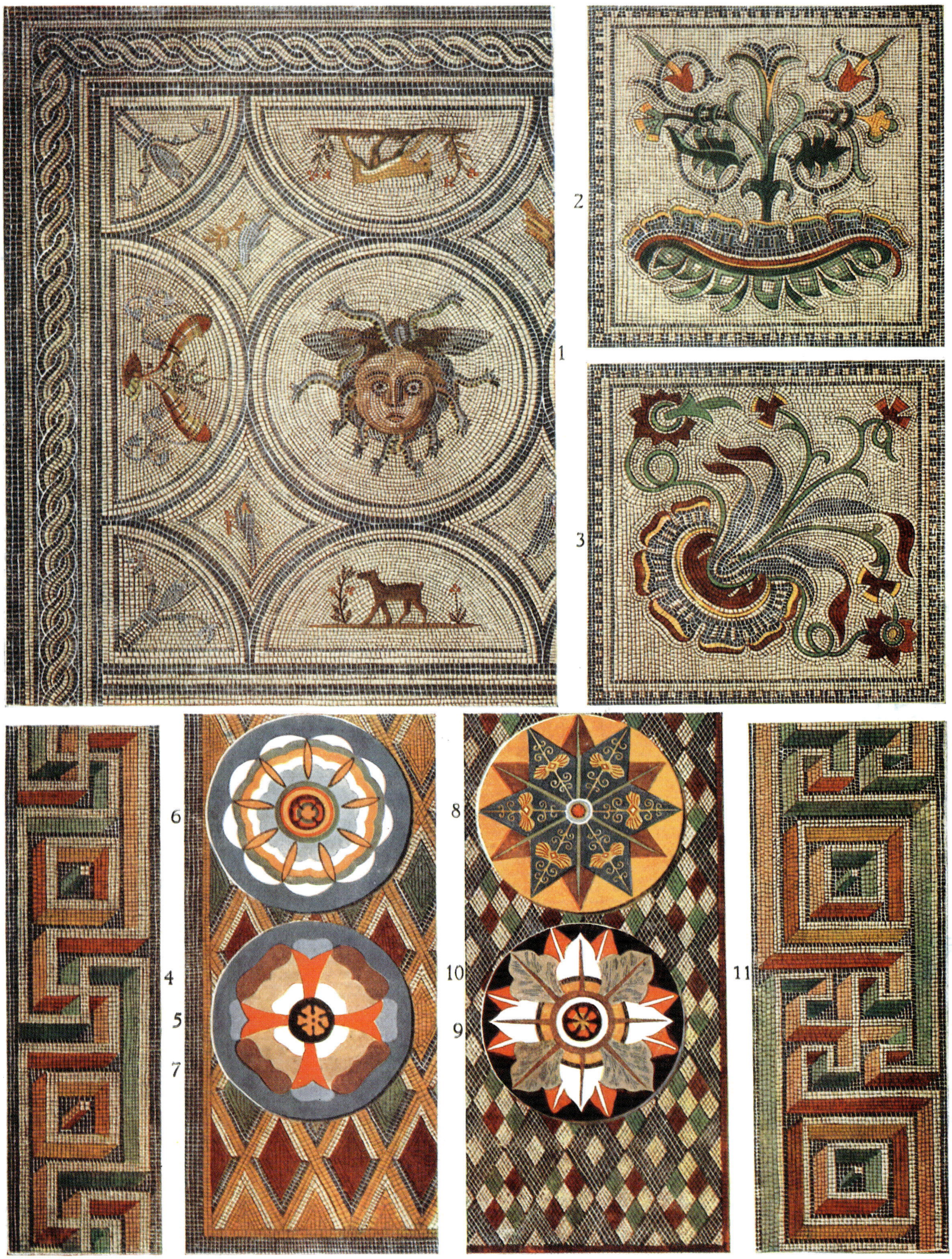
1
2
3
4
5
6
7
8
9
10
11

Bild 28

Pompejische Möbel

1: Truhe aus Bronze; – 2 – 5: Ruhebett aus Holz und Bronze. (Nicolini, *Pompeji*).

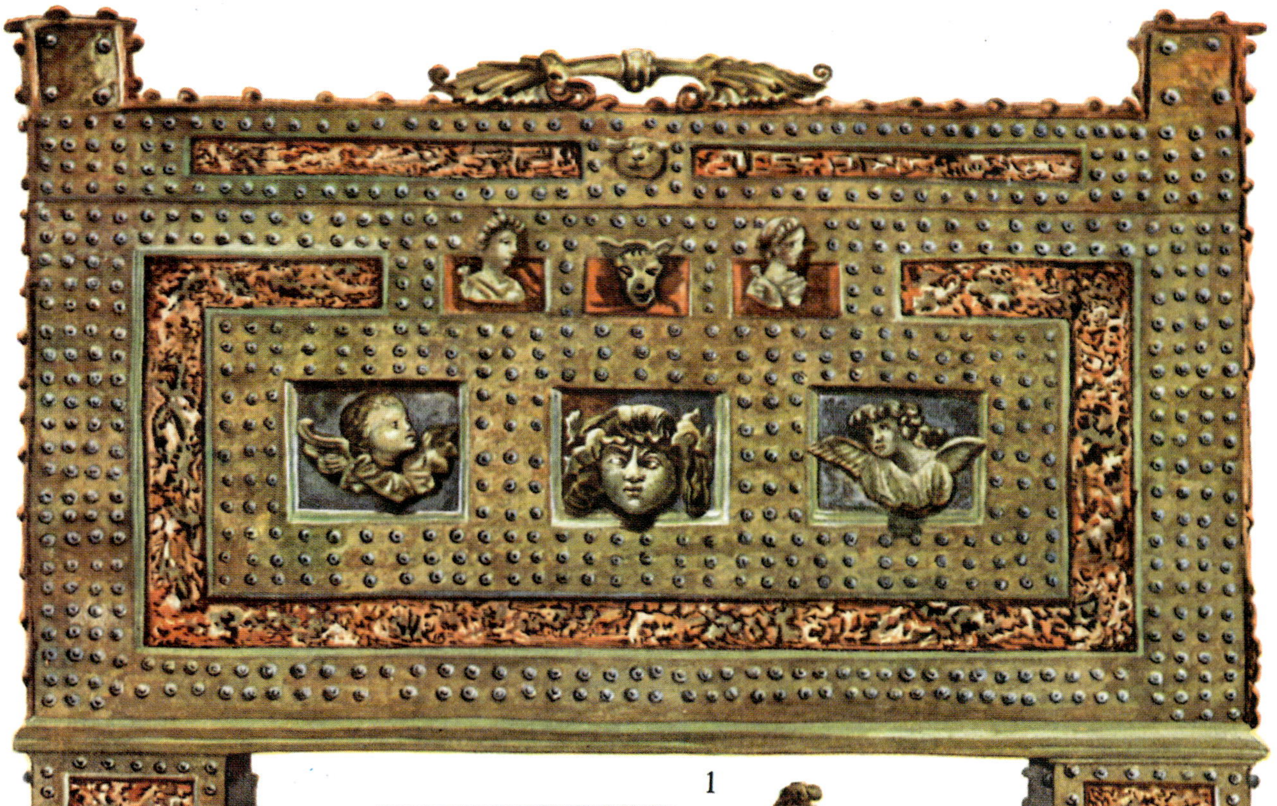

1

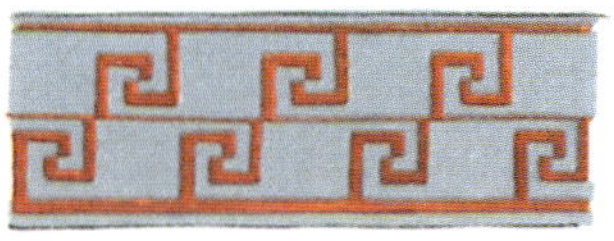

2

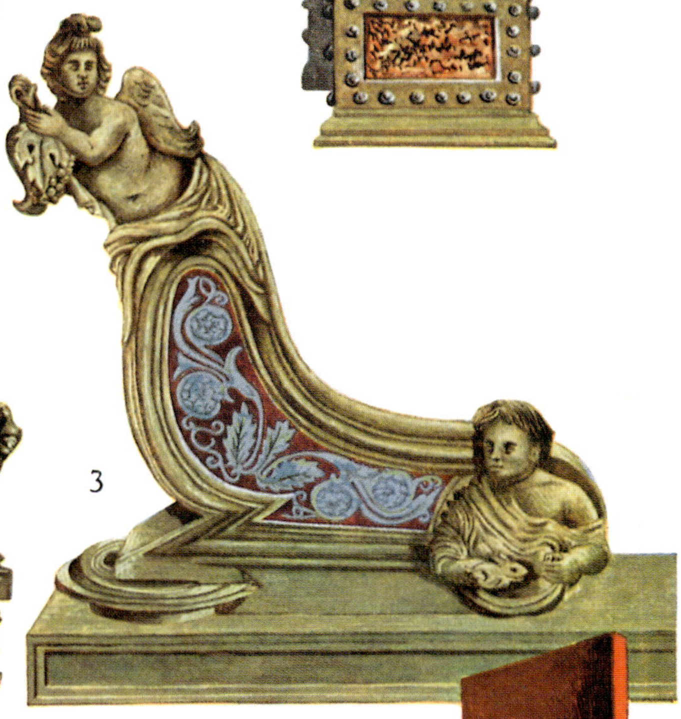

3

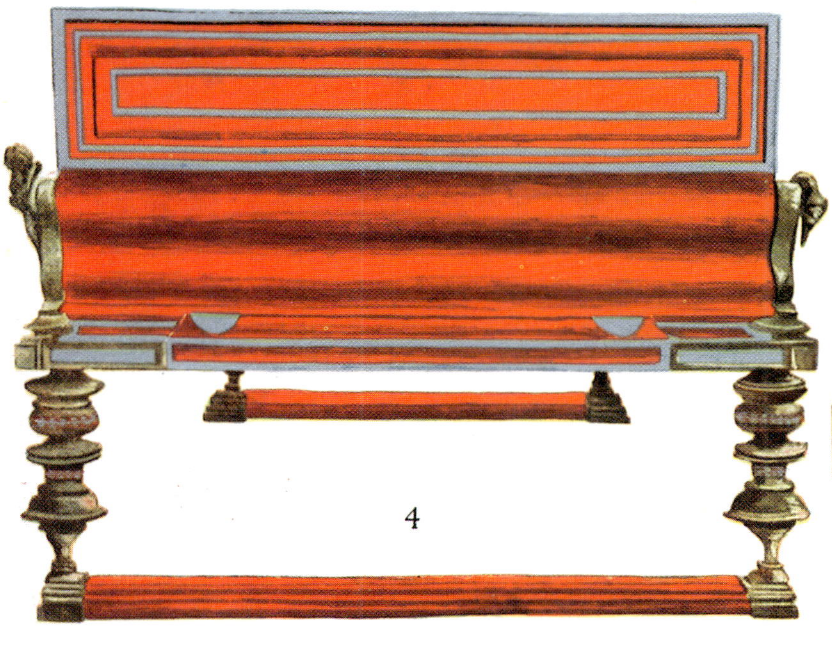

4

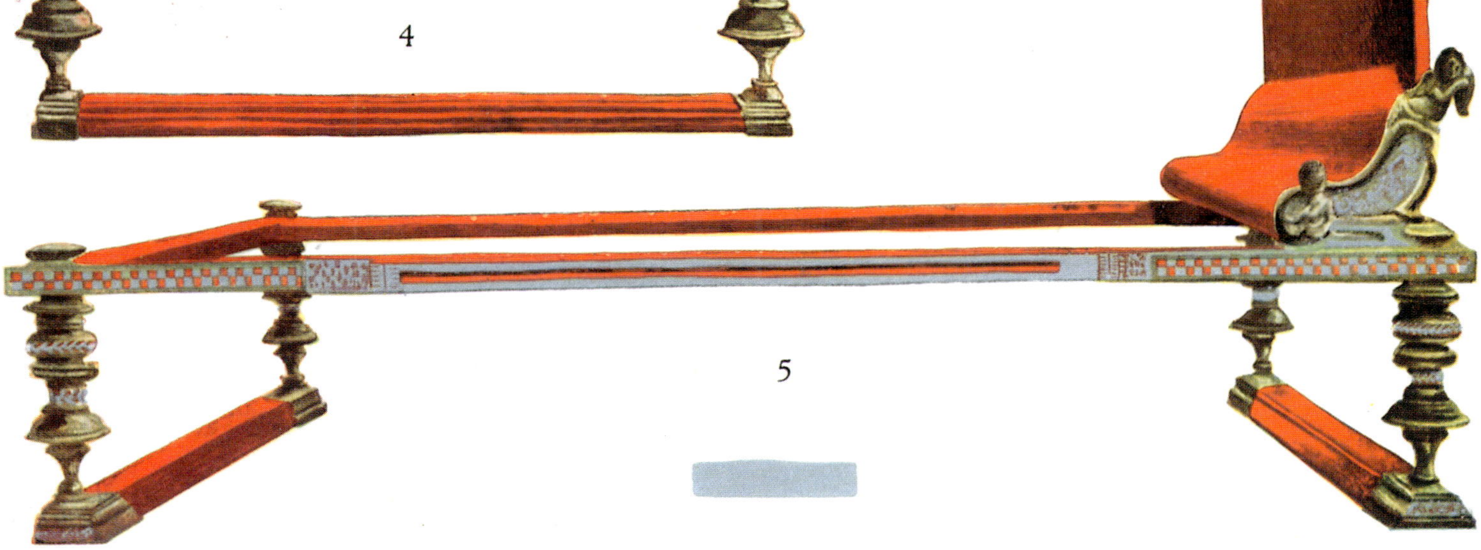

5

Bild 29

Römisch-hellenische Glasgefässe

1 – 7 und 9 – 13: Pompejische Glasgefäße; – 8: Urne aus blauem Glas mit weißem Glasüberzug und Flachrelief, gefunden in Pompeji. (Nicolini, *Pompeji*).

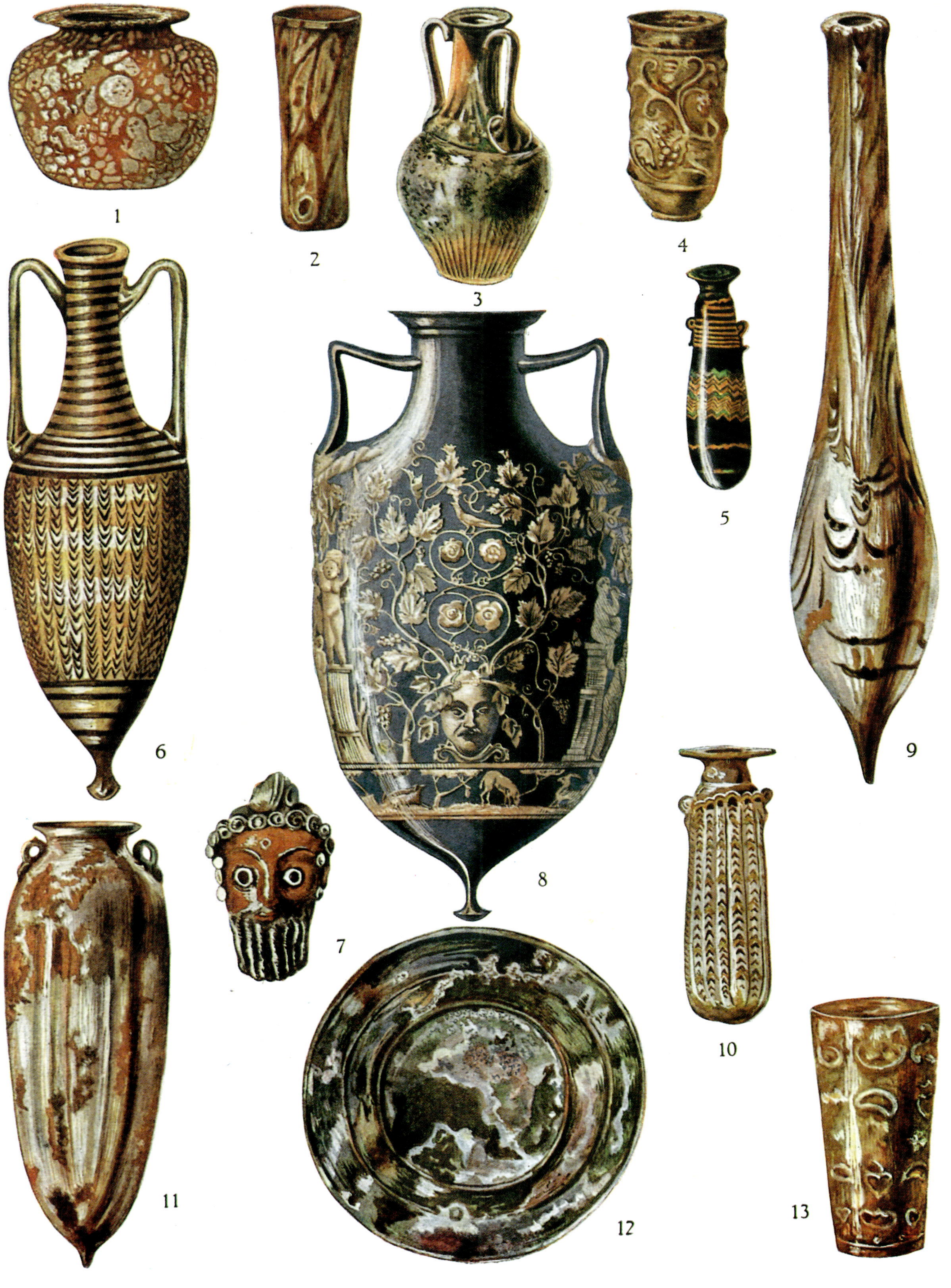
1
2
3
4
5
6
7
8
9
10
11
12
13

Bild 30

FRESKEN DER BUDDHISTISCHEN FELSENTEMPEL IN ADSCHANTA, 6. JH. N. CHR.

1 – 3, 7 und 10: Eingelassene Deckenverzierungen; – 4: Buddhabildnis; – 5, 6, 8 und 9: Bemalte Säulen. (Griffith, *Paintings in the Buddhist cave-temples of Ajantâ, Kandeh in India*).

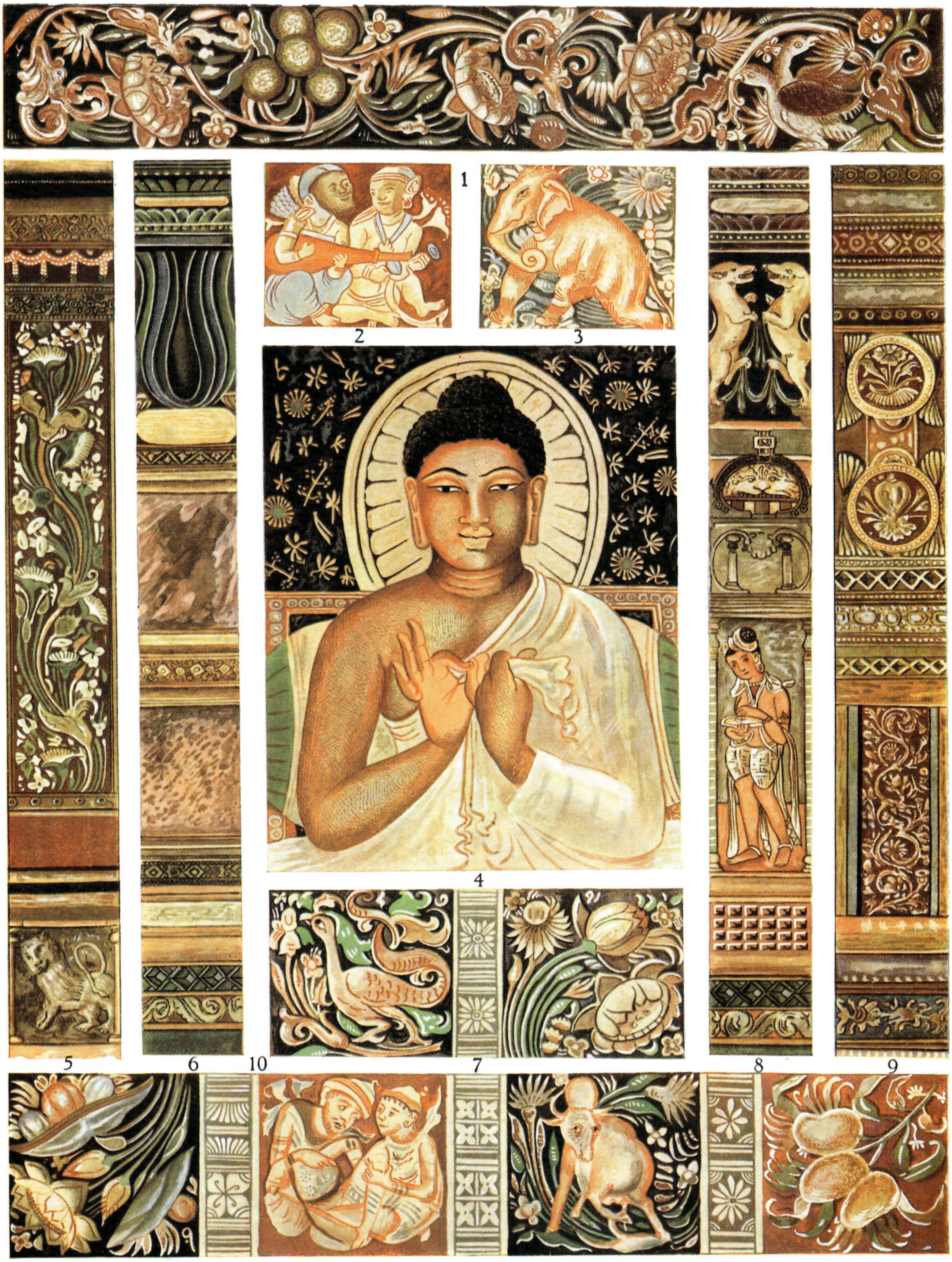
1
2
3
4
5
6
10
7
8
9

Bild 31

DECKENMALEREIEN IN DEN BUDDHISTISCHEN FELSENTEMPELN IN ADSCHANTA

1, 2, 4 und 5: Flache Deckenmalerei; – 3: Eingelassene Friesverzierung (Griffith, *Paintings in the Buddhist cave-temples of Ajantâ, Kandeh in India*).

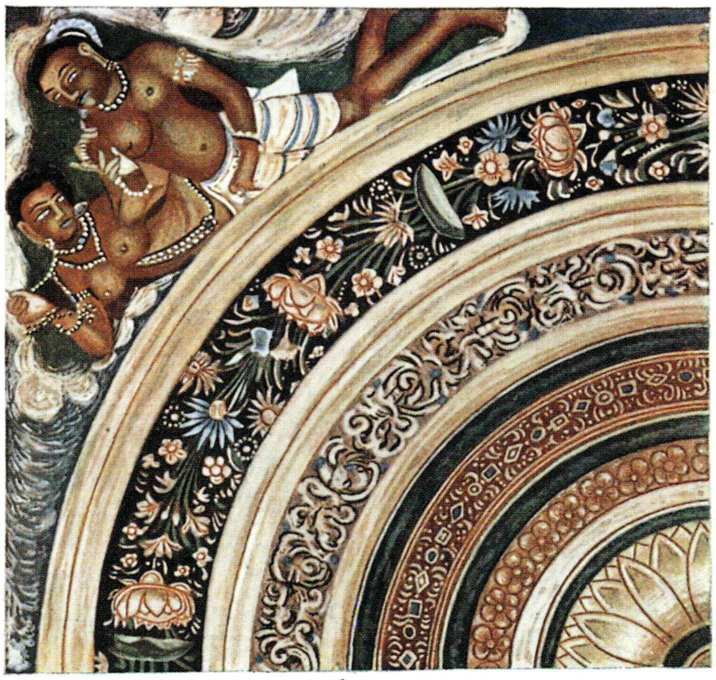
1

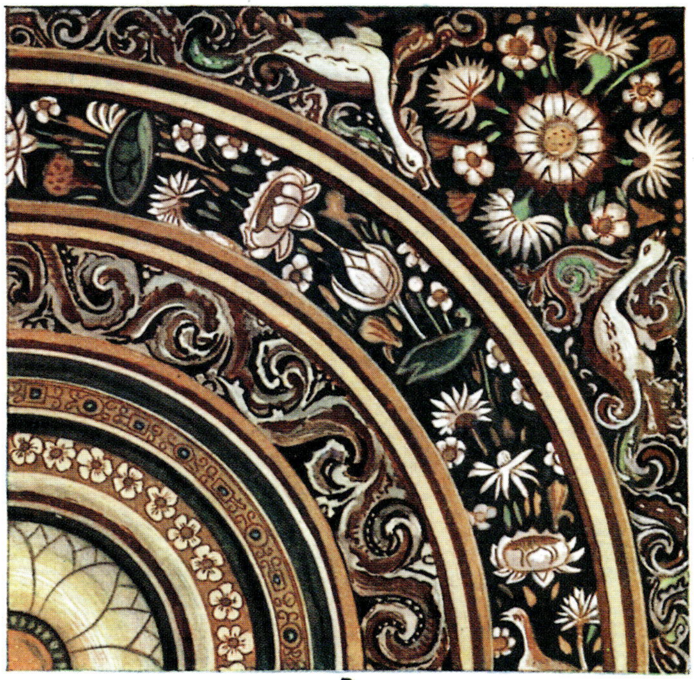
2

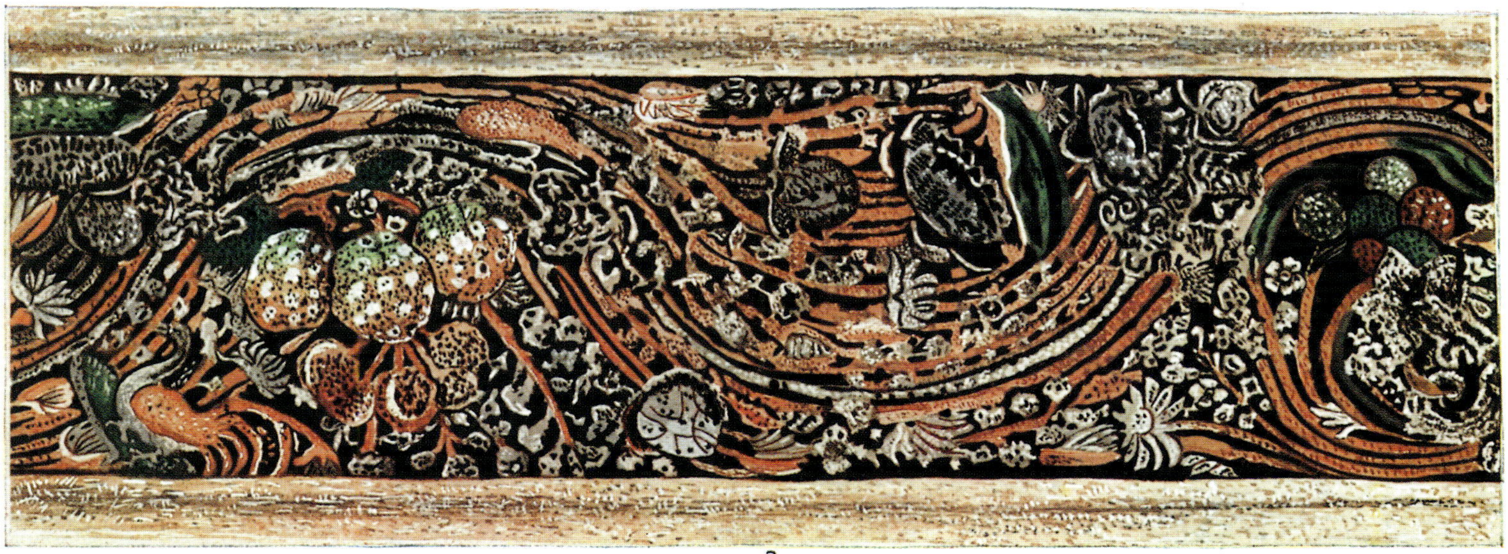
3

4

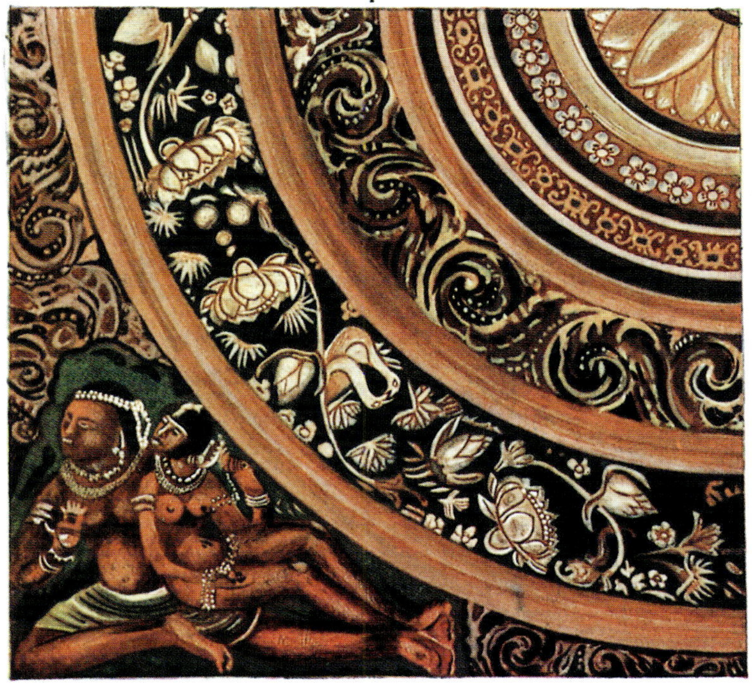

5

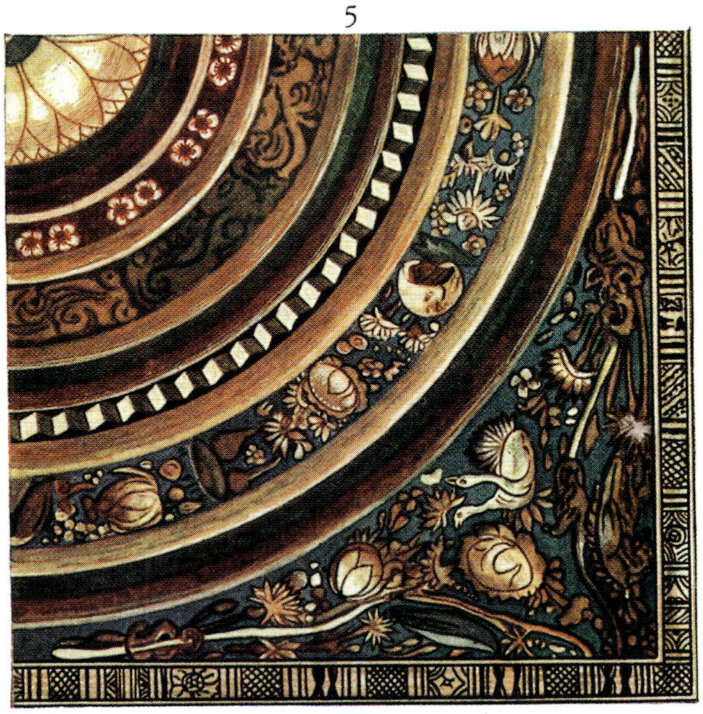

Bild 32

Koptische Gewebewirkerei

1: Seidenborte mit arabisch beeinflußtem Motiv, 7. Jh. (P. Forrer, *Römische und Byzantinische Seidentextilien aus dem Gräberfelde von Achmim – Panopolis*); – 2: Seidenborte einer Bildwirkerei mit Tierdarstellungen, 7. Jh. (Forrer); – 3: Christus als Lehrer, Detail von Szenen aus dem Leben Christi eingewirkt in ein Pallium, 6. Jh. (Forrer); – 4: Seidenborte, 6. Jh. (Forrer); – 5. Seidengewebe mit kufischen Schriftzeichen, 7. Jh. (Forrer); – 6: Seidengewebe mit dem Bildnis der Heiligen Jungfrau, dem Jesuskind und einem Anbeter vor einem Haus, 6. Jh.; – 7: Christus am Kreuz, Detail des gleichen Palliums wie in Abb. 3; – 8: ebenso, Mariä Verkündigung durch einen Engel; – 9 und 11: Seidengewebe in einem Grabmal in Antinoë, Oberägypten, 5. Jh. (Lessing, *Gewebesammlung des Kgl. Kunstgewerbemuseums in Berlin*); – 10: Seidenborte mit dem Christusmonogramm, 7. Jh. (Forrer).

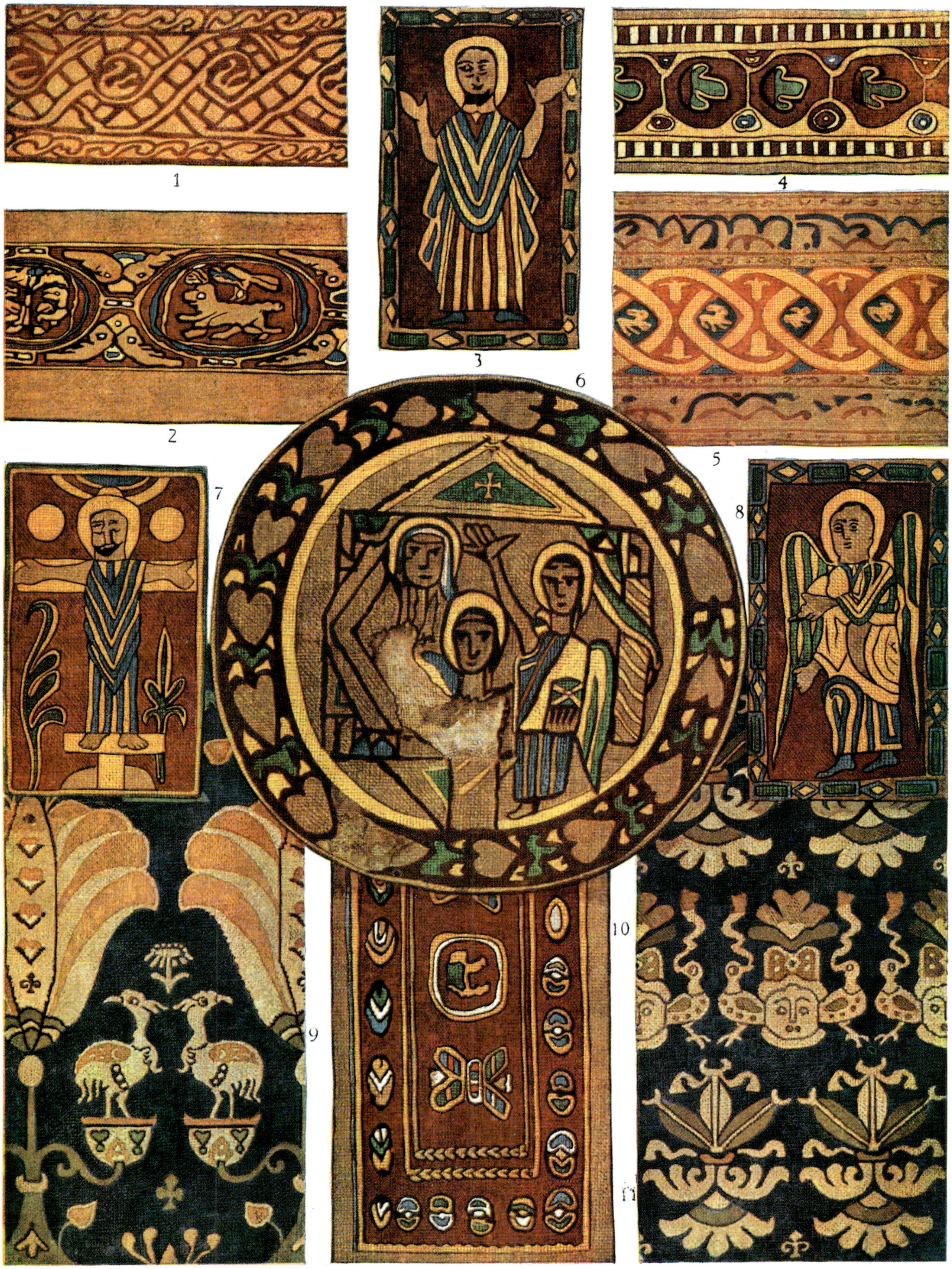
1
2
3
4
5
6
7
8
9
10
11

Bild 33

Gewebe aus der Epoche der sassanidischen Dynastie

1 und 2: Gewebe in der Servatius-Kirche in Maastricht, 3.–7. Jh. (Fischbach, *Die wichtigsten Webeornamente*); – 3: Gewebe aus Goerz mit vierkörperigem Seelöwen, der die vier Jahreszeiten symbolisiert (Fischbach); – 4: Gewebe in der St. Ursula Kirche in Köln (Fischbach); – 5: Schale aus dem Schatz von St. Denis, die dem persischen Herrscher Chosran zugeschrieben wird (531–579 n. Chr.), dessen Porträt in der Mitte abgebildet ist – wahrscheinlich ein Geschenk Harun al Raschids an Karl den Großen; – 6: Seidengewebe des 6. oder 7. Jhs. im Berliner Kunstmuseum (Lessing); – 7: Wirkerei aus der Zeit König Chosrans II. (591–628 n. Chr.), wahrscheinlich in Ktesiphon hergestellt, jetzt im Besitz von St. Ursula, Köln (Lessing).

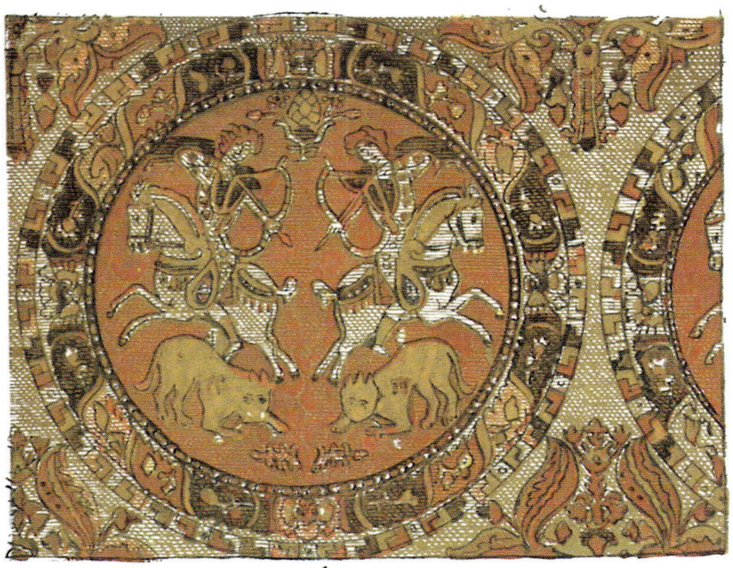

1

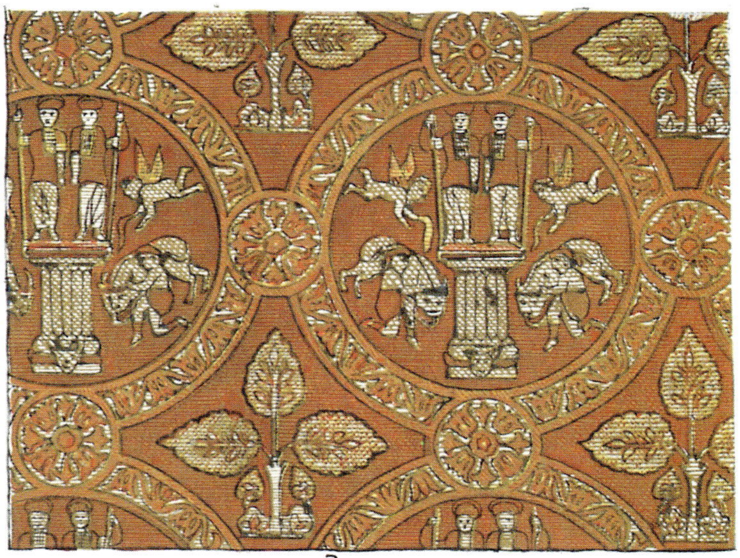

2

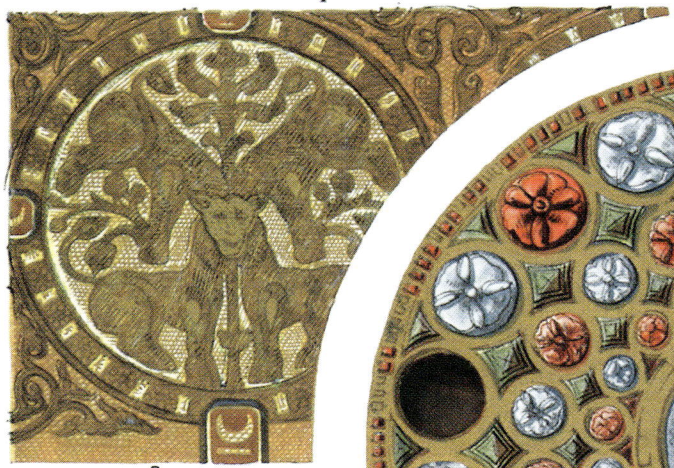

3

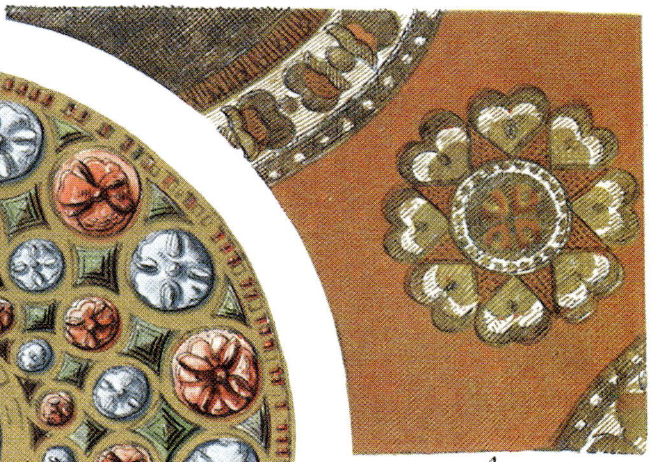

4

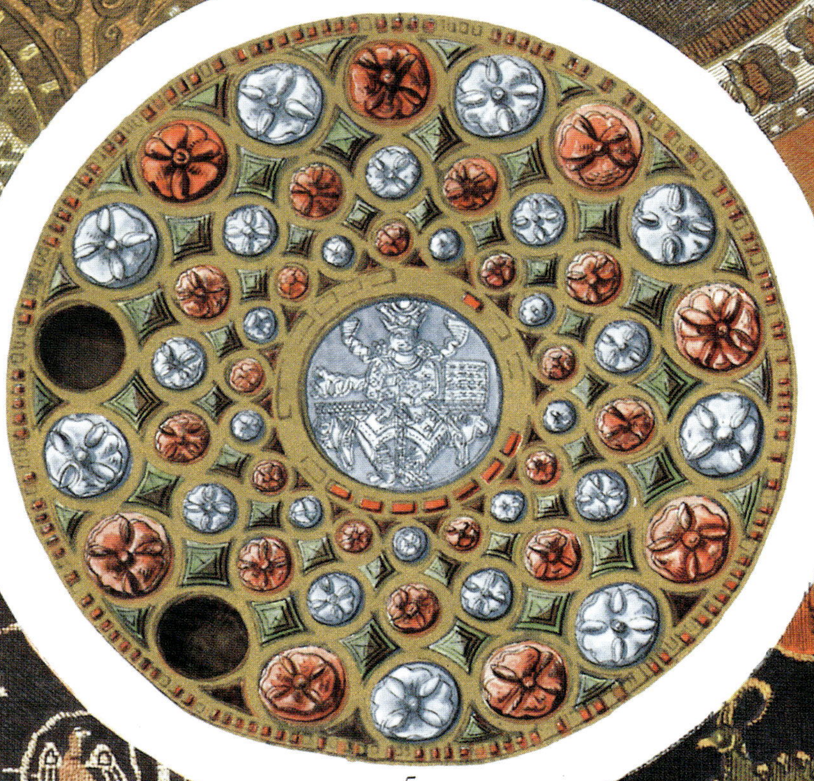

5

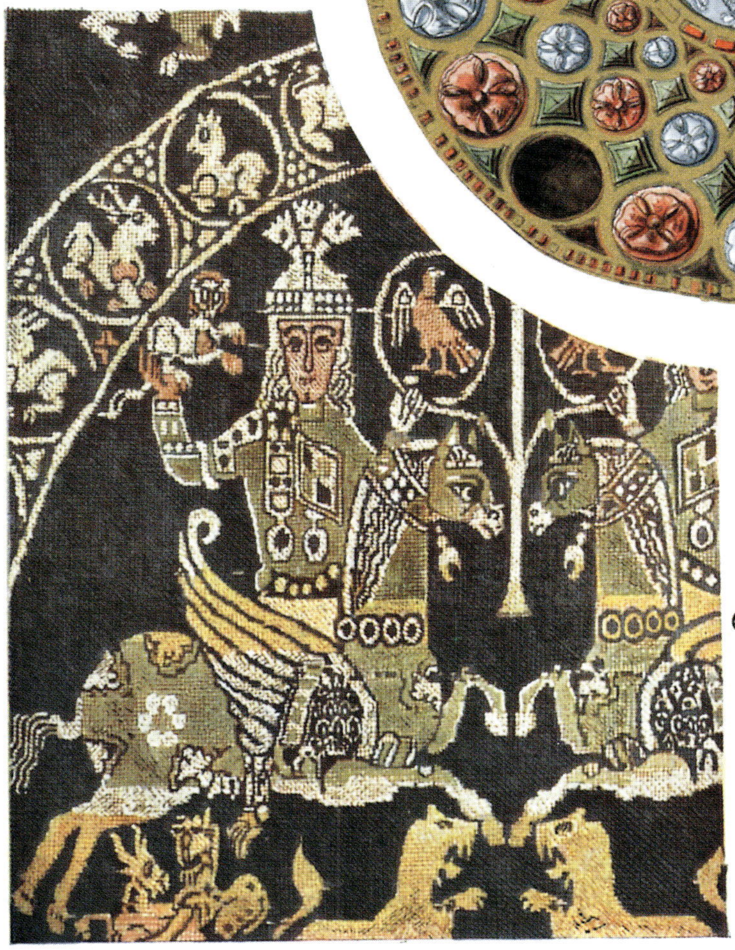

6

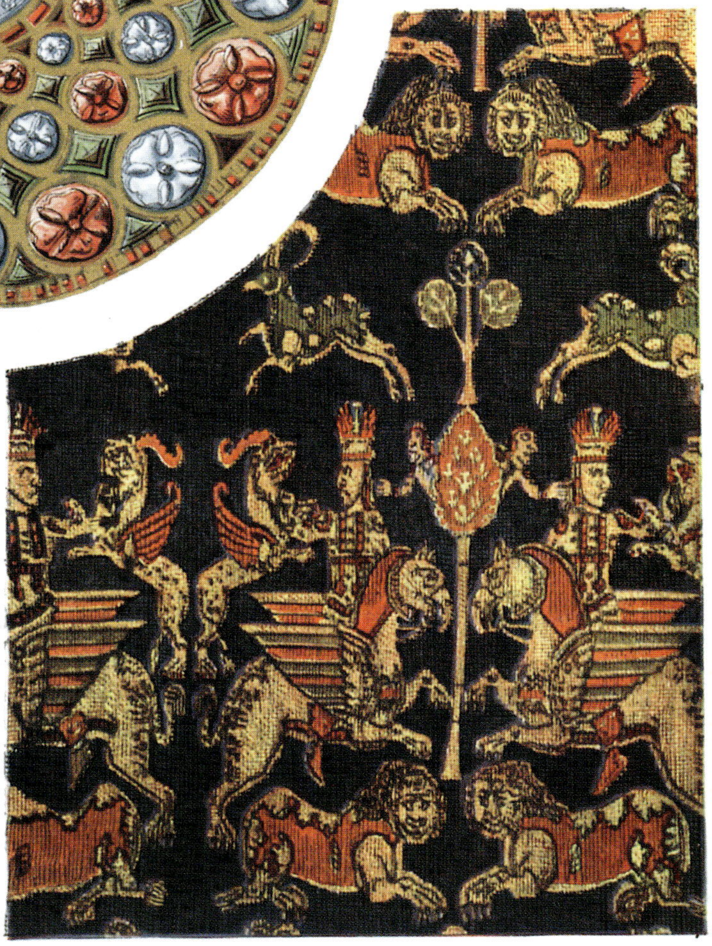

7

Bild 34

Der schatz von petrosa

1: Achteckige Schale; – 2 und 5: Broschen; – 3, 4 und 6: Zwölfseitige Schale; – 3: Seitenansicht; – 4: Griff von oben gesehen. (Linas, *Les Origines de l'orfèvrerie cloisonnée*).

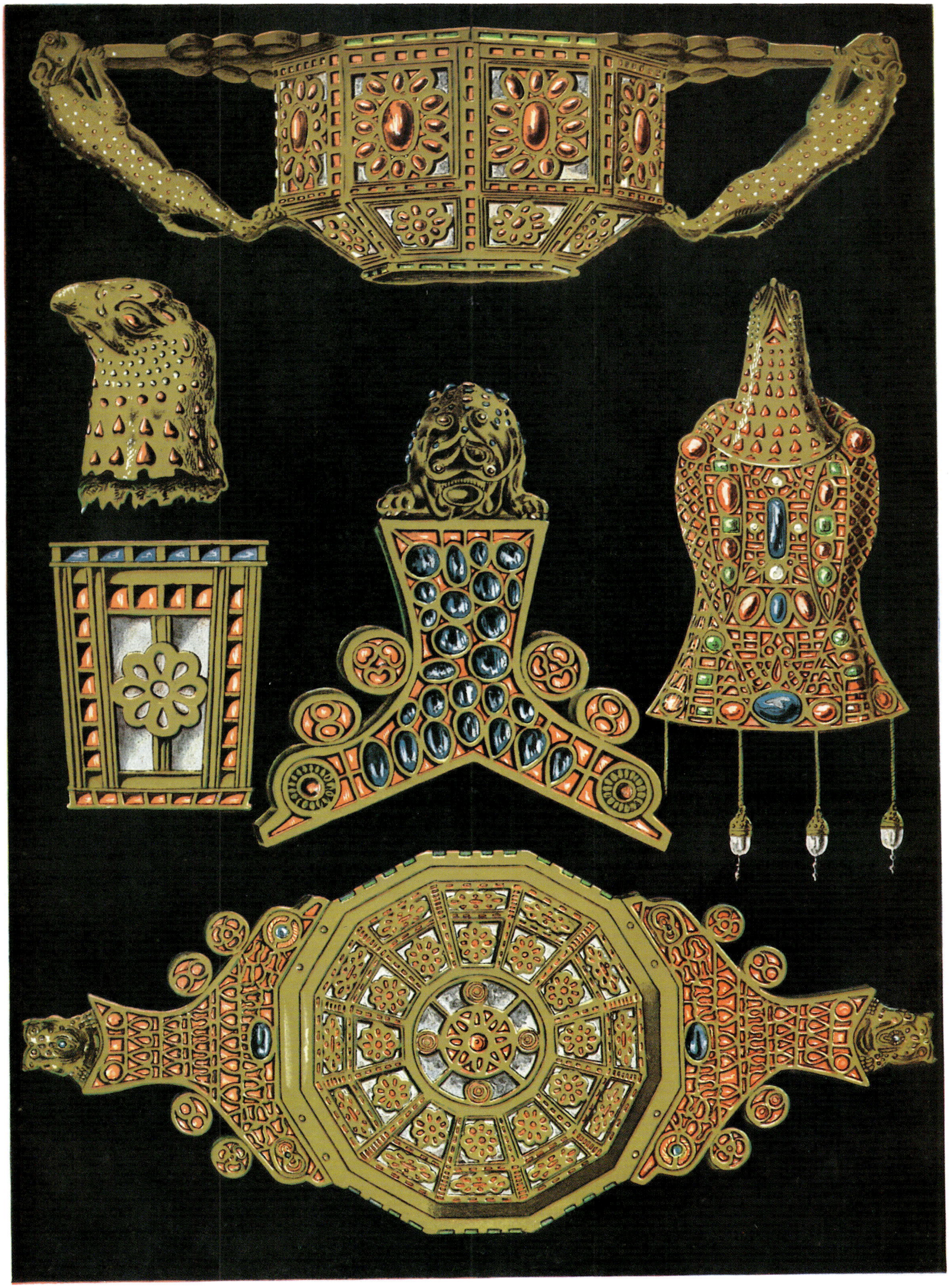

Bild 35

MEROWINGER GOLDSCHMIEDEARBEITEN

1 und 2: Anstecknadeln im Cluny Museum (Linas, *Les Origines de l'orfèvrerie cloisonnée*); – 3 und 4: Reliquienschreine im Kloster St. Maurice (Linas); – 5: Kreuzstück eines Schwerts (Linas); – 6, 7, 11 und 13: Goldfibeln, hergestellt von den Burgundern Undhio und Ello (Linas); – 8, 10 und 12: Geschirrsatz, bestehend aus Goldkelch und -teller (Linas); – 9: Silberfibel (Havard, *Histoire de l'orfèvrerie française*); – 14: Schnappverschluß (Linas); – 15: Schwertgriff von Childerichs Grab (Linas); – 16: Gürtelschnalle (Linas); – 17: Ohrring (Linas).

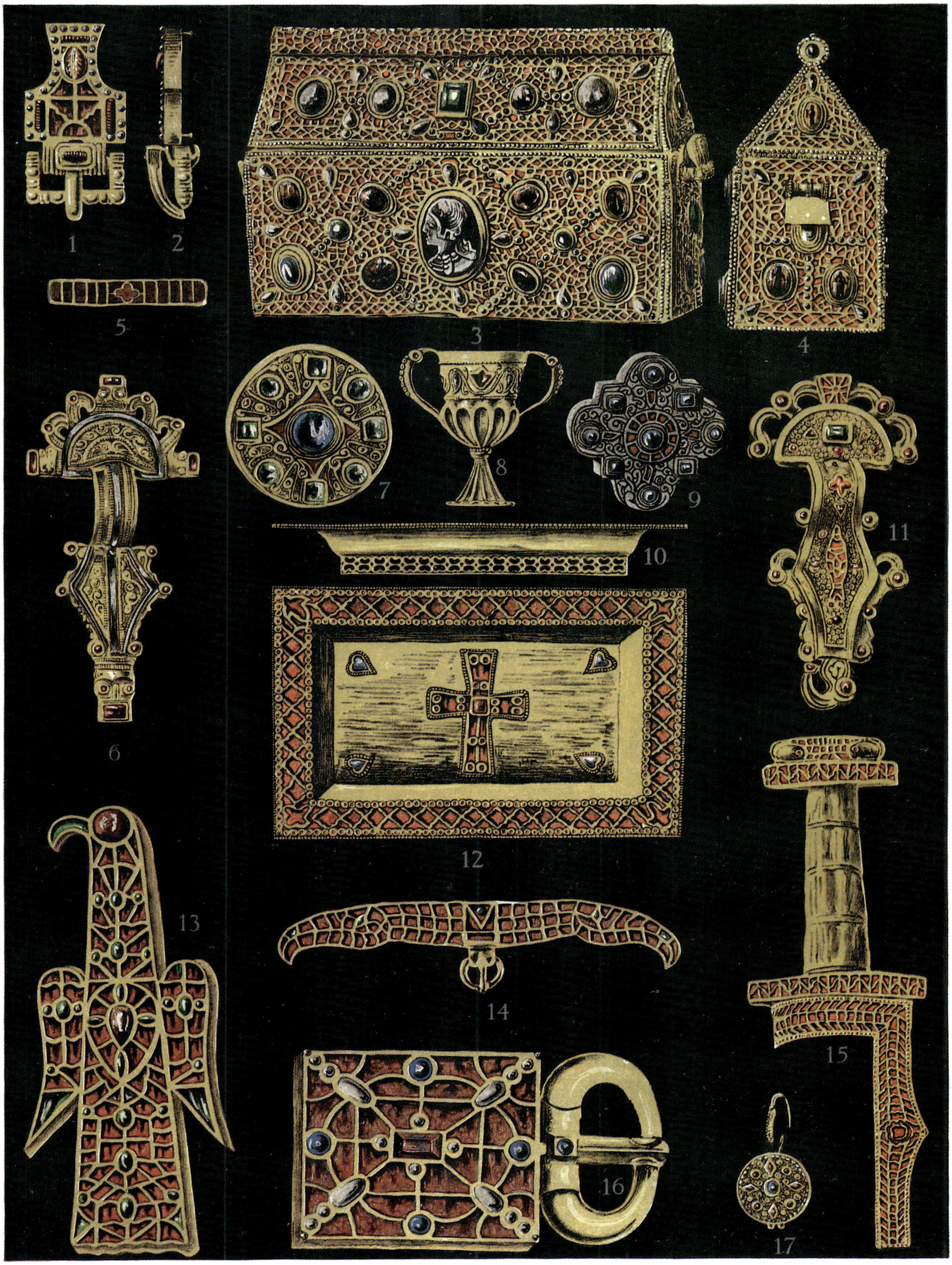
1
2
3
4
5
6
7
8
9
10
11
12
13
14
15
16
17

Bild 36

Der Schatz von Guarrazar

1: Votivkrone des Abts Theodosius in Guarrazar; – 2: Hänger für eine Votivkrone; – 3: Prozessionskreuz, genannt de la Victoria, in der Kathedrale von Oviedo, 9. Jh.; – 4: Votivkrone des spanischen Königs Receswint (649–672) in Guarrazar; – 5: – Prozessionskreuz, genannt de los Angeles, Kathedrale Oviedo, 10. Jh.; – 6: Votivkrone; – 7, 8 und 9: Votivkreuze (eines davon mit Darstellung der Rückseite). (*Monumentos de España*).

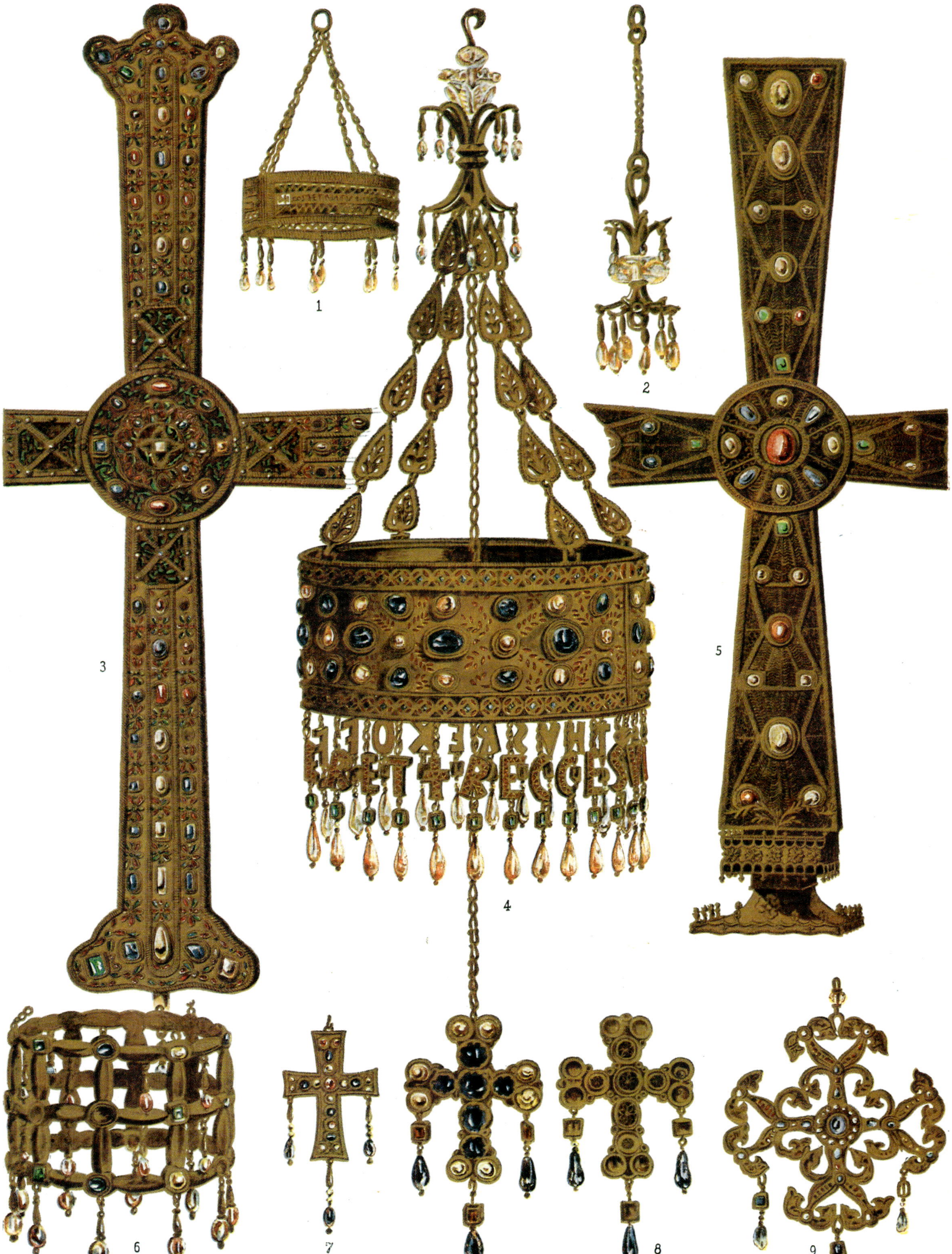

1 2 3 4 5 6 7 8 9

Bild 37

Frühe byzantinische Innendekoration

1: Innendekoration des Baptisteriums im Dom von Ravenna, gebaut von Erzbischof Neo (425–430). Eines der bedeutendsten Beispiele polychromer Kunst in den ersten Jahrhunderten des Christentums. Römischer Einfluß ist noch erkennbar. Die gesamte Kuppeloberfläche ist mit Mosaiken verziert. Die farbige Marmorverkleidung des unteren Teils ist nur noch teilweise erhalten. (Köhler, *Polychrome Meisterwerke der monumentalen Kunst in Italien*).

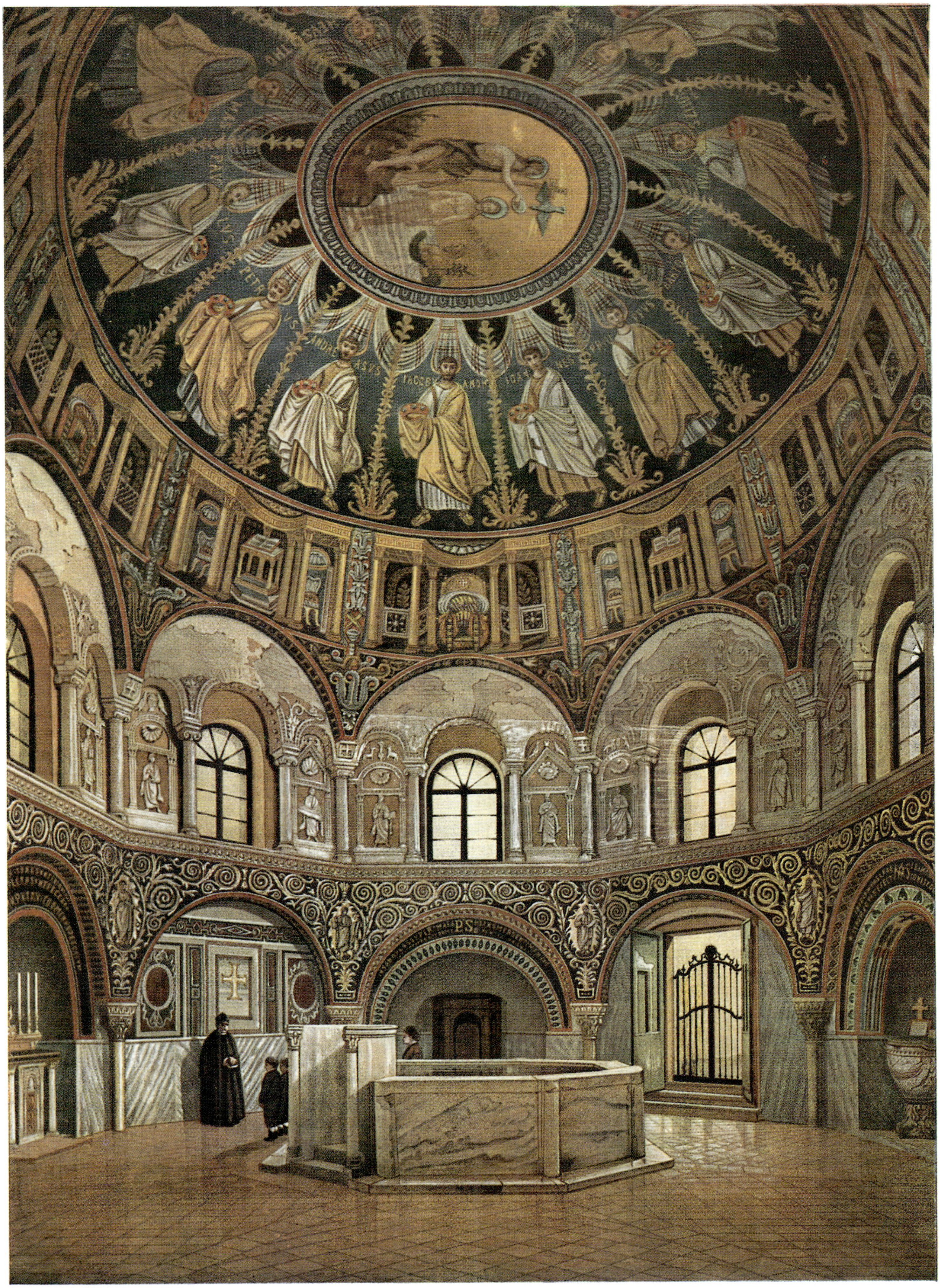

Bild 38

Byzantinische Bodenmosaiken aus Marmor

1 – 7 und 12: Marmorböden in St. Marcus, Venedig (Hessemer, *Arabische und altchristliche Bauverzierungen*); – 8 – 11 und 13 – 15: Mosaikböden in der Hagia Sophia, Konstantinopel (Salzenberg, *Altchristliche Baudenkmale in Konstantinopel*).

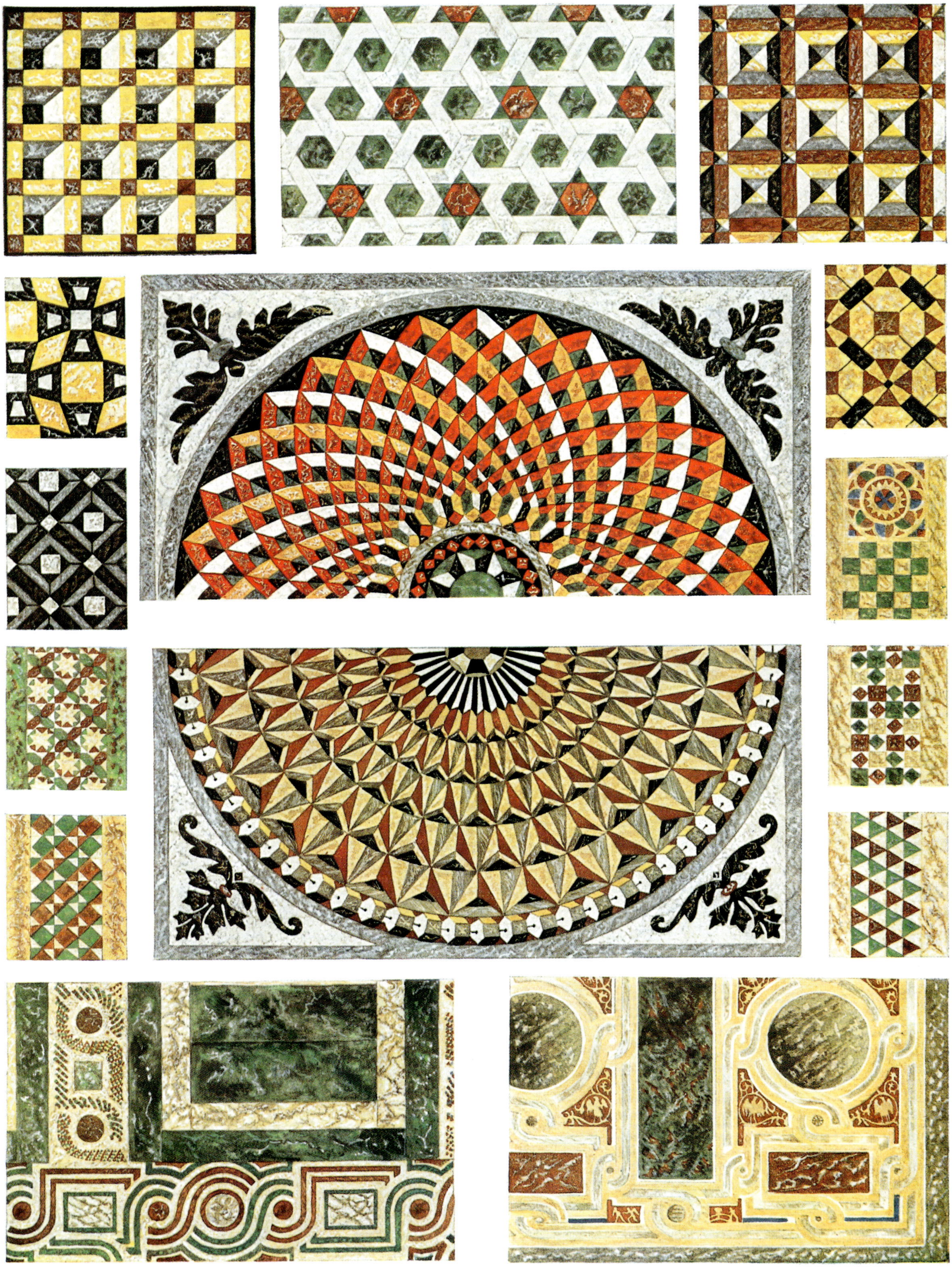

Bild 39

Frühe byzantinische Glasmosaiken

1 – 6 und 8 – 14: Mosaiken aus St. Lorenzo, St. Clemente usw.; – 5. und 6. Jh. (Lacroix et Serré, *Le Moyen Age et la renaissance*); – 7: Mosaik aus St. Prisa bei Capua (Salazaro).

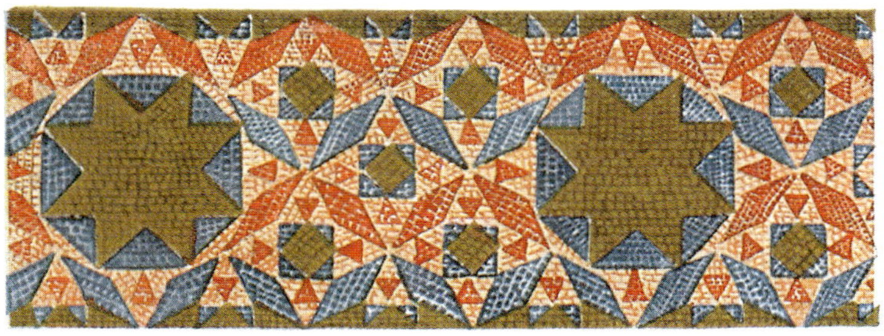

1

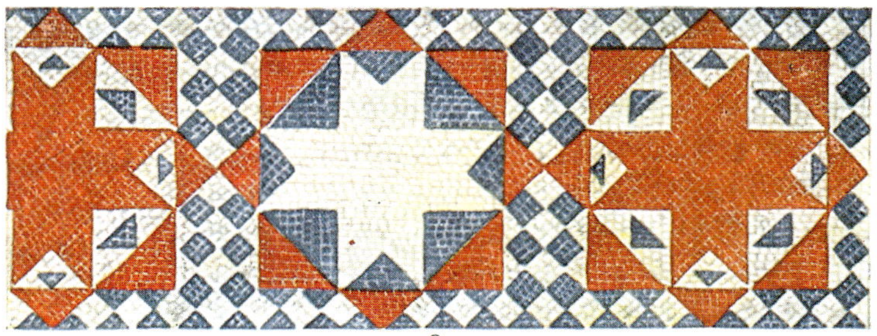

2

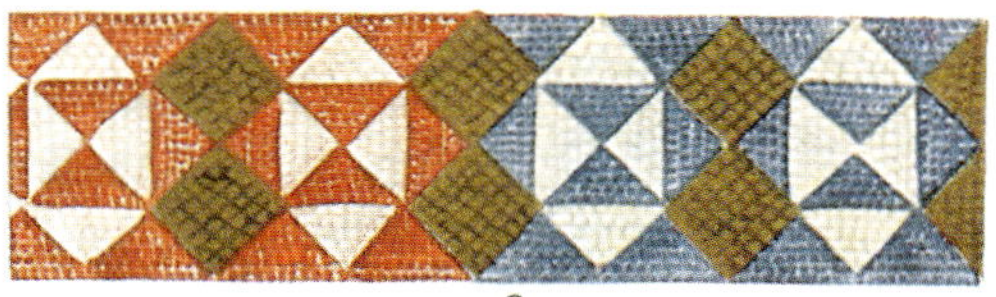

3

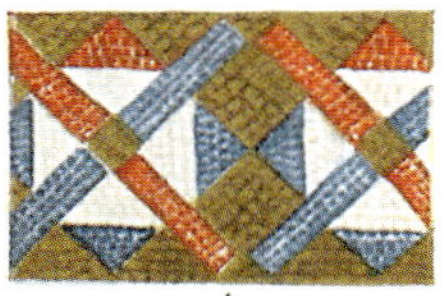

4

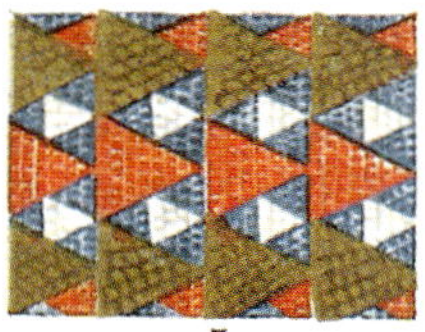

5

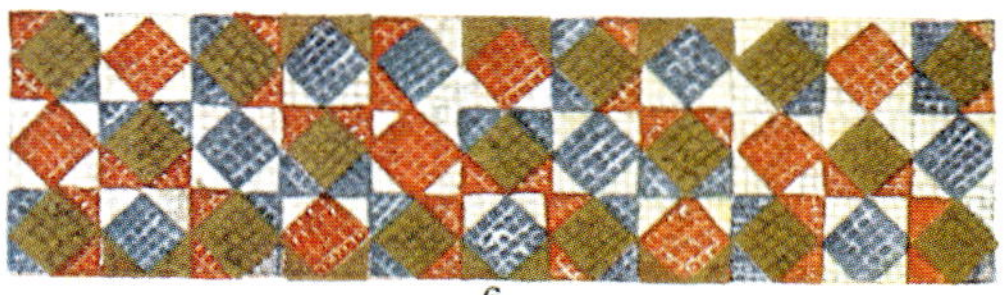

6

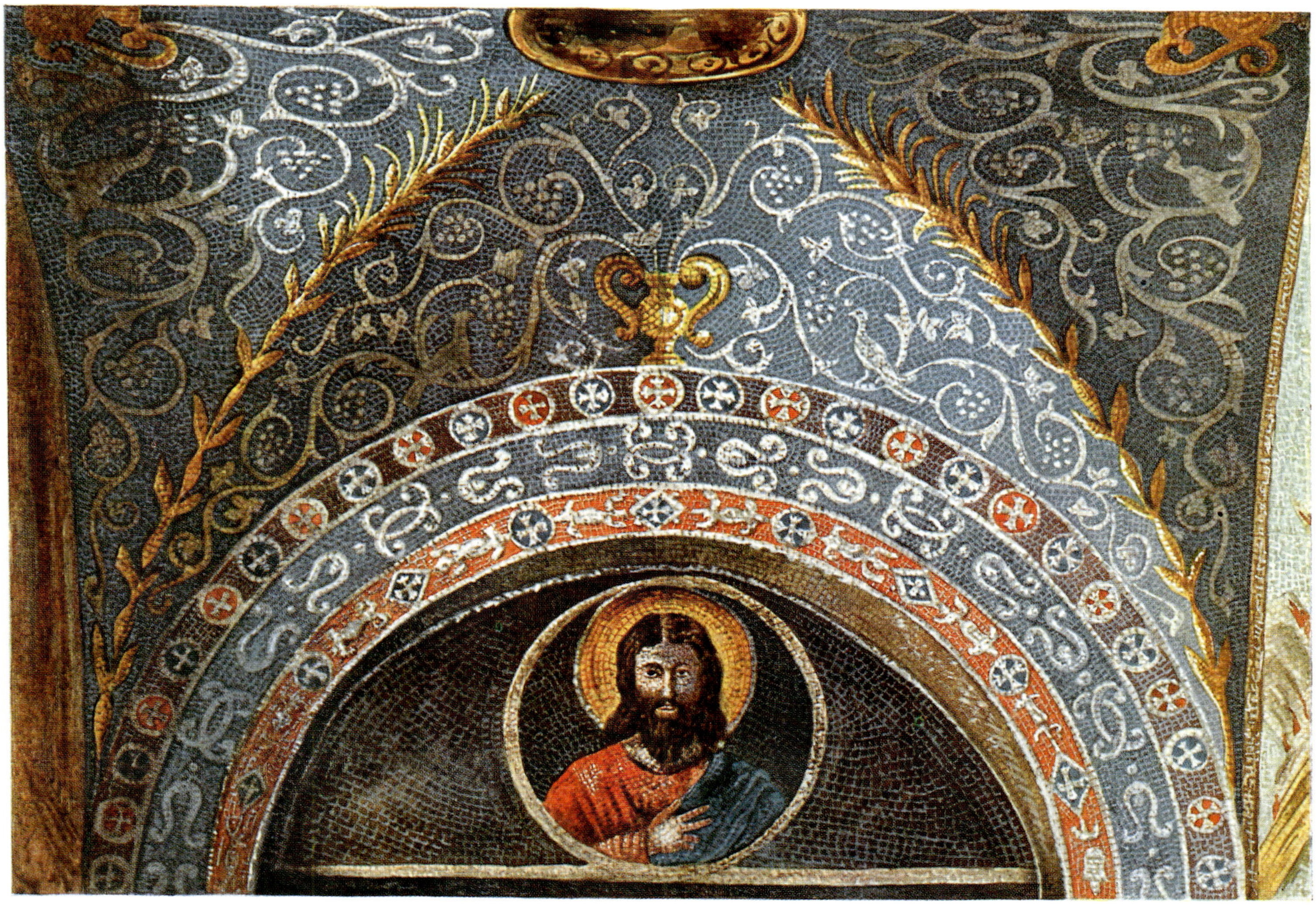

7

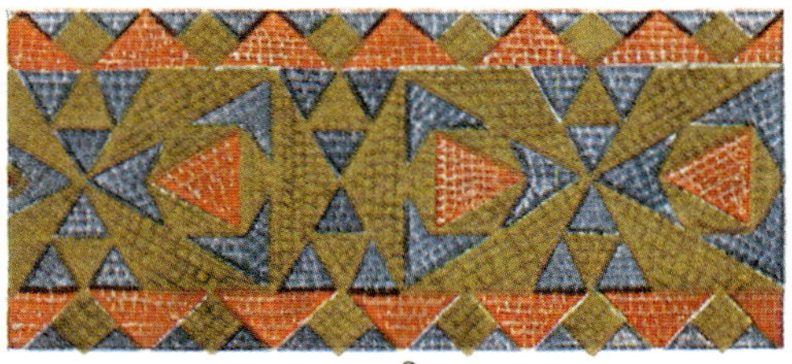

8

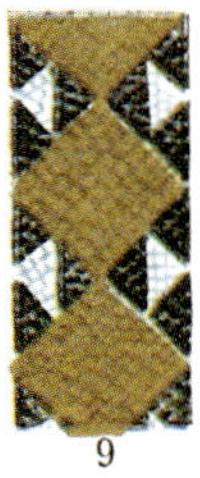

9

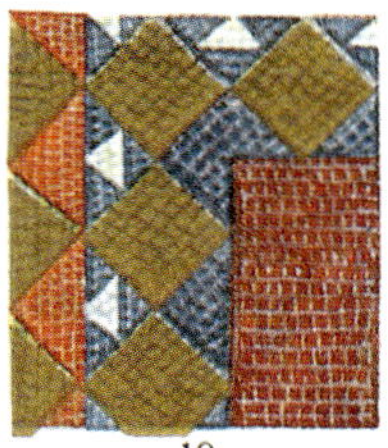

10

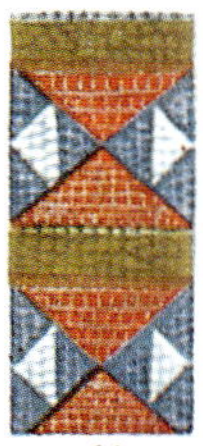

11

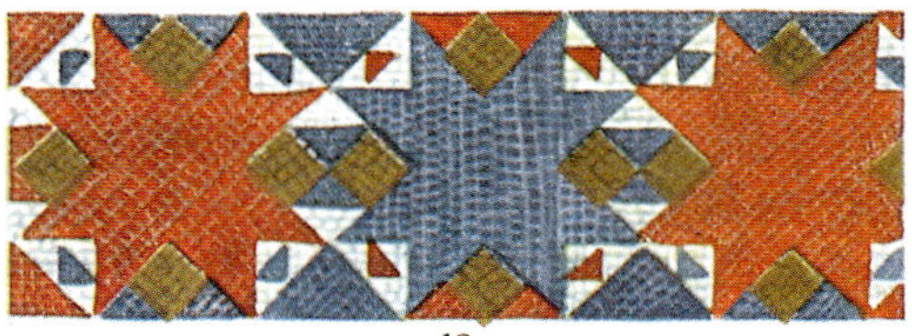

12

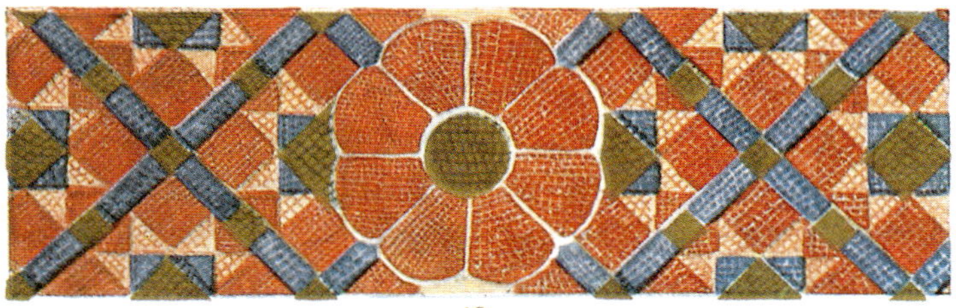

13

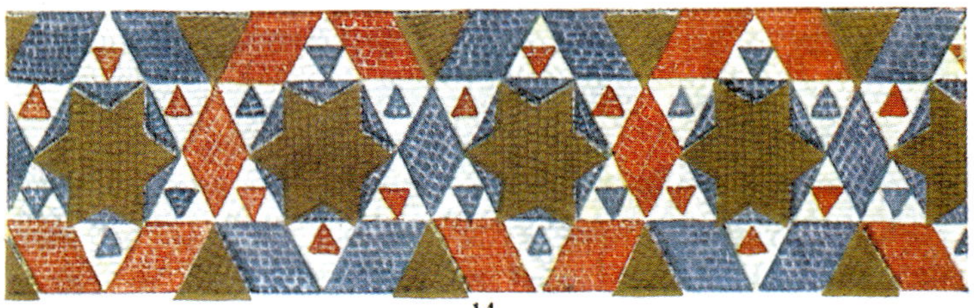

14

Bild 40

Byzantinische Glasmosaiken

1: Glasmosaikfries vom Galla Placida Mausoleum in Ravenna (von Quast, *Die altchristlichen Bauwerke von Ravenna*); – 2 – 11: Glasmosaiken von St. Marcus, Venedig (Hessemer, *Arabische und altitalienische Bauverzierungen*).

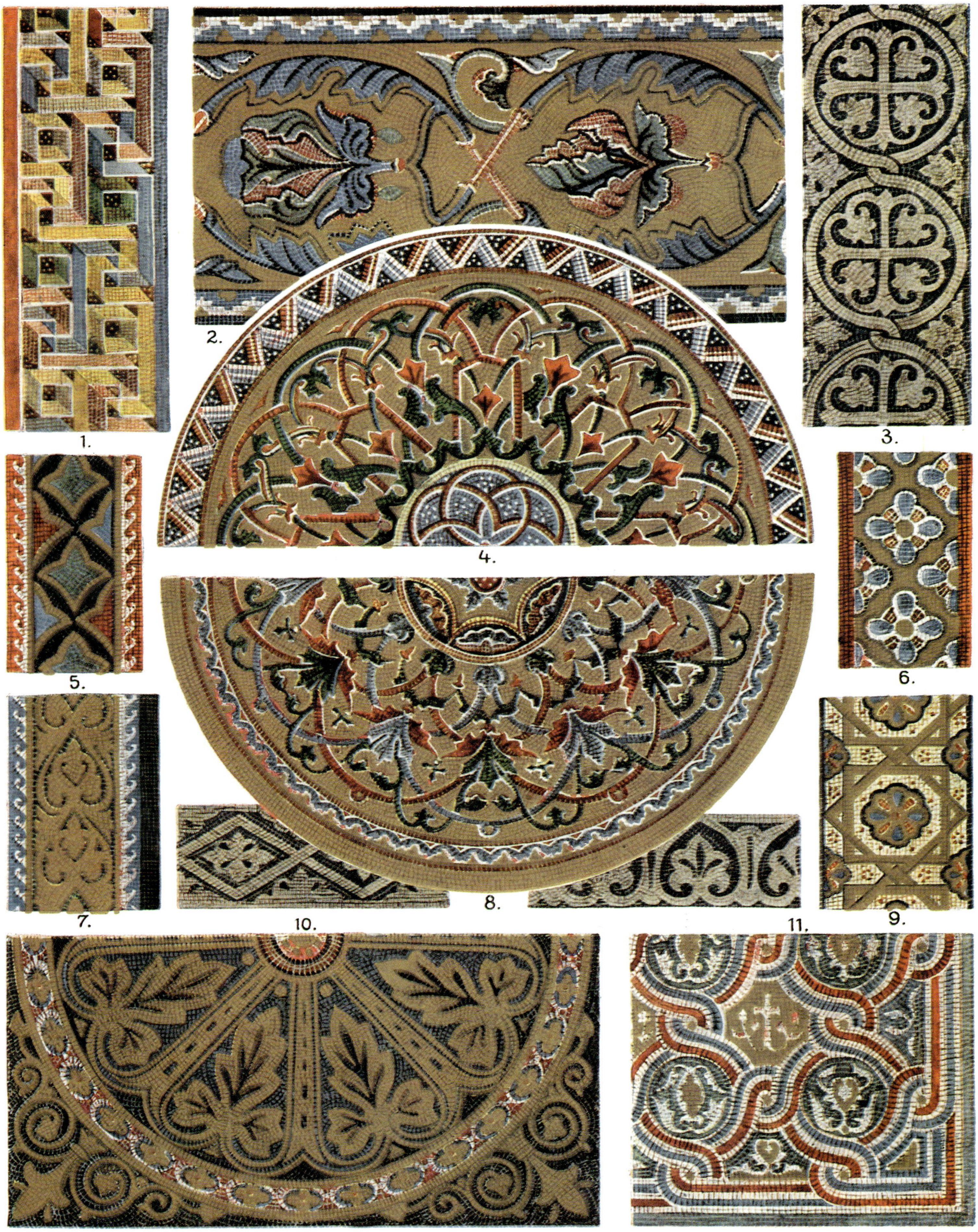
1.
2.
3.
4.
5.
6.
7.
8.
9.
10.
11.

Bild 41

Byzantinisches Email

1 und 2: Buchdeckel, Bibliothek St. Marcus, Venedig (Pasini, *Il tresoro di St. Marco*); – 3: Schale aus demselben Schatz (Pasini); – 4, 6, und 7: Fragmente von Schmelzarbeiten vom Ambrosius-Altar in Mailand (Kondakow, *History of the monuments of Byzantine enamel*, Sammlung A.W. Swenigorodskoi); – 5: Fragment des Gewandes der Madonna (Kondakow).

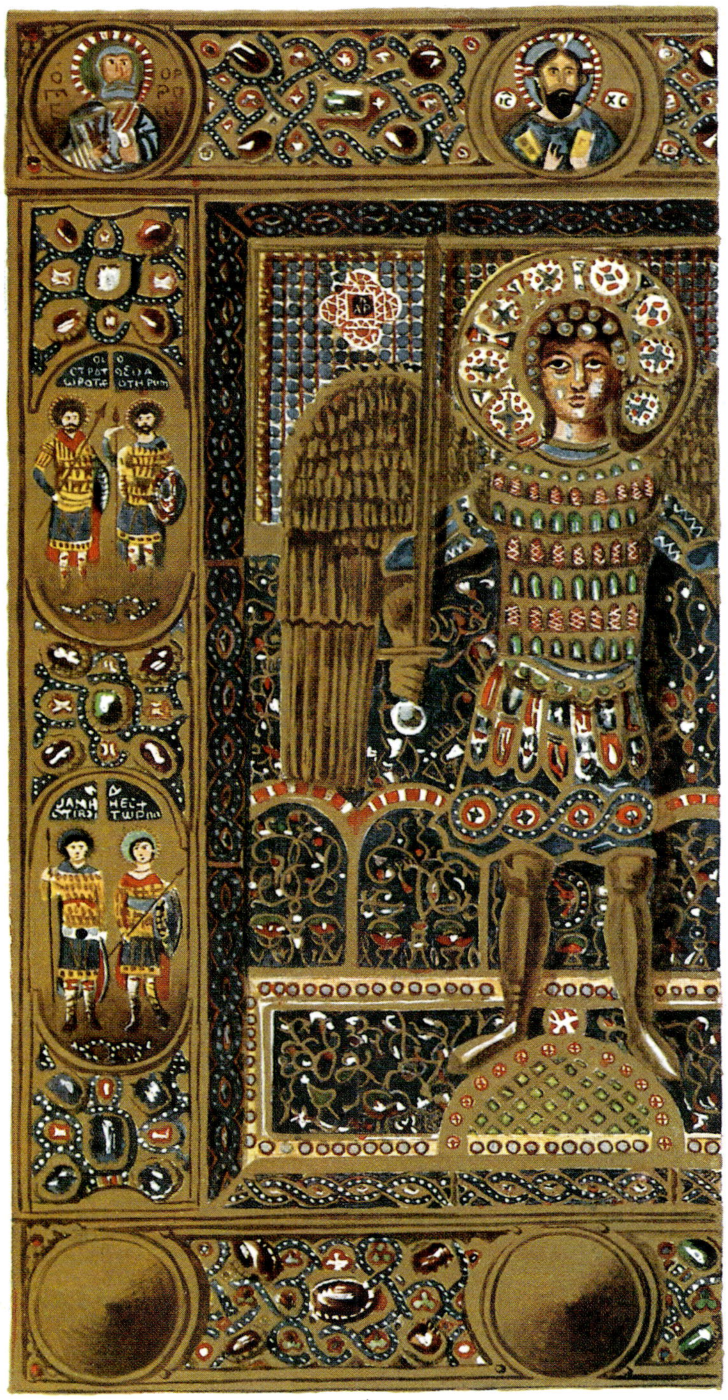

1

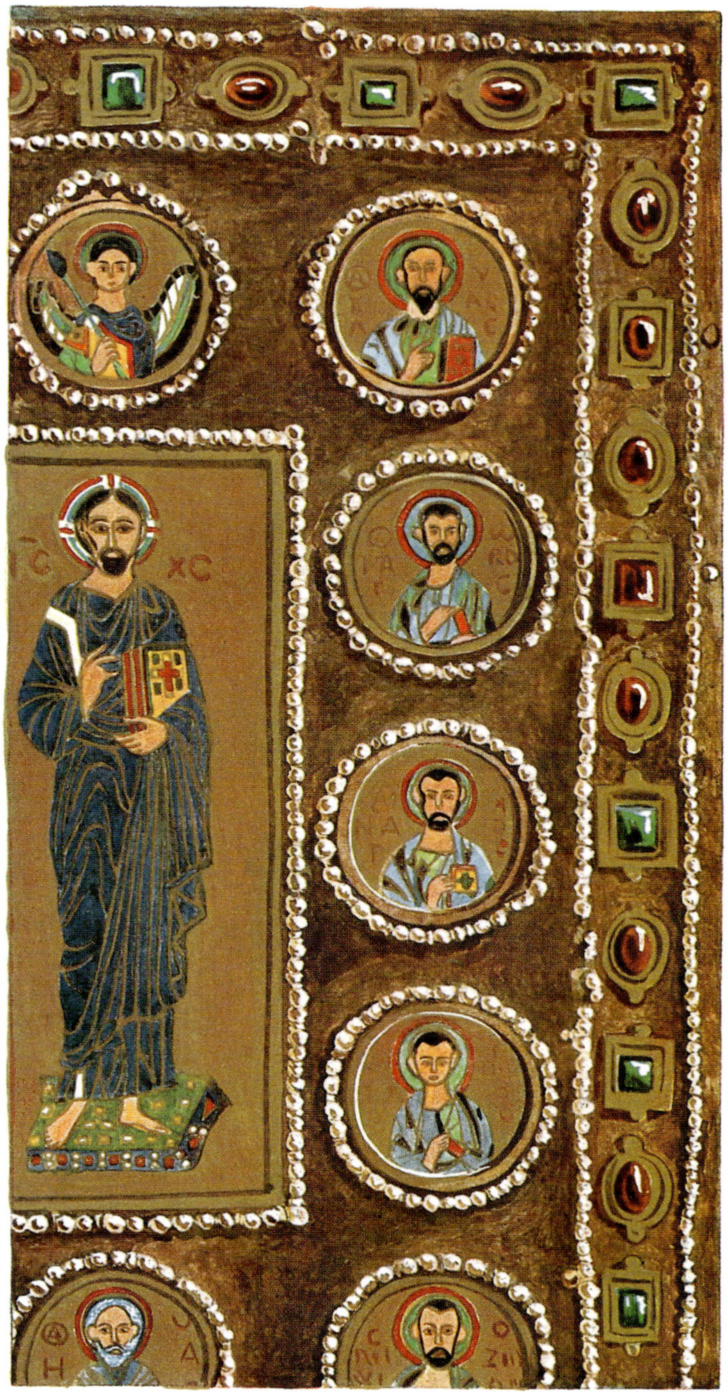

2

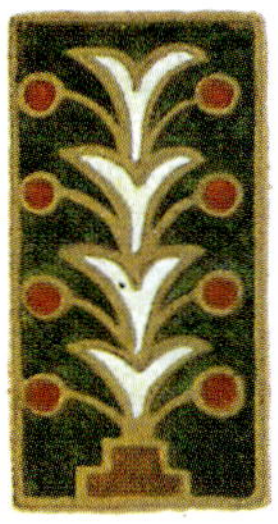

4

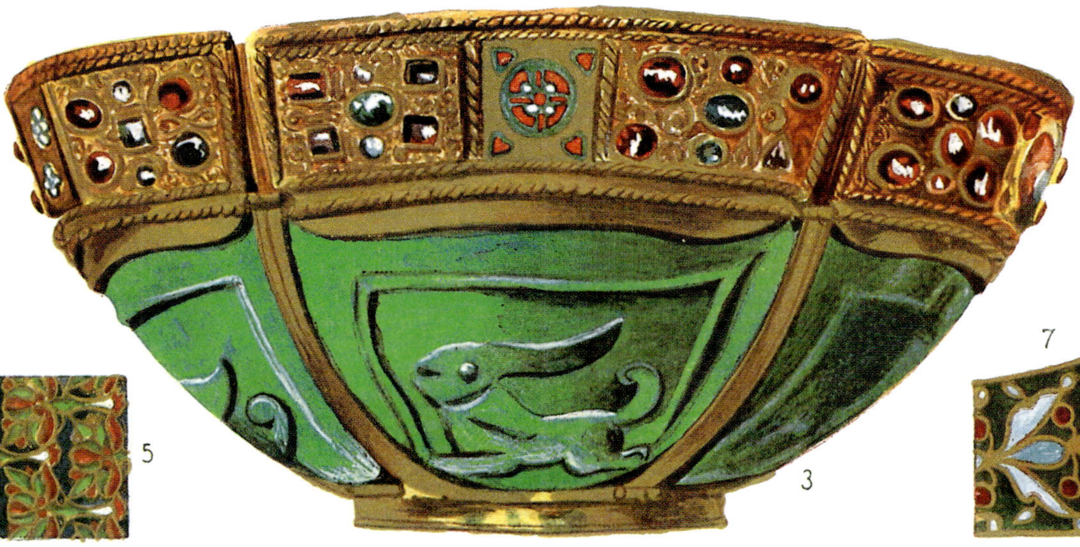

3

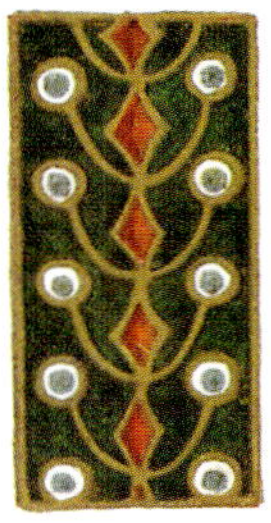

6

7

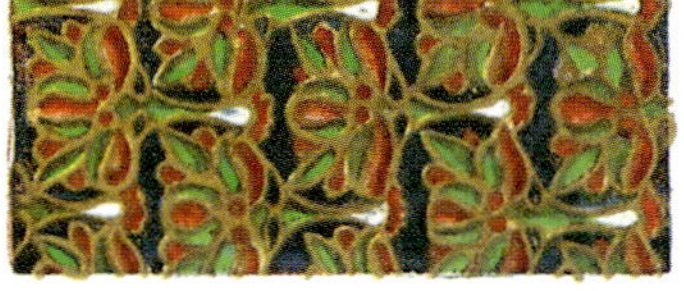

5

Bild 42

Byzantinische Miniaturmalereien

1 und 8: Malereien von einem Manuskript des 13. Jhs. (Gagarin, *Collection of ancient Byzantine and Russian ornaments*); – 2, 4, 6, 10 und 12: Miniaturmalereien, 12. Jh., Bibliothèque Nationale, Paris; – 3: von einem griechischen Manuskript des 11. Jhs., St. Markus Bibliothek, Venedig; – 5: von einem Manuskript des 10. Jhs. (Gagarin); – 7 und 11: Initialen vom Breviarium Cassinense, Mazarin-Bibliothek, Paris (Petzendorfer, *Schriftenatlas*); – 9: von einem Manuskript des 6. Jhs., Bibliothek Turin; – 13: von einem Manuskript des 9. Jhs., Bibliothèque Nationale, Paris.

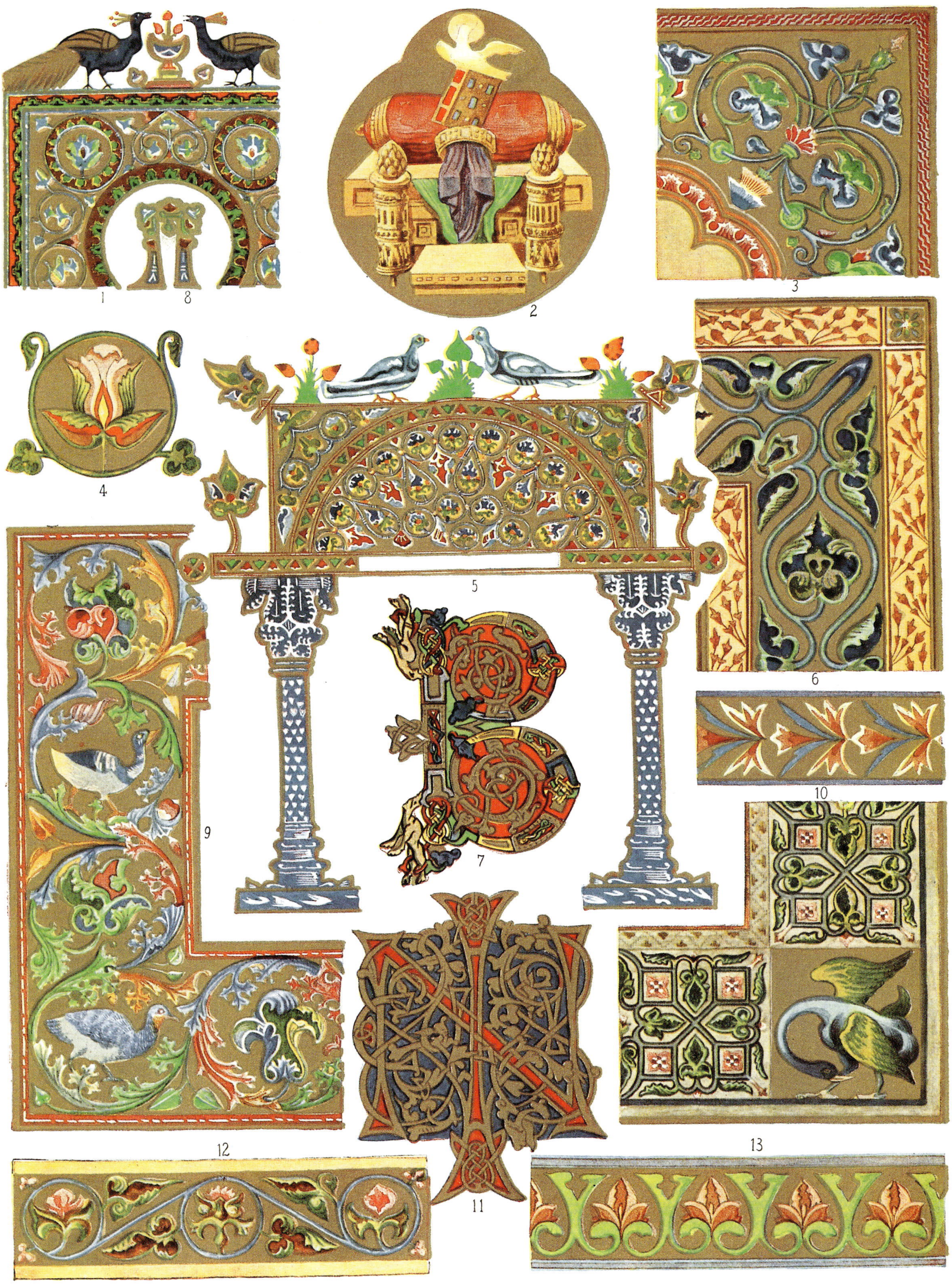
1
8
2
3
4
5
6
7
9
10
11
12
13

Bild 43

Byzantinische Gewebe

1 – 3, 6, 7, 9 und 10: Byzantinische Seidenwirkereien (Fischbach, *Ornamente der Gewebe*); – 4: Stoffe aus dem Aachener Dom und dem Louvre, Paris (Cahier et Martin, *Mélanges d'archéologie*); – 5: Stoff, Reliquiar St. Madelbertha, Kathedrale in Liège, 10. Jh. (Lessing); – 8: Wirkerei vom Reliquiar Karls des Großen in Aachen (Cahier et Martin).

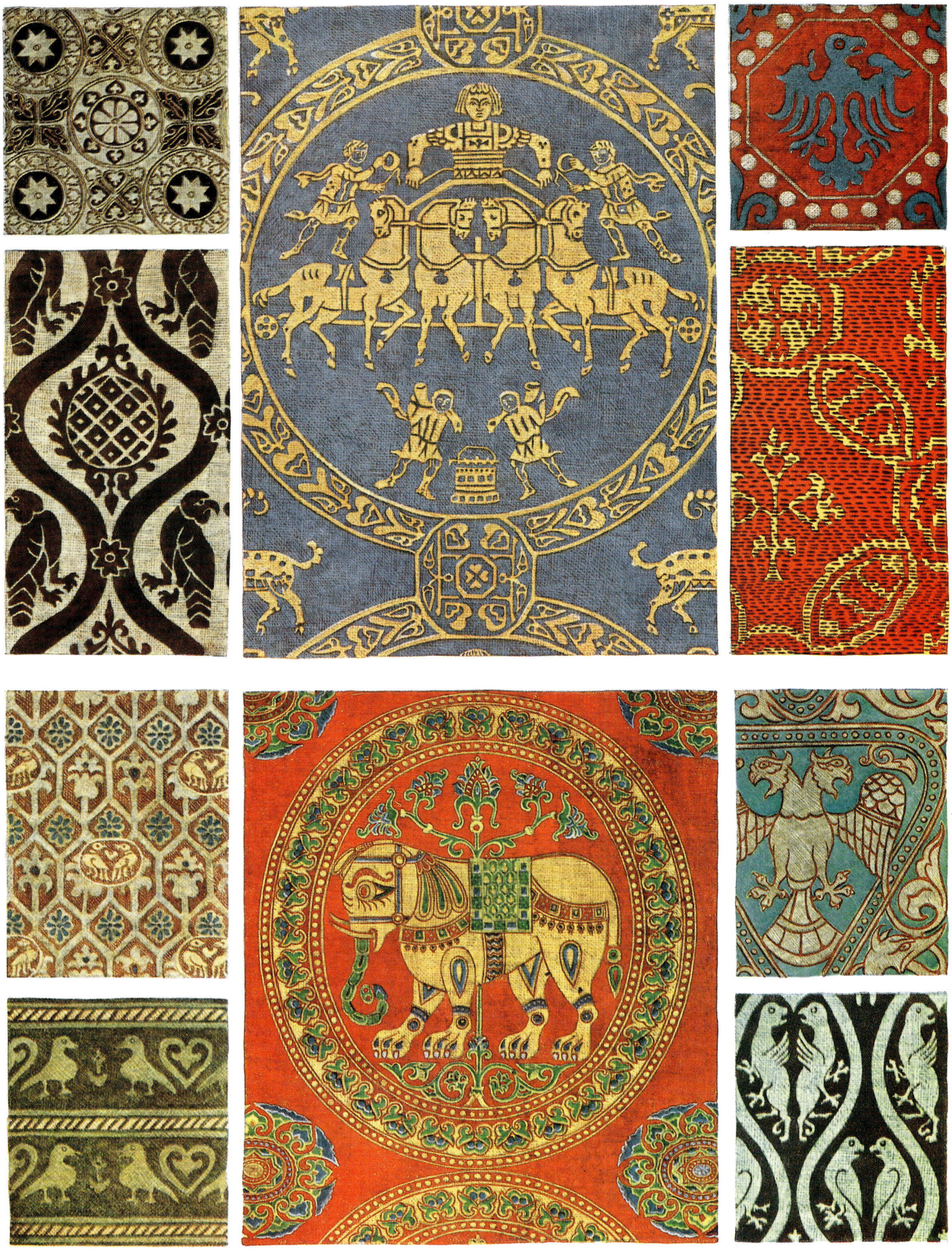

Bild 44

Russische Miniaturmalereien byzantinischen Ursprungs

1, 8, 10 und 12 – 18: Malereien des 11. Jhs.; – 2 – 4 und 6: Buchmalereien des 12. Jhs.; – 7, 9, 11, 19 und 20: Miniaturen des 15. Jhs. (Butovsky, *Histoire de l'ornement russe*).

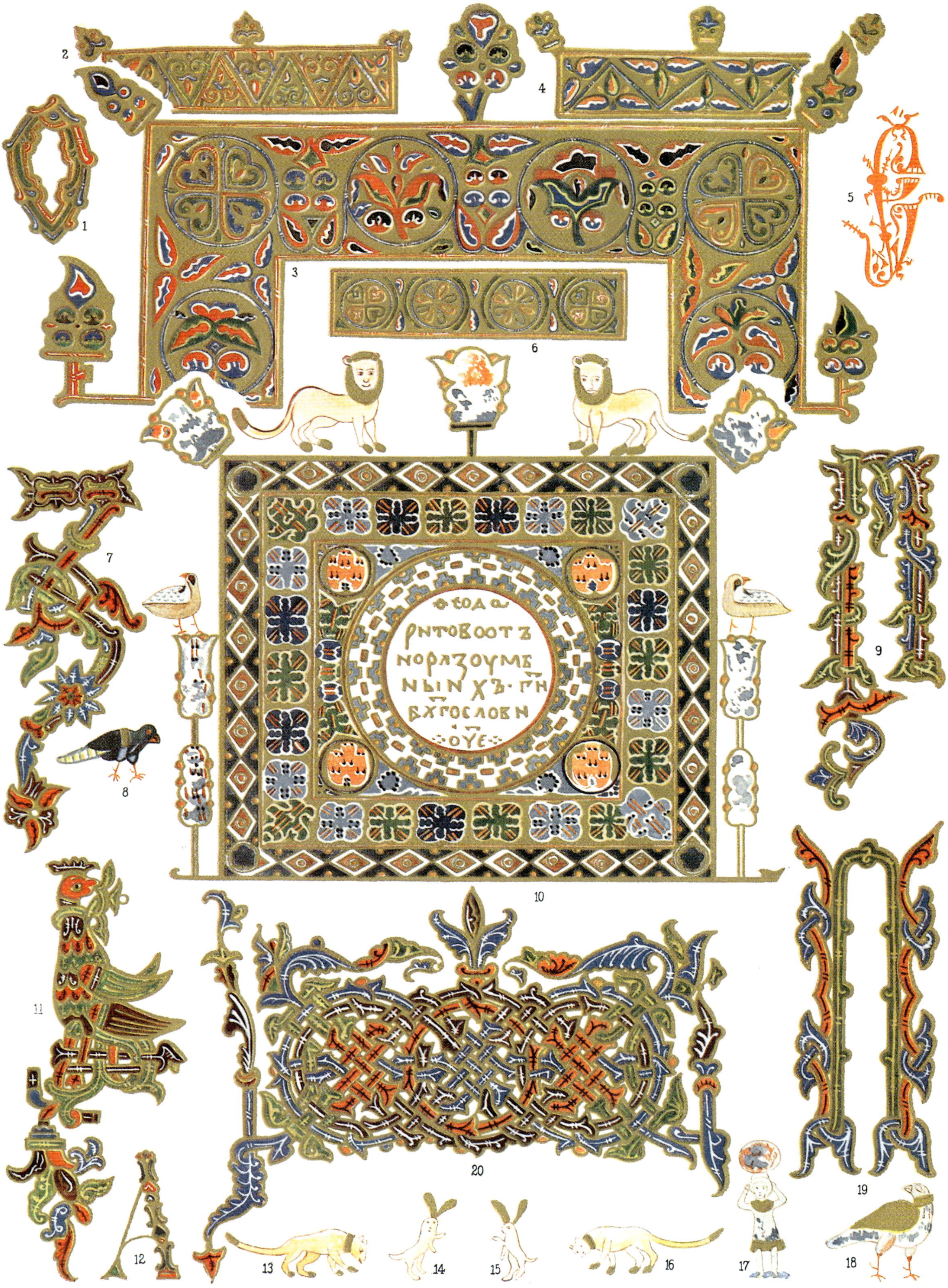
1
2
3
4
5
6
7
8
9
10
11
12
13
14
15
16
17
18
19
20

Bild 45

KELTISCHE MINIATURMALEREIEN

1 – 4, 7, 12 und 15: Kopf- und Randleisten des Evangeliars von Durrow, Trinity College, Dublin; – 5, 10, 11 und 14: Randleisten aus The Royal Psalmist, 8. Jh.; – 6, 8 und 9: Buchmalereien in der lateinischen Bibel, Klosterbibliothek St. Gallen, 9. Jh.; – 13: Eine Seite des Arundel-Psalters, Psalm 101, 11. Jh., British Museum. (M.D. Wyatt, *The art of illuminating*).

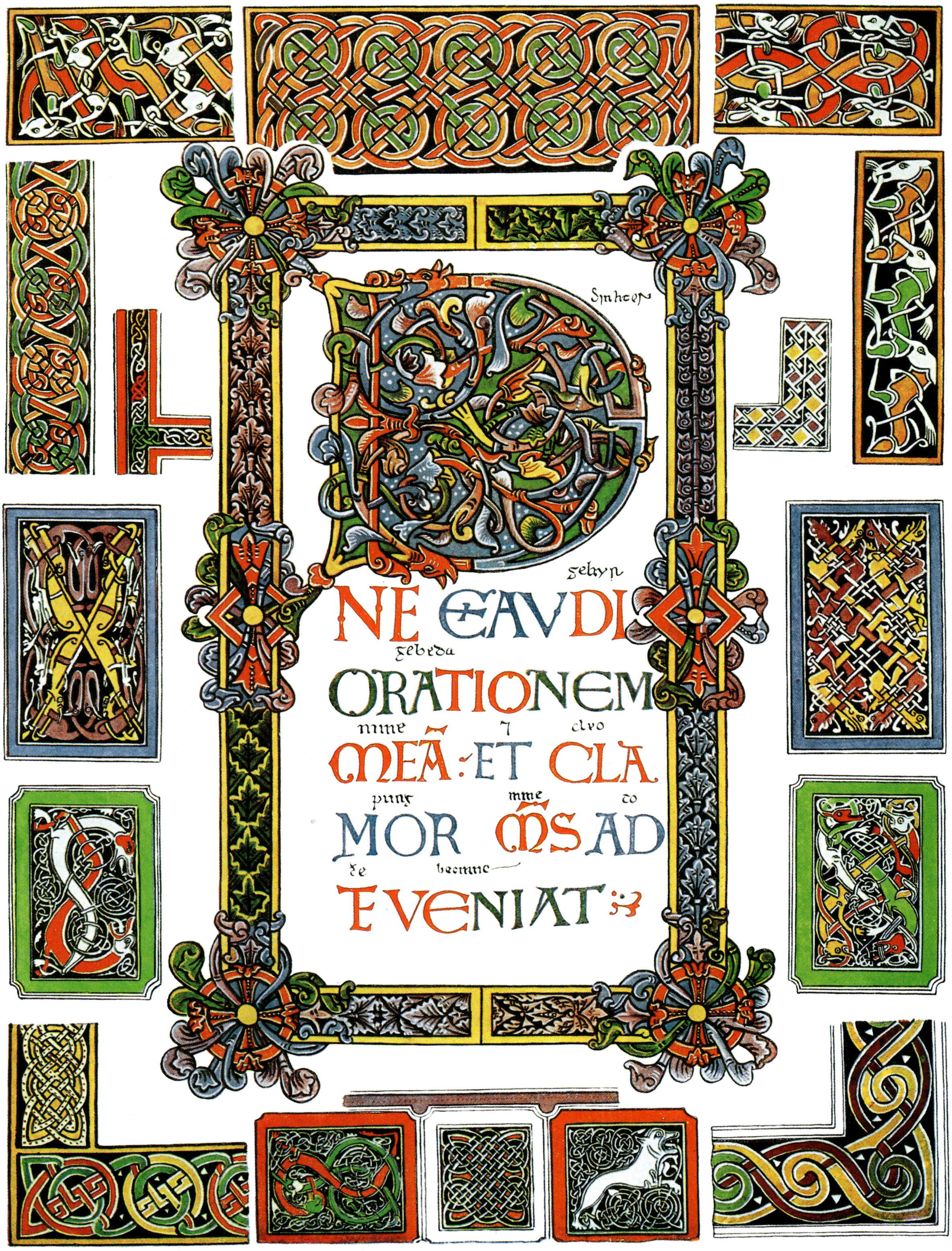
NE EAVDI
ORATIONEM
MEÃ: ET CLA
MOR MS AD
TE VENIAT

Bild 46

Keltische Miniaturmalereien

1, 3, und 8: vom Psalter des St. Augustin, 7. Jh., British Museum; – 2: aus den Psalmen König Davids, St. John's College, Cambridge, 9. Jh.; – 4: Überschrift des Evangeliums S. Matthäi, St. Petersburg Evangeliar, 8. Jh.; – 5: Initiale eines Psalters des 10. Jhs., British Museum; – 6 und 7: von den Evangeliaren S. Matthäi und Johannis, Bücherei Cambridge.

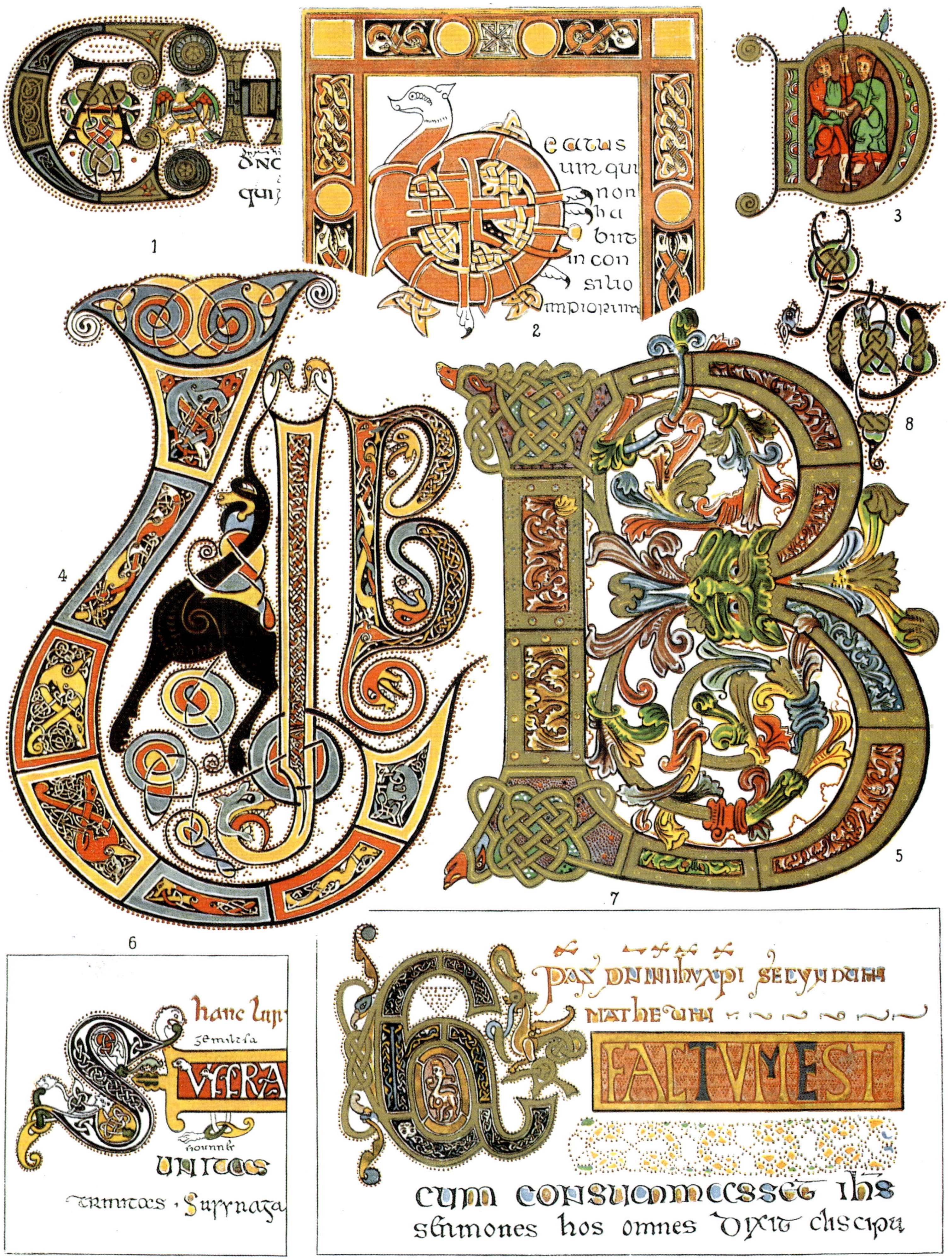

1
2
3
4
5
6
7
8
FACTVM EST
cum consummasset ihs
sermones hos omnes dixit discipu

Bild 47

Italienisch-romanische Fresken

1: Freskomalerei im Altarraum der St. Angelo Basilika, Formis; – 2 – 5: Fresken in der unterirdischen Kirche St. Clemente, Rom. (Salazaro, *Monumenti della Italia meridionale*).

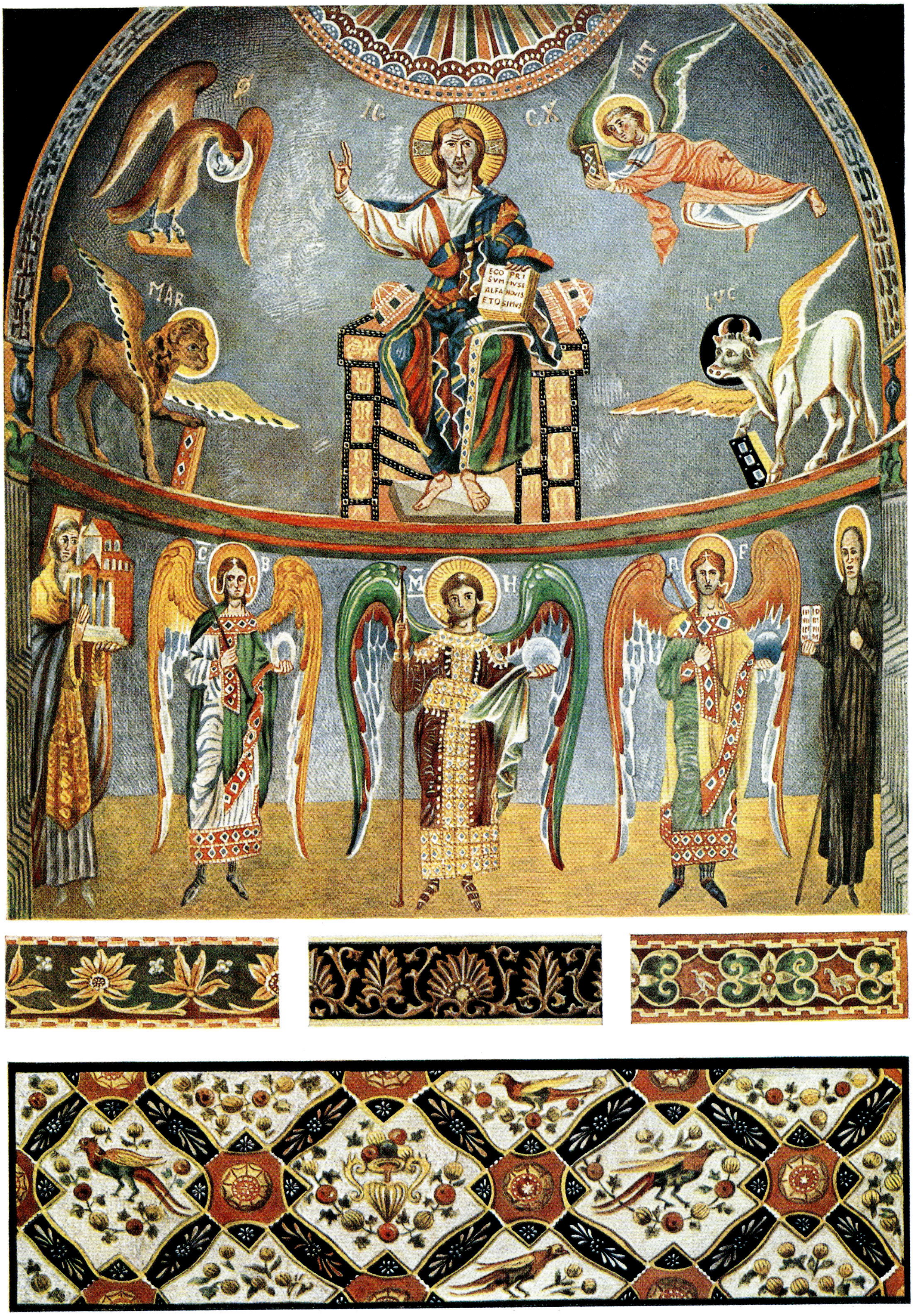
IC
CX
MAT
MAR
LVC
EGO
SVM
ALFA
ETO
PRI
NOVIS
SIMVS

Bild 48

ITALIENISCH-ROMANISCHE BUCHMALEREI

1, 3, 7, 8 und 12: Lateinische Initialen des 12. Jhs.; – 2: Langobardische Initialen des 11. Jhs.; – 4, 5, 6 und 9: Lateinische Initialen des 11. Jhs.; – 10, 11, 14, 15 und 16: Langobardische Initialen des 13. Jhs.; – 13: Lateinische Initialen des 9. Jhs. (*Paleographia artistica di Monte Cassino*).

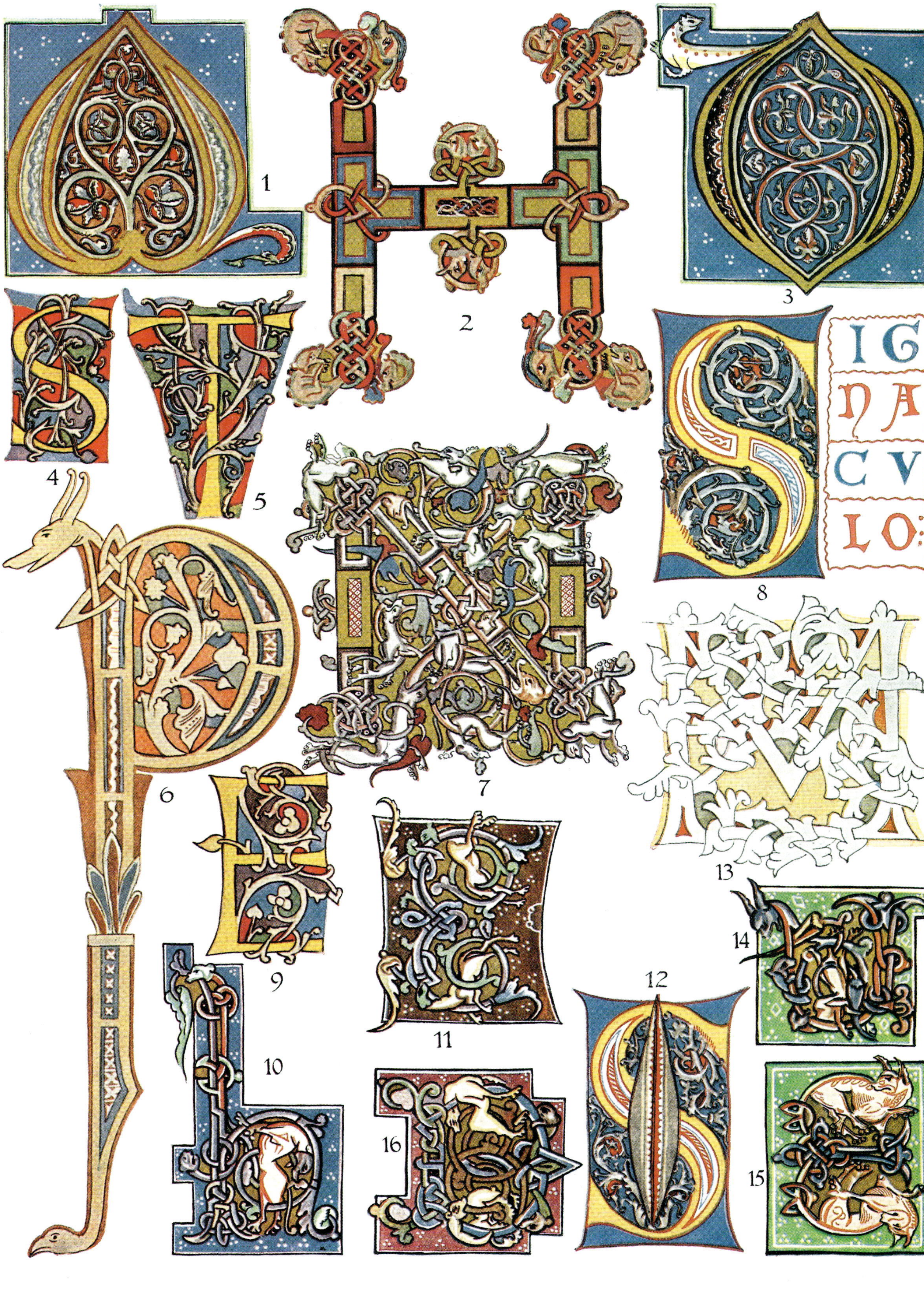
1
2
3
4
5
6
7
8
IG
NA
CV
LO:
9
10
11
12
13
14
15
16

Bild 49

Sarazenisch-normannische Malereien

1, 3, 10 und 11: Fragmente von Deckenmalereien des Seitenschiffs, Capella Palatina, Palermo (Kutschmann, *Meisterwerke sarazenisch-normannischer Kunst in Sizilien und Unteritalien*); – 2, 5, und 6: Deckenmalerei des Hauptschiffs, St. Pietro-Kapelle, Palermo (Terzi, *La capella di San Pietro en Palermo*); – 4: Bemalte Kassette der Decke des Unterchors im Dom von Monreale (Kutschmann); – 7 – 9: Malerei der Decke eines Saals im Palais von Manfred von Chiararmonte, Palermo (Gailhaband, *L'architecture du Ve au XVIIe siècle*).

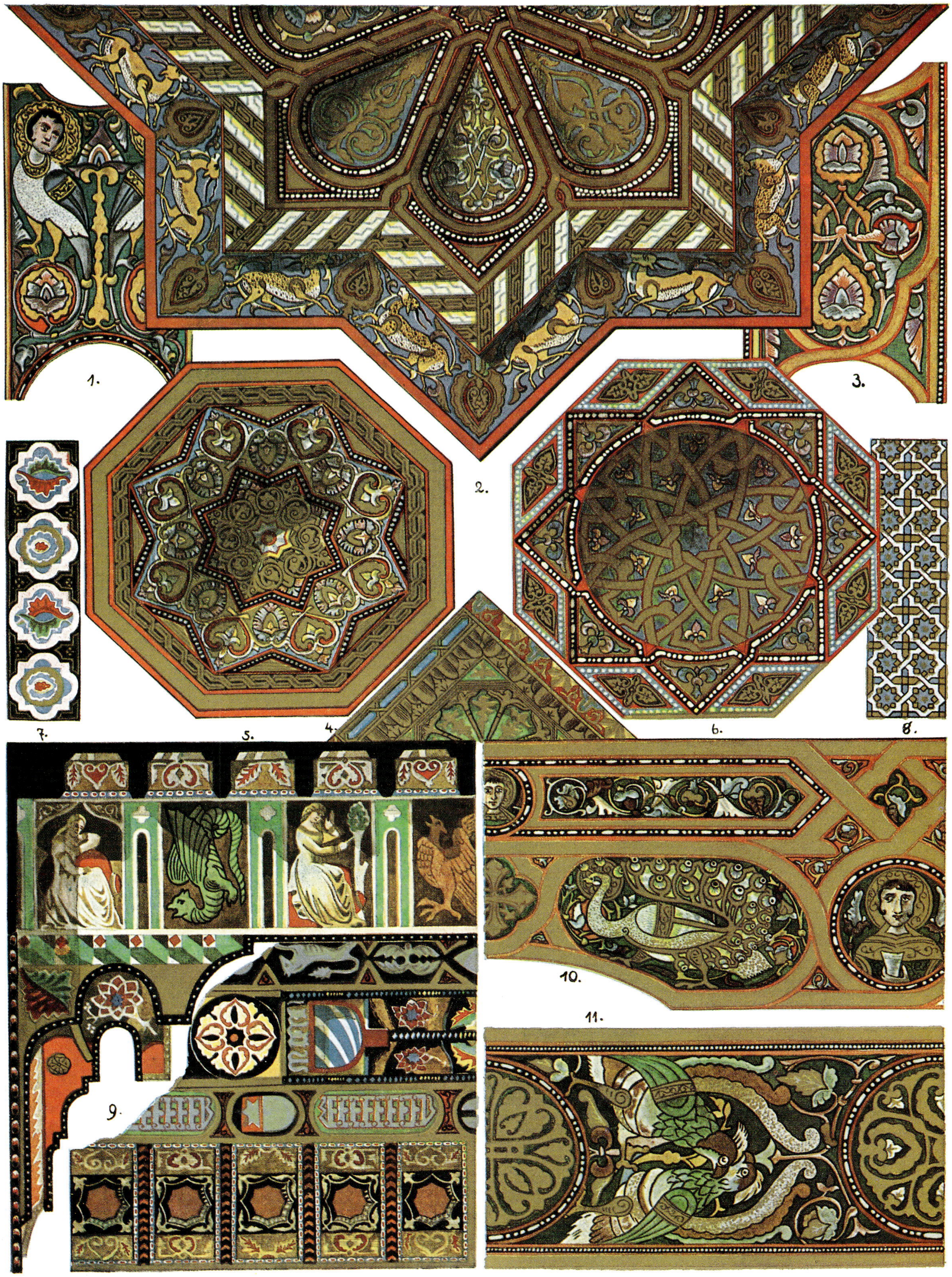
1.
2.
3.
4.
5.
6.
7.
8.
9.
10.
11.

Bild 50

Sarazenisch-normannische Seidenwirkereien

1: Seidenstoff des 13. Jhs.; – 2: Seidenstoff des 11. Jhs., Wiener Museum; – 3 und 6: Seidenwirkerei des 13. Jhs., wahrscheinlich lucresische Nachahmung sarazenischer Stoffe, in Wien bzw. Halberstadt; – 5: Seidenstoff des 11. Jhs.; – 7 und 8: Seidenstoff des 13. Jhs., das Motiv von Abb. 7 ist auf einem Pfeiler der Kirche St. Bravo in Harlem zu sehen; – 9: Gewebe des 12. Jhs. aus Palermo. (Fischbach, *Ornamente der Gewebe*).

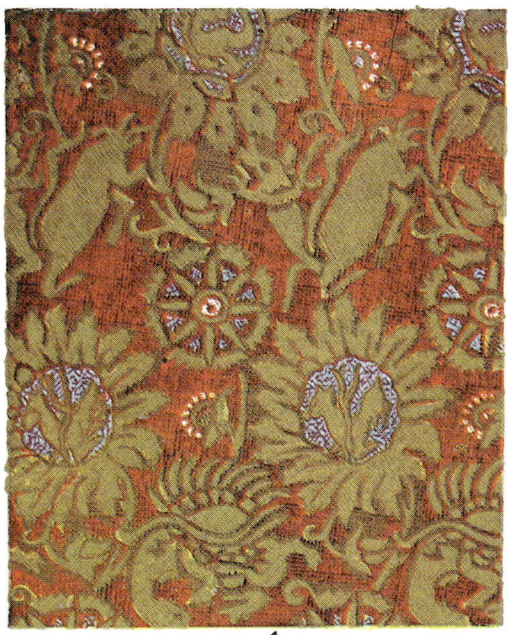

1.

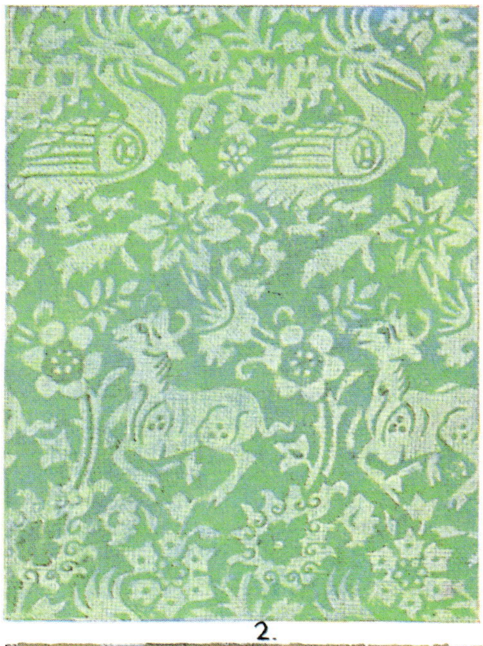

2.

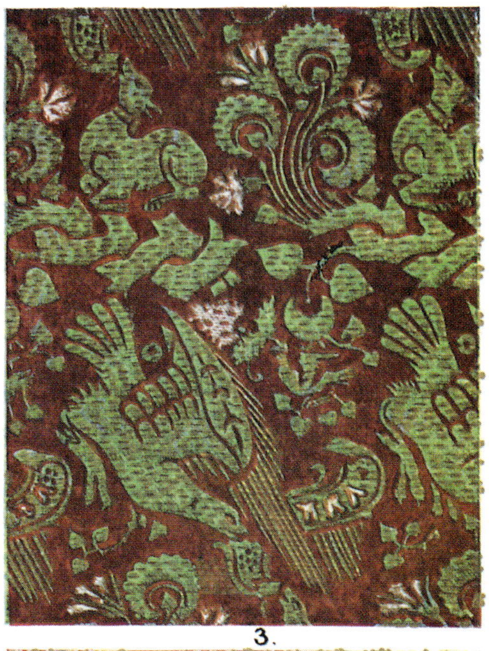

3.

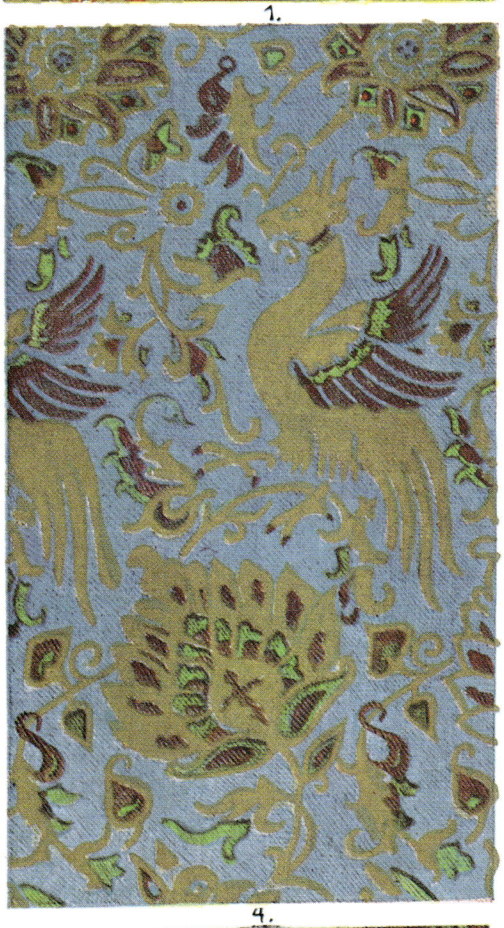

4.

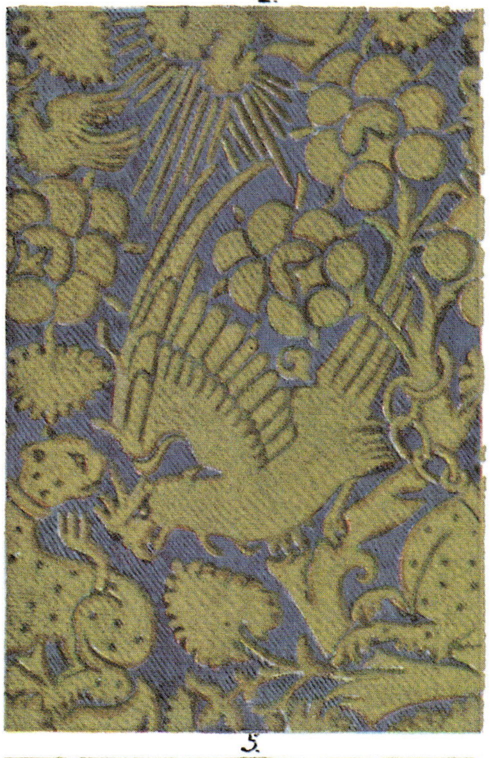

5.

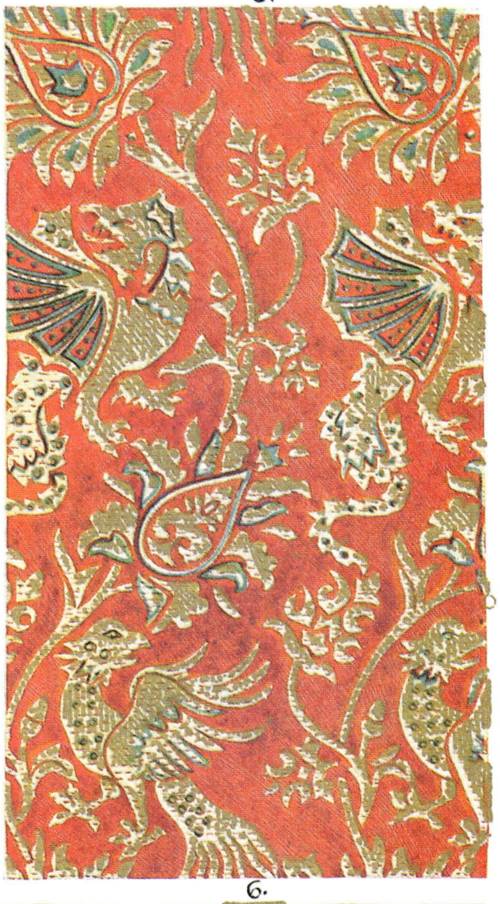

6.

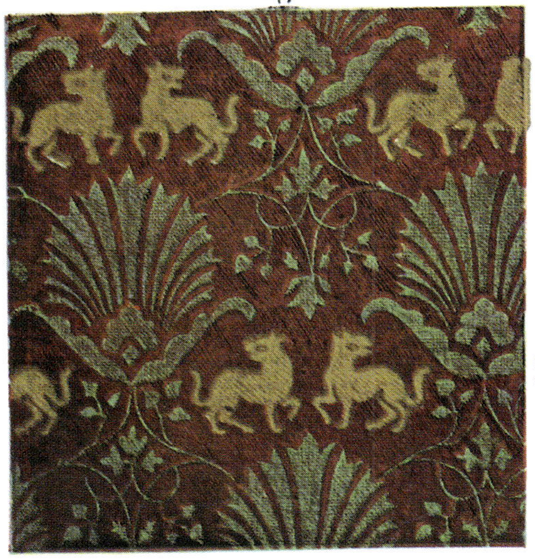

7.

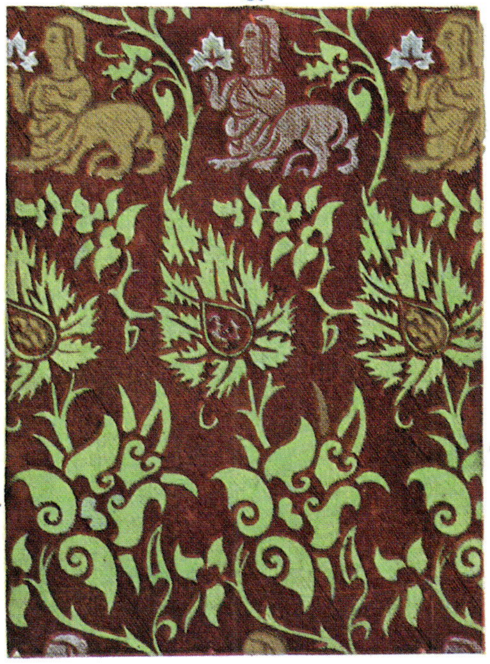

8.

9.

Bild 51

Deutsch-romanische Schmelzarbeiten

1, 3 und 5 – 7: Vom Ursulaschrein, Köln, Arbeit des Friedericus, 1170; – 2, 4, 8 – 12, 14 und 15: Vom Maurinusschrein in Köln, Arbeit des Friedericus, 1180; – 13: Platte vom ehemaligen Stabloer Remartusaltar des Godefroid de Claire, 1150, Museum von Sigmaringen; – 16 – 21: Vom Albinusschrein in Köln, 1186; – 22 – 25: Säulendekoration vom Annoschrein in Siegburg, hergestellt in Köln um 1183. (Falke und Frauberger, *Deutsche Schmelzarbeiten des Mittelalters und andere Kunstwerke der Kunsthistorischen Ausstellung zu Düsseldorf 1902–1904*).

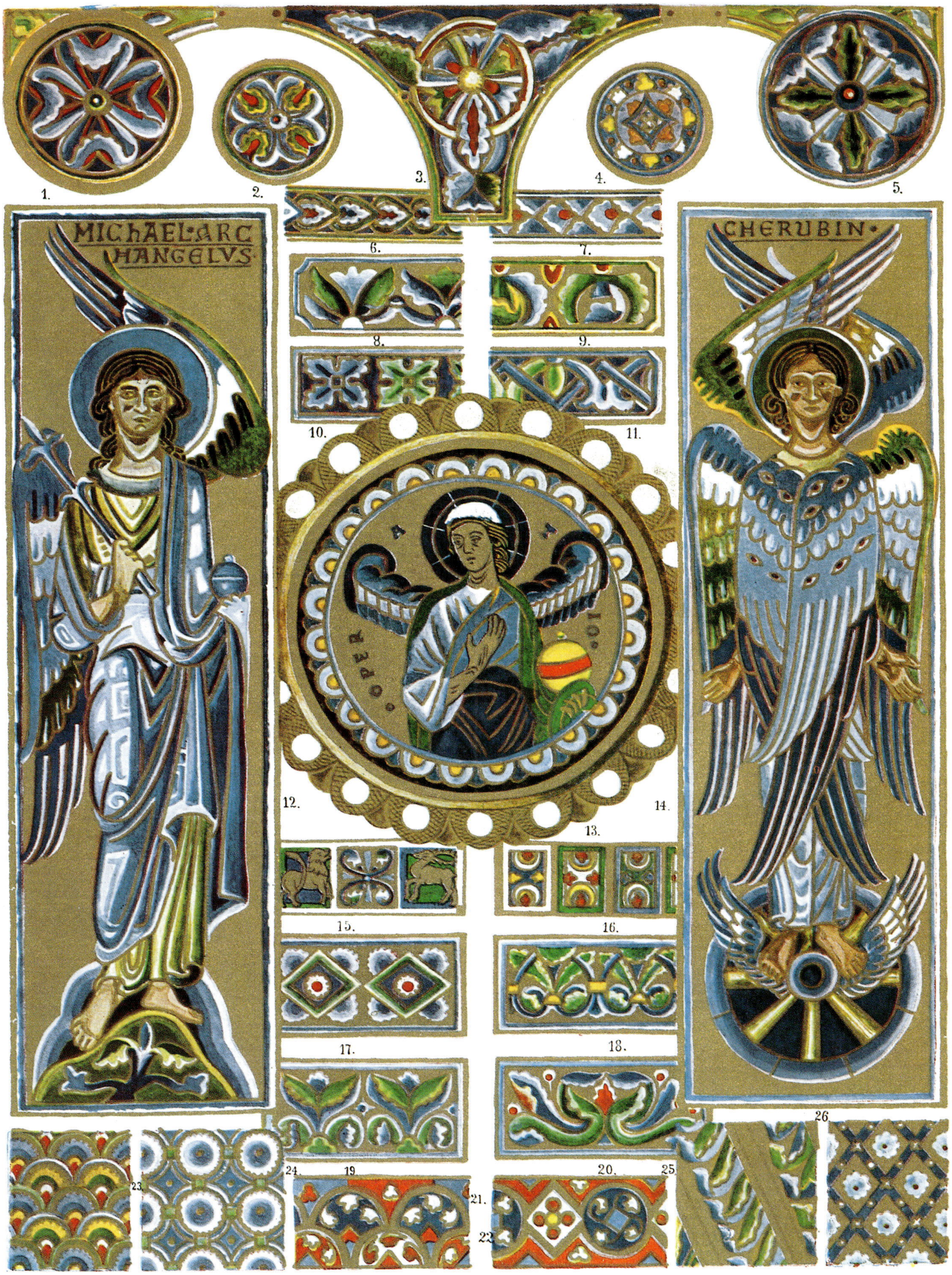
MICHAEL ARC HANGELUS
CHERUBIN
OPER
1.
2.
3.
4.
5.
6.
7.
8.
9.
10.
11.
12.
13.
14.
15.
16.
17.
18.
19.
20.
21.
22.
23.
24.
25.
26.

Bild 52

Deutsch-romanische Glasmalereien

1: Von einem Fenster der Stadtpfarreikirche in Steyr, Österreich, 1300; – 2: Rosette aus dem Straßburger Münster, Ende 13. Jh.; – 3: Detail eines Fensters des Mittelschiffs, Straßburger Münster, 13. Jh.; – 4: Fenster der Stiftskirche Wimpfen (Thüringen), 13. Jh., Darmstädter Museum; – 5: Randmotiv vom Straßburger Münster, Ende 13. Jh.; – 6 und 8: Fenster in der St. Elisabethkirche, Marburg, Ende 13. Jh.; – 7: Fenster in der Kirche St. Cunibert, Köln, 13. Jh.; – 9 – 11: Randornamente St. Cunibert, Köln, 13. Jh. (H. Kolb, *Glasmalereien des Mittelalters und der Renaissance*).

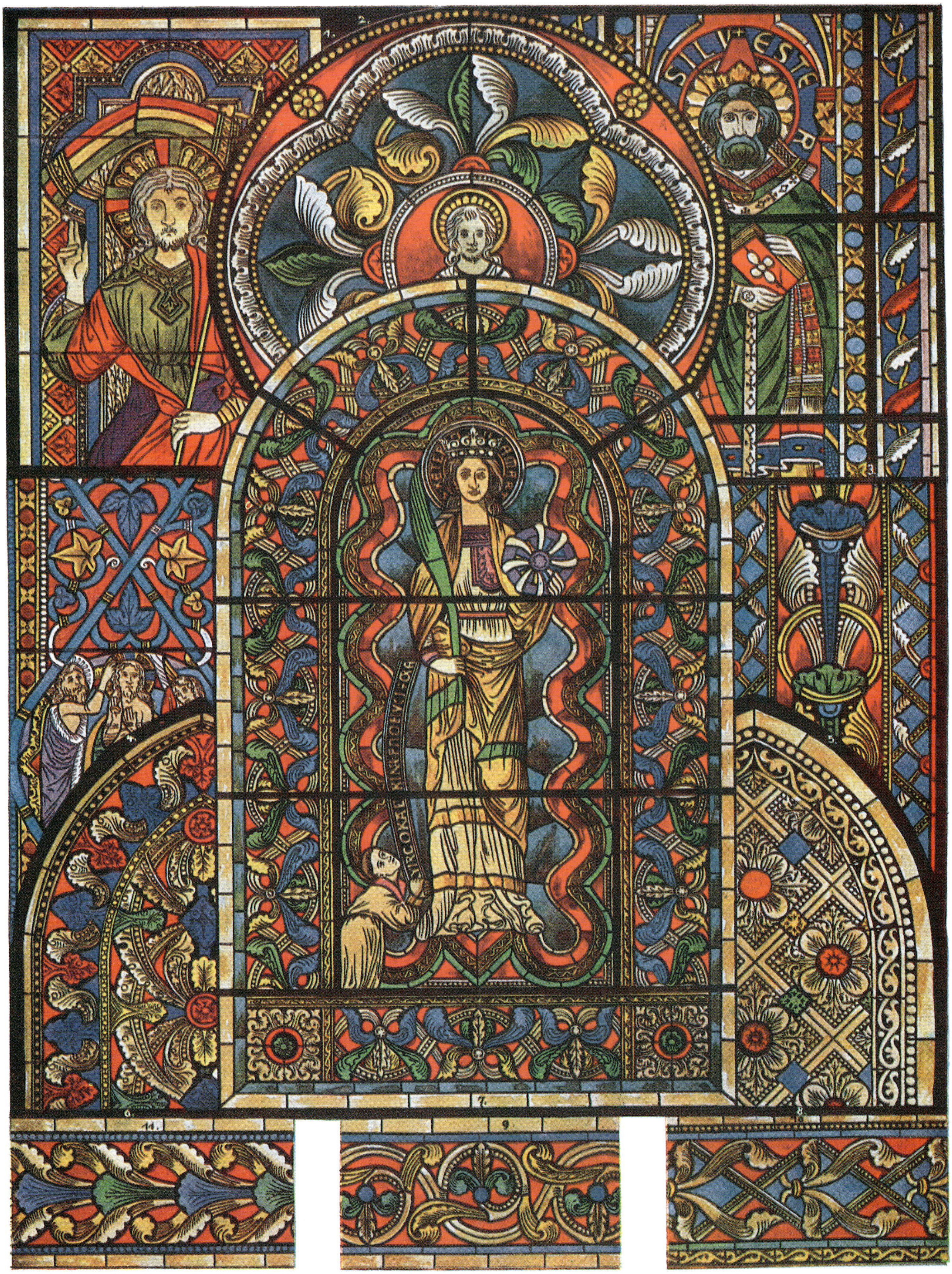

Bild 53

Deutsch-romanische Decken- und Wandmalereien

1: Laibung vom Chor der St. Peterskirche, Schleswig, Ende 13. Jh.; – 2 und 5: Einfassung einer Altarnische in der Liebfrauenkirche, Halberstadt, Ende 13. Jh.; – 3: Fries aus dem Braunschweiger Dom, Mitte 13. Jh.; – 4: Malerei im Langhaus der St. Severuskirche, Boppard, 1230; – 6, 7 und 15: Verzierung der Fensternischen, St. Katharinenkapelle der Burg Hocheppau, 1140; – 8: Malerei aus der St. Nikolauskirche, Windischmatrei (Österreich), 13. Jh.; – 9: Bildnis in der Karner Rotunde, Hartberg (Österreich), 13. Jh.; – 10 und 11: Deckenmalerei, St. Maria zur Höhe in Soest, Anfang 13. Jh.; – 12: Deckenmalerei St. Michael, Hildesheim, 13. Jh.; – 13: Malerei im Braunschweiger Dom, Mitte 13. Jh.; – 14 und 16: Malereien aus dem Nonnenchor, Kloster Gurk (Österreich), Mitte 13. Jh. (Borrmann, *Aufnahmen mittelalterlicher Wand- und Deckenmalereien in Deutschland*).

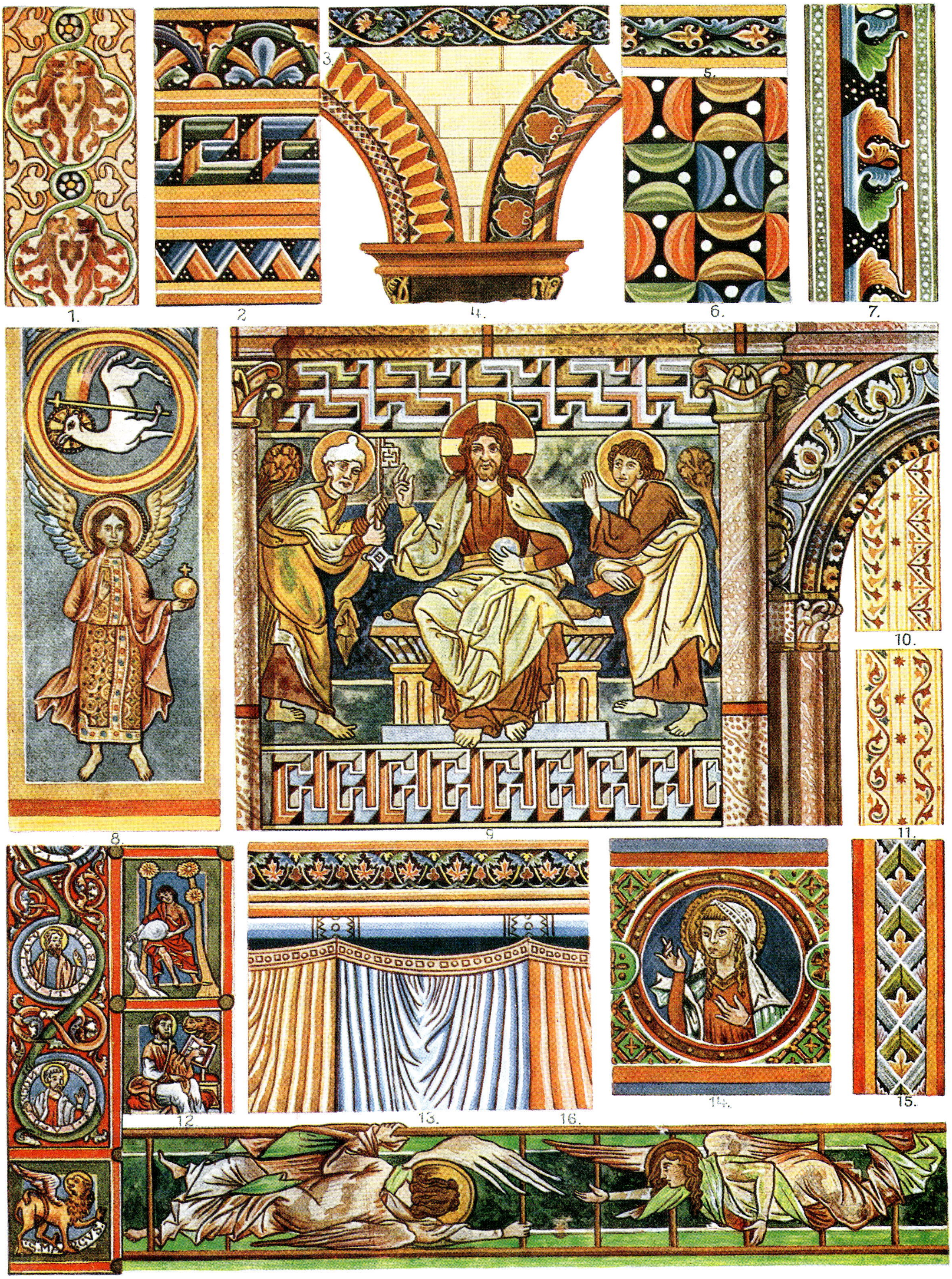
1.
2
3.
4.
5.
6.
7.
8.
9
10.
11.
12.
13.
14.
15.
16.

Bild 54

Deutsch-romanische Miniaturmalereien

1, 5, 12 und 14: Initialen aus Manuskripten des 11. Jhs. (Wildling, *Bücherornamentik*); – 6 – 9: Aus dem Manuskript *Josephus, Antiquitates judaicae* des 12. Jhs.; – Kgl. Bibliothek Stuttgart (Petzendorfer, *Schriftenatlas*); – 11: Aus einem Manuskript des 11. Jhs. (Lacroix et Serré, *Le Moyen Age et la renaissance*).

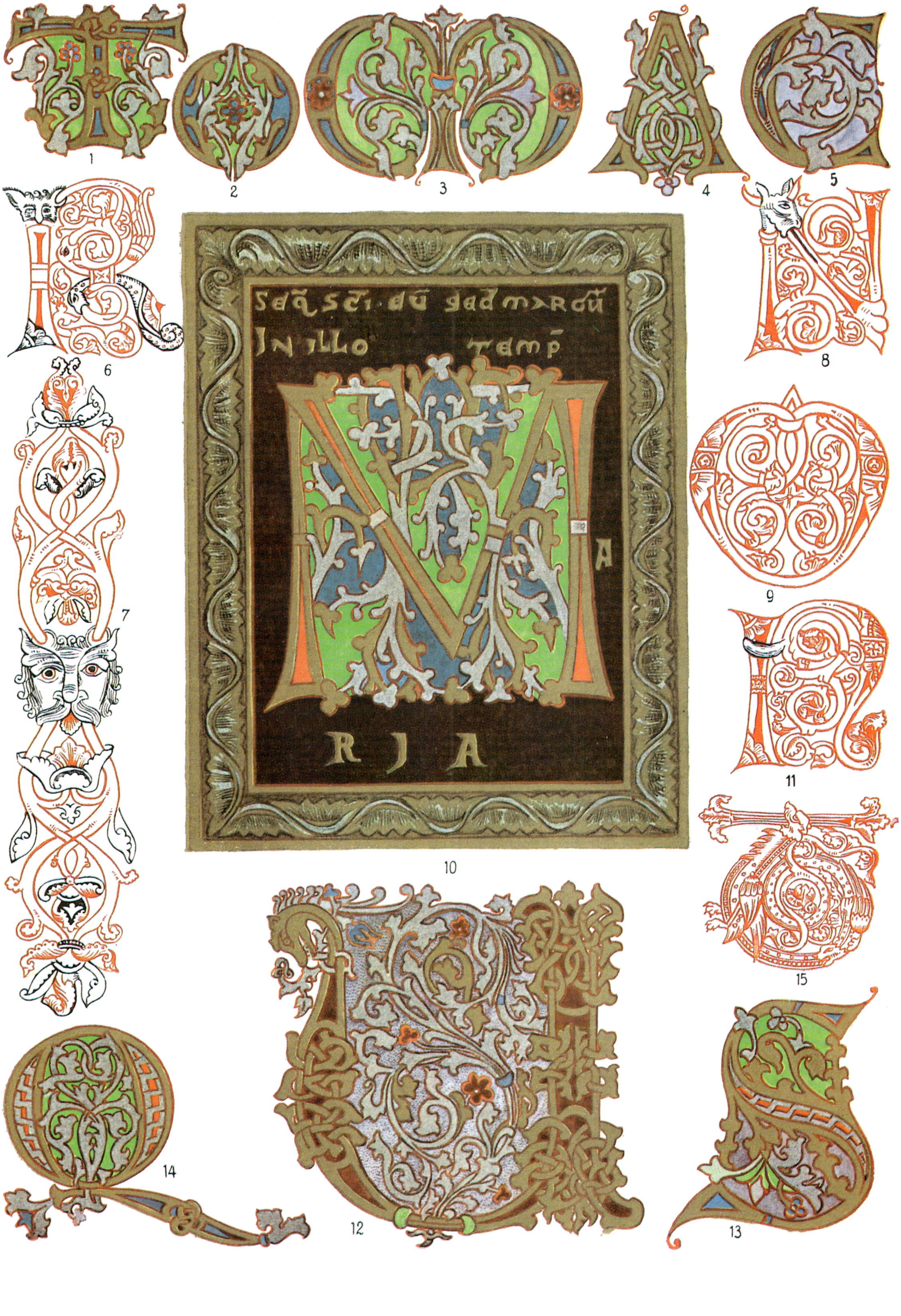
IN ILLO TEMP
A
RJA

Bild 55

Skandinavische Teppichwirkereien des Mittelalters

1, 2 und 3: Kissenbezüge, Christiania Museum (H. Grosch, *Altnorwegische Teppichmuster*); – 4: Teppich aus der Kirche in Hedemarken, 11. Jh. (Grosch); – 5 und 6: Teppiche des 11. Jhs. (Lacroix et Serré, *Le Moyen Age et la renaissance*).

1.

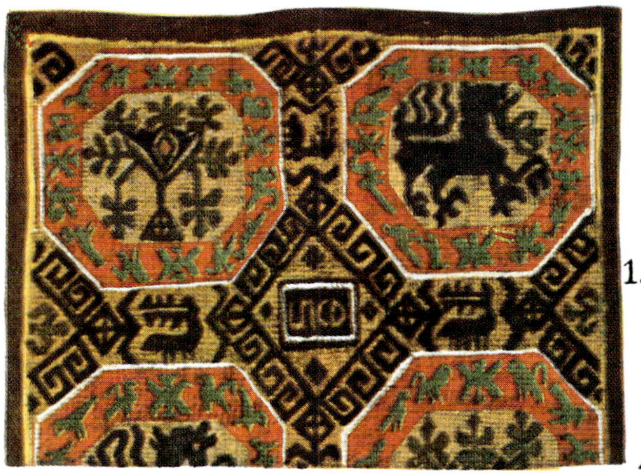

2.

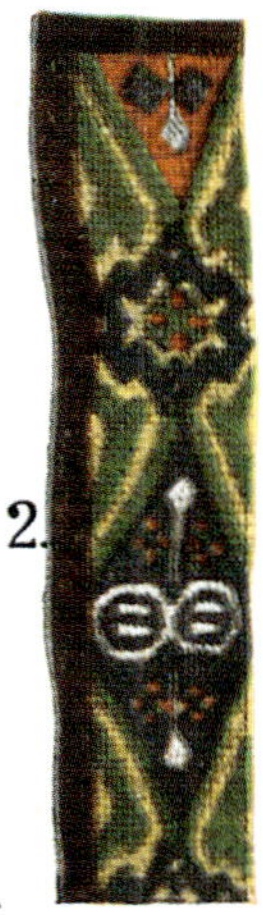

3.

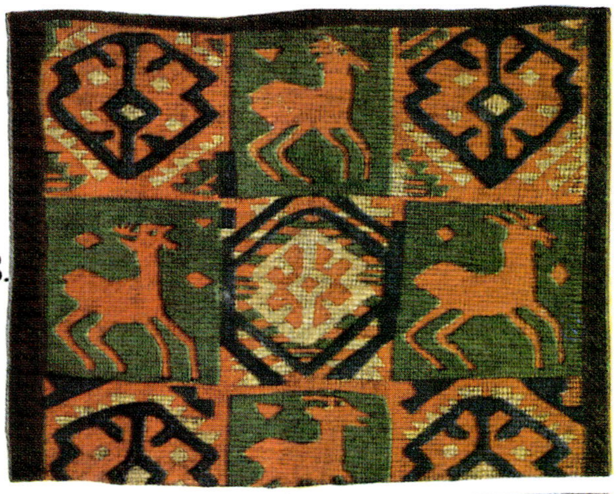

4.

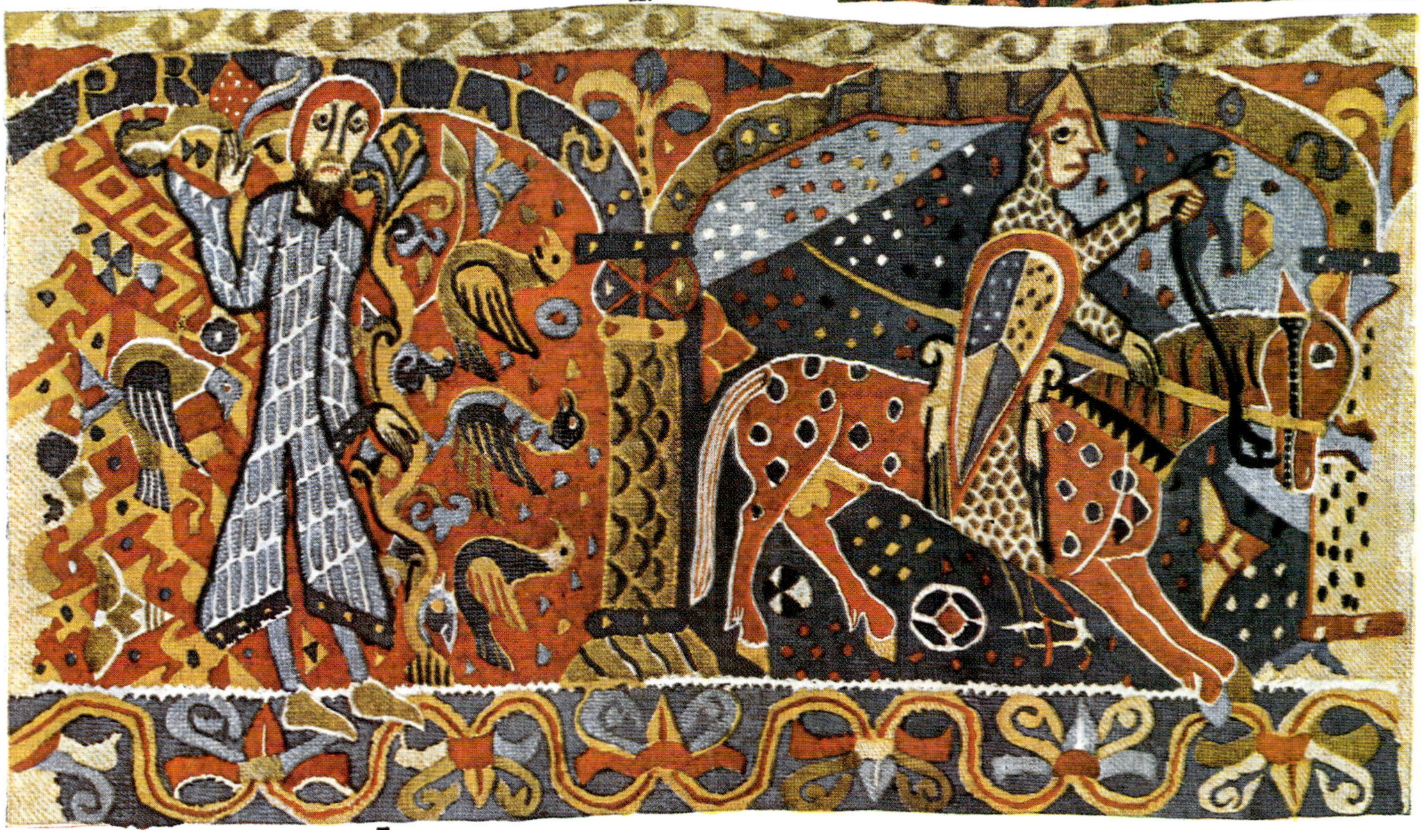

5.

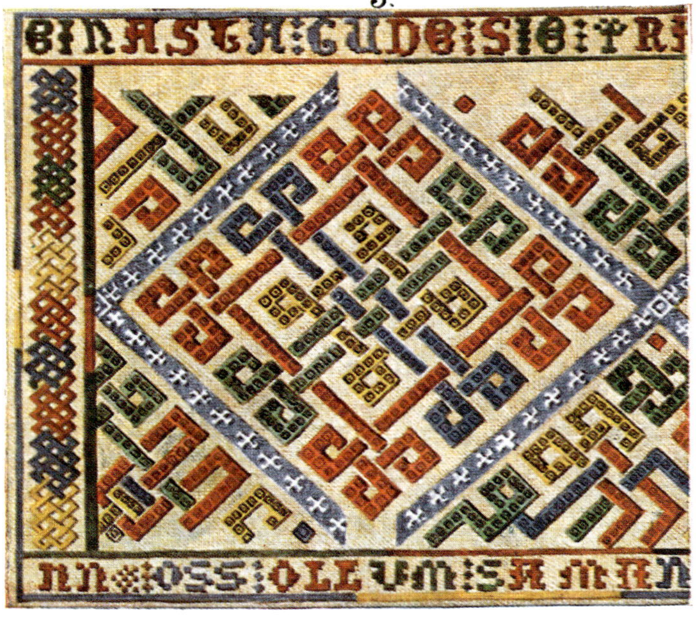

6.

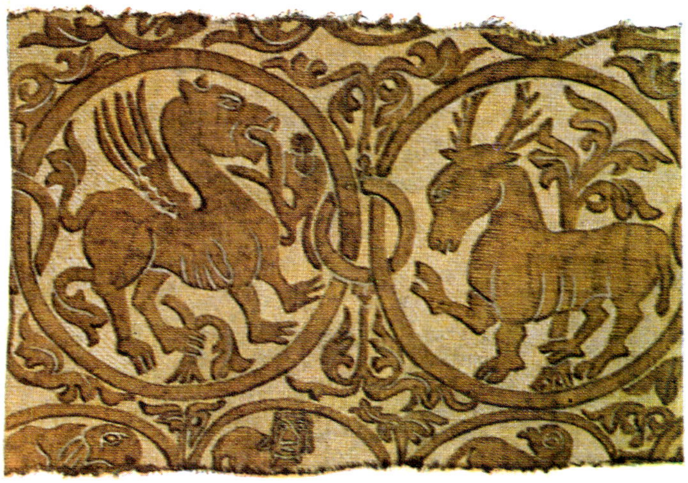

Bild 56

Spanische Miniaturmalereien

1, 3 und 7: Initialen aus dem Kodex, Nationalbibliothek Madrid; – 2: Das symbolische Kreuz des Mittelalters mit „α“ und „ω“ und den 4 Evangelisten nach dem Werk *In Apokalypsiu* von Beato in Liébana, Ende 8. Jh. (umgearbeitet vom Mönch Albino in St. Millan de la Cogulla, 1178). (*Monumentos de España*).

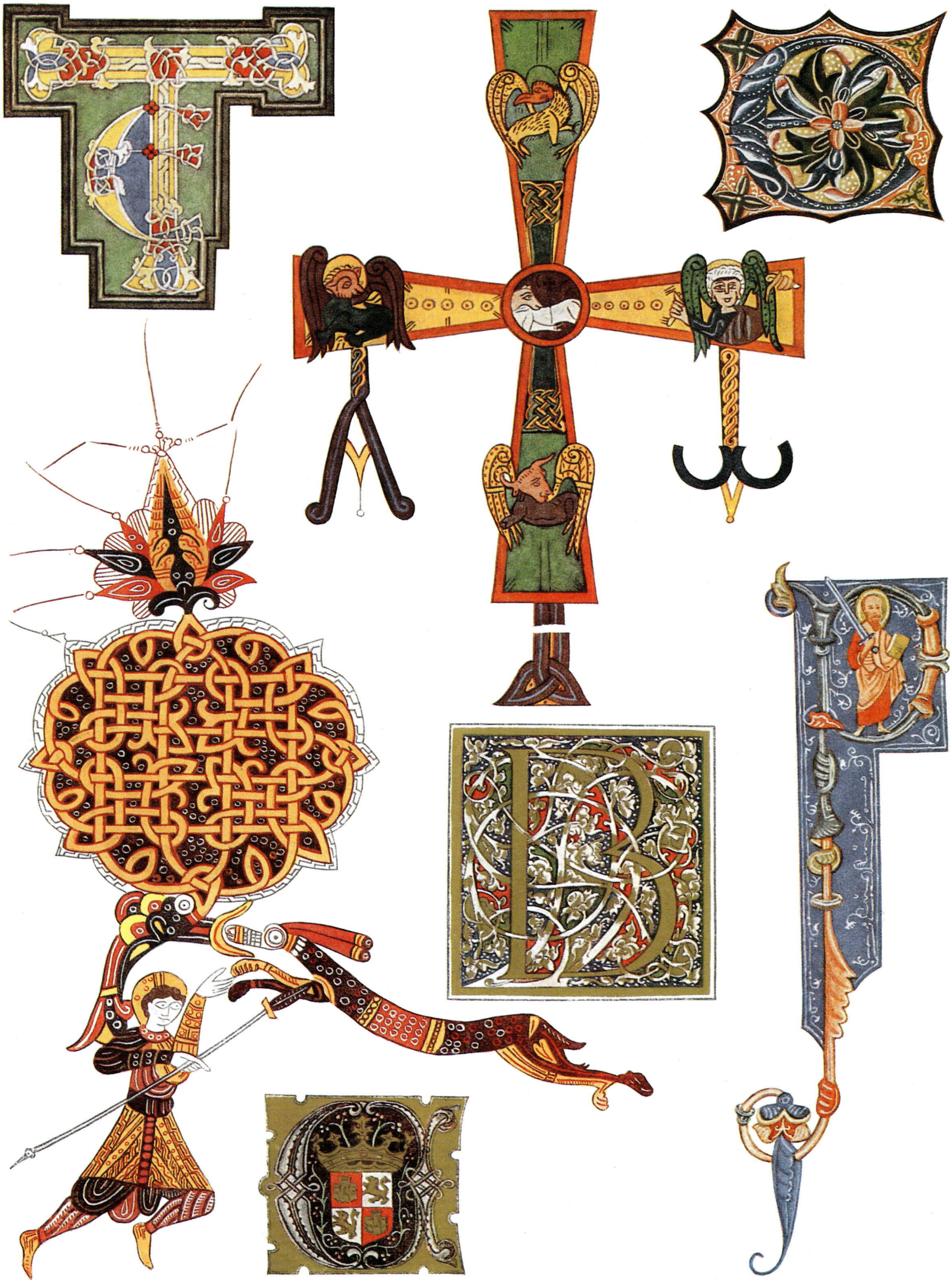

Bild 57

Spanische Glasmalereien des Mittelalters

1: Fenster vom Schiff der Kathedrale in Toledo; – 2 und 3: Fragmente von Glasmalereien aus dem Kloster St. Juan de los Reyes. (*Monumentos de España*).

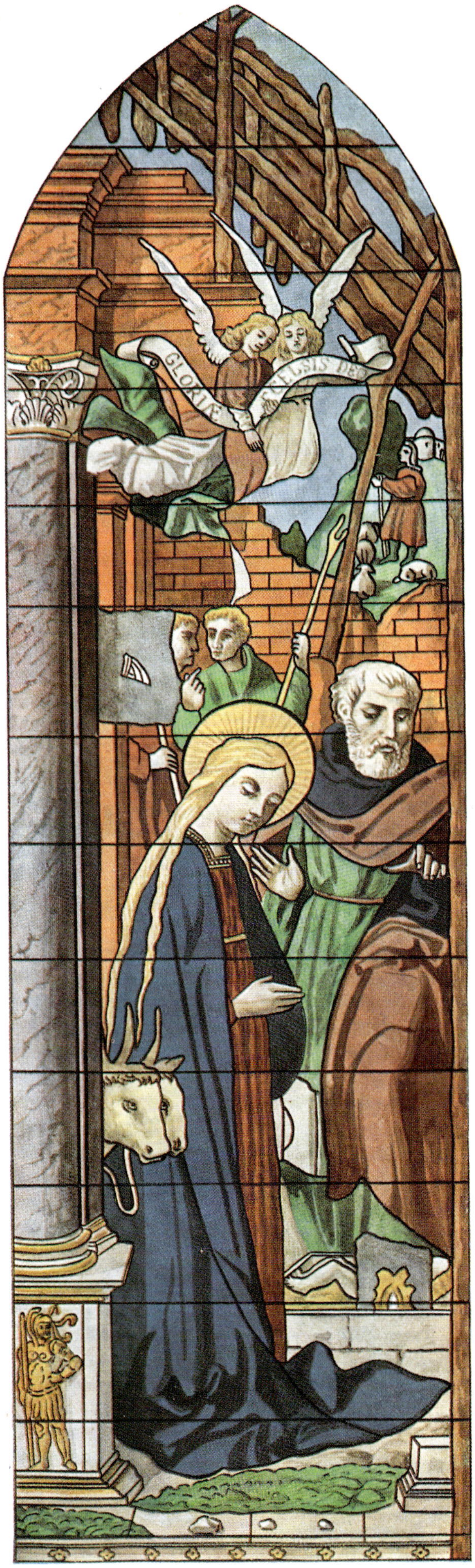

1

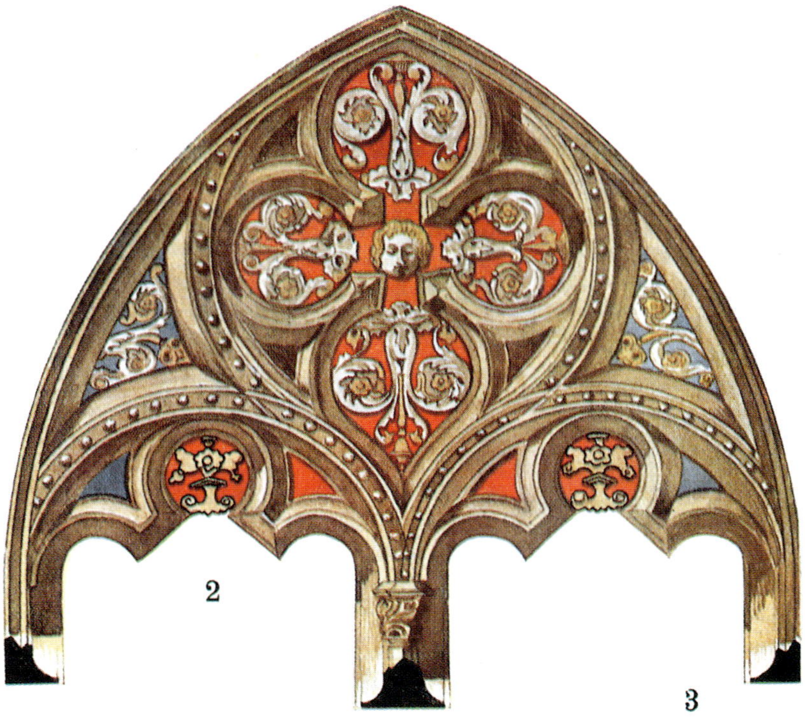

2

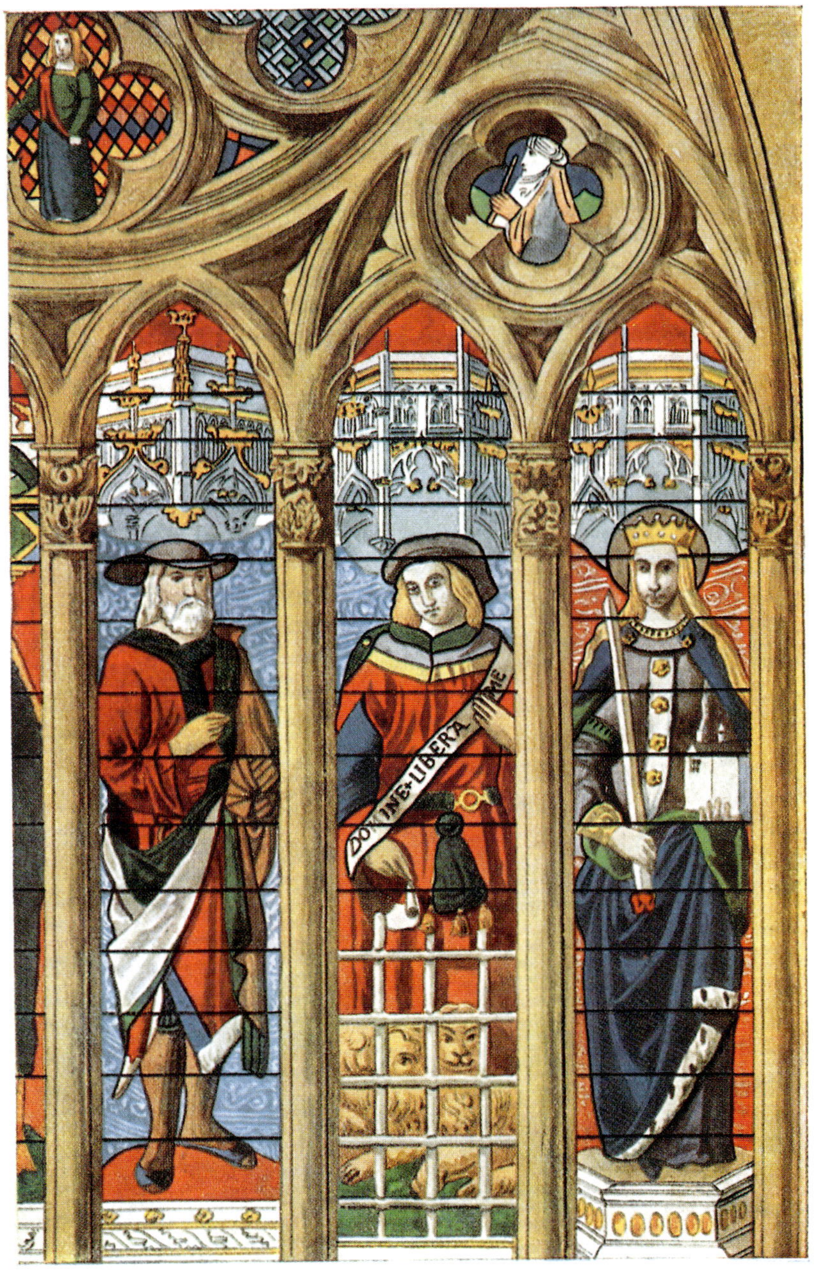

3

Bild 58

Französisch-romanische Wandmalereien

1 und 6: Bemalte Bogenlaibung, Abtei von Cadonin (Dordogne), 13. Jh.; – 2, 7 und 8: Malereien, Kirche Saint Crépin, Evron (Mayenne), 13. Jh.; – 3 – 5: Normannische Malereien, Kapitelsaal, Kathedrale von Séez (Orne), 13. Jh.; – 9: Rosettenkreuz, Kirche von Pritz bei Laval (Mayenne), 13. Jh.; – 10: Rosettenkreuz, Abtei von Cadonin (Dordogne), 13. Jh.; – 11 und 12: Kapitelle, Kirche von Chateloi (Allier), 12. Jh.; – 13: Rosettenkreuz, St. Géneri (Orne), 13. Jh.; – 14 und 18: Bogenlaibungen, Schloß von Coucy (Aisne), 13. Jh.; – 15, 16 und 17: Normannische Kapitelle, St. Georges de Boscherville, 13. Jh.; – 19, 21 und 23: Laibungen, St. Quiriau, Provins, 12. Jh.; – 20: Laibung, St. Ours, Loches (Indre et Loire), 13. Jh.; – 22: Malerei einer Türfüllung aus Holz, Kathedrale von Bayeux, 13. Jh.; – 24 und 25: Friese, St. Michel d'Aiguilhe bei Puy (Haute-Loire), 13. Jh. (Gélis Didot et Saffillée, *La Peinture décorative en France du XIe au XVIe siècle*).

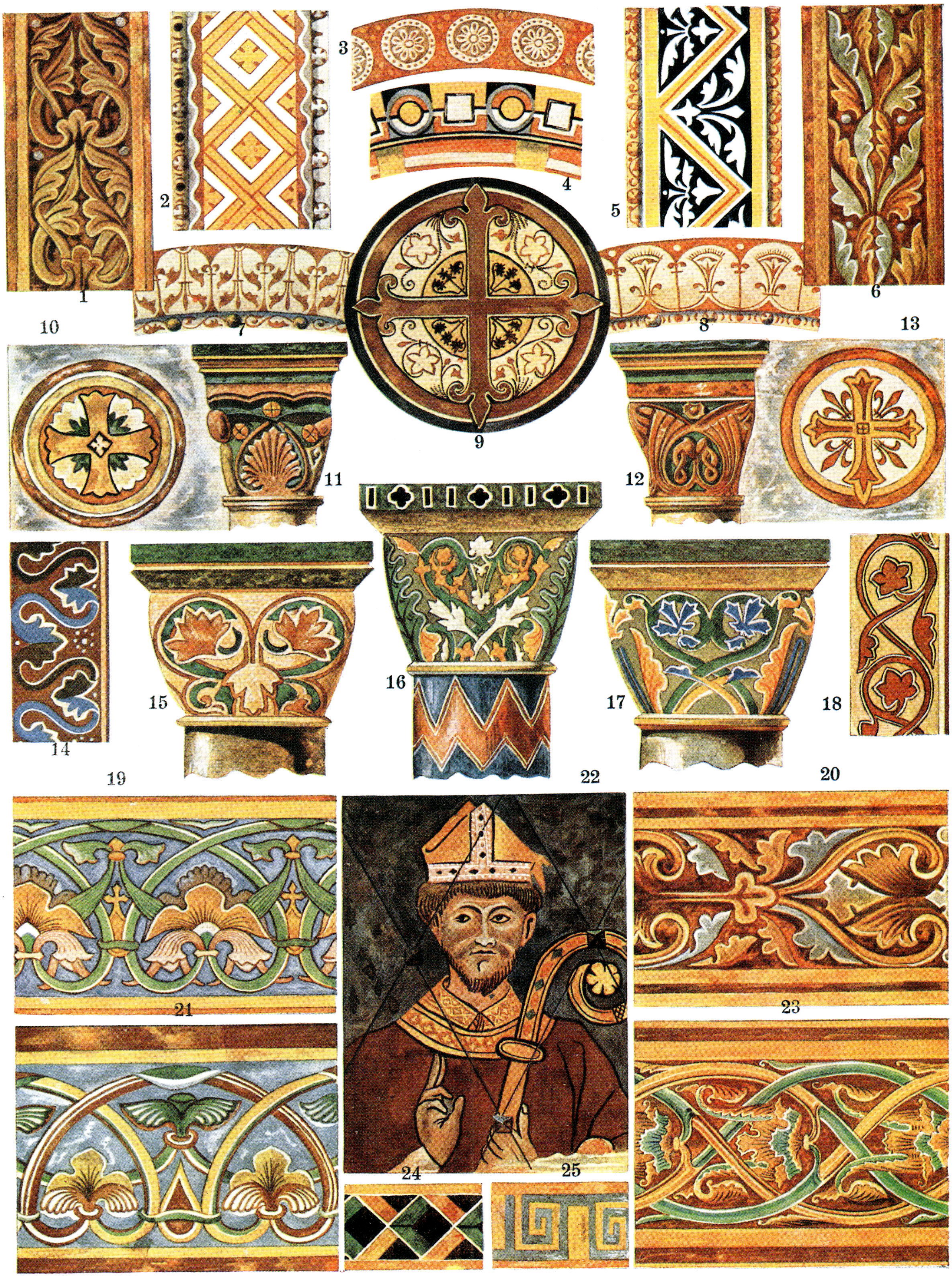

1
2
3
4
5
6
7
8
9
10
11
12
13
14
15
16
17
18
19
20
21
22
23
24
25

Bild 59

Französich-gotische Wandmalereien

1: Bogenlaibung, Kirche Villeneuve-les-Avignons (Gard), 14. Jh. (Gélis Didot et Saffillée, *La Peinture décorative en France du XIe au XVIe siècle*); – 2 und 10: Rosette und Rippe im Gewölbe, Kirche von Cunault (Maine et Loire), 13. Jh. (Gélis Didot); – 3: Holzkassettendecke, Kirche Baillon-sur-Loire, 14. Jh. (Gélis Didot); – 4: Bemalte Skulpturen, Kapelle St. François-Xavier, Notre Dame de Paris (*Peintures murales des chapelles de Notre Dame de Paris*); – 5: Malerei aus der Kathedrale von Clermont, Puy de Dôme (Gélis Didot); – 6: Bemalte Skulpturen, Kapelle St. Clothilde von Notre Dame de Paris (*Peintures murales*); – 7 und 11: Bemalte Skulpturen, Kathedrale von Reims (Gailhaband); – 8: Fensterlaibung, St. Julien de Brionde (Haute-Loire), 14. Jh.; – 9: Bemalte Gewölberippe und -rosette, Kathedrale von Auxerre, 13. Jh.

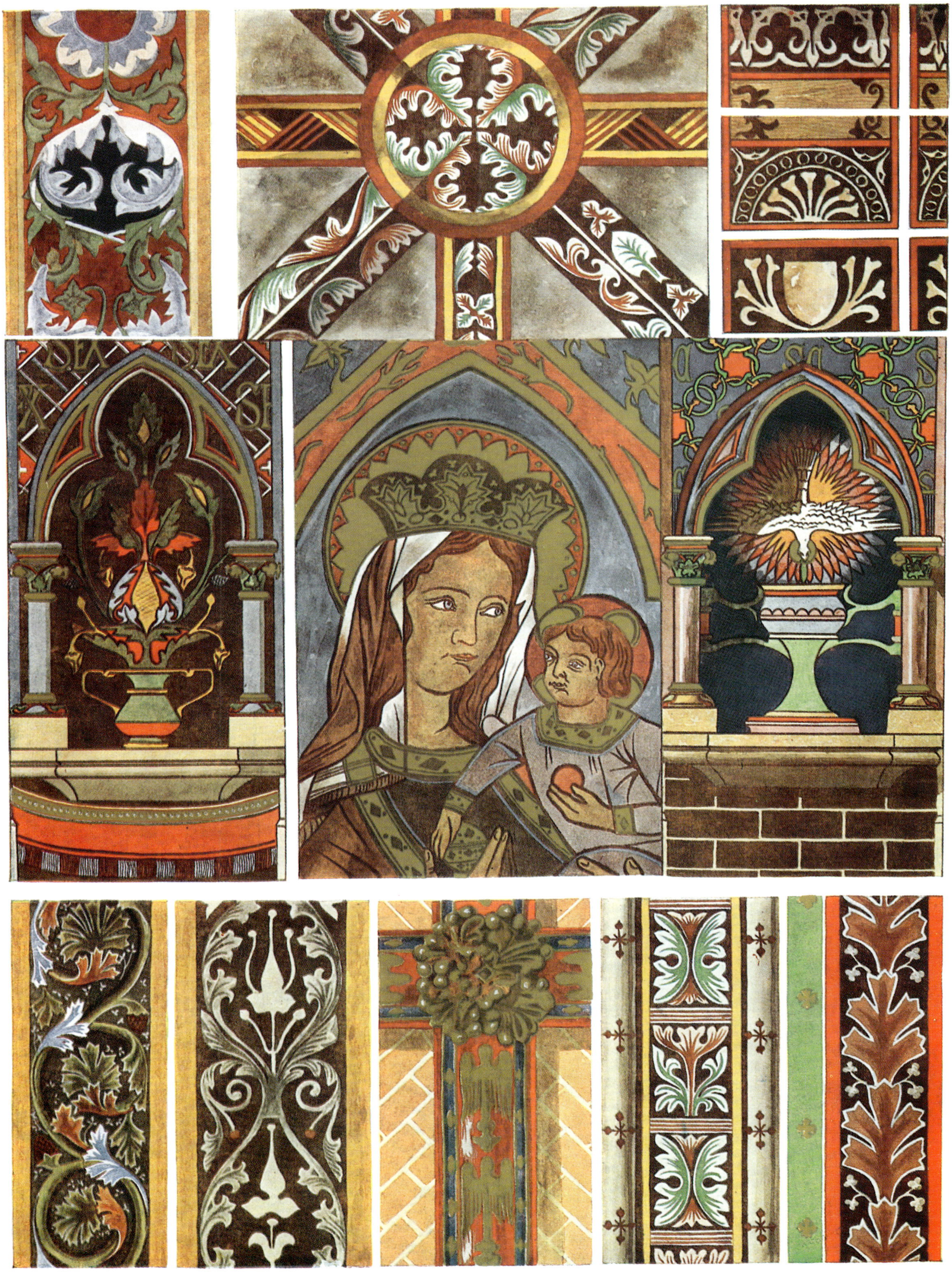

Bild 60

FRANZÖSISCHE FUSSBODENPLATTEN

1: Aus dem Schloß Margarethes von Burgund, Tonnerre (Yonne), 13. Jh.; – 2: Boden der Galerie von Notre Dame de l'Épine (Marne), 15. Jh.; – 3 und 4: Klosterkapelle von Bretenil (Oise), 14. Jh.; – 5: Von der Residenz des Kanzlers Rollin, Dijon, 15. Jh.; – 6 und 8: Kirche der früheren Abtei, St. Pierre-sur-Dive, 12. Jh.; – 7: Aus der alten Halle von Touey (Yonne), 14. Jh.; – 9, 13, 14, 16 und 17: Klosterkirche der Heiligen Colombe (Yonne), 12. Jh.; – 10 – 12 und 18 – 20: Kapitellsaal, Kathedrale von Contanus (Manche), 13. Jh.; – 15: Gravierte Steinplatte, Altar der Jungfrau, Kirche St. Denis (Seine), 13. Jh.; – 21: Kirche von Nivoin (Sarthe), 13. Jh.; – 22: Platte im Museum von Auxerre (Yonne), 14. Jh.; – 23: Kapelle St. Michel, früher Kolleg St. Quentin (Aisne), 12. Jh.; – 24: Aus der Kirche von Nimelles (Yonne), 14. Jh.; – 25: Herrenhaus von Sacy (Yonne), 14. Jh.; – 26: Aus dem alten Schloß der Äbte von Vezelay (Yonne), 13. Jh.; – 27: Schloß von Haulsy (Marne), 13. Jh. (Arné, *Les Carrelages émaillés du moyen âge et de la renaissance*).

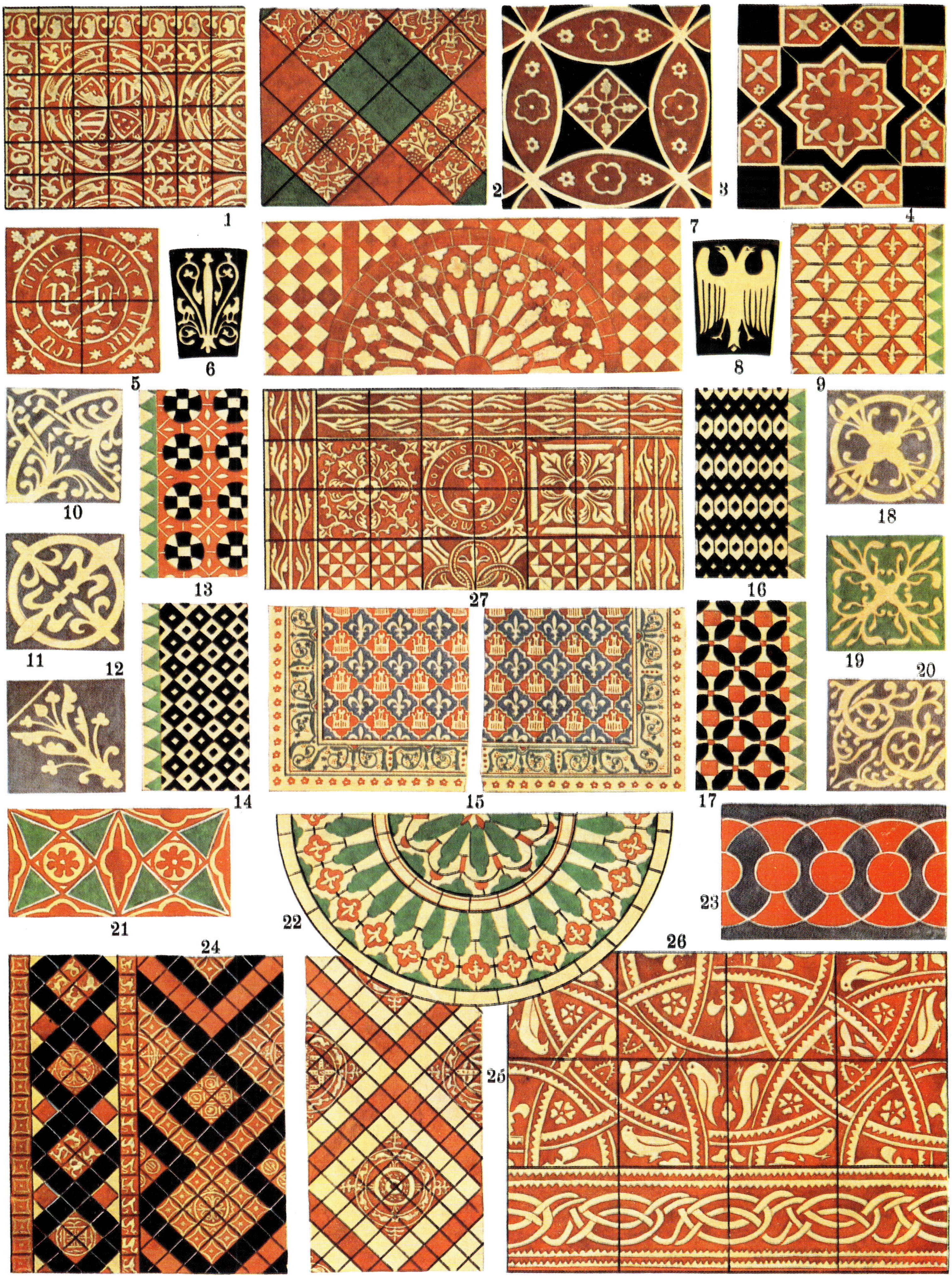
1
2
3
4
5
6
7
8
9
10
11
12
13
14
15
16
17
18
19
20
21
22
23
24
25
26
27

Bild 61

Französische Glasmalereien des 13. Jahrhunderts

1 und 5: Ornamentstreifen, Kathedrale von Le Mans (Lacroix et Serré, *Le Moyen Age et la renaissance*); – 2, 4, 8, 9, 12 und 13: Ornamentstreifen, Kathedrale von Chartres (Cahier et Martin, *Mélanges d'archéologie*); – 3: Grisaillemalerei, Kathedrale St. Thomas, Bourges (Lacroix et Serré); – 6 und 10: Fenster der Kathedrale von Bourges (Lacroix et Serré); – 11 und 14: Malerei aus der Kathedrale von Le Mans (Lacroix et Serré).

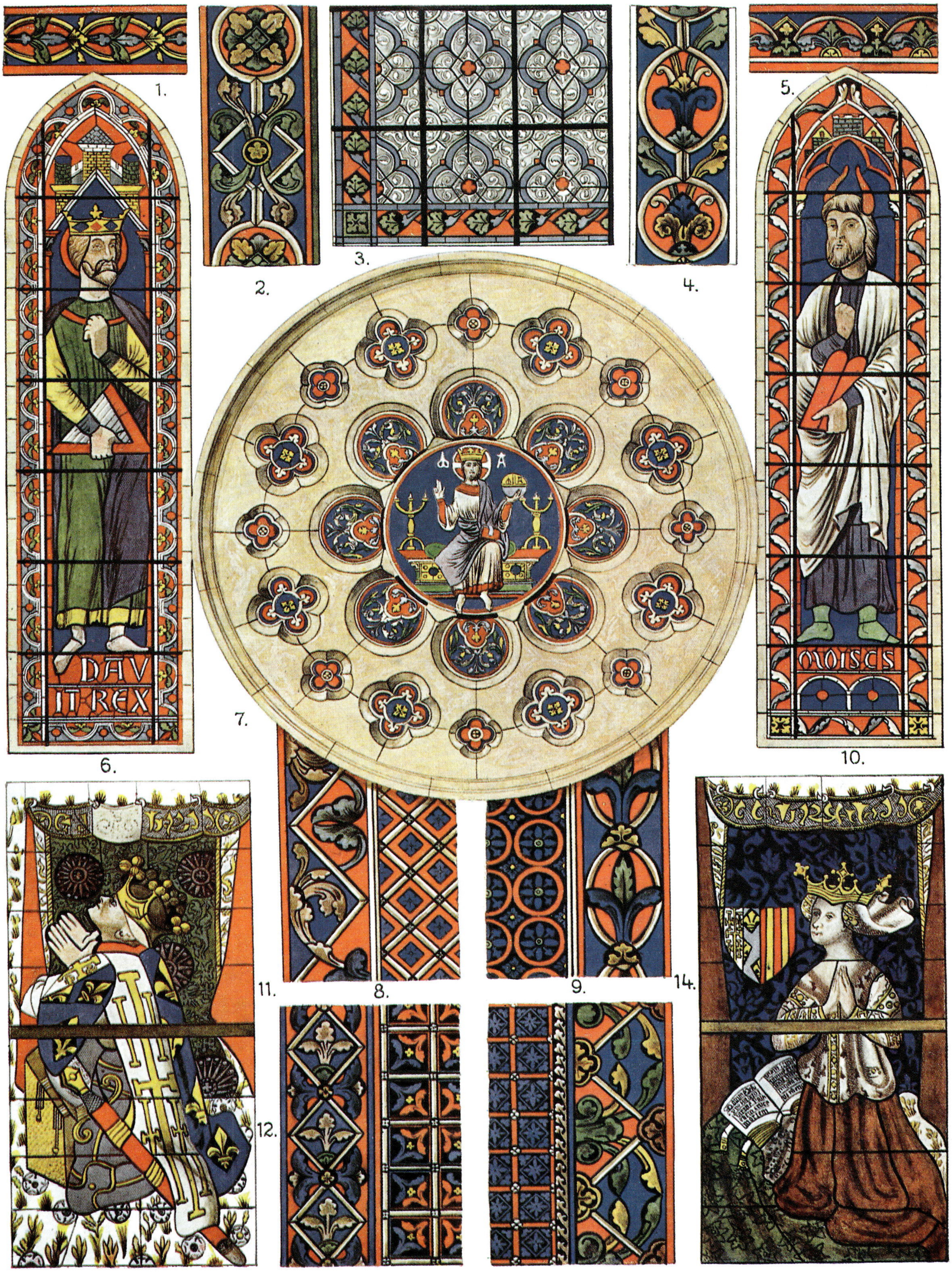
1.
2.
3.
4.
5.
6.
7.
8.
9.
10.
11.
12.
14.
DAV
IT·REX
MOISES

Bild 62

ENGLISCHE MINIATURMALEREIEN DES MITTELALTERS

1 und 5: Buchmalereien des 13. Jhs.; – 2, 3, 6 und 7: Miniaturen des 14. Jhs.; – 4: Malerei des 11. Jhs. (Westwood, *Facsimiles of miniatures*).

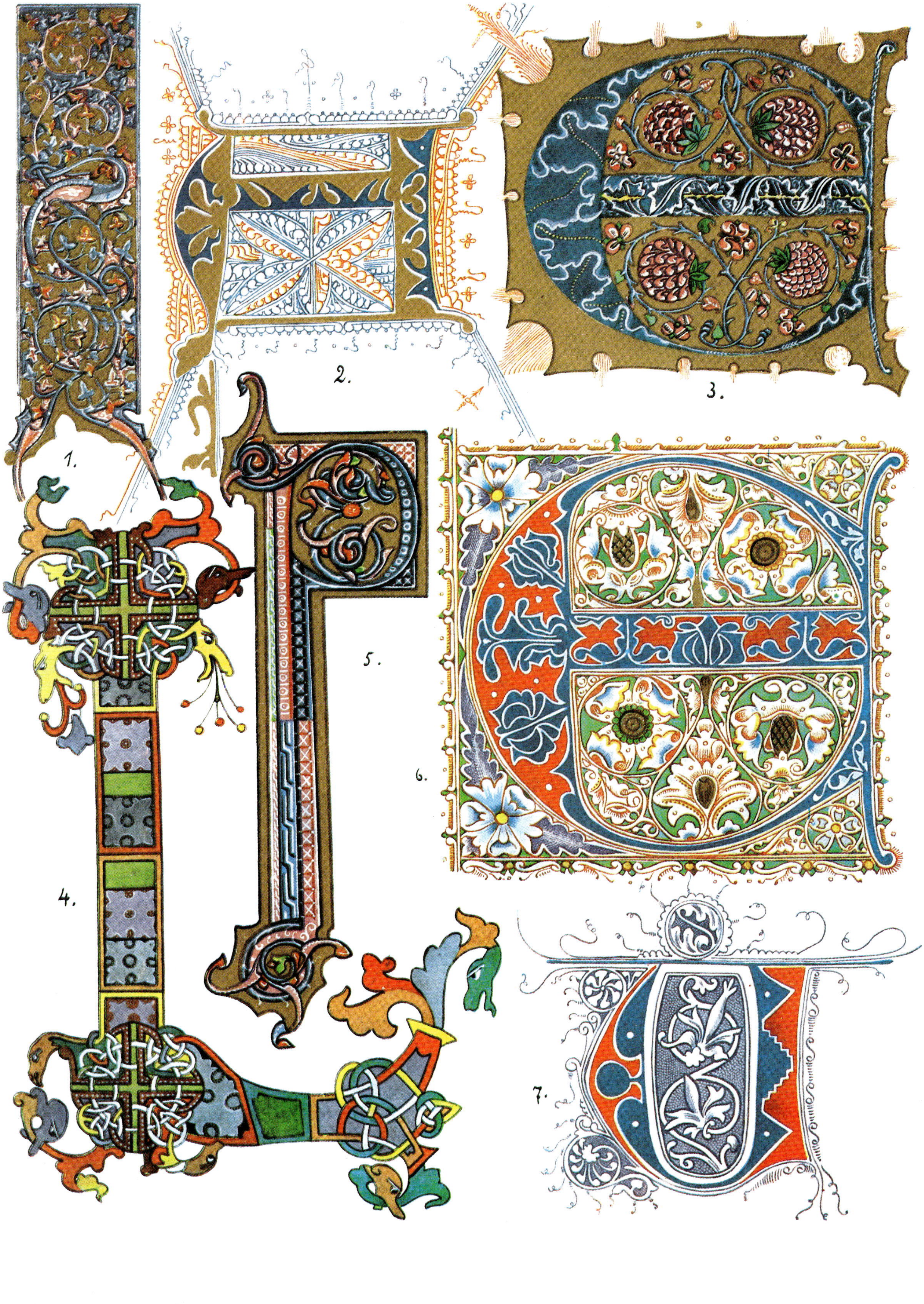
1.
2.
3.
4.
5.
6.
7.

Bild 63

Englische Glasmalereien des Mittelalters

1: Glasmalerei, Kirche von Stanford (Northamptonshire); – 2: Wappen im Kanzelfenster, Kathedrale von Bristol (Winston, *Glass-painting*); – 3: Detail eines Fensters, Kathedrale von Salisbury (Winston); – 4: Detail, Kathedrale von York (Christmann, *Kunstgeschichtliches Musterbuch*); – 5: Fensterdetail, Kirche von Llauhaidr, Denbighshire (Winston); – 6 und 8: Grisailleglas, Kathedrale von Salisbury (Winston); – 7: Fries, Kathedrale von Canterbury (Christmann); – 9, 10 und 12: Friese, Kathedrale von Salisbury (Winston); – 11: Stuckbemalung, Kathedrale von Canterbury (Lacroix et Serré, *Le Moyen Age et la renaissance*).

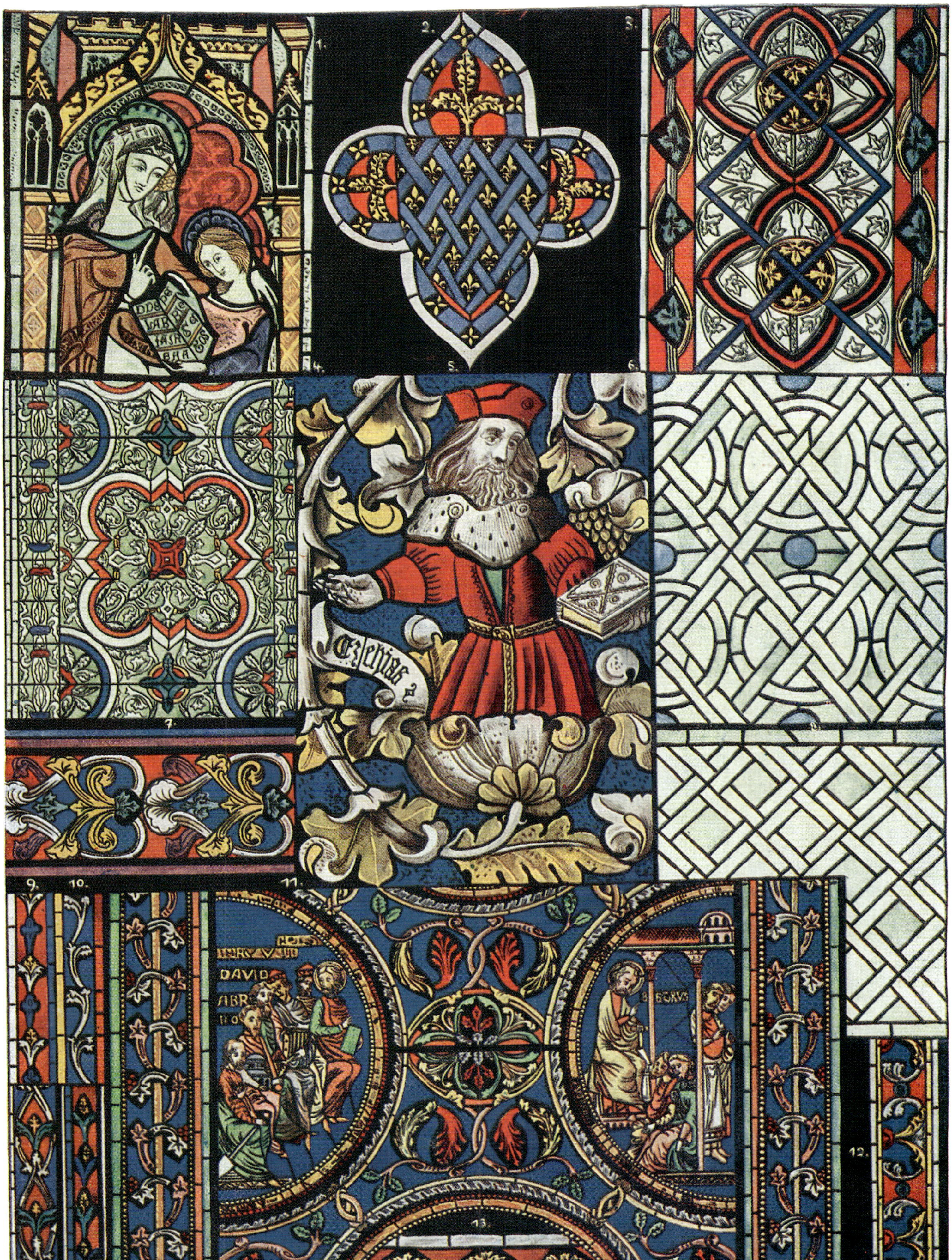

Bild 64

Englische plastische Kunst des Mittelalaters

1 – 5 und 8 – 16: Details von englischen Grabmälern; – 6: Grabdenkmal der Gräfin Aveline von Lancaster (†1269) in der Abtei der Kathedrale von Westminster; – 7: Grabdenkmal von John Fitz Alan, Graf von Arundel (†1434), Kirche von Arundel. (Stothard, *The monumental effigies of Great Britain*).

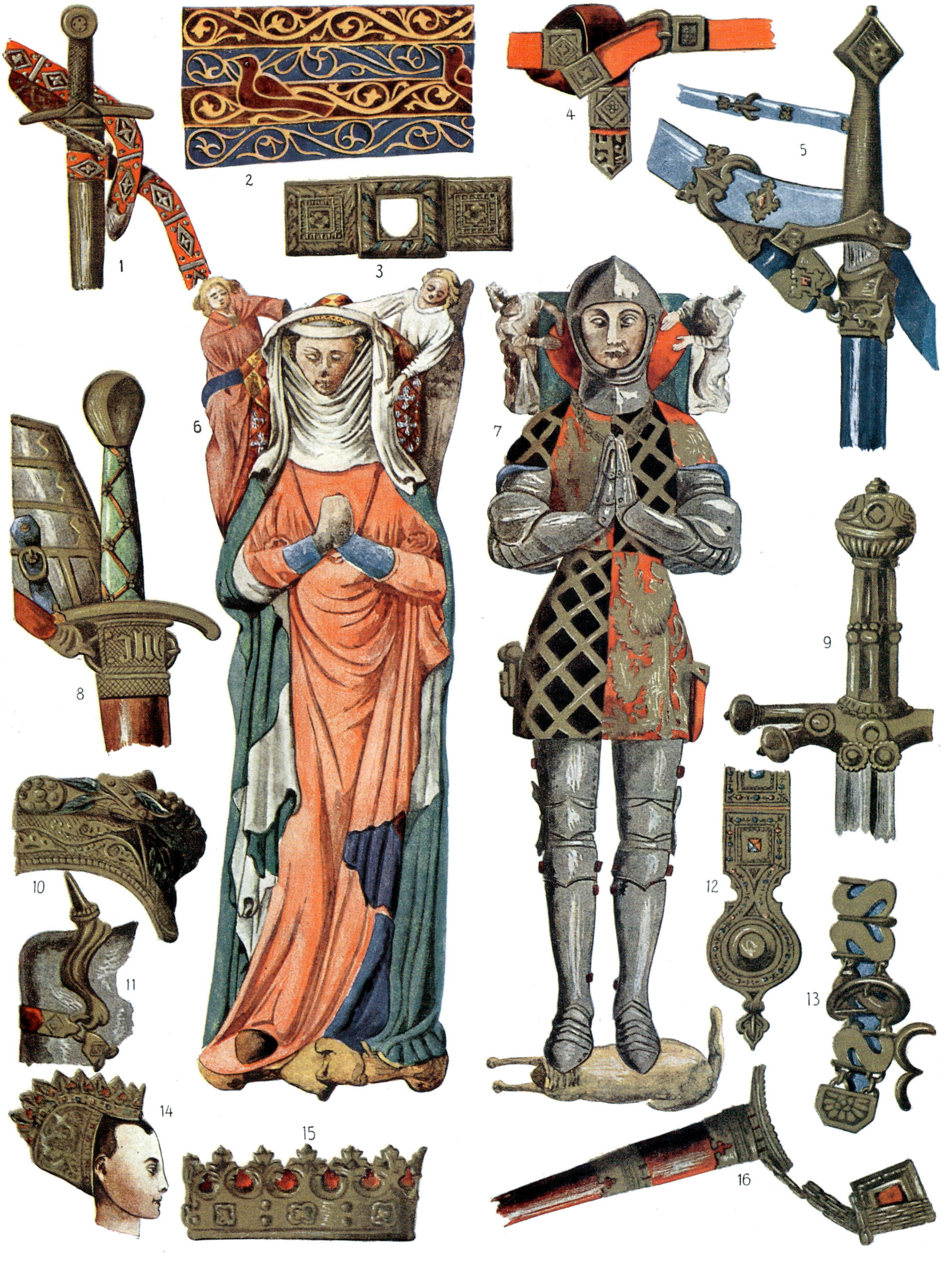
1
2
3
4
5
6
7
8
9
10
11
12
13
14
15
16

Bild 65

Italienische Wandmalereien des 13. Jahrhunderts

1: Gewölberippe im Chor der unteren Kirche von San Francisco d'Assisi; – 2: Ornamentband, Kirche von San Andrea in Vercelli; – 3: Ornamentband an Pfeiler, Kirche San Francisco d'Assisi; – 4 und 8: Fries und Zwickelmalerei von Giotto, Kirche San Francisco d'Assisi; – 5: Pfeiler mit Gewölberippen, gemalt von Giotto, obere Kirche von San Francisco d'Assisi; – 6: Deckenmalerei in derselben Kirche; – 7: Gemalte Bogenlaibung in derselben Kirche. (Gruner, *Specimens of ornamental art*).

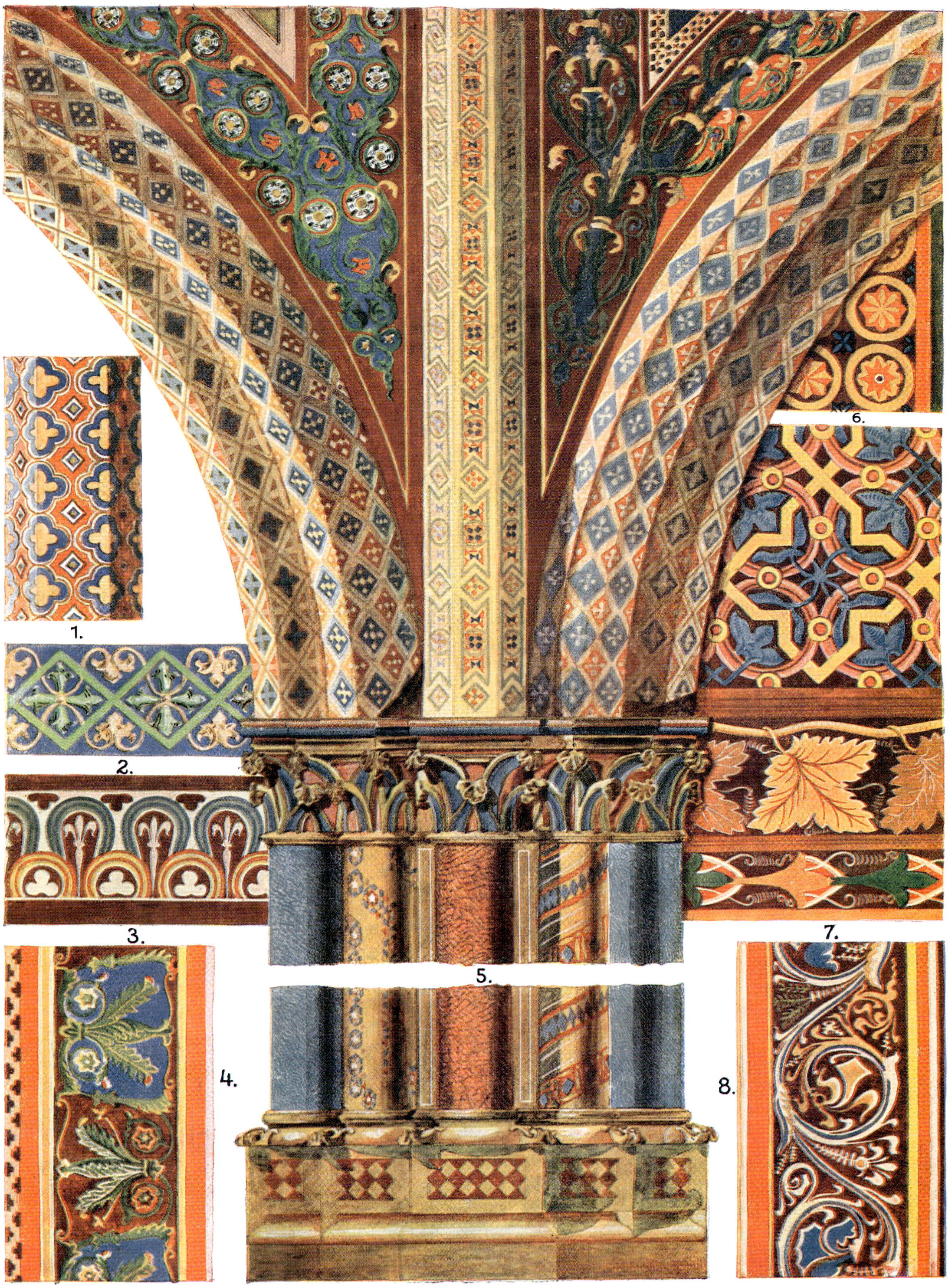
1.
2.
3.
4.
5.
6.
7.
8.

Bild 66

ITALIENISCHE WANDMALEREIEN DES 14. JAHRHUNDERTS

1 – 12: Wandmalereien in der Kirche von Santa Anastasia in Verona (Gruner, *Specimens of ornamental art*).

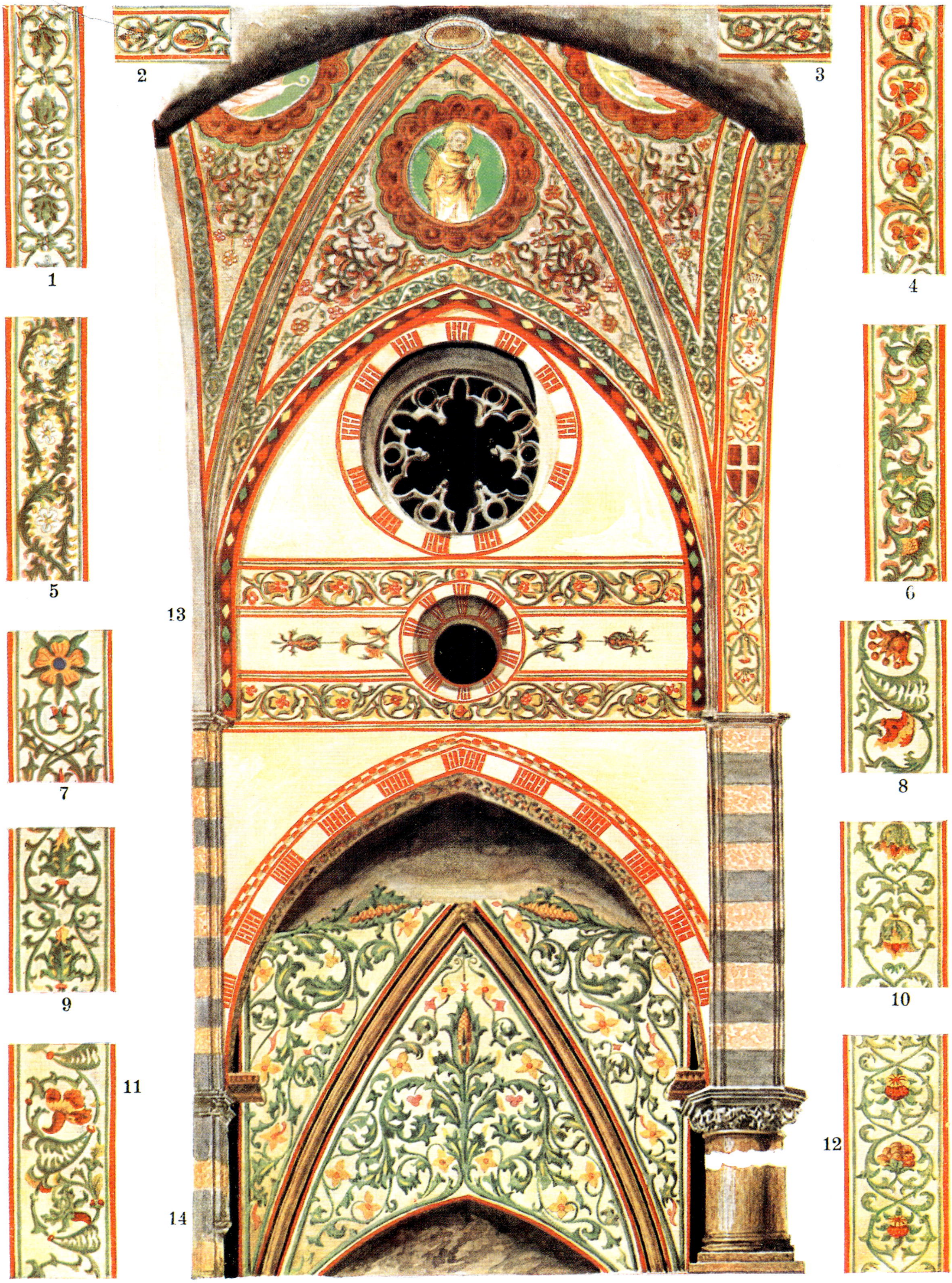
1
2
3
4
5
6
7
8
9
10
11
12
13
14

Bild 67

Italienisch-gotische Mosaikböden aus Marmor

1 – 3: Teile des Fußbodens, Kirche Santa Maria, Trastevere, 12. Jh. (Gruner, *Specimens of ornamental art*); – 4 und 7: Teile des Bodens, Kirche Orf San Michele, Florenz, 13. Jh. (Hessemer, *Arabische und altbyzantinische Bauverzierungen*); – 5, 6 und 8: Details, Kirche Santa Maria, Cosmedia, Rom (Hessemer). Diese Fußböden aus rotem Porphyr und grünem Serpentin, Granit, Marmor usw. waren im 12. und 13. Jh. in den meisten Kirchen von Rom (Hessemer); – 9: Detail, Taufkapelle in Pisa aus dem 12. Jh., mit anscheinend sarazenischen Anklängen (Hessemer); – 10: Detail, Dom von Orvieto, 14. Jh. (Hessemer).

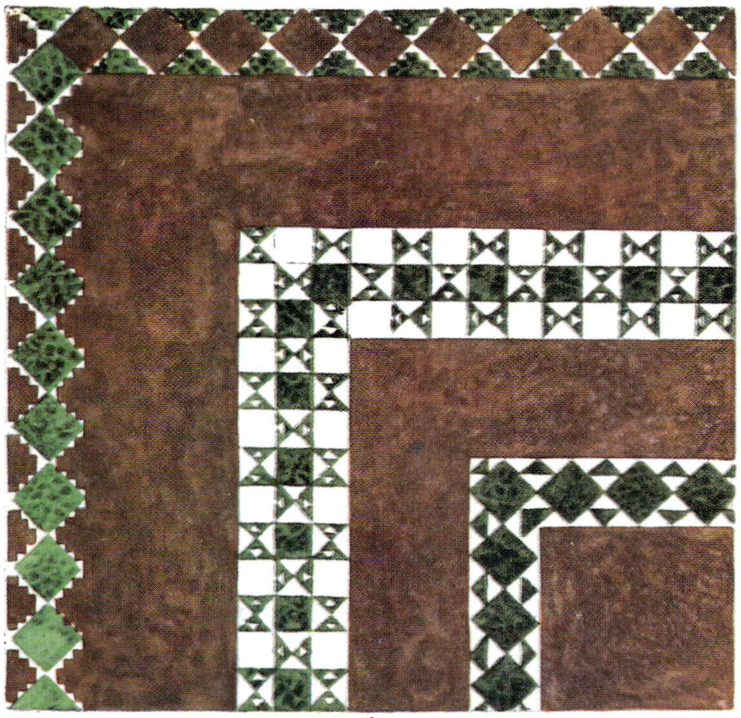

1.

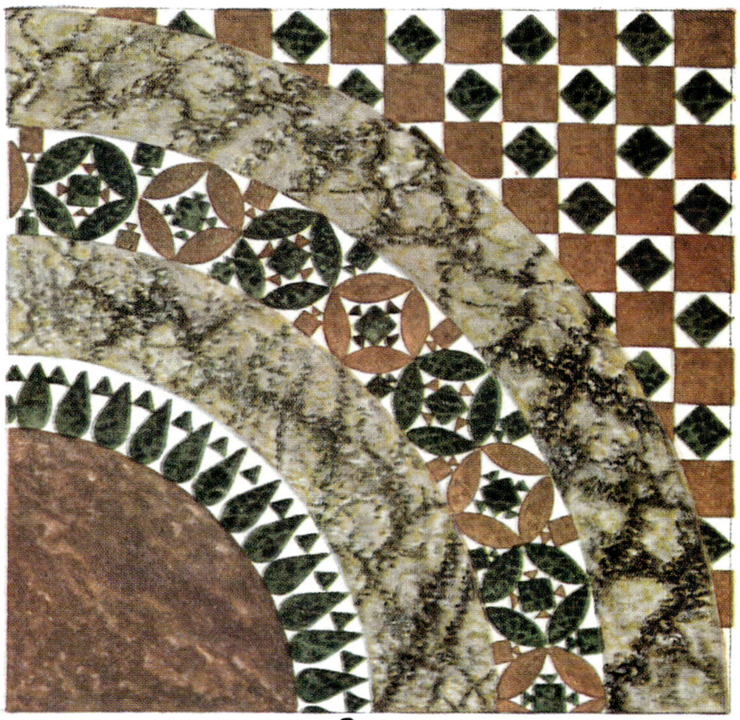

2.

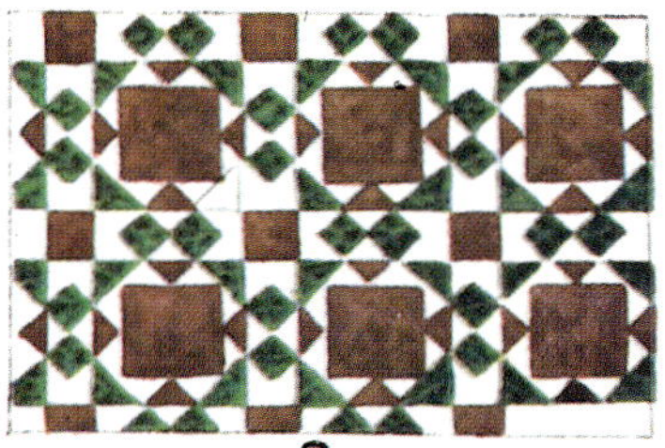

3.

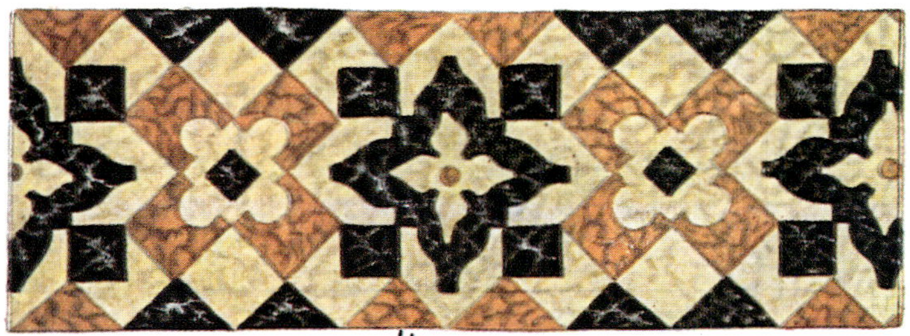

4.

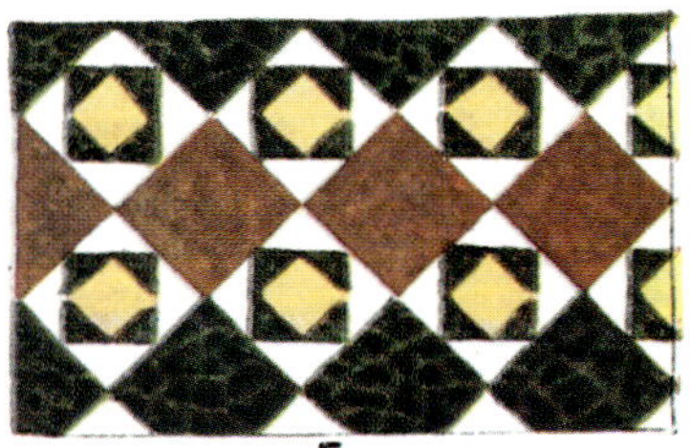

5.

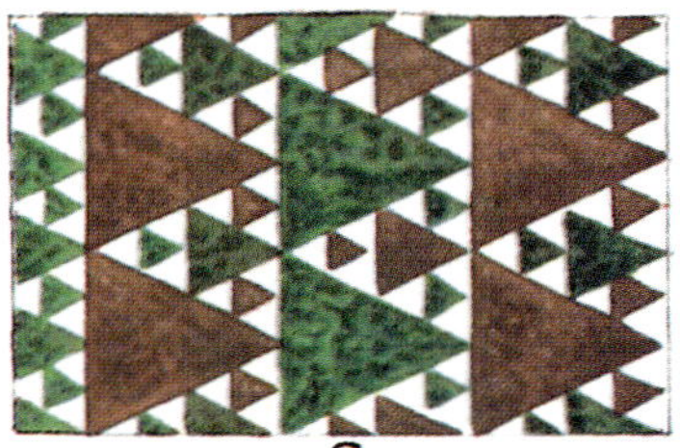

6.

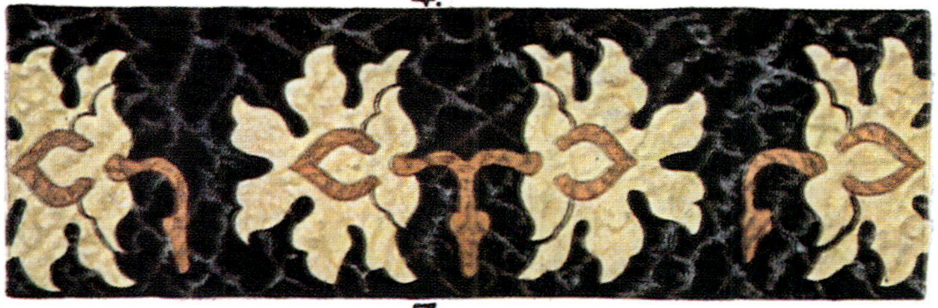

7.

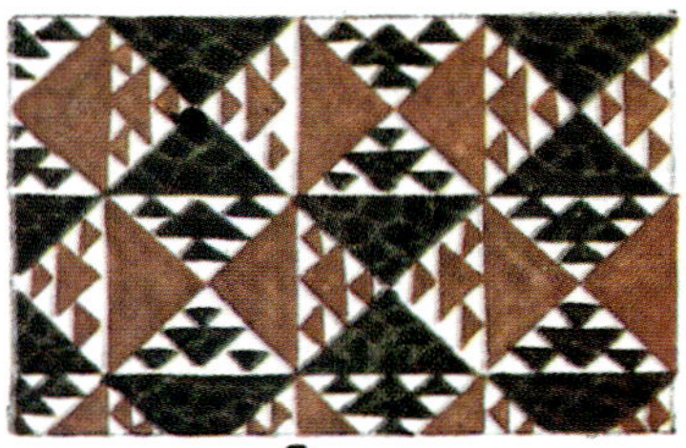

8.

9.

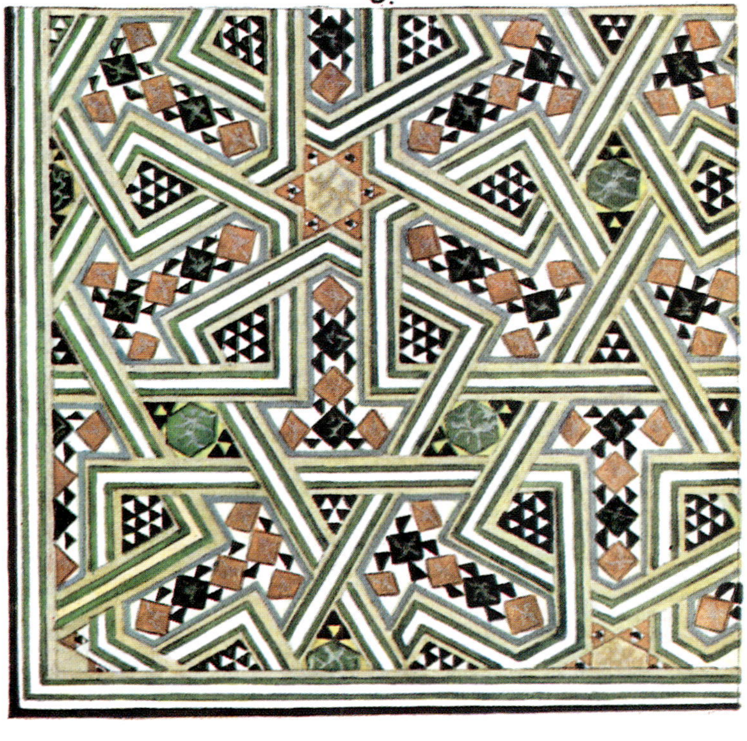

10.

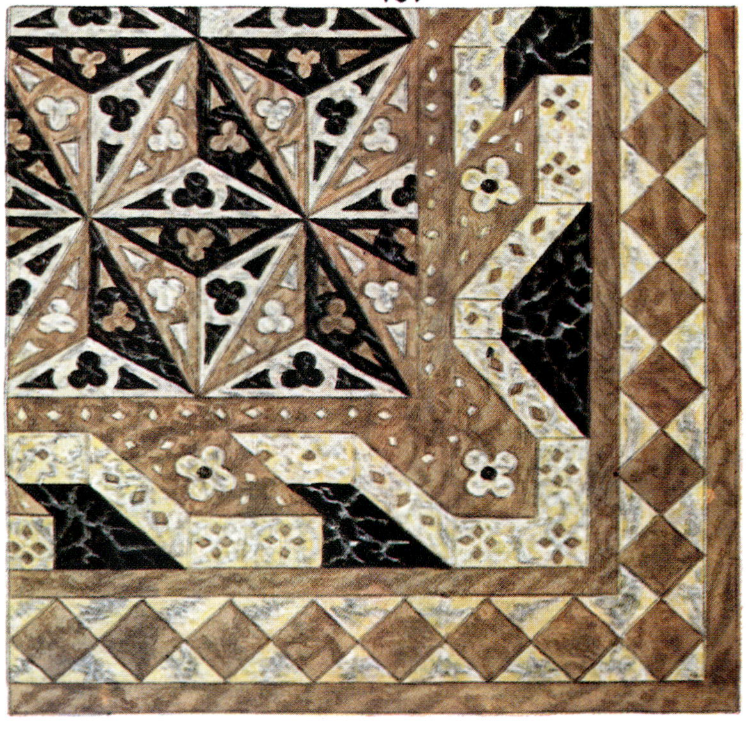

Bild 68

Italienisch-gotische Miniaturmalereien

1 und 10: Lateinische Initialen des 13. Jhs.; – 2 – 4, 6, 7, 12, 13 und 15 – 17: Initialen des 15. Jhs. (*Paleographia artistica di Monte Cassino*); – 5, 8, 11, 14 und 18: Initialen des 13. Jhs. (Monte Cassino); – 9: Initiale mit Porträt von Petrarca aus dem 14. Jh. (Lacroix et Serré, *Le Moyen Age et la renaissance*).

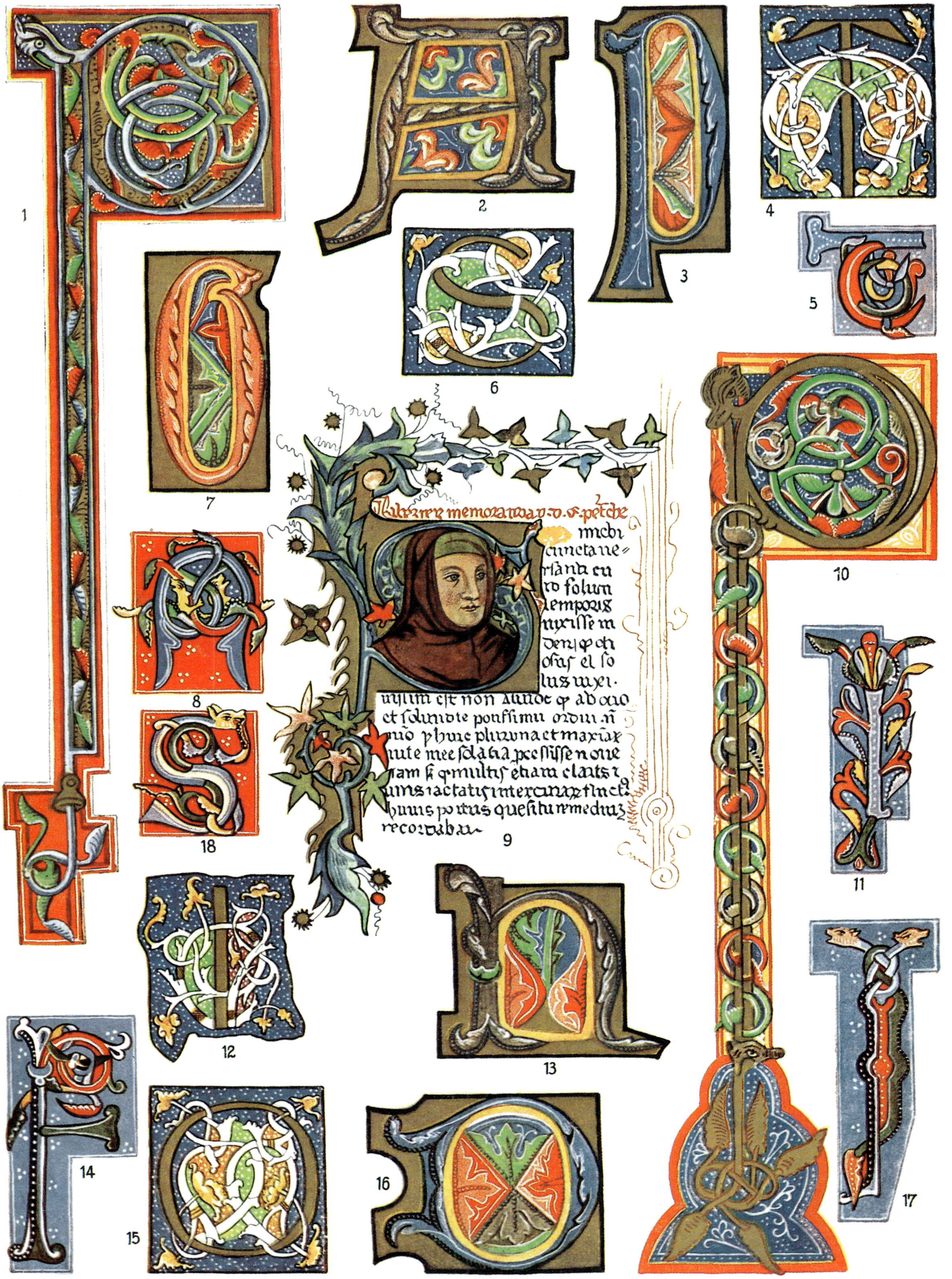
1
2
3
4
5
6
7
8
9
10
11
12
13
14
15
16
17
18

Bild 69

Italienische Seidengewebe des 14. Jahrhunderts

1: Seidenstoff mit orientalischen Elementen, Marienkirche in Danzig; – 2 und 6: Seidenbrokat von Kultgewändern, Provinzialmuseum Danzig; – 3: Seidenbrokat, Österreichisches Museum; – 4: Seidenstoff mit sarazenischen Ornamenten; – 5: Seidenbrokat, Marienkirche, Danzig. (Lessing, *Gewebe des Kgl. Kunstgewerbemuseums Berlin*).

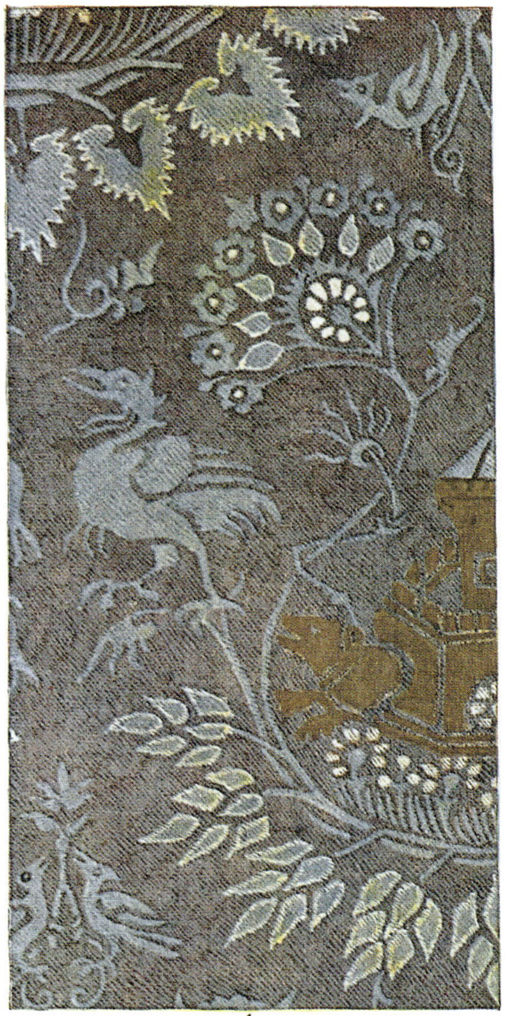
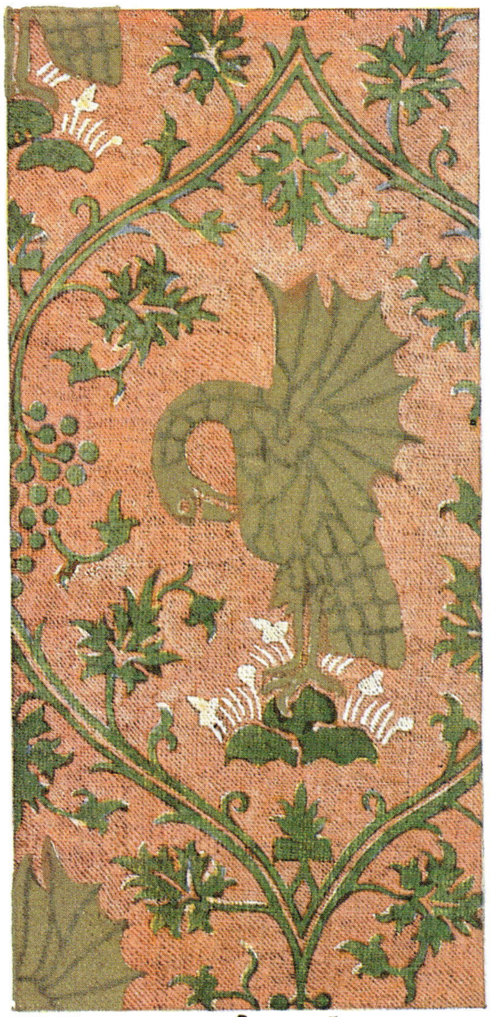
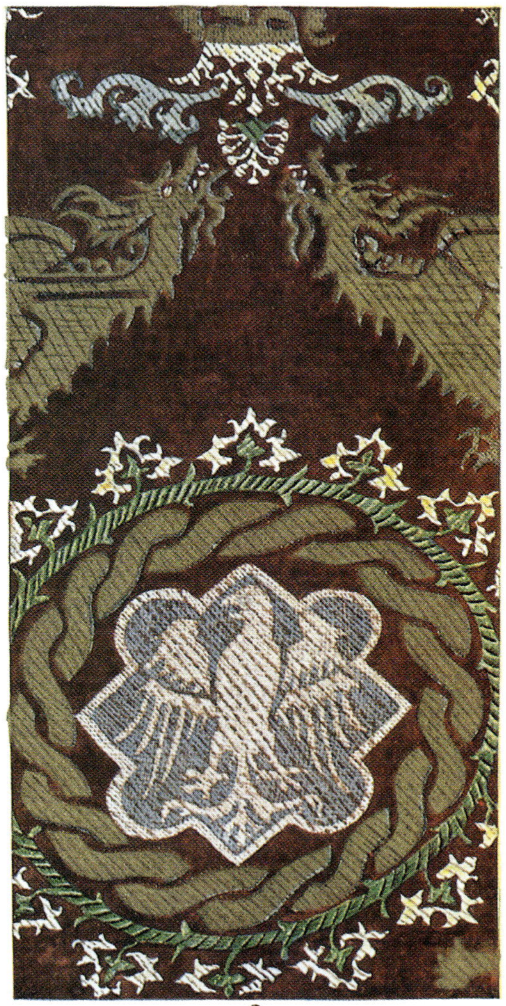

1 4 2 5 3 6

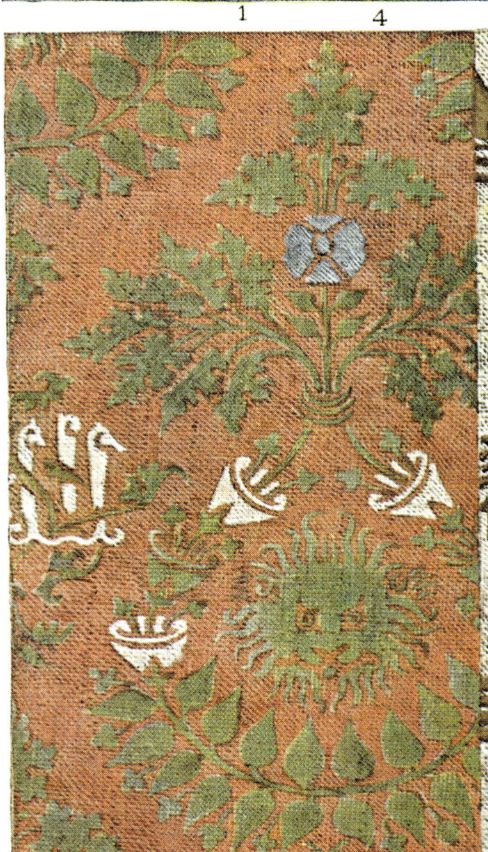
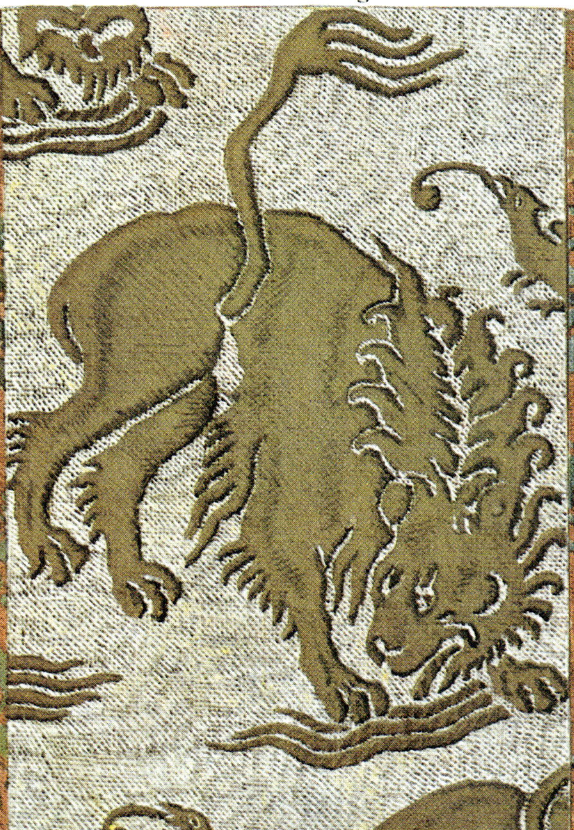
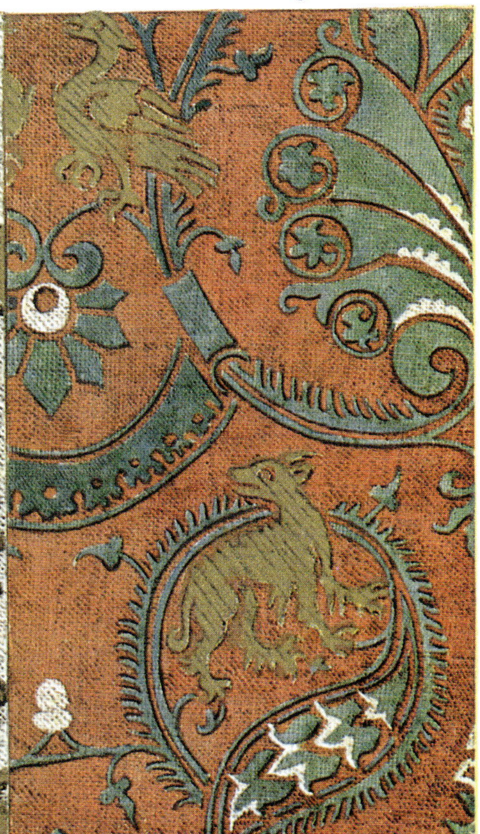

Bild 70

Gotische Decken- und Wandmalereien in Deutschland

1 – 4 und 11: Malereien aus der Zisterzienser-Abtei in Maulbronn (Württemberg), 14. Jh.; – 5: Deckenmalerei aus der St. Wolfgangskirche bei Grades (Österreich), Anfang 16. Jh.; – 6: Deckenmalerei des Oberchors, Kirche in Ottmarsheim (Oberelsaß), 14. Jh.; 7 und 8: Malerei der Laibungen, St. Pankratiuskapelle in der Burg Tirol bei Meran, 14. Jh.; – 9: Detail, Jakobskirche bei Tramin (Tirol), 14. Jh.; – 11: Detail, Klosterkirche von Wienhausen bei Celle, Anfang 14. Jh.; – 12: Detail, Kirche in Büchen (Lauenburg); – 13: Bemalte Holzdecke, St. Valentiuskirche in Chechlau (ehemals Oberschlesien), 1517. (Borrmann, *Aufnahmen mittelalterlicher Wand- und Deckenmalereien in Deutschland*).

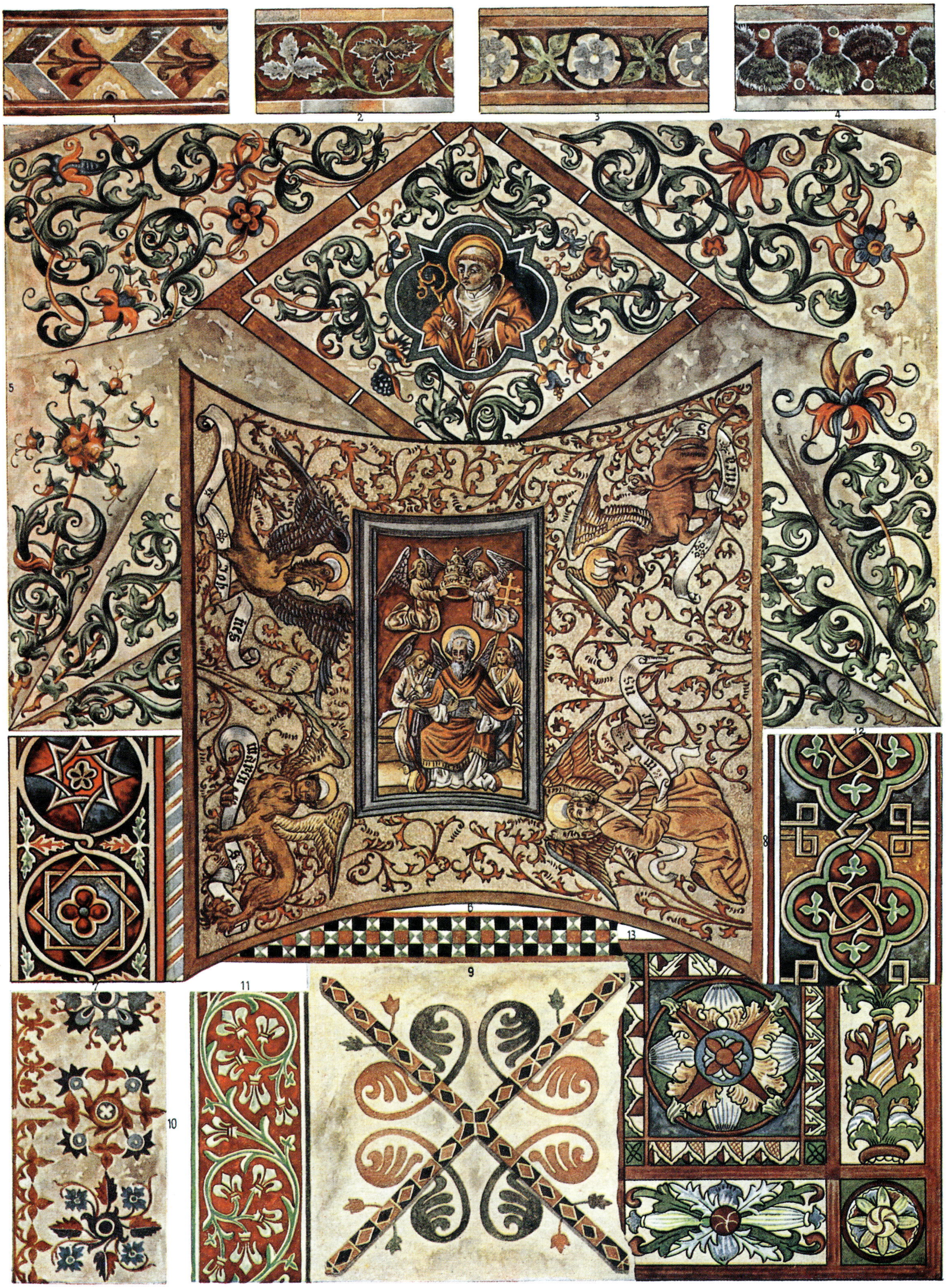
1
2
3
4
5
6
7
8
9
10
11
12
13

Bild 71

Gotische Miniaturmalereien in Deutschland

1, 2, 6 und 18: Initialen aus einer Bibel des 14 Jhs., Kgl. Bibliothek Stuttgart (Petzendorfer, *Schriftenatlas*); – 3, 5, 7, 9, 10, 12 – 14, 17, 19 und 20: Initialen aus Manuskripten des 15. Jhs. (Petzendorfer); – 4 und 15: Initialen aus österreichischen Manuskripten des 15. Jhs. (Hrackovina, *Initialen, Alphabete usw.*); – 8, 11 und 16: Aus Missalen des 13. Jhs. (Petzendorfer).

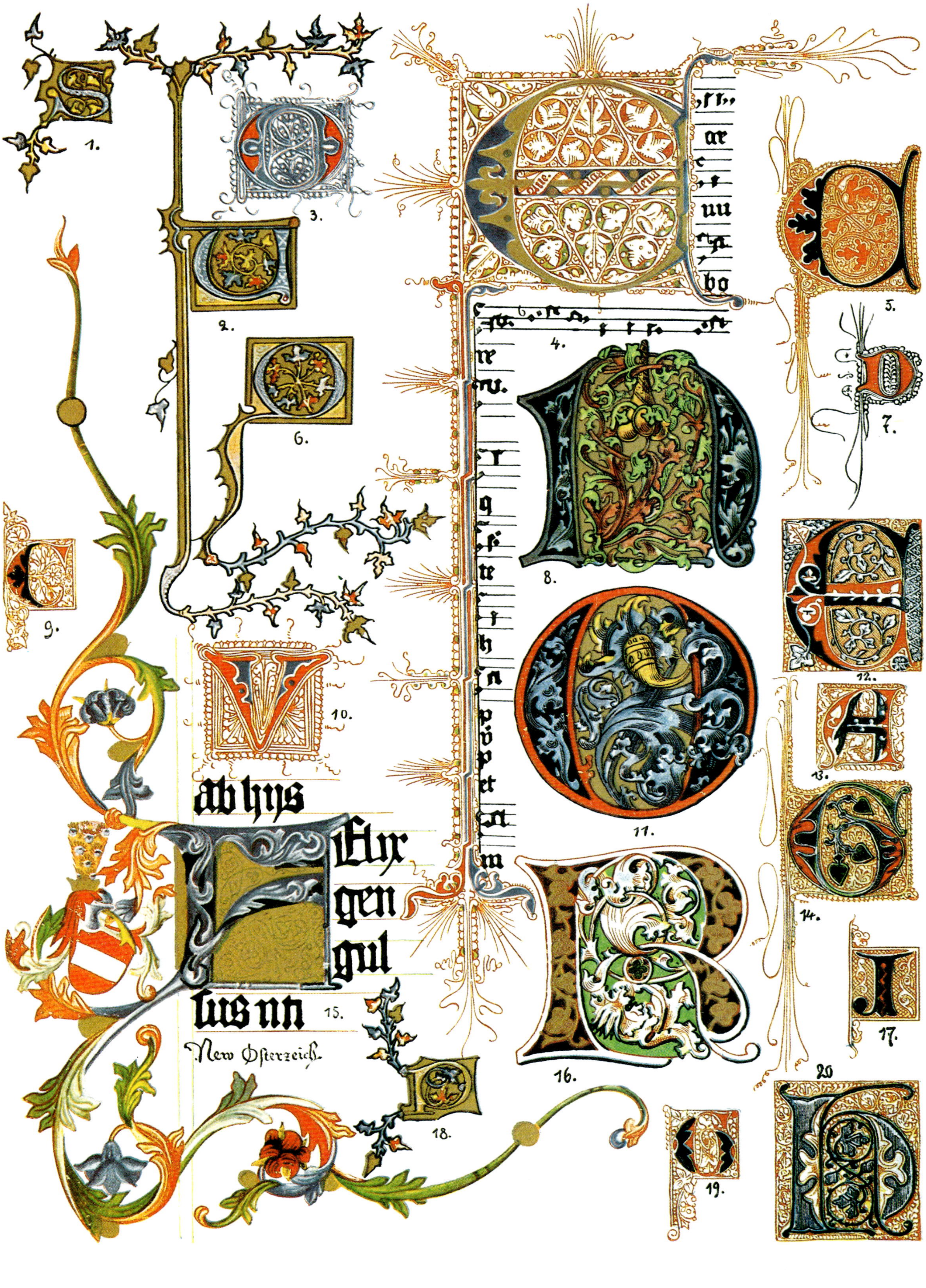

New Osterzeich

Bild 72

GOTISCHE GLASMALEREIEN IN DEUTSCHLAND

1 – 3: Ornamenteinfassung aus dem Chor der ehemaligen Klosterkirche Königsfelden (Schweiz), Mitte 14. Jh.; – 4: Ornamentband, St. Katharinenkirche Oppenheim, 14. Jh.; – 5: Detail, Fenster des Ulmer Münsters, 1480; – 6 – 8, 13 und 14: Bordüren, Bayrisches Nationalmuseum München; – 9 und 12: Maßwerk (Fensterrosen), 14. Jh.; – 10: Bordüren, Städtisches Museum Köln, 14. Jh.; – 11: Fenster aus der Löwenburgkapelle, Wilhelmshöhe bei Kassel, 14. Jh.

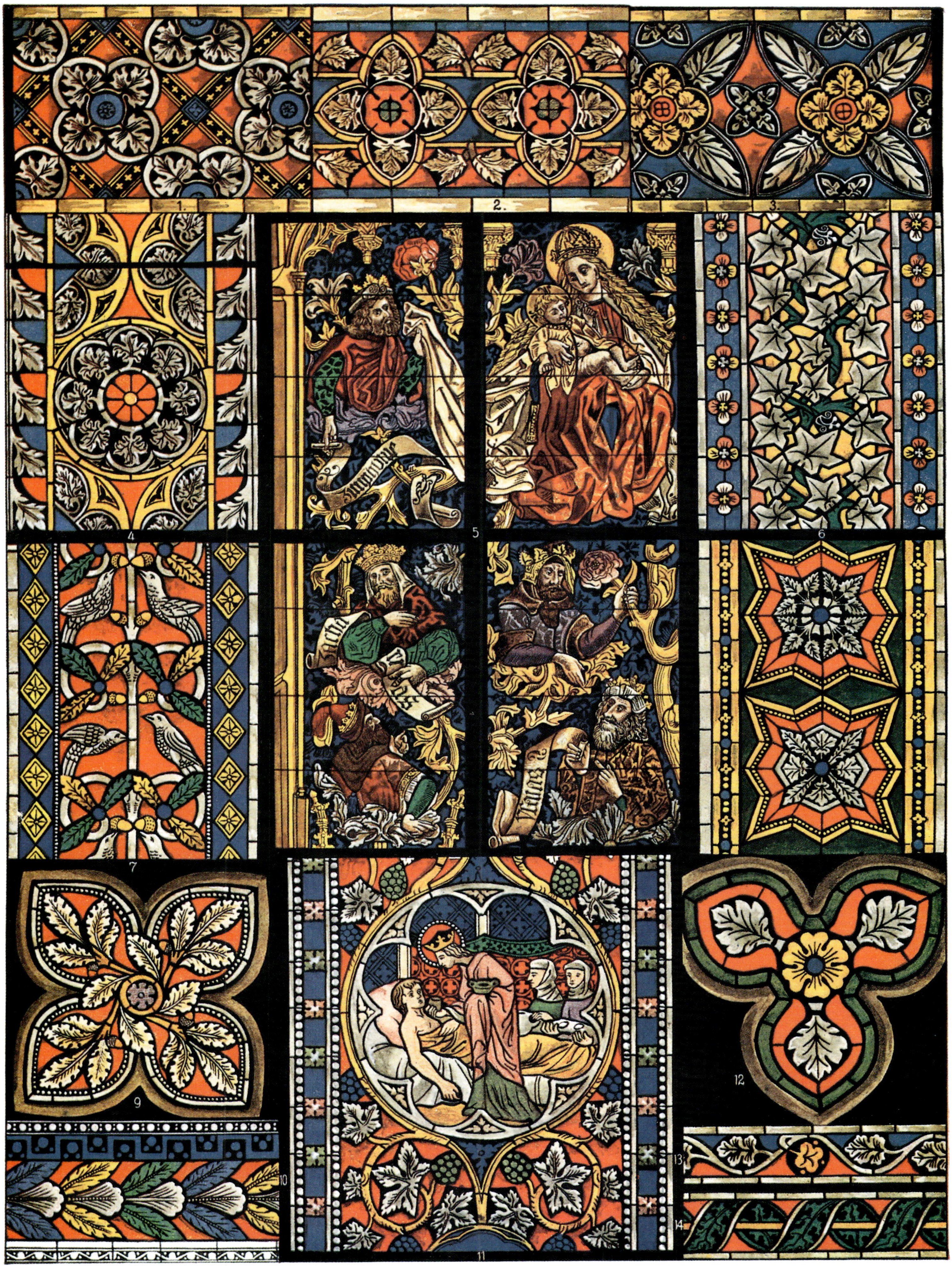
1.
2.
3.
4
5
6
7
9
10
11
12
13
14

Bild 73

Italienische Wandmalereien der Renaissance

1: Vestibül im Palazzo Imperiale, Piazza Competto, Genua (Reinhardt, *Genua*); – 2: Fries, Palazzo Vitelli alla Connoniera, Citta di Castello, 16. Jh. (Ewald, *Farbige Dekorationen*); – 3: Wandmalerei im Bad des Kardinals Bibiena im Vatikan, gemalt von Raffael d'Urbino (Gruber, *Specimens of ornamental art*); – 4: Wandmalerei, Palazzo del Toscana in Mantua, gemalt von G. Romano ca. 1530 (Gruber); – 5: Wanddekoration, Stonza d'Orfeo, in demselben Palast, ebenfalls von Romano.

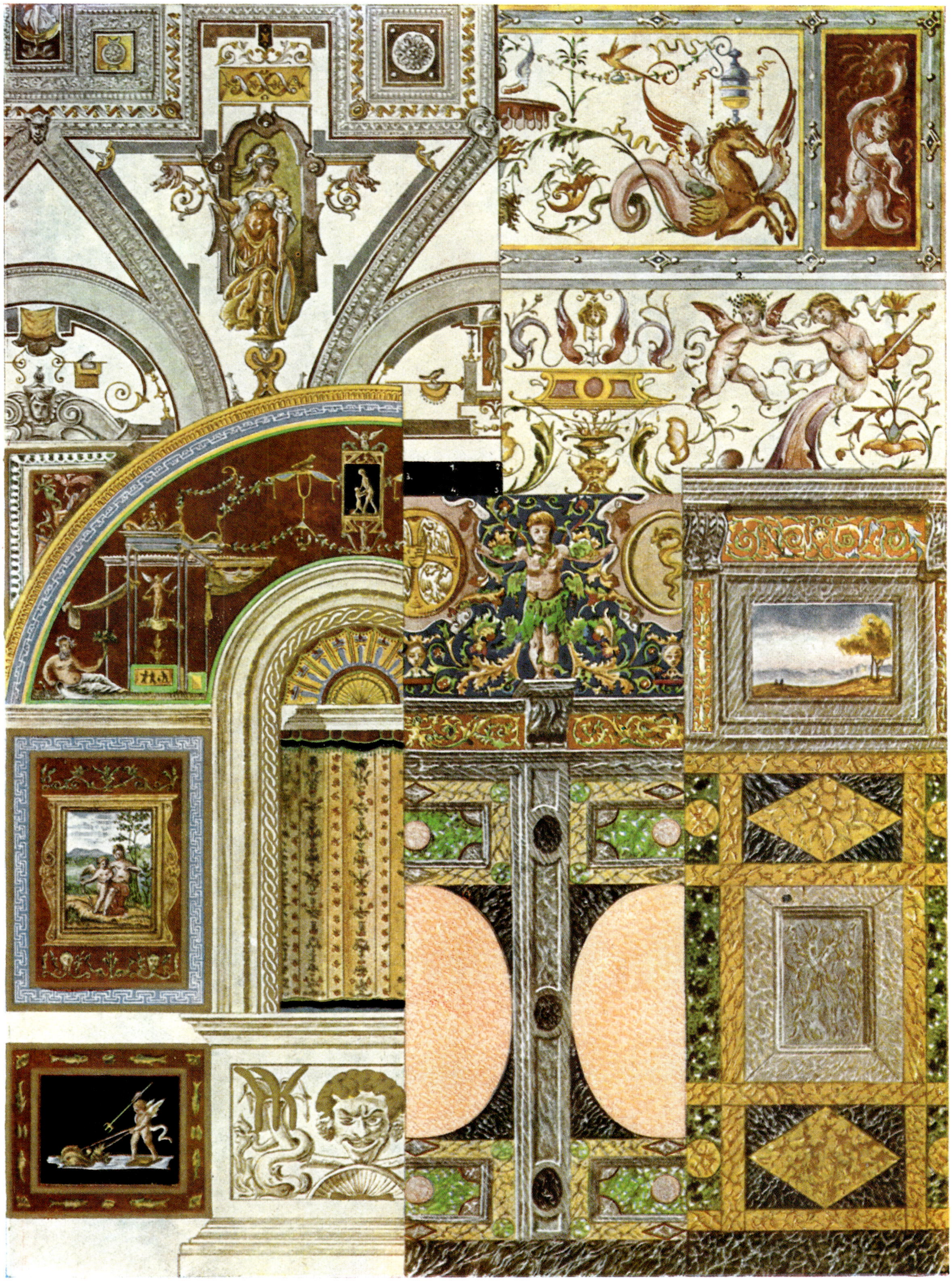

Bild 74

Italienische Gewölbedekorationen der Renaissance

1: Dekoration in der Galerie der Uffizien, Florenz, 16 Jh. (Ewald, *Farbige Dekorationen*); – 2: Gewölbedekoration in den Loggien Raffaels im Vatikan, 1616 (Letarouilly, *Le Vatican et la sainte basilique de Rome*); – 3: Malerei in der Loggia des Palazzo Andrea Doria, Genua (Reinhardt, *Genua*); – 4 und 5: Gewölbedekorationen im zweiten Stock von Raffaels Loggien im Vatikan, 1516 (Letarouilly).

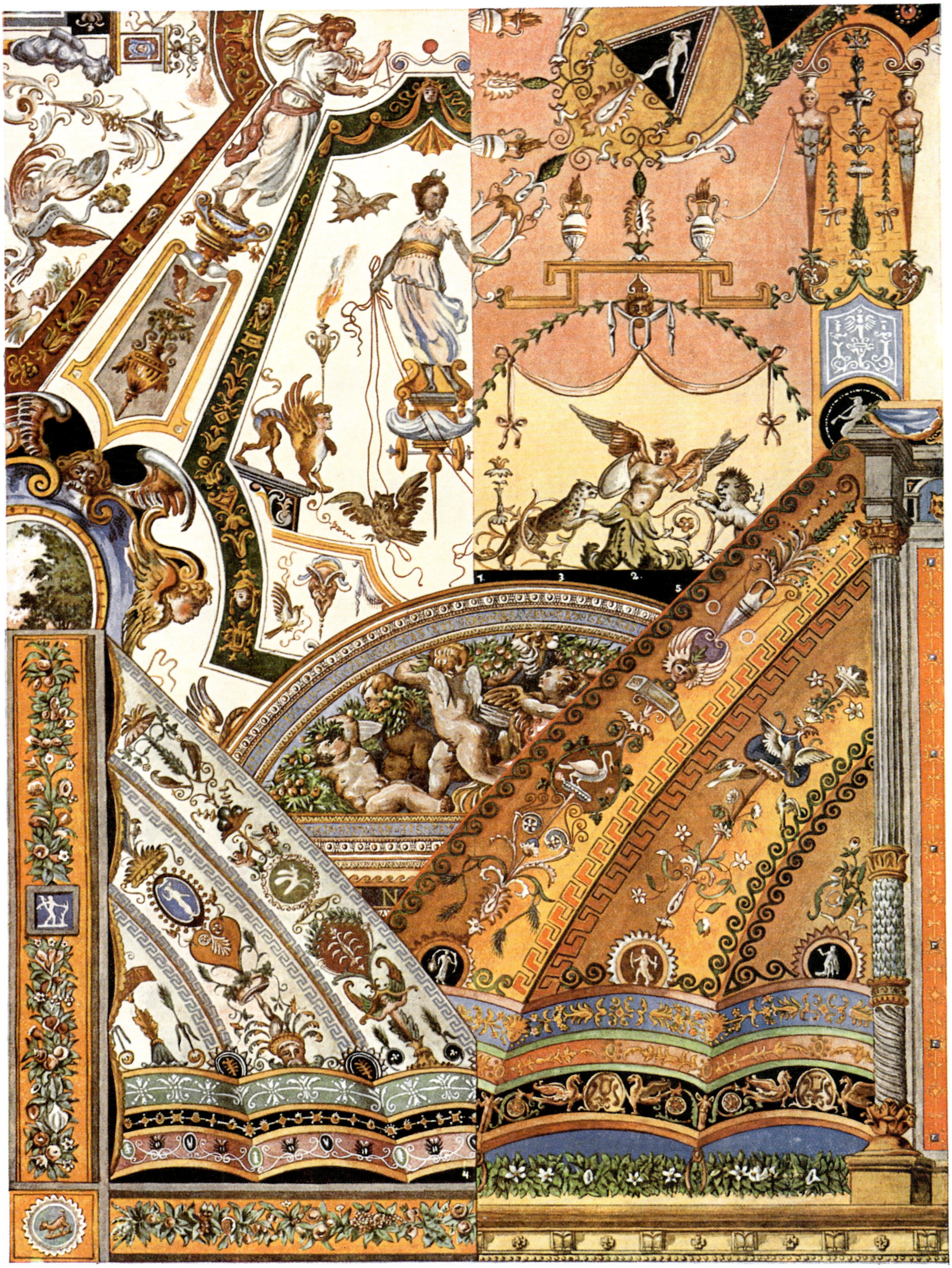

Bild 75

Italienische Majolikaplatten der Renaissance

1 – 3: Majolikafliesen aus Siena und Amalfi, 15. Jh. (Meurer, *Italienische Majolikafliesen*); – 4: Sammlung von Bodenplatten in Nilo San Matteo und Via Luccoli (Herdtle, *Eine Sammlung italienischer Majolikafliesen*).

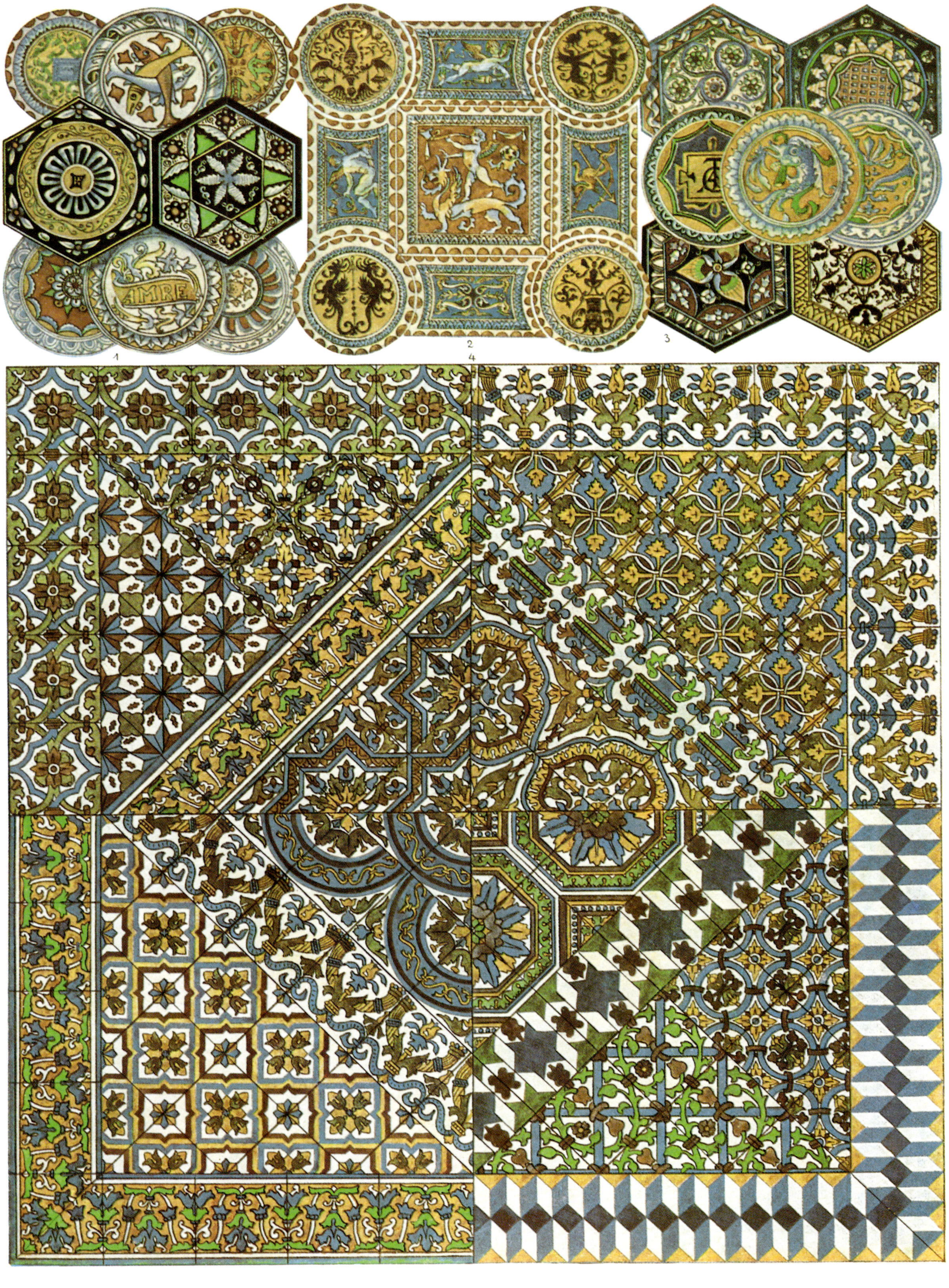

AMRE
1
2
4
3

Bild 76

Italienische Majoliken der Renaissance

1 und 3: Essiggefäße (Delange und Bornemann, *Recueil des fayences italiennes*); – 2: Vase aus Urbino, Mitte 16. Jh. – eine der Kartuschen stellt Apollo dar, wie er Daphne verfolgt; – Diana schaut vom Himmel herab (Spitzer-Sammlung); – 4: Kleine Vase aus Urbino, 1540 (Spitzer-Sammlung); – 6: Salzgefäß aus der Werkstatt Patanazzi, Urbino, 1560 (Spitzer-Sammlung); – 7: Vase aus derselben Werkstatt, 1580 (Spitzer-Sammlung); – 8: Salzgefäß aus Urbino, 1550 (Spitzer-Sammlung).

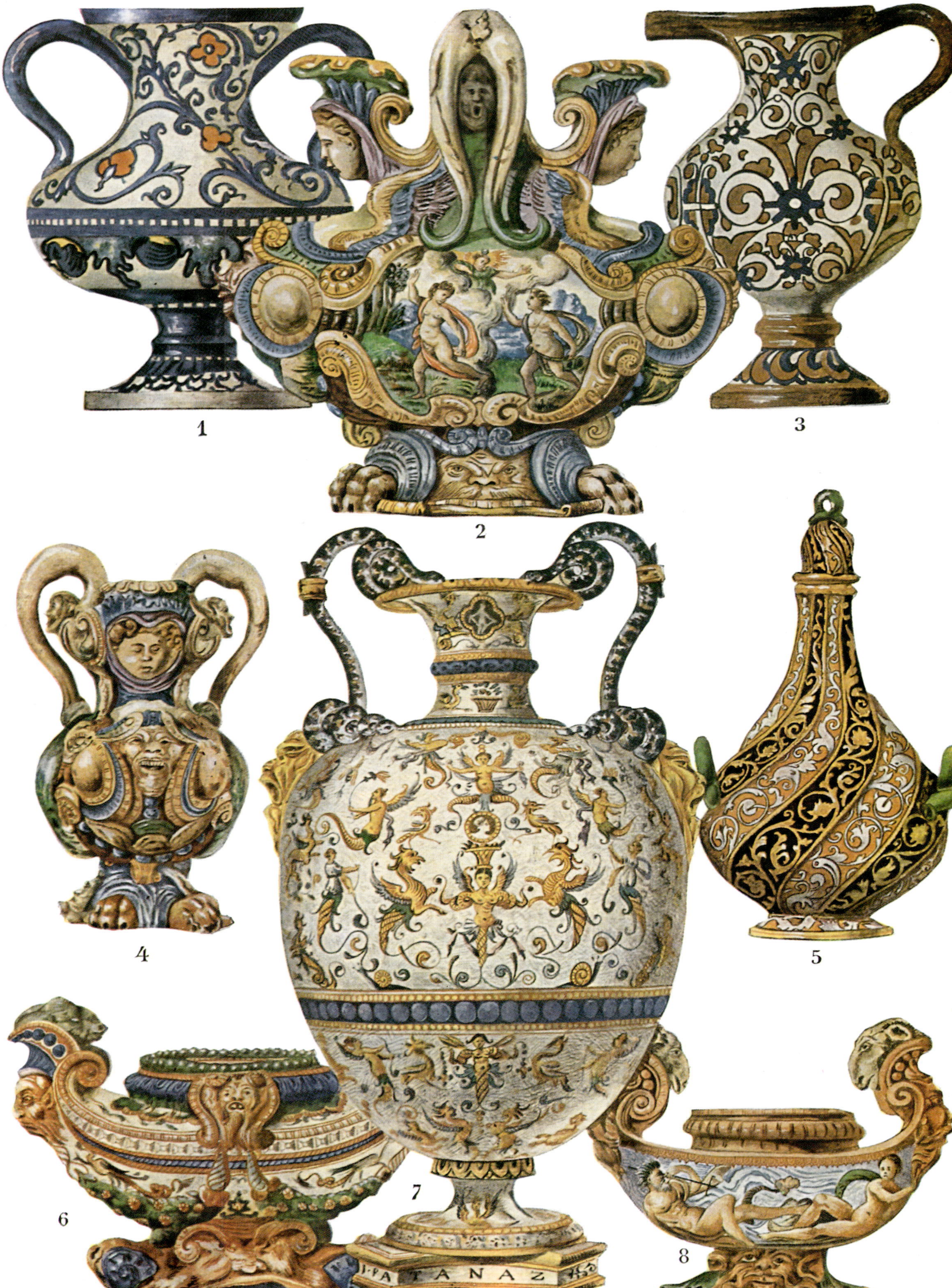
1
2
3
4
5
6
7
8
I·PA TANAZ

Bild 77

Italienische Glasgefässe der Renaissance

1: Krug des 16. Jhs. (Nesbitt, *A descriptive catalogue of the glass vessels in the South Kensington Museum*); – 2 und 5: Glasschalen, 15. Jh. (Spitzer-Sammlung); – 3, 4 und 6: Glasflaschen, 15. Jh. (Spitzer-Sammlung); – 9 und 10: Emaillierte Trinkgläser, Kunstgewerbemuseum Berlin (Lehnert, *Illustrierte Geschichte des Kunstgewerbes*).

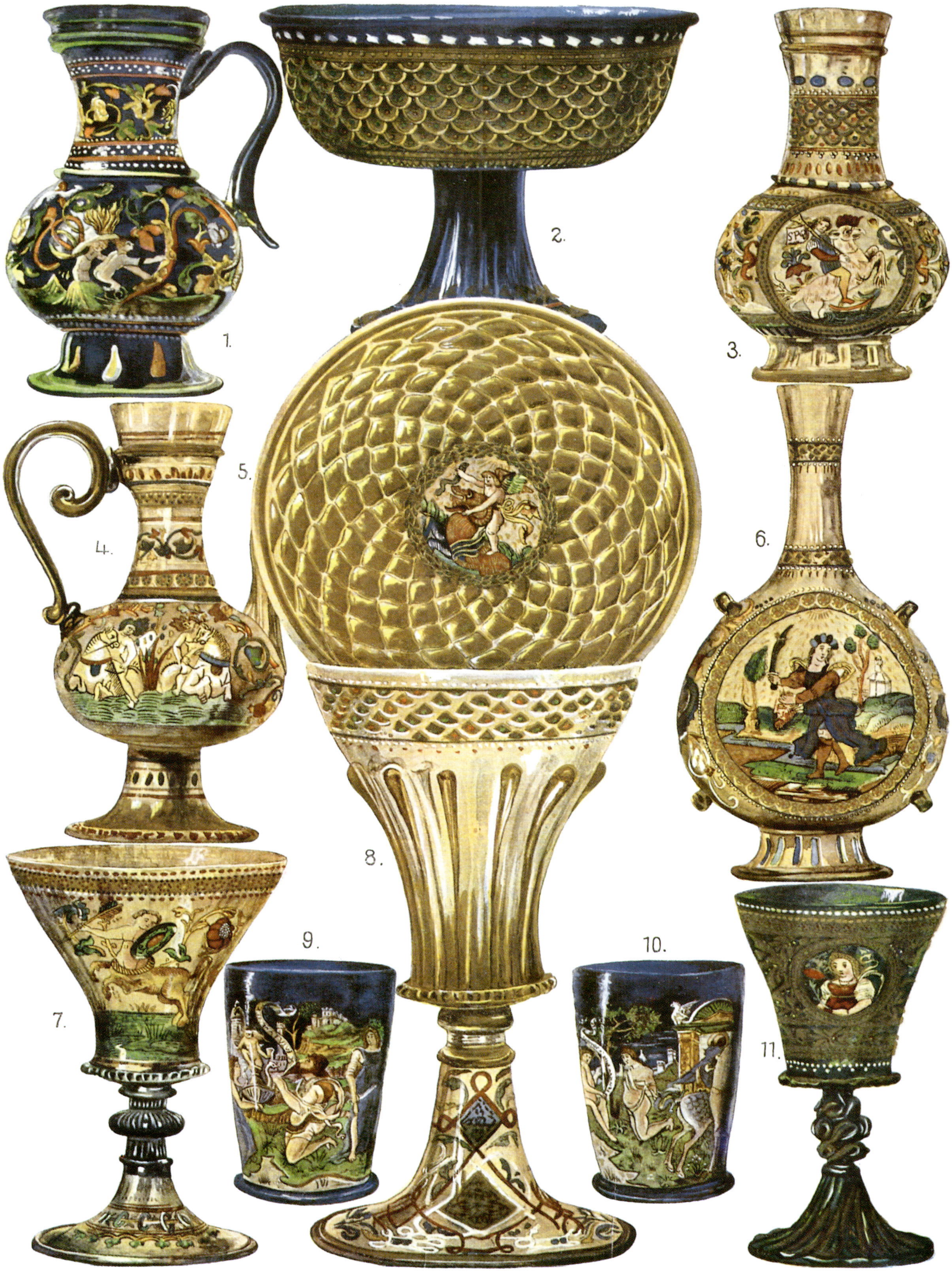
1.
2.
3.
4.
5.
6.
7.
8.
9.
10.
11.

Bild 78

Italienische Schmuckgegenstände der Renaissance

Italienische Schmuckgegenstände der Renaissance

1: Schlüssel; – 2, 16 und 19: Kettenanhänger; – 3: Anhänger aus Glas; – 4: Anhänger mit Kamee, die Leda und den Schwan darstellt; – 5: Kreuzanhänger aus Kristall und Jaspis; – 6: Graviertes Chalzedon-Medaillon; – 7: Kleine Schale aus Kupferschmelz mit dem Bildnis der Heiligen Drei Könige; – 8: Kamee; – 9, 12, 13 und 18: Uhrenkapseln; – 10: Anhänger mit Marienverkündigung; – 11: Anhänger; – 14, 15 und 20: Medaillons; – 17: Anhänger mit bemaltem Wachsporträt (Spitzer-Sammlung).

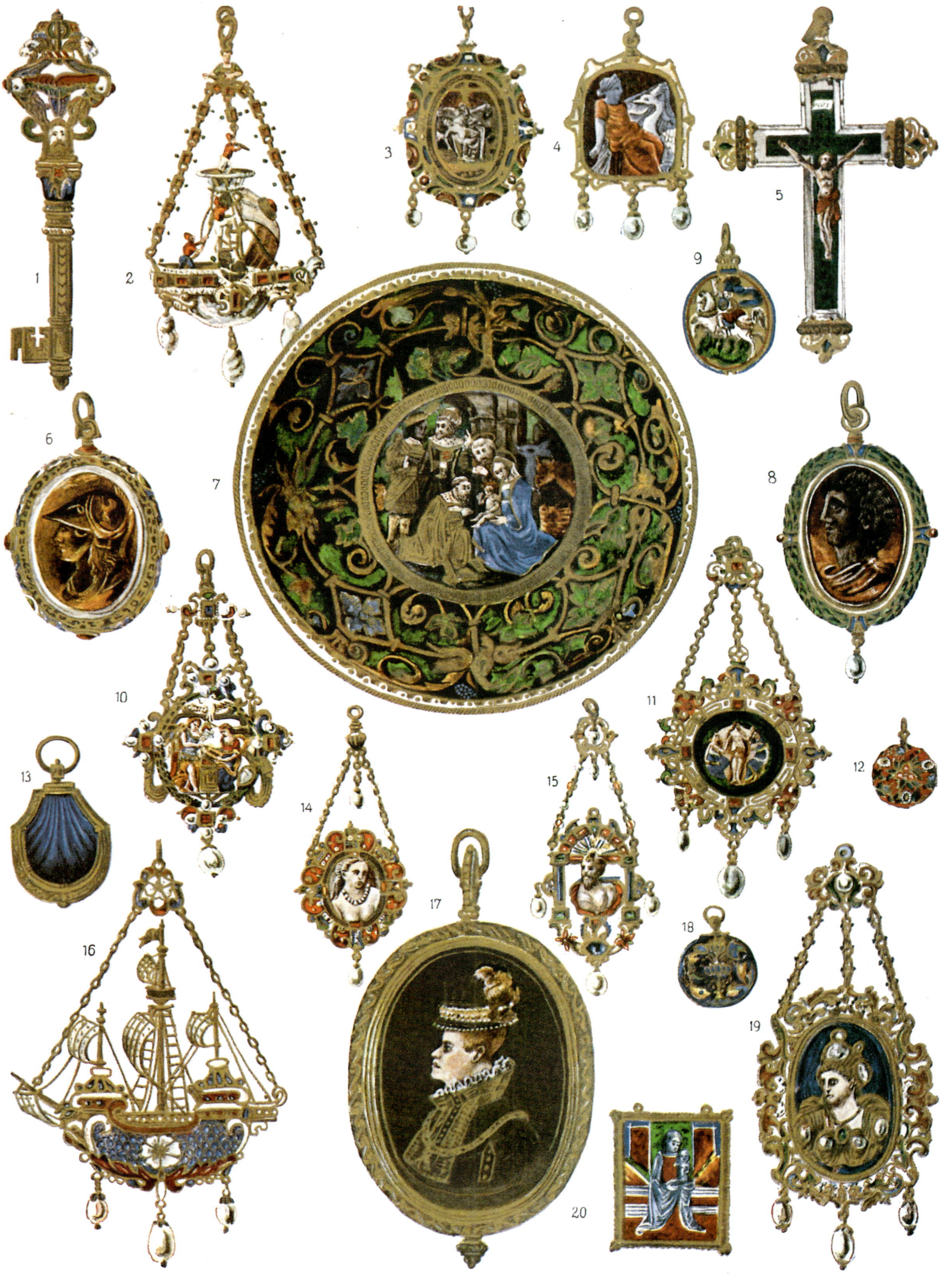
1
2
3
4
5
6
7
8
9
10
11
12
13
14
15
16
17
18
19
20

Bild 79

ITALIENISCHE HOLZEINLEGEARBEITEN DER RENAISSANCE

1 und 7: Detail, Kirchenstühle, Santa Maria Novella, Florenz (Meurer, *Italienische Flachornamente*); – 2: Detail, Kirchenstuhl, Santa Maria in Organo, Verona (Gruber, *Specimens of ornamental art*); – 3 und 5: ditto (Meurer); – 4: Detail, Chorgestühl in Certosa bei Pavia (Meurer); – 6: ditto in St. Marcus, Venedig (Meurer).

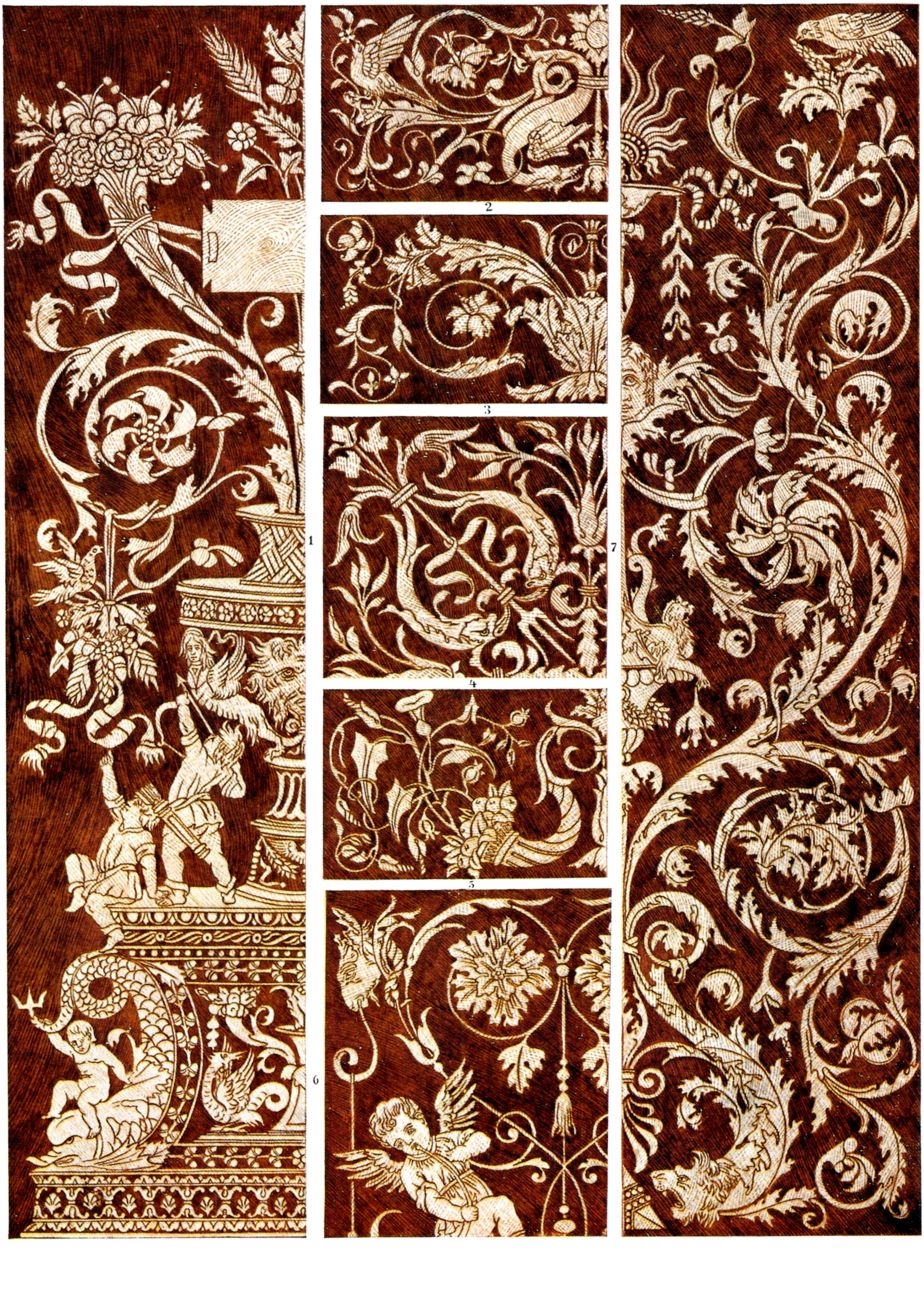
1
2
3
4
5
6
7

Bild 80

Italienische Marmoreinlegearbeiten der Renaissance

1, 2, 6, 7 und 8: Marmorintarsien von Padua (Weißbachsche Sammlung in der Kunstgewerbebibliothek, Dresden); – 3: Marmorintarsien aus Certosa bei Pavia (Weißbachsche Sammlung); – 4: Intarsia, Museum Pio Clementino, Rom.

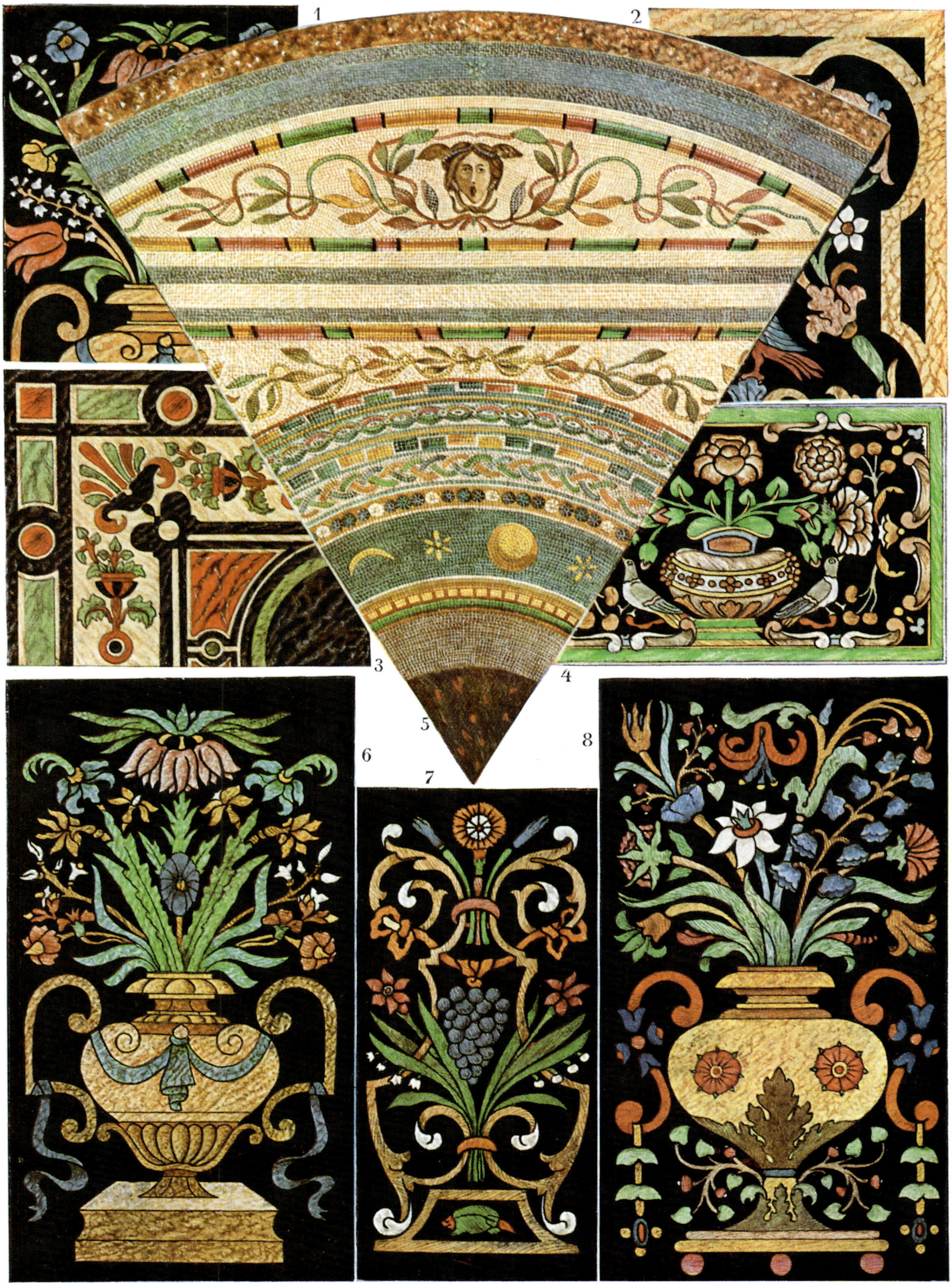
1
2
3
4
5
6
7
8

Bild 81

Italienische Miniaturmalereien der Renaissance

1, 3 und 4: Aus italienischen Gebetbüchern (Spitzer-Sammlung); – 2, 6, und 7: Aus italienischen Manuskripten (Wyatt, *The art of illuminating as practised in Europe from the earliest times*); – Initiale Abb. 4 ist eine Kopie von Professor Borchard, Stuttgart.

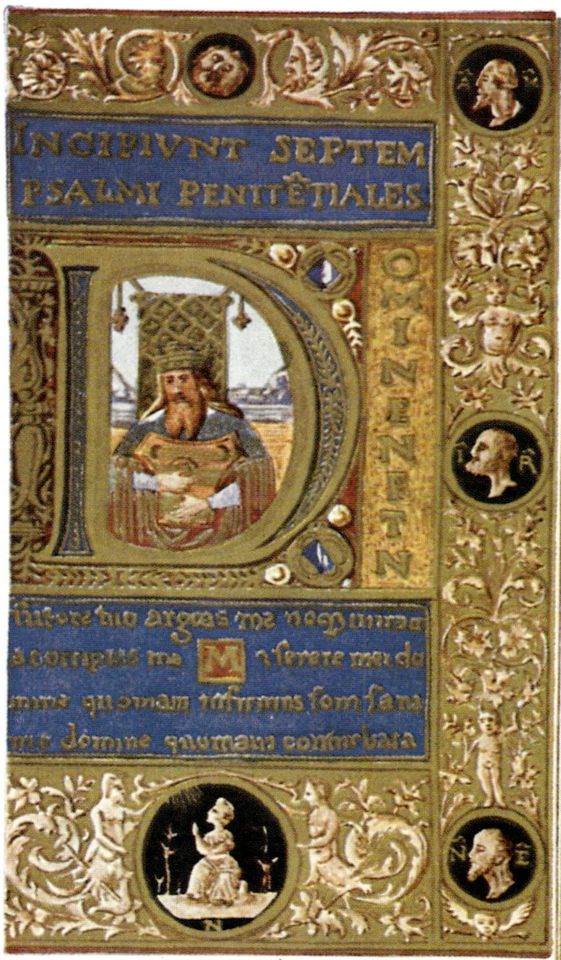
INCIPIVNT SEPTEM
PSALMI PENITĒTIALES
1.

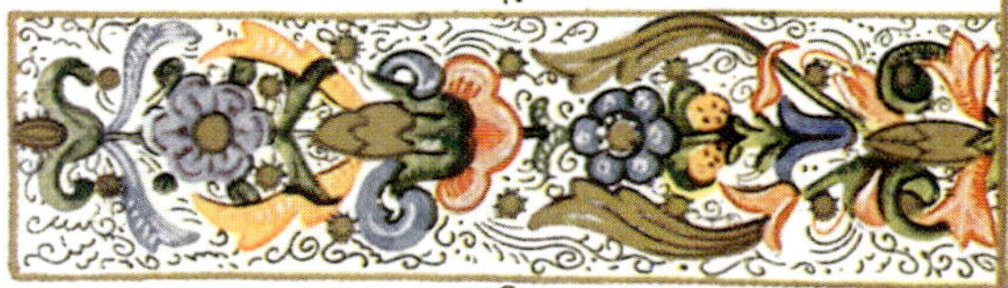
2.

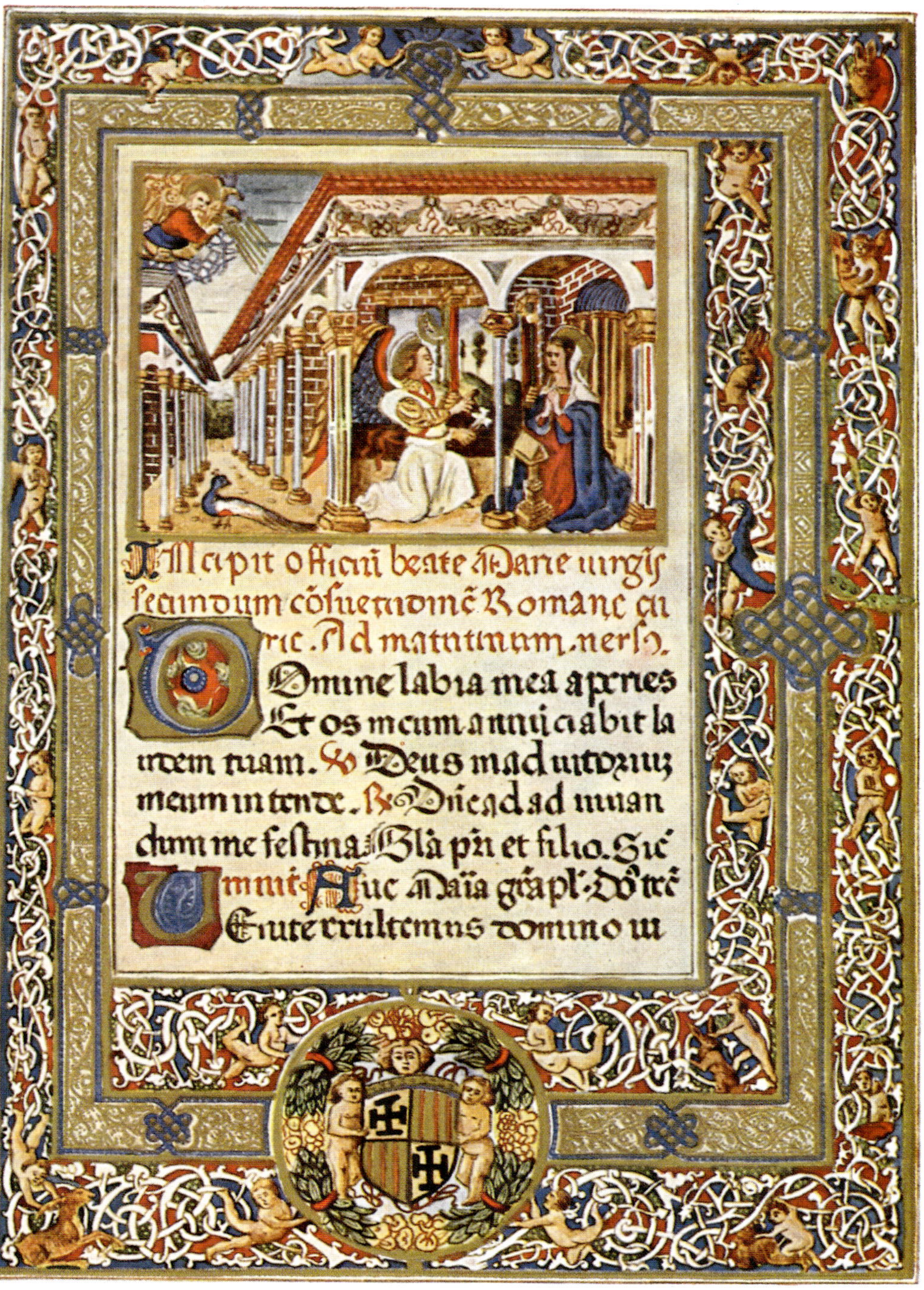
Omine labia mea aperies
3.

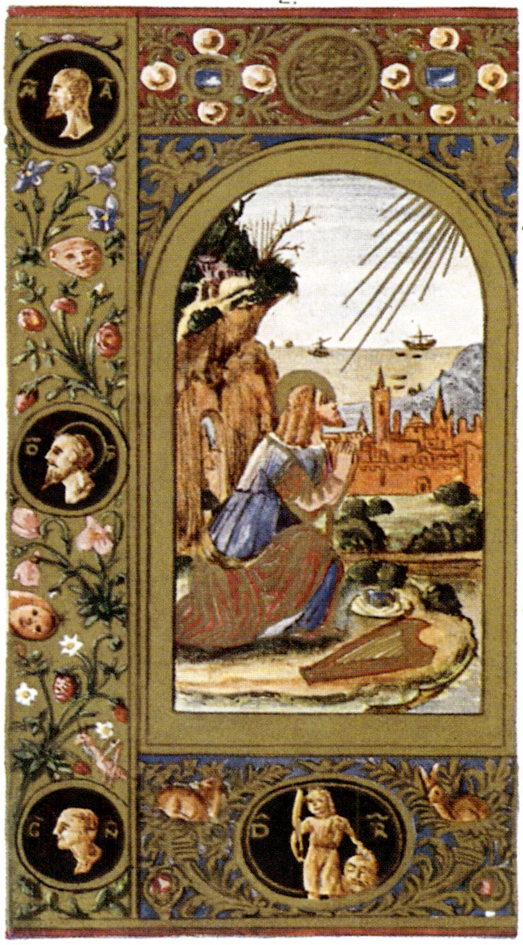
4.

5.

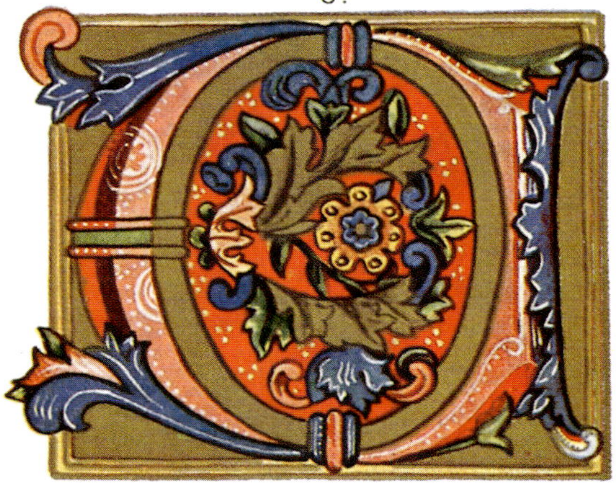
6.

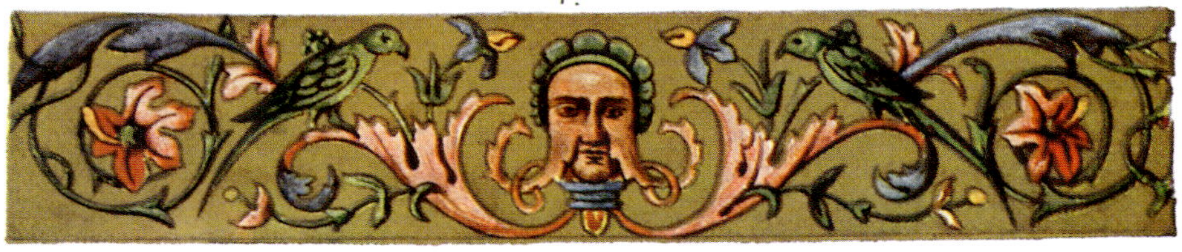
7.

Bild 82

Italienische Samt- und Seidengewebe der Renaissance

1, 3, und 8: Oberitalienische Seidenwebereien (Fischbach, *Gewebe*); – 2: Italienische Seide (Dupont-Auberville, *L'Ornement des tissus*); – 4, 5 und 9: Venezianischer Samt und Brokade (Fischbach); – 6 und 7: Samt aus Genua (Fischbach).

1.

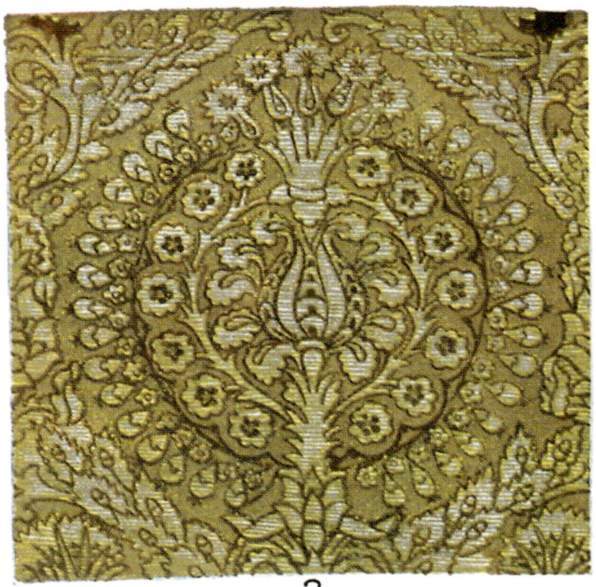

2.

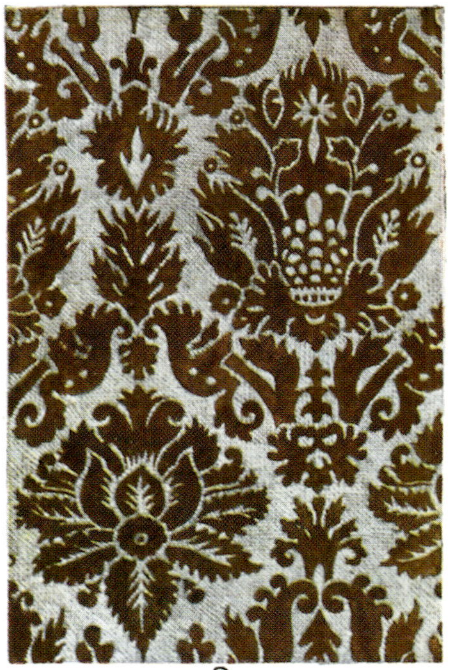

3.

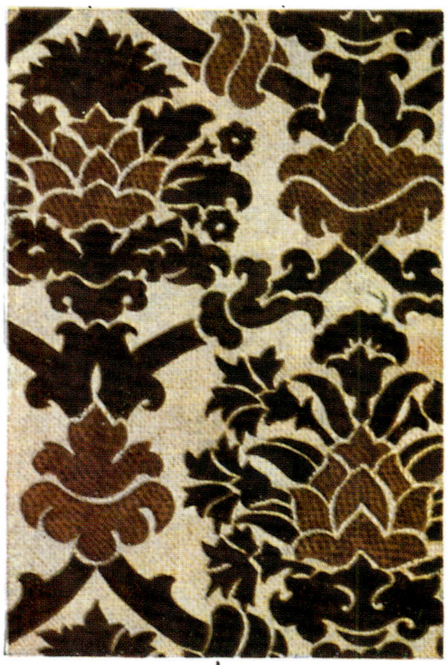

4.

5.

6.

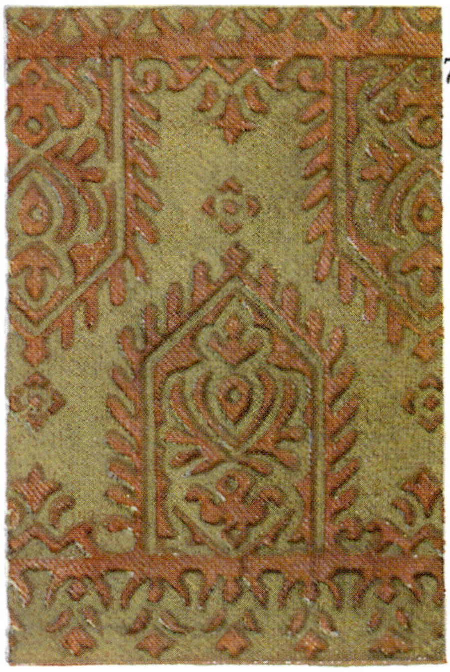

7.

8.

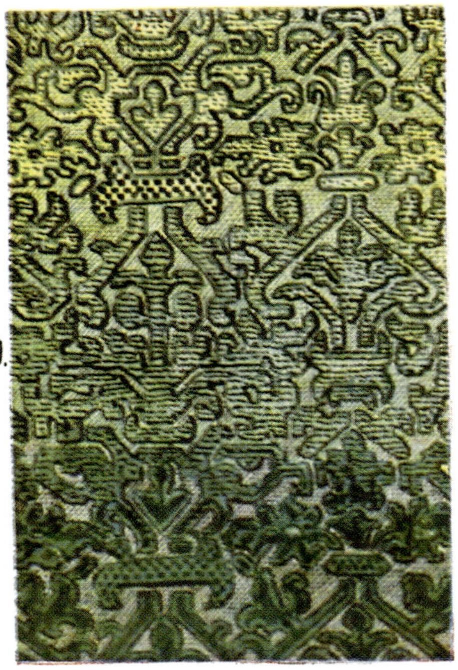

9.

Bild 83

Französische Wandmalereien der Renaissance

1 – 6 und 8 – 11: Wandmalereien im Château de Blois; – 7: Wanddekoration in der Kapelle von Château de Blois. (Le Nail, *Château de Blois*).

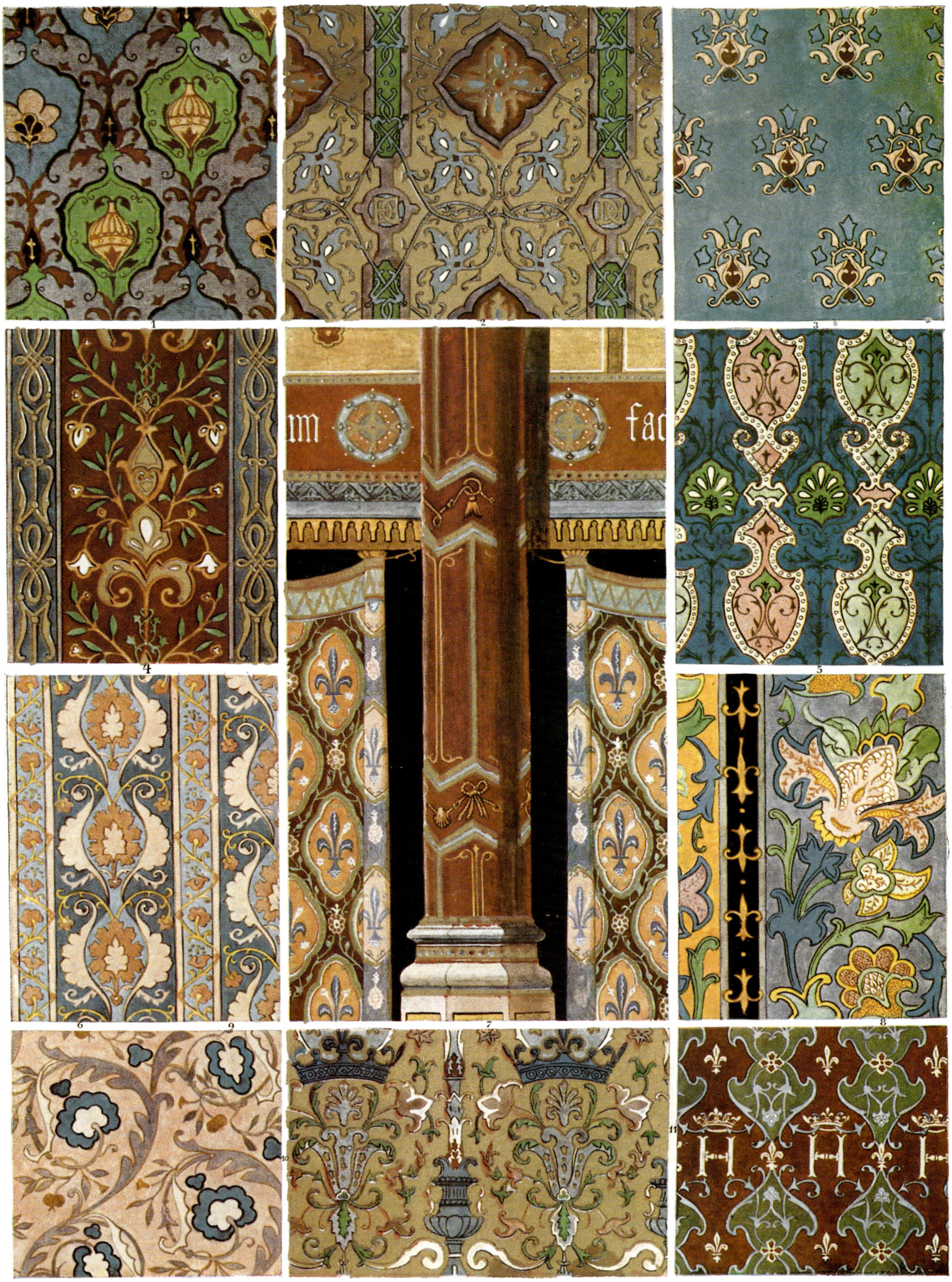
1
2
3
4
um
fac
5
6
9
7
8
10
11

Bild 84

BEMALTE HOLZDECKEN IN FRANKREICH

1 und 2: Deckenmalereien im Château de Videville (Seine et Oise) aus der Zeit Louis XIII.; – 3: Kassettendecke im Gerichtshof Dijon aus der Zeit Franz I.; – 4: ditto, Château d'Auet aus der Zeit Heinrichs II.; – 5 und 6: Bemalung des Gebälks, Château de Videville. (Daly, *Motifs historiques*).

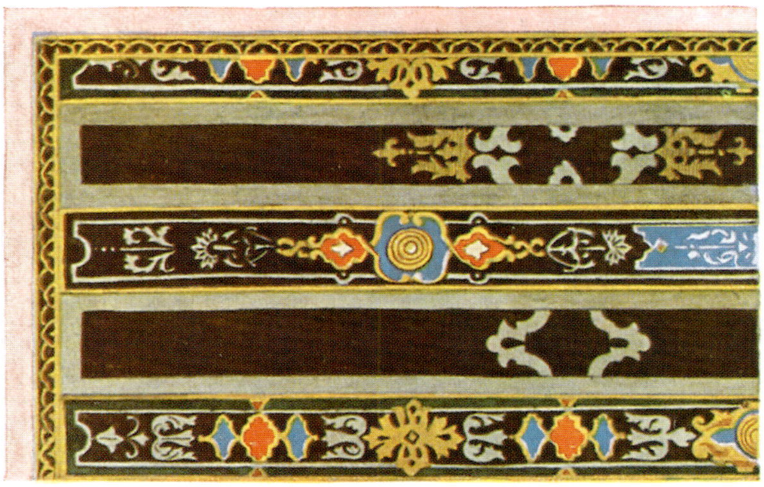

1

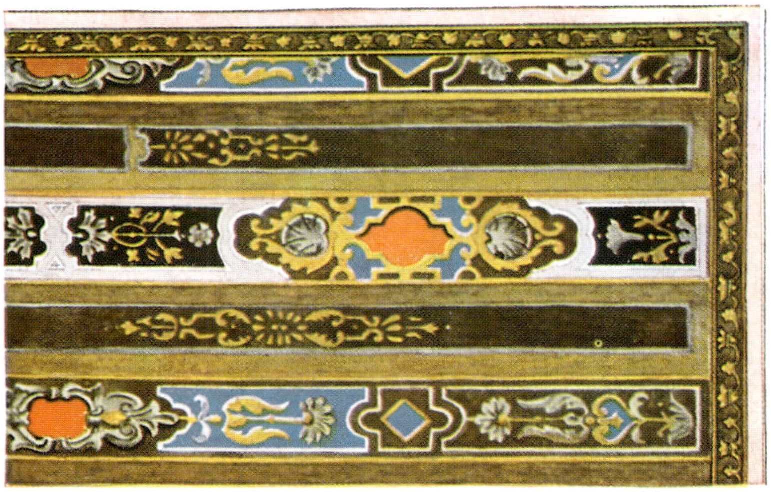

2.

3

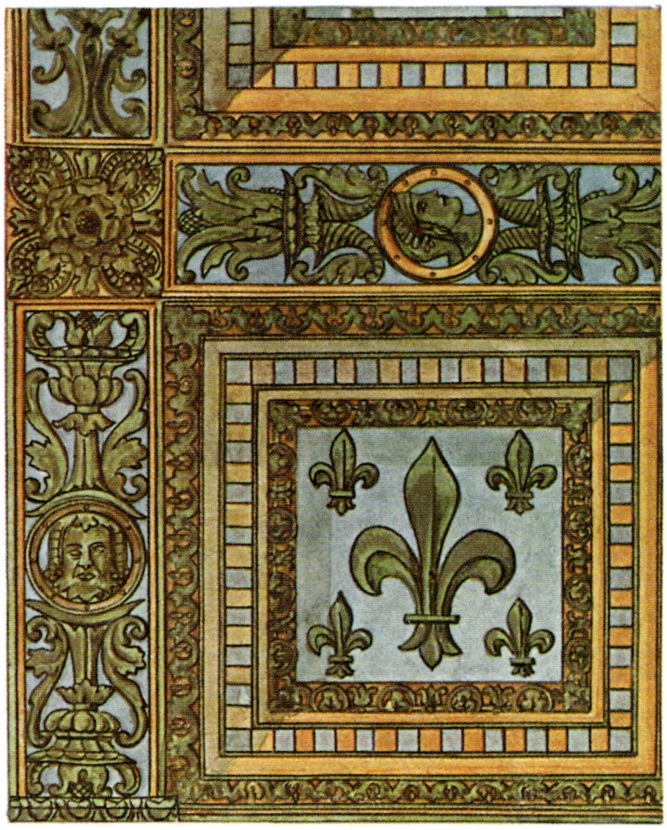

4.

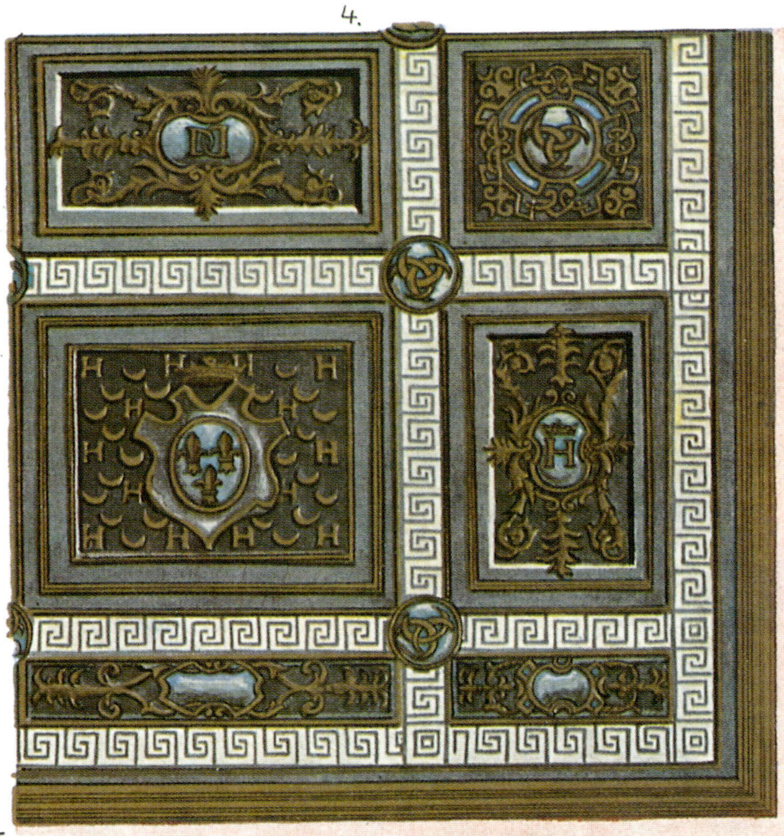

5.

6

Bild 85

Tonware aus Oiron

1: Schale aus der Sammlung des Herzogs von Hamilton, England; – 2: Schale aus der Delange-Sammlung; – 3: Krug aus der Hope-Sammlung, England; – 4: Krug, Andrew Fountaine-Sammlung, England; – 5: Kerzenhalter, Baron A. Rothschild-Sammlung, London; – 6: Innendekoration einer Schale, Rothschild-Sammlung; – 7: Salzgefäß, Graf von Passau-Sammlung, Airvault. (Delange, *Recueil des fayences françaises dites de Henry II et de Diane de Poitiers*).

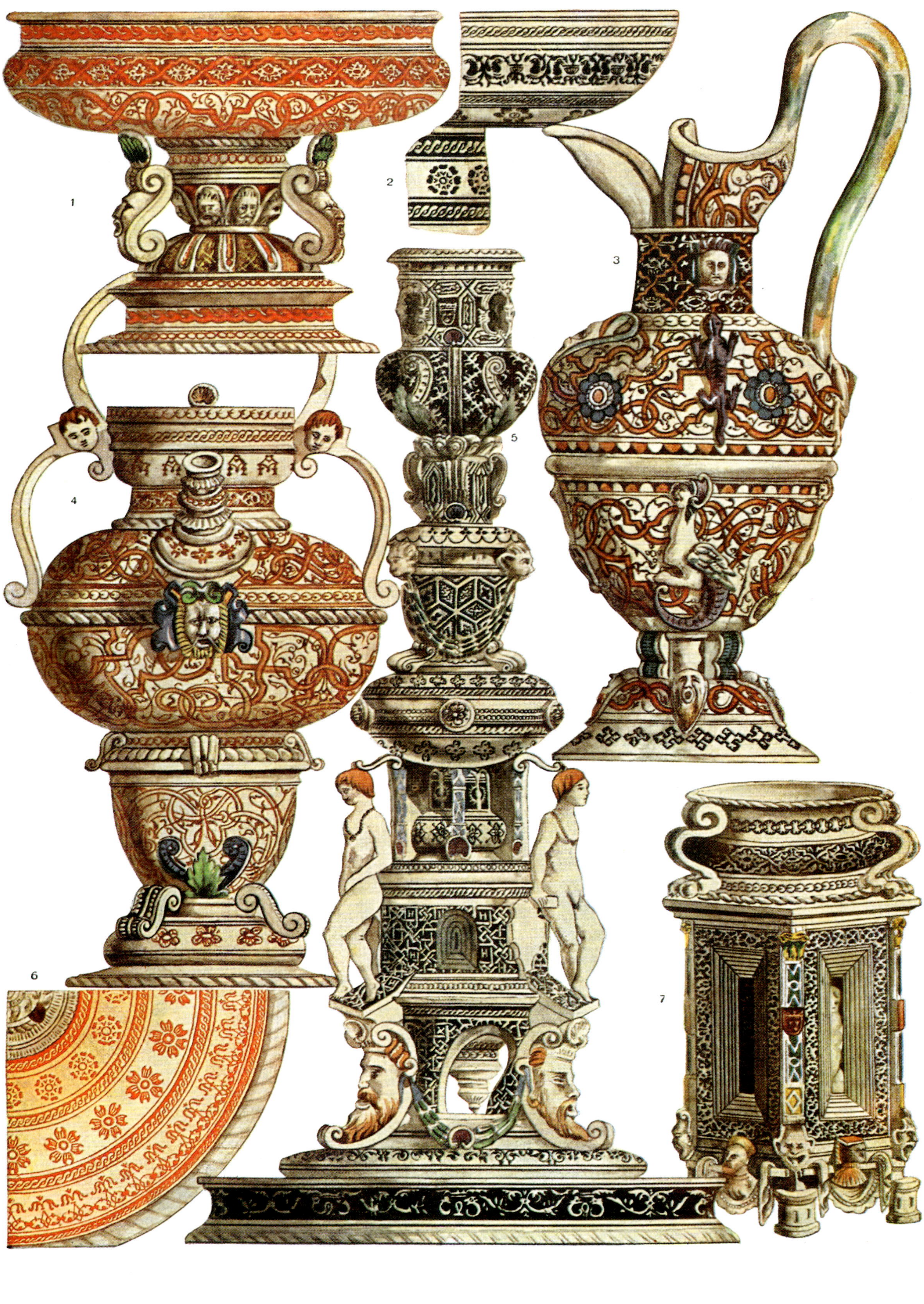

1
2
3
4
5
6
7

Bild 86

PALISSY-FAYENCEN

1 und 3: Dreieckige Salzgefäße (Spitzer-Sammlung); – 2: Essiggefäß (Spitzer-Sammlung); – 4: Teller mit Szene aus der Kindheit des Bacchus (Lacroix et Serré, *Le Moyen Age et la renaissance*); – 5: Krug (Spitzer-Sammlung); – 6 und 8: Untersetzer für Essiggefäß (Spitzer-Sammlung); – 7: Schale (Lacroix et Serré); – 9 und 11: Teller (Spitzer-Sammlung); – 10: Große ovale Platte.

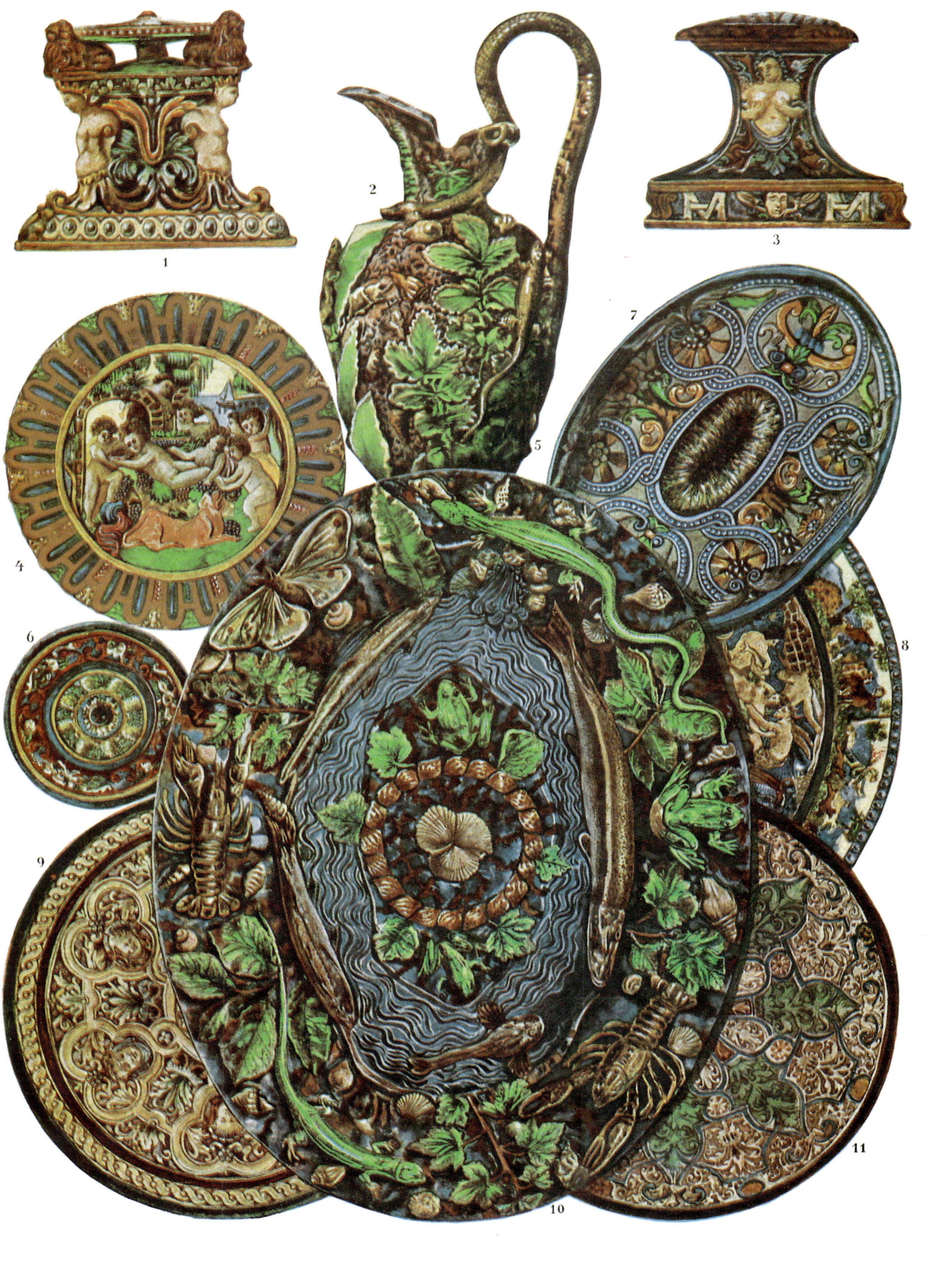

1
2
3
4
5
6
7
8
9
10
11

Bild 87

Emailarbeiten aus Limoges

1: Schmelzmalerei, signiert „Shif" (Spitzer-Sammlung); – 2: Schale, hergestellt von Pierre Reymond in Limoges, 2. Hälfte des 16. Jhs. (Lehnert, *Geschichte des Kunstgewerbes*); – 3: Teller, hergestellt von Jean de Court (Spitzer-Sammlung); – 4 und 6: Gefäße, hergestellt von Jean Courteys (Spitzer-Sammlung); – 5: Geldkassette, hergestellt von Penicaud (Spitzer-Sammlung).

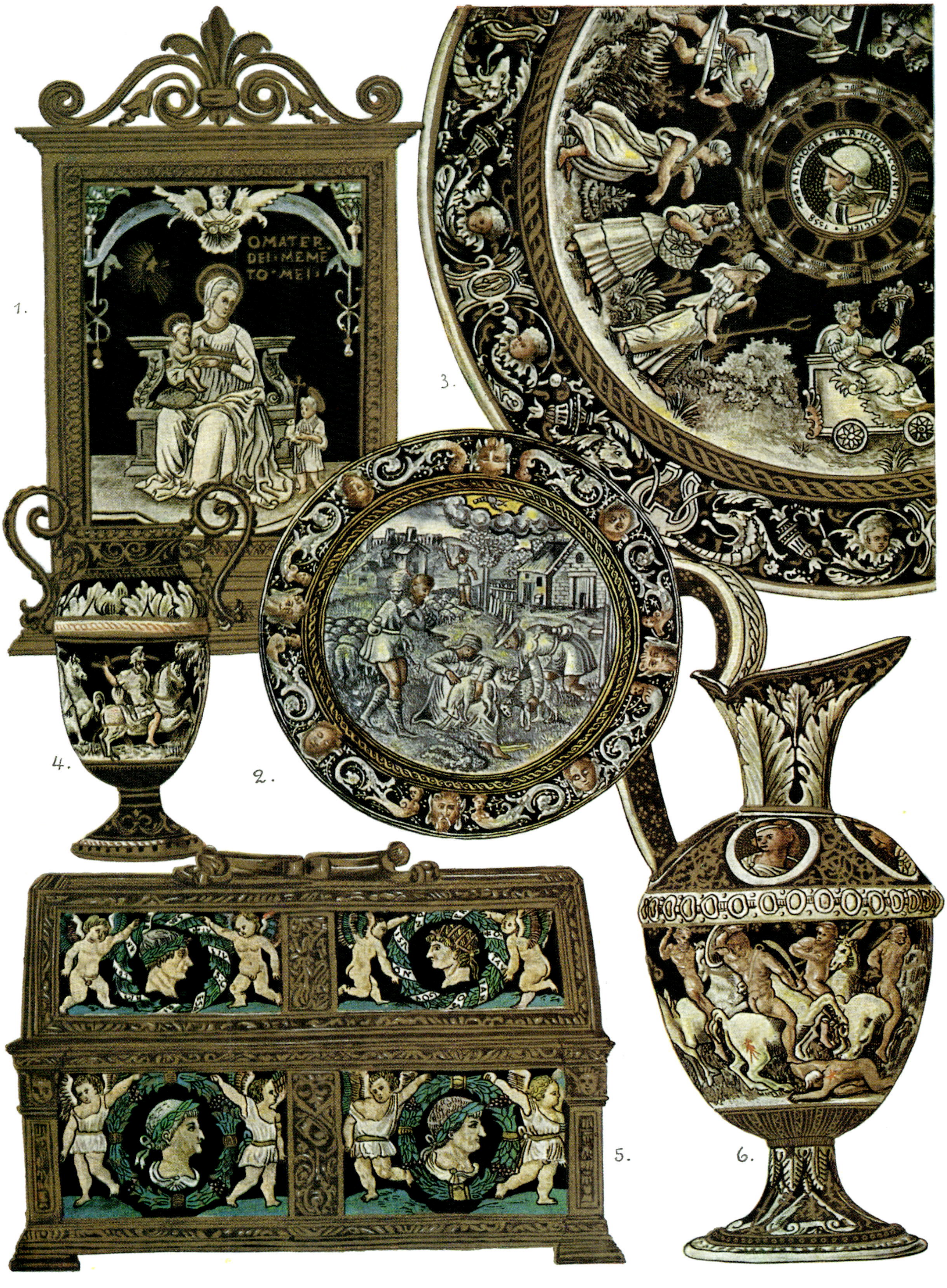
O MATER
DEI MEME
TO MEI
1.
2.
3.
4.
5.
6.

Bild 88

Französische Goldschmiedearbeiten der Renaissance

1: Standuhr, 16. Jh., Sauvageot-Sammlung, Paris (Lacroix et Serré, *Le Moyen Age et la renaissance*); – 2: Gefäß, verziert mit Schmelzarbeiten aus Limoges, hergestellt von Pierre Reymond (Wyatt, *Metalwork*); – 3: Gefäß verziert mit Kameen, 17. Jh. (Havard, *Dictionnaire de l'ameublement et de la décoration*); – 4 und 7: Uhren, 16. Jh., Sauvageot-Sammlung (Lacroix); – 5: Gefäß aus Lapislazuli mit vergoldeter Silbereinfassung, 17. Jh., Gallery Apollo, Paris (Havard); – 6: Weihrauchschwenker, 17. Jh., Museum von Cluny (Wyatt); – 8: Essigkrug, 16. Jh., Louvre, Paris (Wyatt).

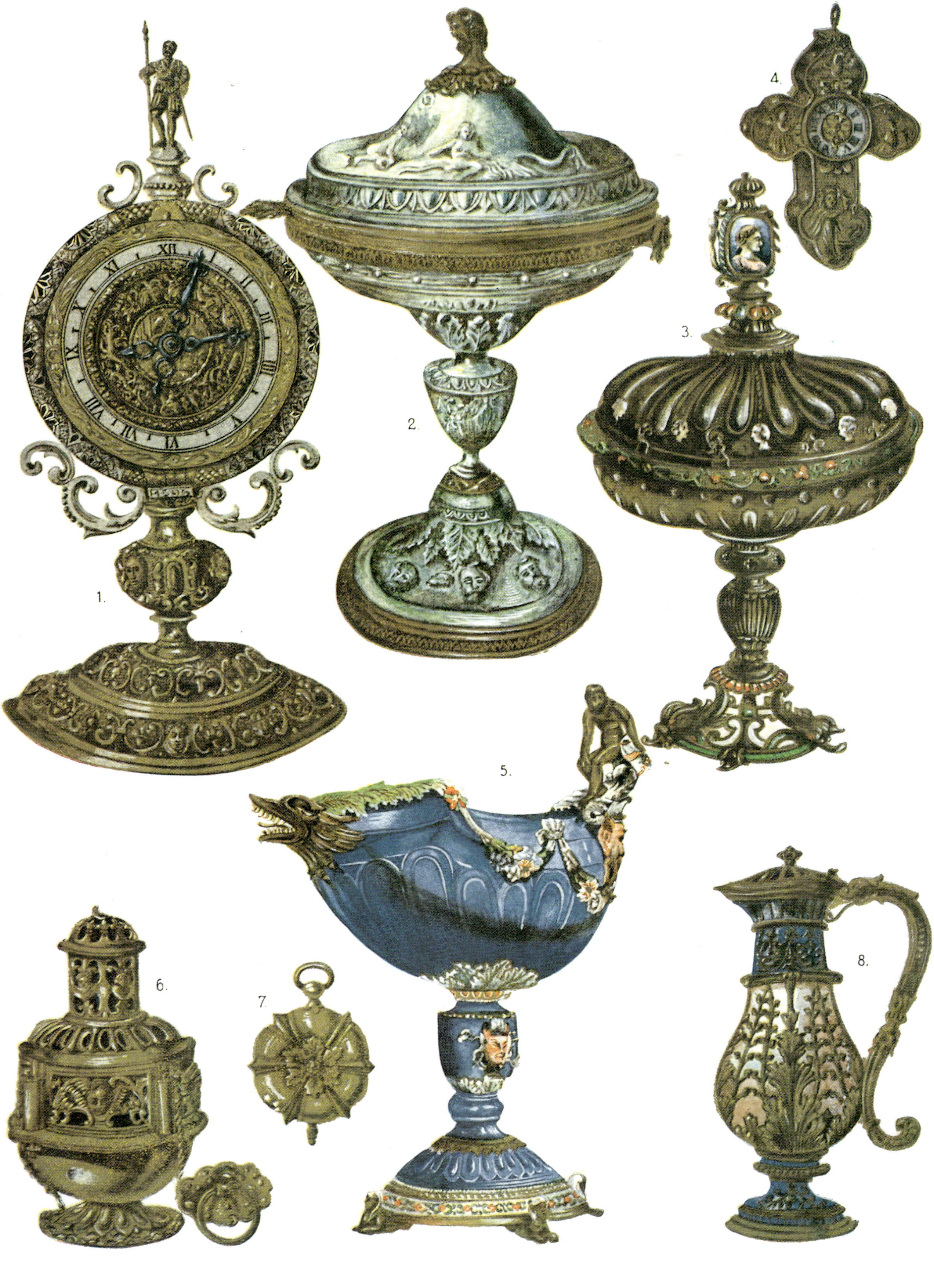
1.
2.
3.
4.
5.
6.
7.
8.

Bild 89

Französische Miniaturmalereien der Renaissance

1: Kameenmalerei aus einem Gebetbuch von Heinrich II., Bibliothèque Nationale, Paris (Lacroix et Serré, *Le Moyen Age et la renaissance*); – 2: Seite aus einem Gebetbuch des 16. Jhs. (Spitzer-Sammlung); – 3: Randornamente eines Manuskripts von Mathias Corvin aus dem 16. Jh., Bibliothèque Nationale, Paris (Lacroix et Serré); – 4: Faksimile von *Recueil des rois de France* von Tillet, 16. Jh., Bibliothèque Nationale, Paris, mit dem Bildnis von Franz I. (Lacroix et Serré).

1

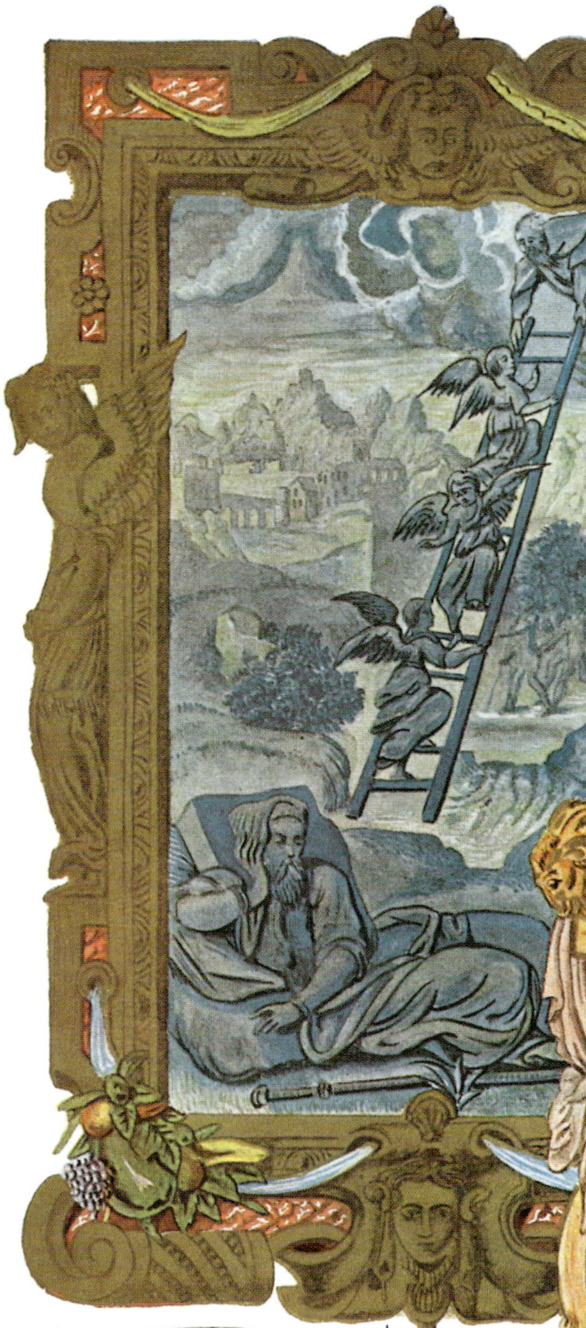

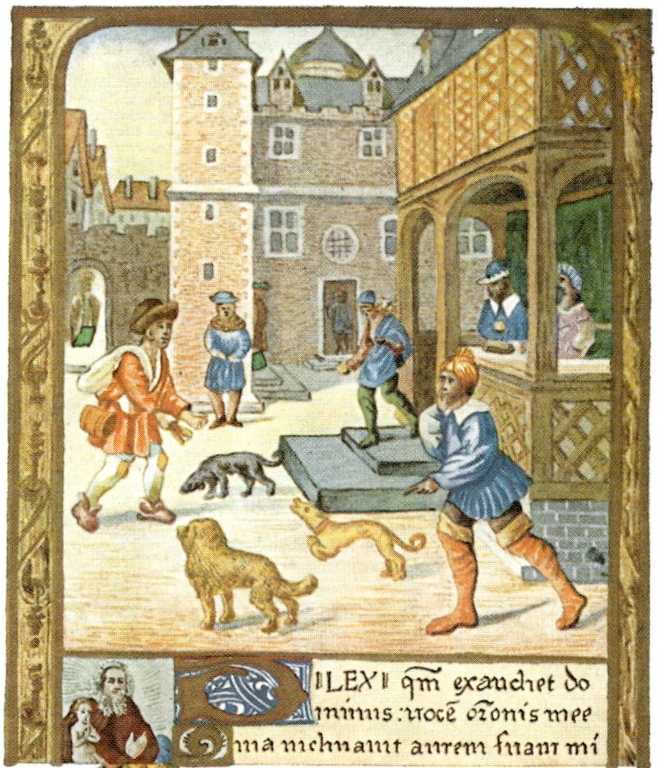
ILEXI qm exaudiet do
minus: vocē oronis mee
ma inclinauit aurem suam mi

3.

2.

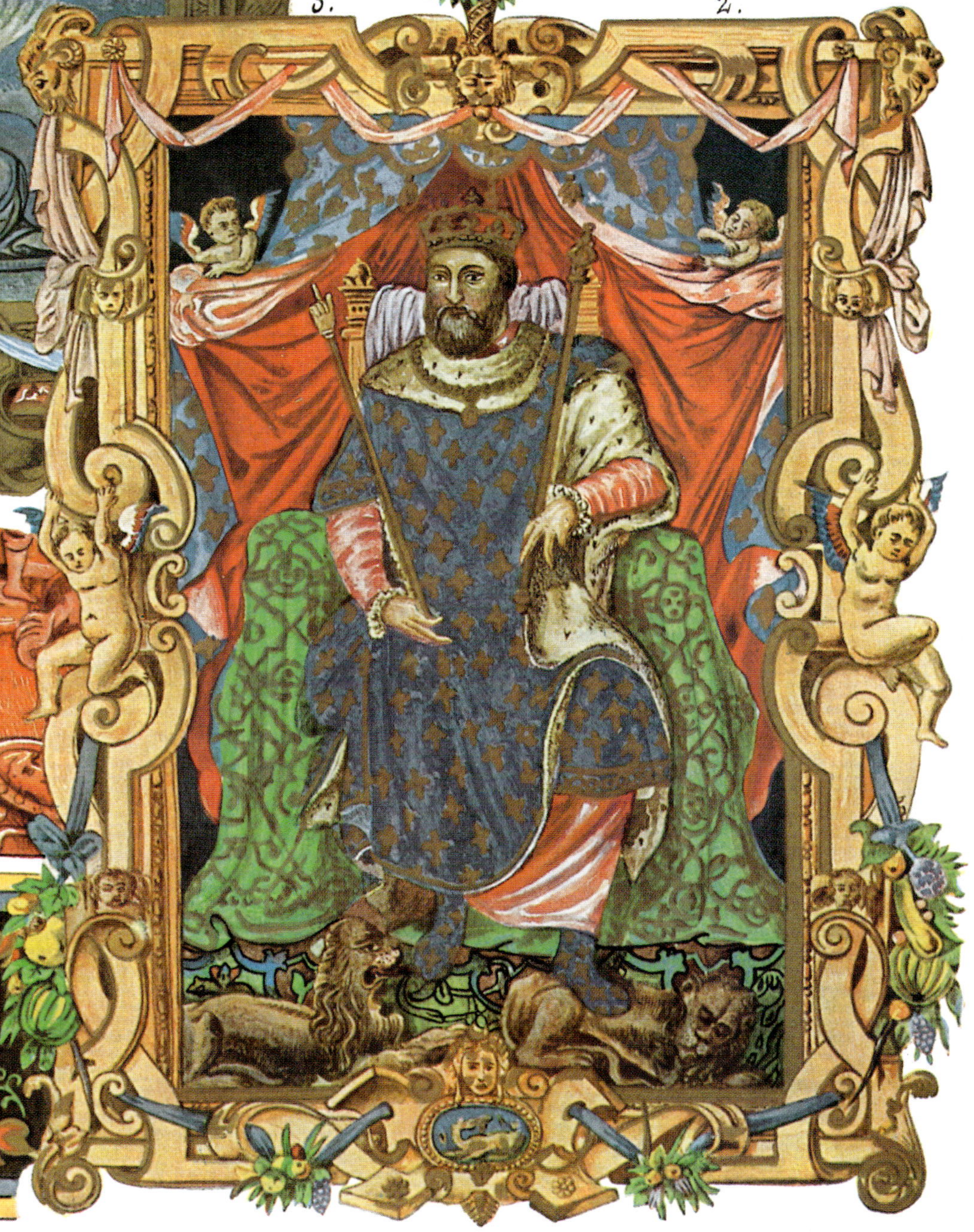

4.

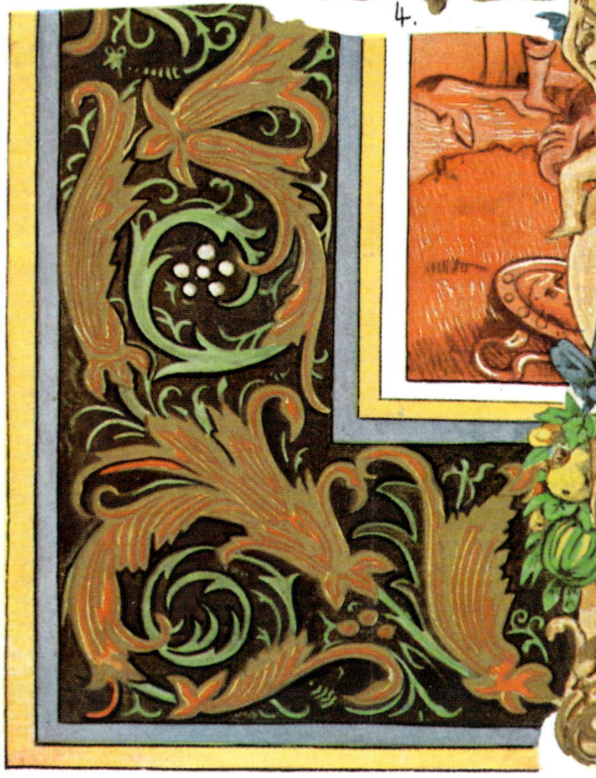

Bild 90

Französische Samt- und Seidenwirkerei der Renaissance

1 und 2: Samtstoffe (Dupont-Auberville, *L'Ornement des tissus*); – 3, 9, 10 und 11: Seidengewebe (Dupont-Auberville); – 4 und 6: Seidenstoff (Fischbach, *Ornamente der Gewebe*); – 5: ditto; – 7 und 8: Satin (Dupont-Auberville).

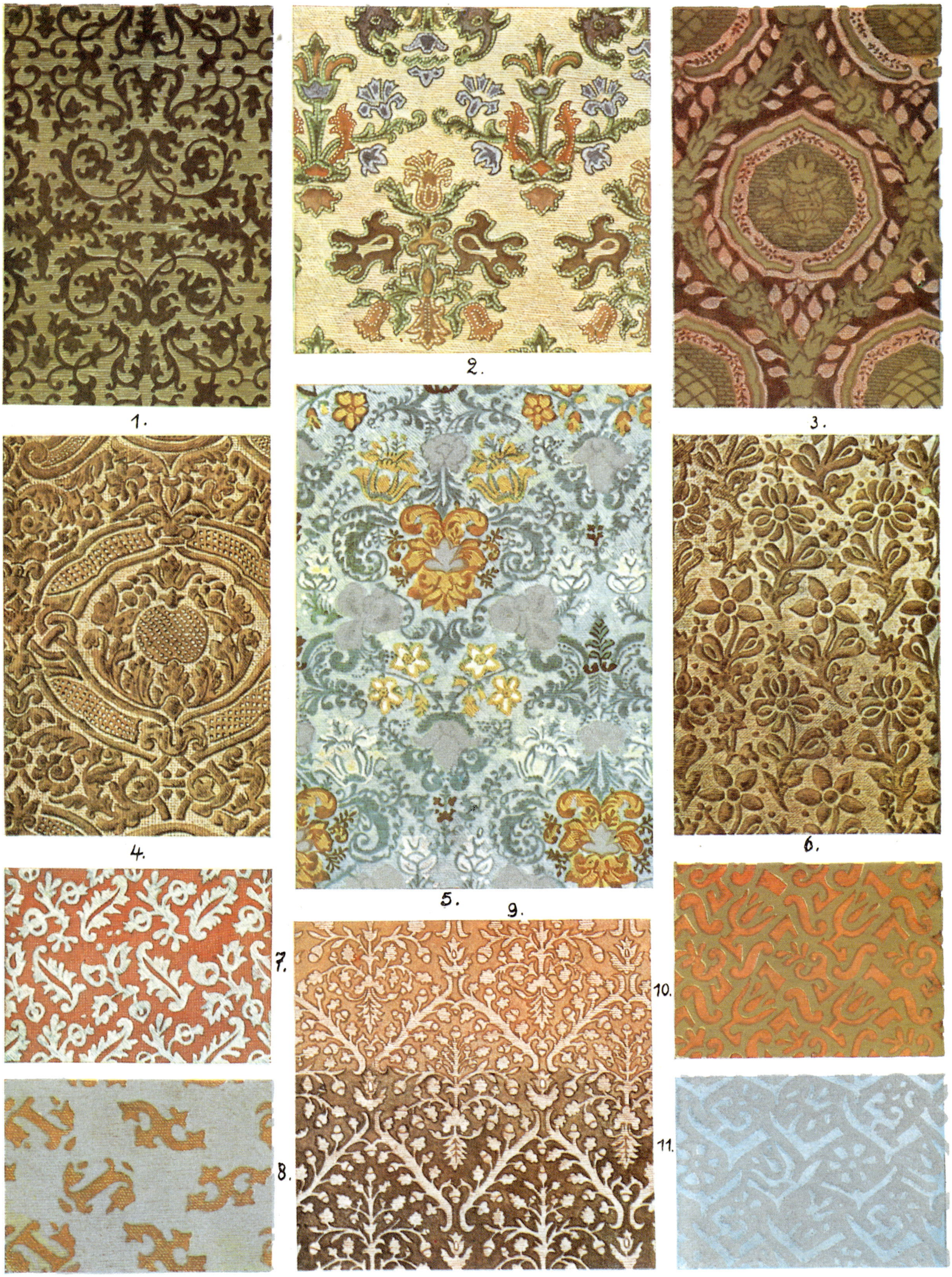
1.
2.
3.
4.
5.
6.
7.
8.
9.
10.
11.

Bild 91

Französische Stickereien der Renaissance

1: Stickerei vom Bett Heinrichs II. (Dupont-Auberville, *L'Ornement des tissus*); – 2: Haube, 16. Jh., (Lacroix et Serré, *Le Moyen Age et la renaissance*); – 3: Tischdecke mit Ornamenten aus schwarzem Samt auf einem weißen Satingrund (Dupont-Auberville); – 4: Vom Baldachin des königlichen Bettes (Dupont-Auberville); – 5, 6, 9, 10, 12, 13, 14 und 16: Diverse Stickerei- und Spitzenarbeiten (Racinet, *L'Ornement polychrome*).

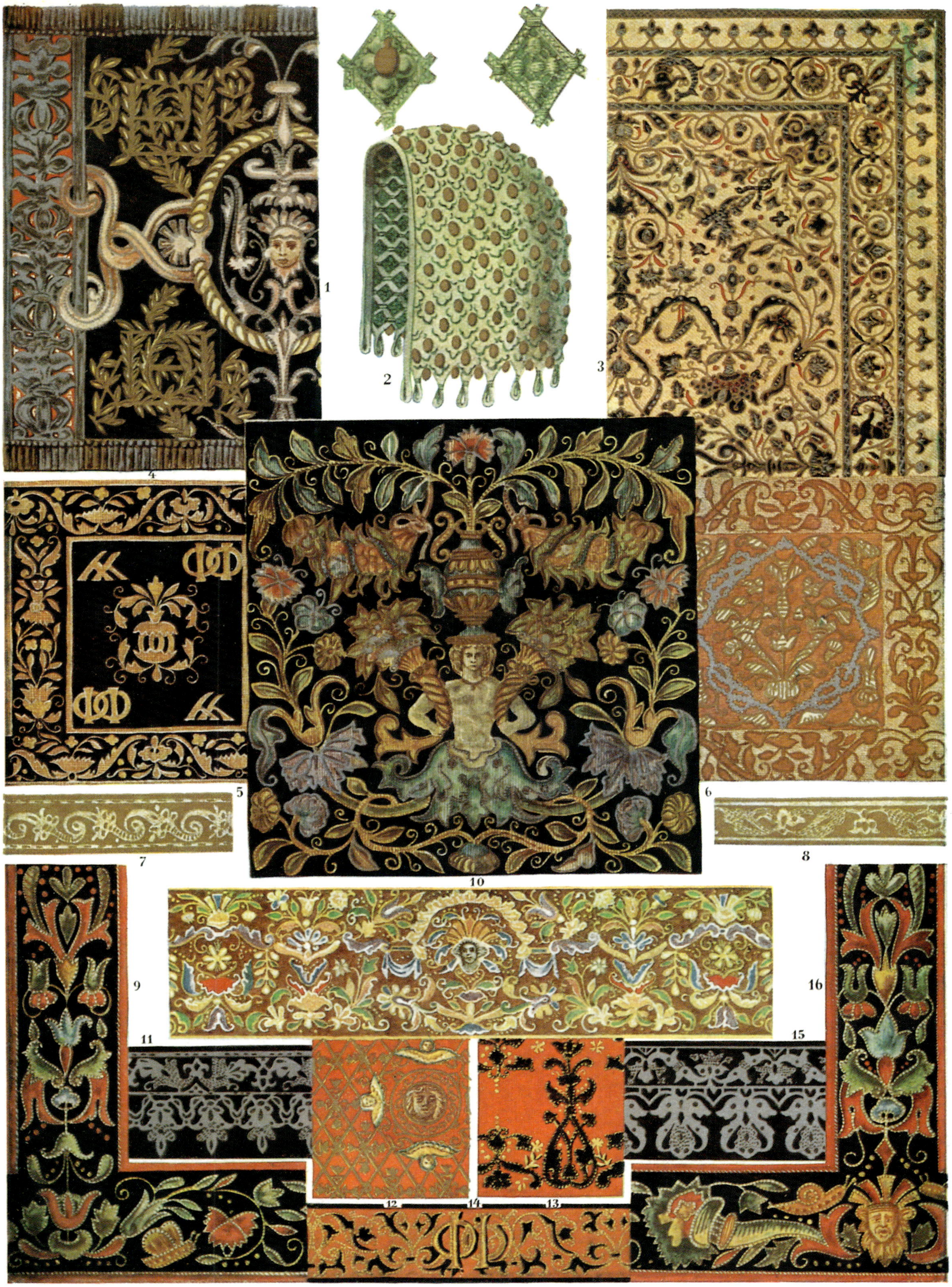
1
2
3
4
5
6
7
8
9
10
11
12
13
14
15
16

Bild 92

Bemalte Holzdecken der deutschen Renaissance

1 und 3: Deckenmalereien, Schloß Neuhaus in Böhmen, 16. Jh. (Ewald, *Farbige Dekorationen*); – 2: Detail, Decke des Rittersaals, Schloß Heiligenberg.

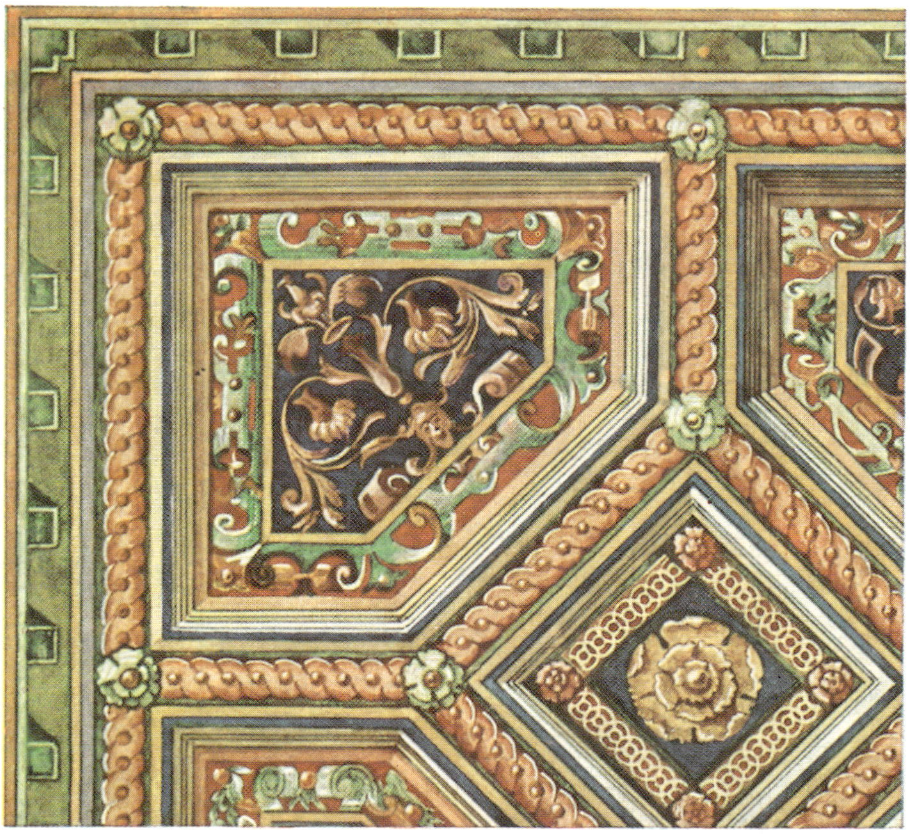

1

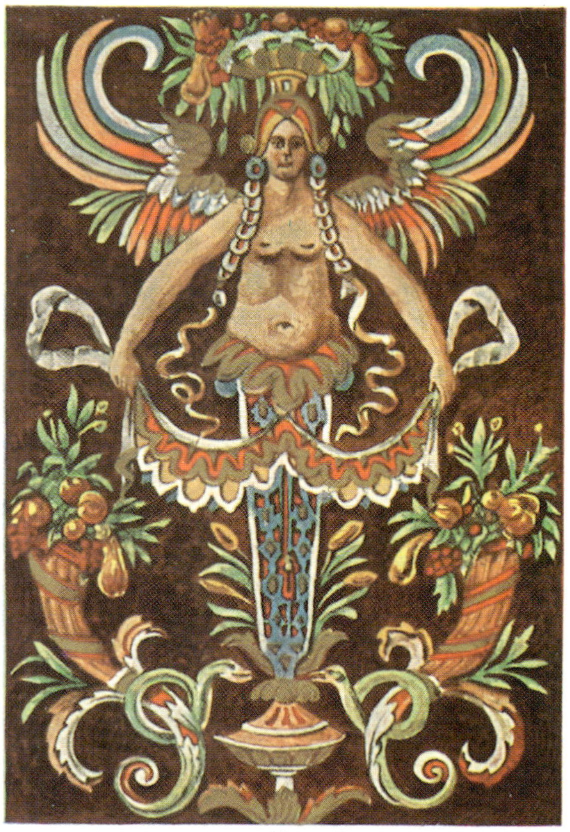

2

3

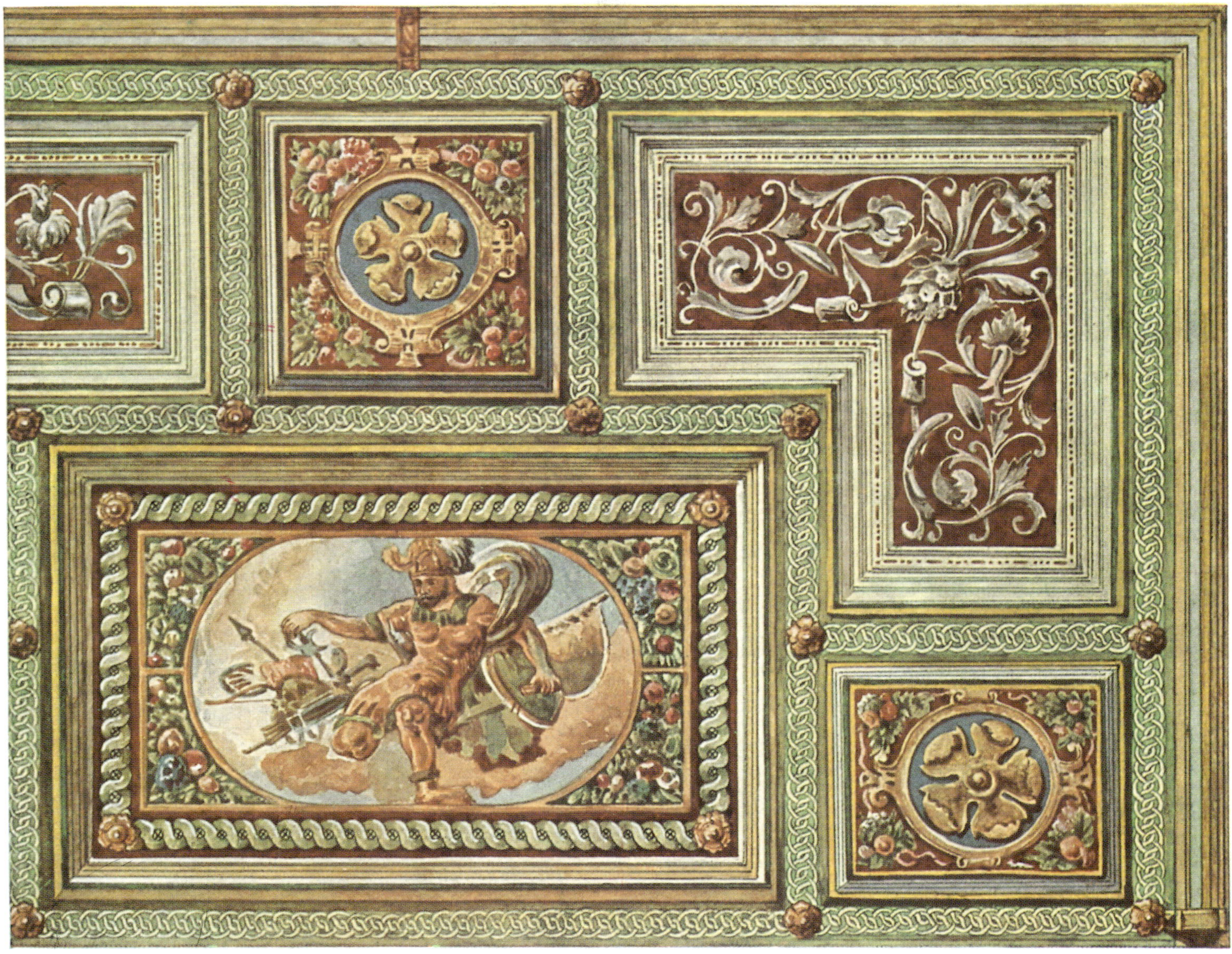

Bild 93

Deutsche Wandmalereien der Renaissance

Blick auf die Nordwand mit Tür zur Reichen Kapelle in der Königlichen Residenz, München. (Enzler, Zettler und Dr. Stockbauer, *Ausgewählte Kunstwerke aus dem Schatze der Reichen Kapelle in der Königlichen Residenz, München*).

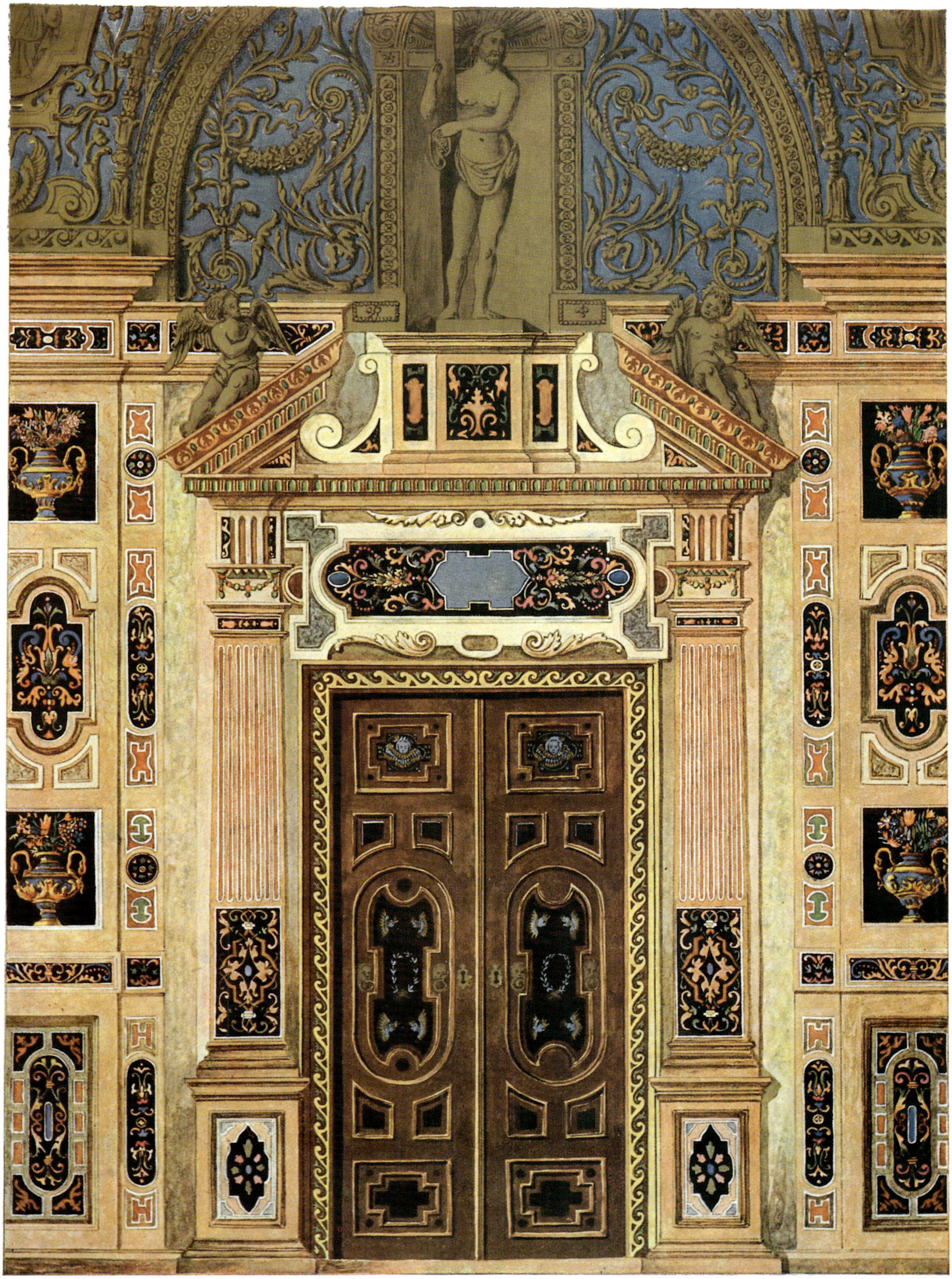

Bild 94

Deutscher Renaissance-Schmuck

1, 7, 10, 17, 18, 19, 22, 23, 25 und 27: Schmuckstücke aus der Spitzer-Sammlung, Paris; – 2: Glied einer Kette, dargestellt in einer Malerei in der Gemäldegalerie Kassel (Luthmer, *Goldschmuck der Renaissance*); – 3: Knopf aus der Königlichen Sammlung, Berlin (Luthmer); – 4: Brautkette, dargestellt in einem Gemälde des Germanischen Museums, Nürnberg (Luthmer); – 5: Ring (Luthmer); – 6: Brosche (Luthmer); – 8: Anhänger, dargestellt in einem Gemälde in Wörlitz (Luthmer); – 9 und 20: Knöpfe, dargestellt in einem Gemälde in Schloß Schleißheim (Luthmer); – 11: Halskette, von einem Gemälde im Schloß von Gotha (Luthmer); – 12: Anhänger, Bayrisches Nationalmuseum, München (Luthmer); – 13: Schmuckhänger an der Monstranz im Freiburger Münster, Baden (Luthmer); – 14: Knopf, dargestellt in einem Gemälde von de Wite, Schleißheim (Luthmer); – 15: Anhänger, von einem Gemälde in Wörlitz (Luthmer); – 16: Tafelaufsatz des 16. Jhs., Brüsseler Museum (Lacroix et Serré, *Le Moyen Age et la renaissance*); – 21: Anhänger, von einem Porträt im Städtischen Museum Köln (Luthmer); – 24: Hutschmuck, von einem Bild in der Gemäldegalerie Kassel (Luthmer); – 26: Kreuz, Herzogliches Museum, Gotha (Luthmer); – 28: Reliquiar (Luthmer).

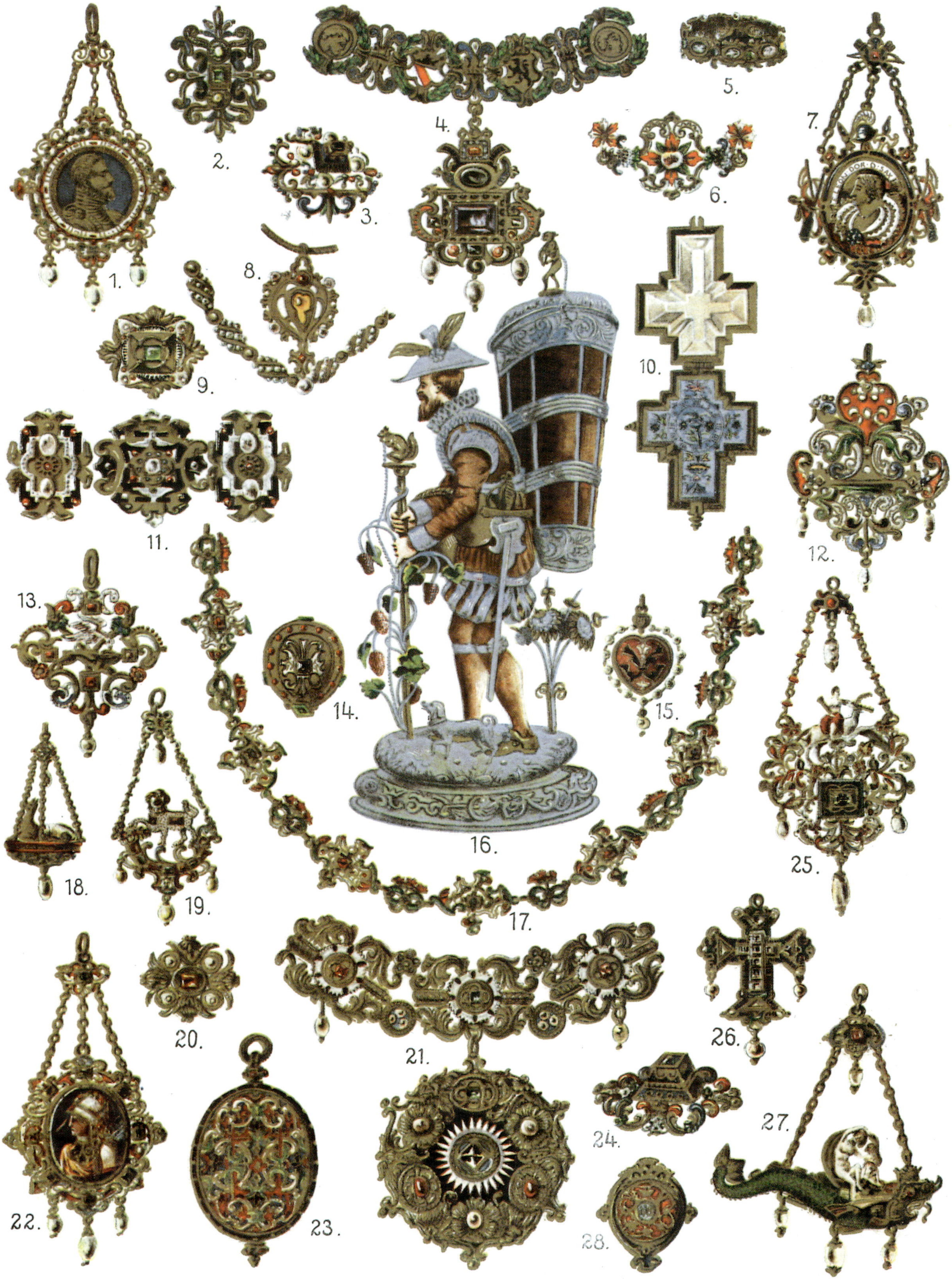
1.
2.
3.
4.
5.
6.
7.
8.
9.
10.
11.
12.
13.
14.
15.
16.
17.
18.
19.
20.
21.
22.
23.
24.
25.
26.
27.
28.

Bild 95

Deutsche Gefässe aus Glas und Bergkristall

1 und 6: „Wiederkomm"-Gläser von Jakob Braun, Nürnberg (Nesbitt, *Catalogue of the collection of glass formed by Felix Slade*); – 2: Bierkrug mit der Inschrift „Das Heilige römische Reich mit sampt seinen Gliedern", 1572 (Nesbitt); – 3: „Wiederkomm"-Glas, 1616, South Kensington Museum (Nesbitt, *A descriptive catalogue of glass vessels in the South Kensington Museum*); – 4: Pokal mit Deckel aus Bergkristall, Grünes Gewölbe, Dresden (Gruner, *The Green Vaults in Dresden*); – 5: Karaffe aus Bergkristall, Grünes Gewölbe, Dresden (Gruner).

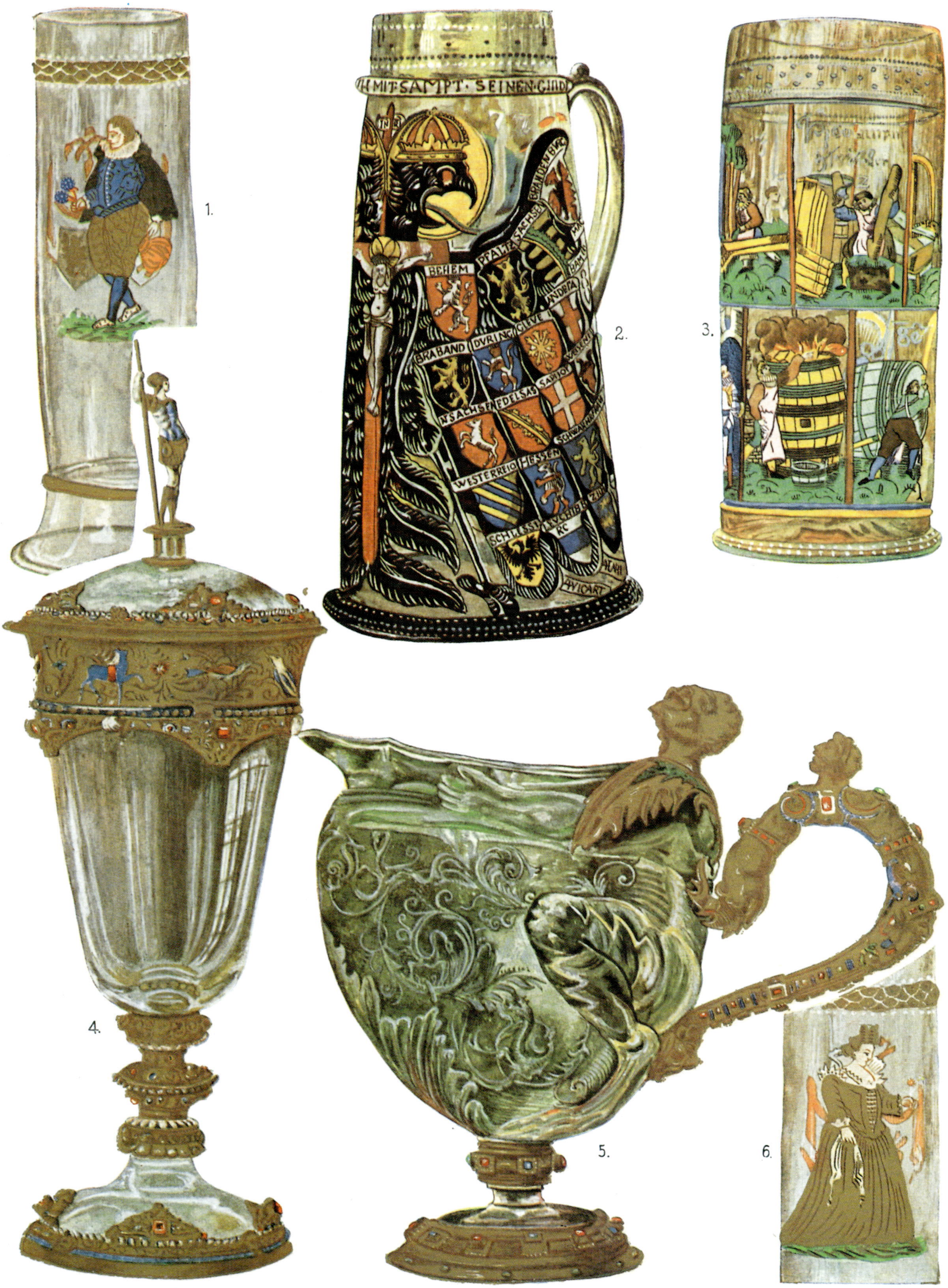

1.
MIT SAMPT SEINEN GLID
BEHEM
PFALTZ
SACHSE
CLEVE
BRABAND
DVRING
N.SACHSE
EDELSAS
HESSEN
WESTERREIC
SCHLESSY
2.
3.
4.
5.
6.

Bild 96

Deutsche Glasmalereien der Renaissance

1: Fenster in der St. Peter-Kirche, Köln, 1530 (Kolb, *Glasmalereien des Mittelalters und der Renaissance*); – 2 und 4: Details, St. Peter in Köln, 1528 (Schäfer und Roßteuscher, *Monumentale Glasmalereien des Mittelalters und der Renaissance*); – 3: Teil des Tucherfensters, gestiftet von der Familie Tucher, in der Kirche St. Laurentius in Nürnberg, 1601 (Kolb); – 5: Fenster mit Wappen, Germanisches Museum Nürnberg, 1548 (Kolb); – 6: Fenster im Städtischen Museum, Köln, 1538 (Kolb); – 7: Fenster vom Kölner Dom, 16. Jh. (Kolb).

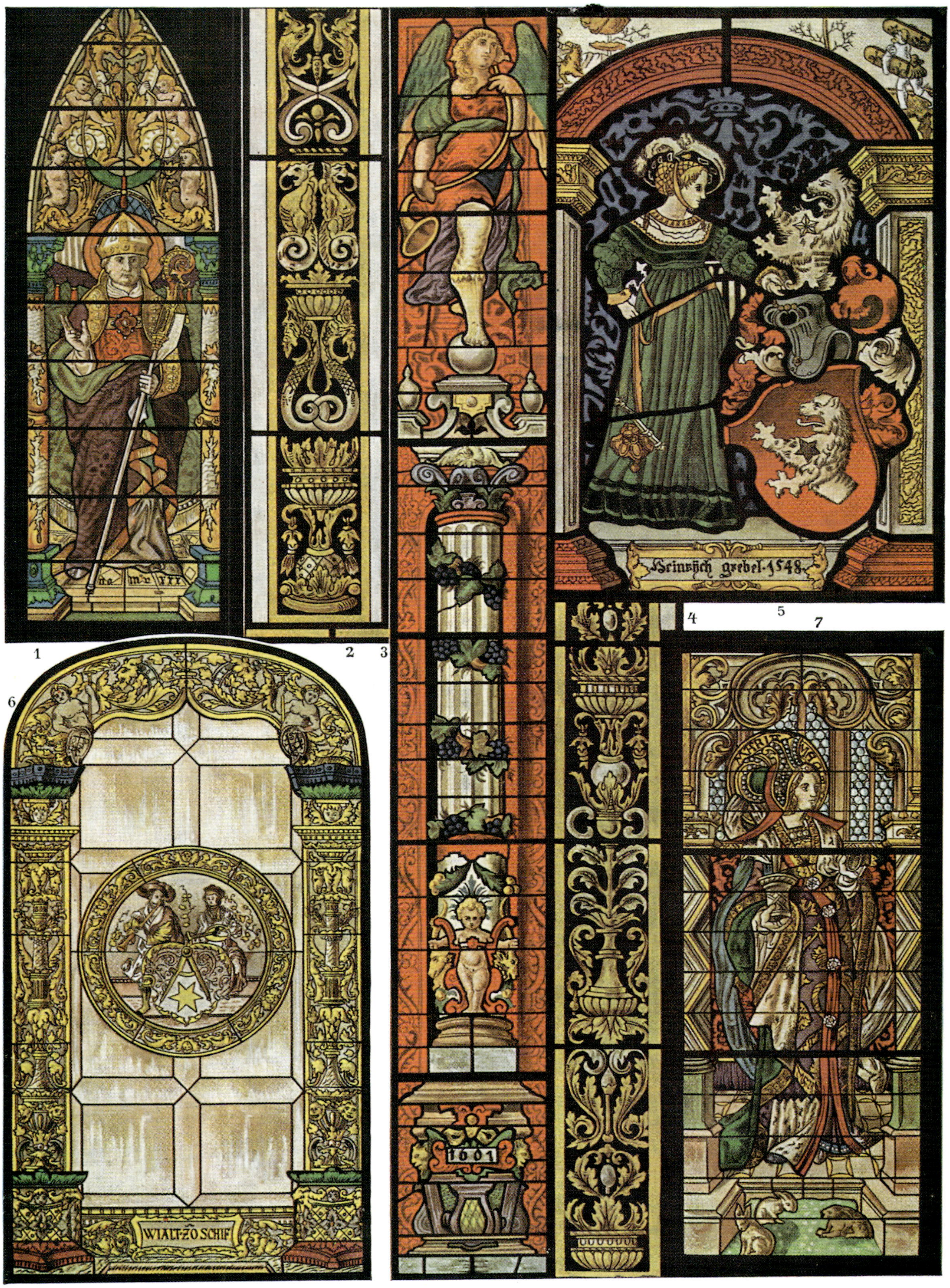
1
2
3
4
5
6
7
Heinrÿch grebel 1548
1601
WALT ZO SCHIF

Bild 97

Deutsche Keramikware der Renaissance

1, 2 und 6: Krüge aus dem Rheinland (Bach, *Renaissance*); – 3: Krug des 16. Jhs. (*Kunst und Gewerbe*, 1880); – 4, 5 und 7: Tonkrüge (Lacroix et Serré, *Le Moyen Age et la renaissance*); – 8: Bierkrug (Lacroix et Serré); – 9: Glasierter Keramikkrug, Kunstgewerbemuseum, Berlin.

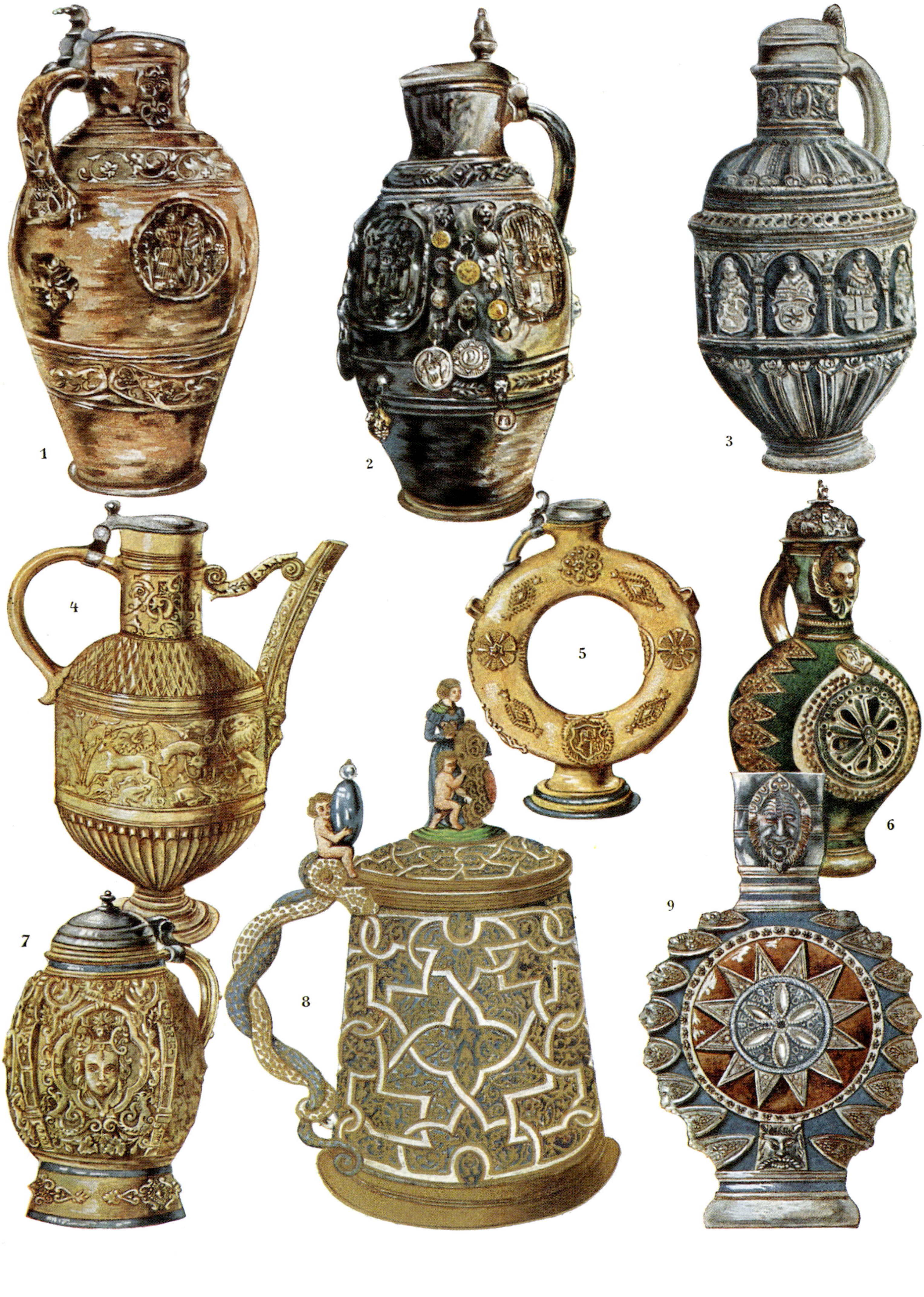
1
2
3
4
5
6
7
8
9

Bild 98

Deutsche Buchbinderei

1: Geprägter Einband von Luthers Werken, Wittenberger Ausgabe von 1556–59, mit Luthers Porträt; – 2: Geprägter Einband mit dem Porträt Kaiser Maximilians II. und der Jahreszahl 1583; – 3 und 4: Vorder- und Hinterdeckel eines sächsischen Einbands aus der 2. Hälfte des 16. Jhs. (Lemperts, *Bilderatlas zur Geschichte des deutschen Buchhandels*).

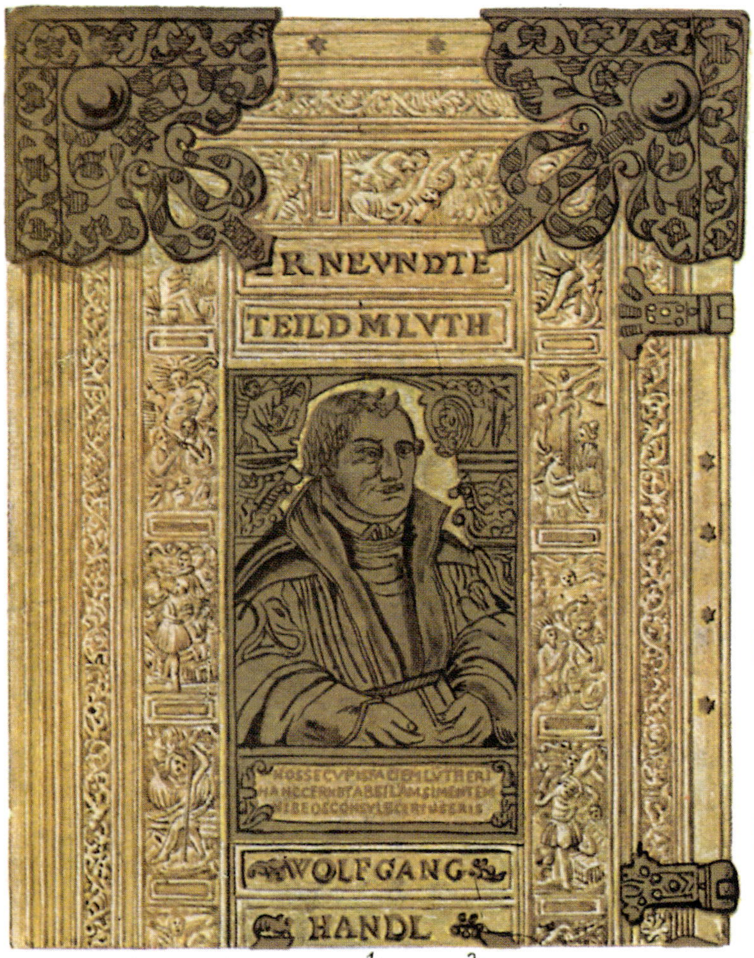

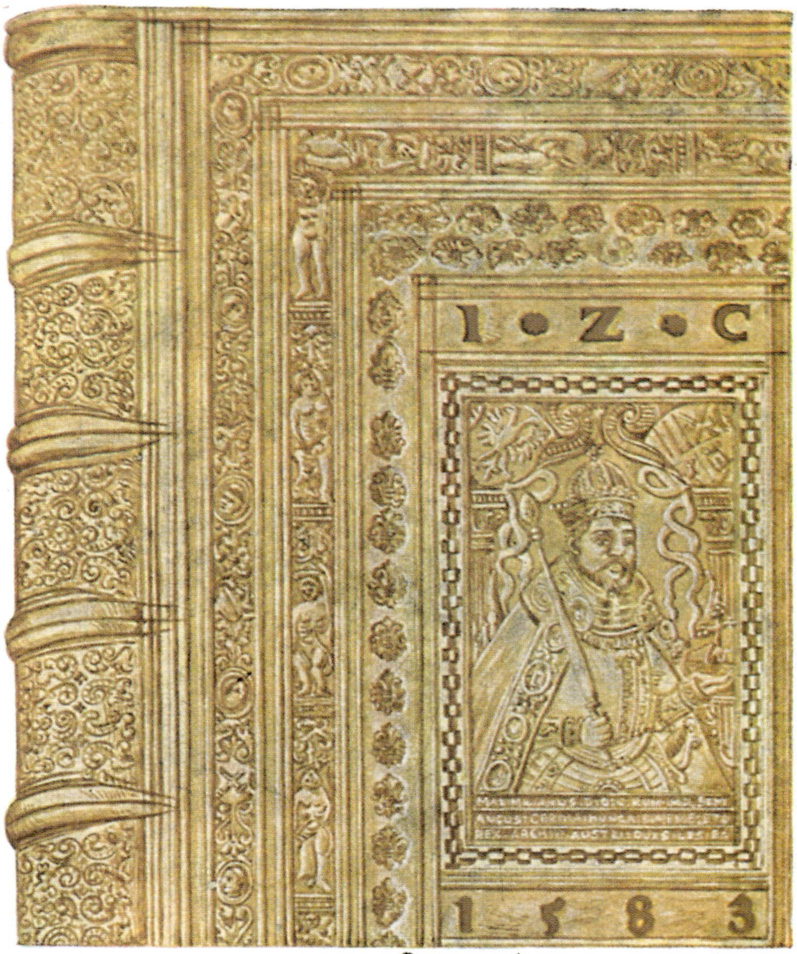

1. 3.

2. 4.

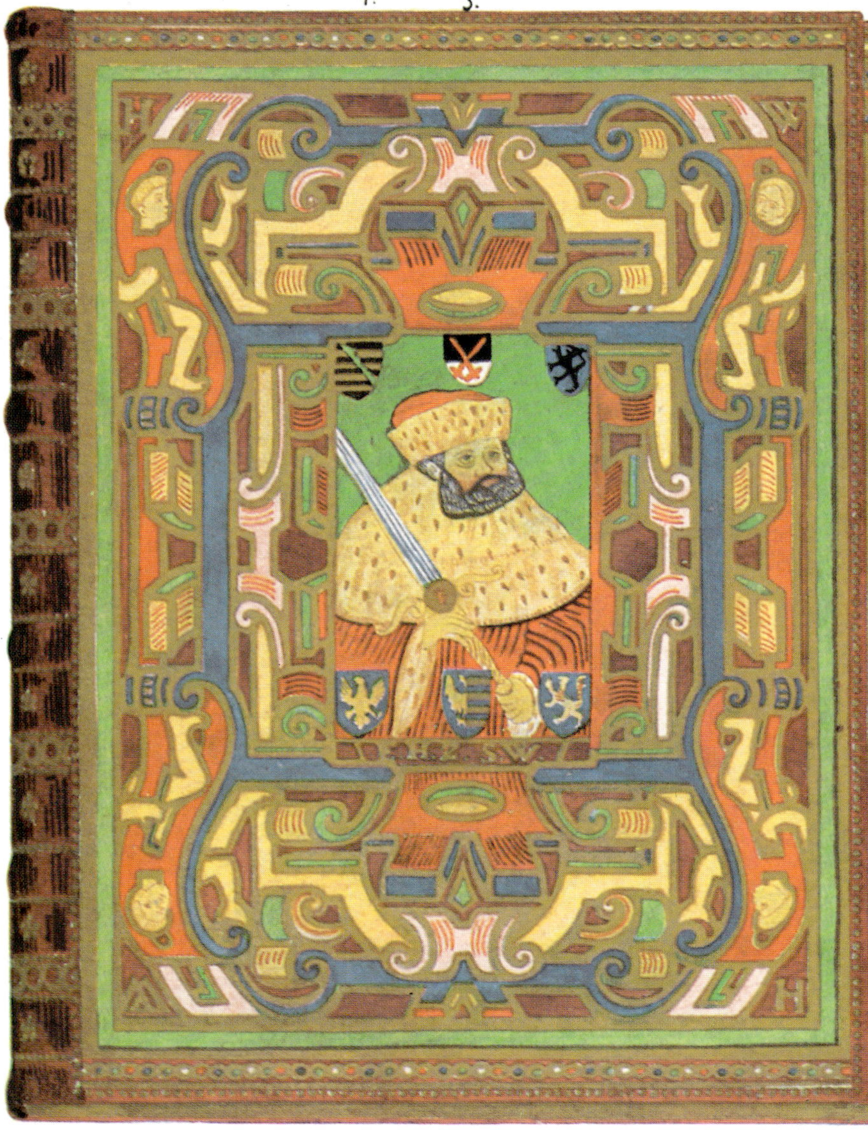

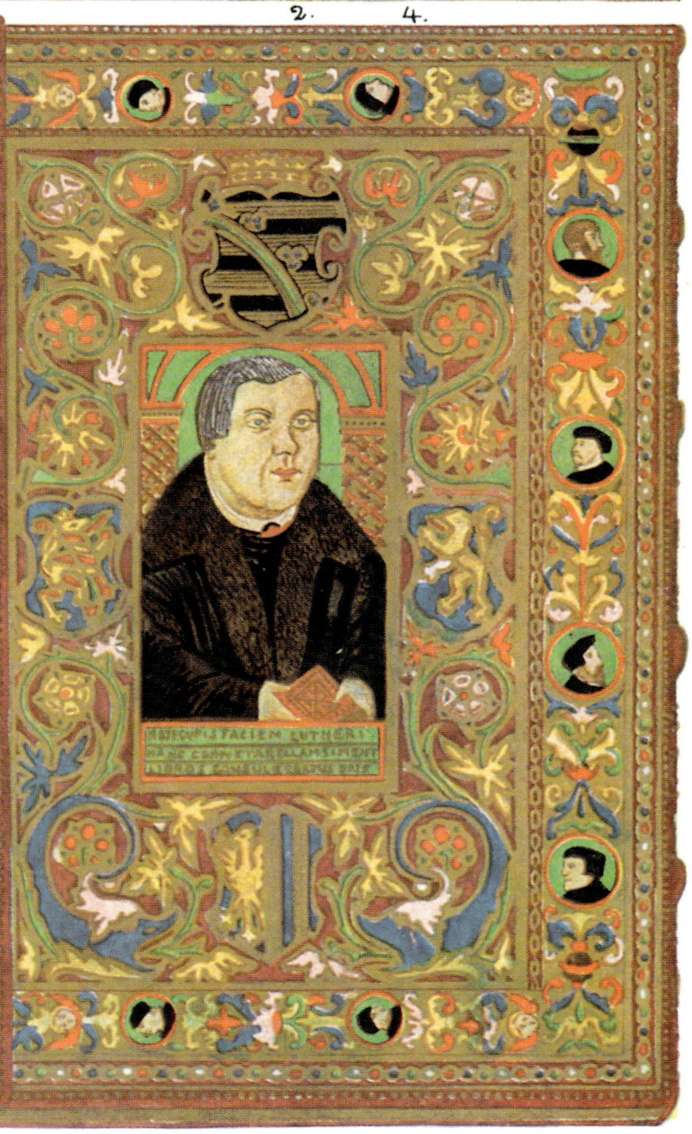

Bild 99

Flämische Teppichwirkereien der Renaissance

1: Wandteppich mit der Figur der Heiligen Jungfrau, die bei der Ankunft in Sablons in Brüssel in der Gegenwart Karl V. Wunder vollbringt, 1518 (Spitzer-Sammlung); – 2: Wandteppich im Mobiliar National (Guiffrey, *Histoire de la tapisserie*).

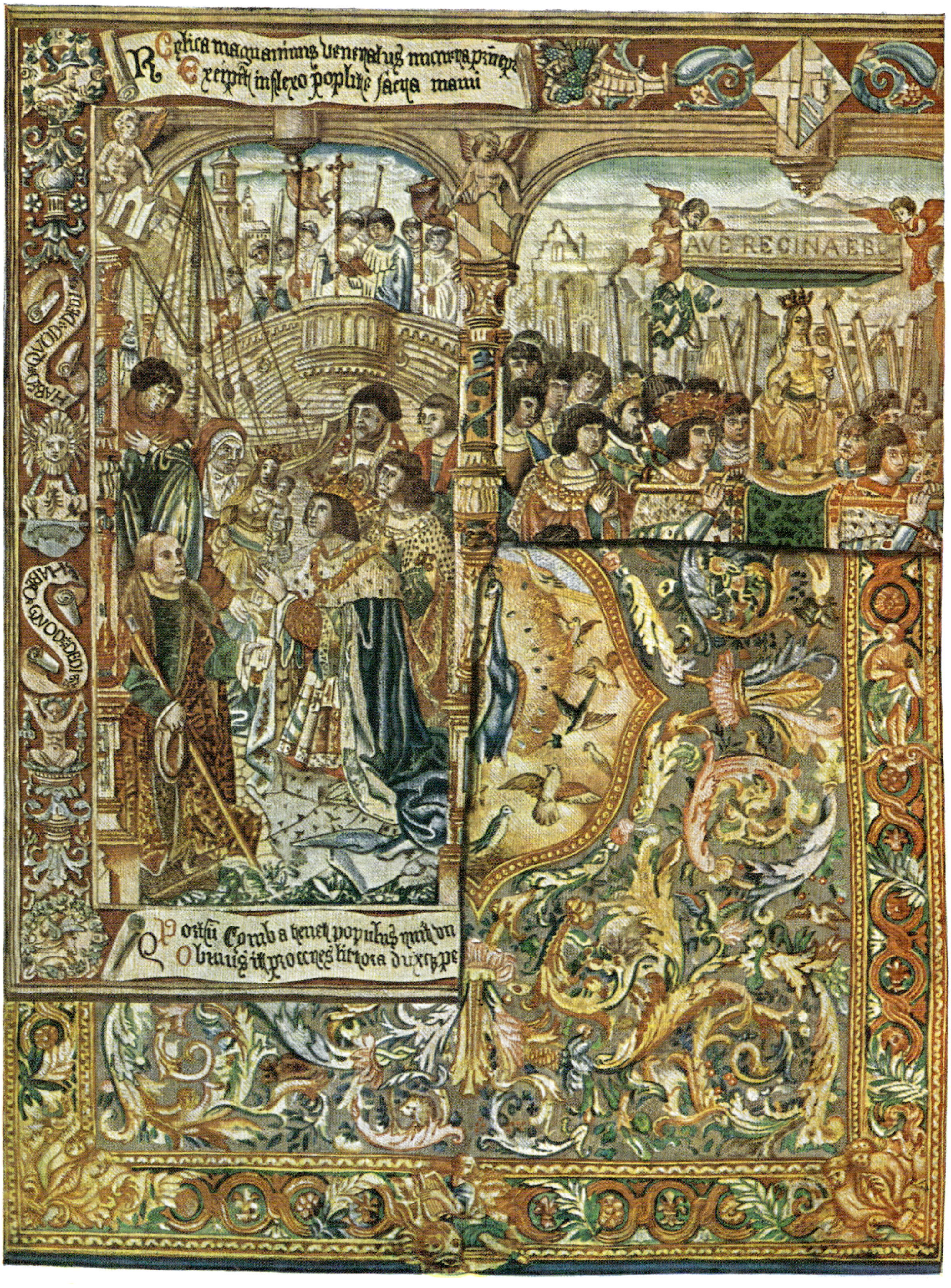
AVE REGINA EBU

Bild 100

Spanische und portugiesische Gewebe

1, 2, 4 und 6: Spanische Brokade (Dupont-Auberville, *L'Ornement des tissus*); – 3: Fragment einer Dalmatika des 16. Jhs. (Spitzer-Sammlung); – 5: Teppich mit Seiden- und Goldstickereien auf Samt, portugiesische Arbeit des 16. Jhs. (Spitzer-Sammlung); – 7, 8, 9 und 11: Spanische Seidenstoffe (Fischbach, *Ornamente der Gewebe*); – 16: Spanische Stickerei des 16. Jhs. (Spitzer-Sammlung).

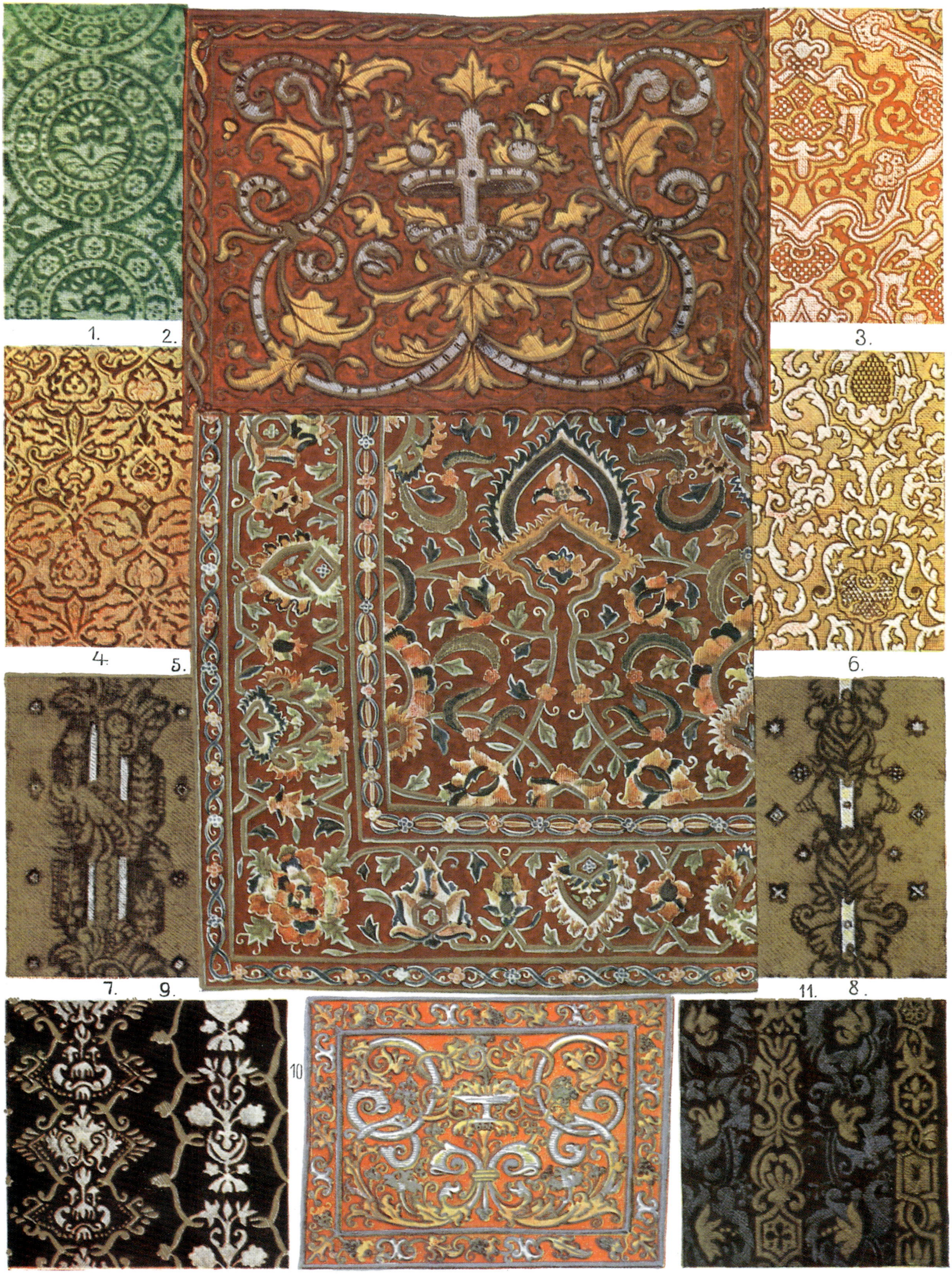
1.
2.
3.
4.
5.
6.
7.
9.
11.
8.
10

Bild 101

Französische Innendekoration des Barocks

1 und 2: Bemalte Täfelung, Museum der dekorativen Künste, Paris (Ewald, *Farbige Dekorationen*); – 3 und 5: Wand- und Deckendekoration, Institut Pompée, Ivry sur Seine (Daly, *Motifs historiques*); – 4: Deckenverzierung im Thronsaal von Fontainebleau (Ewald).

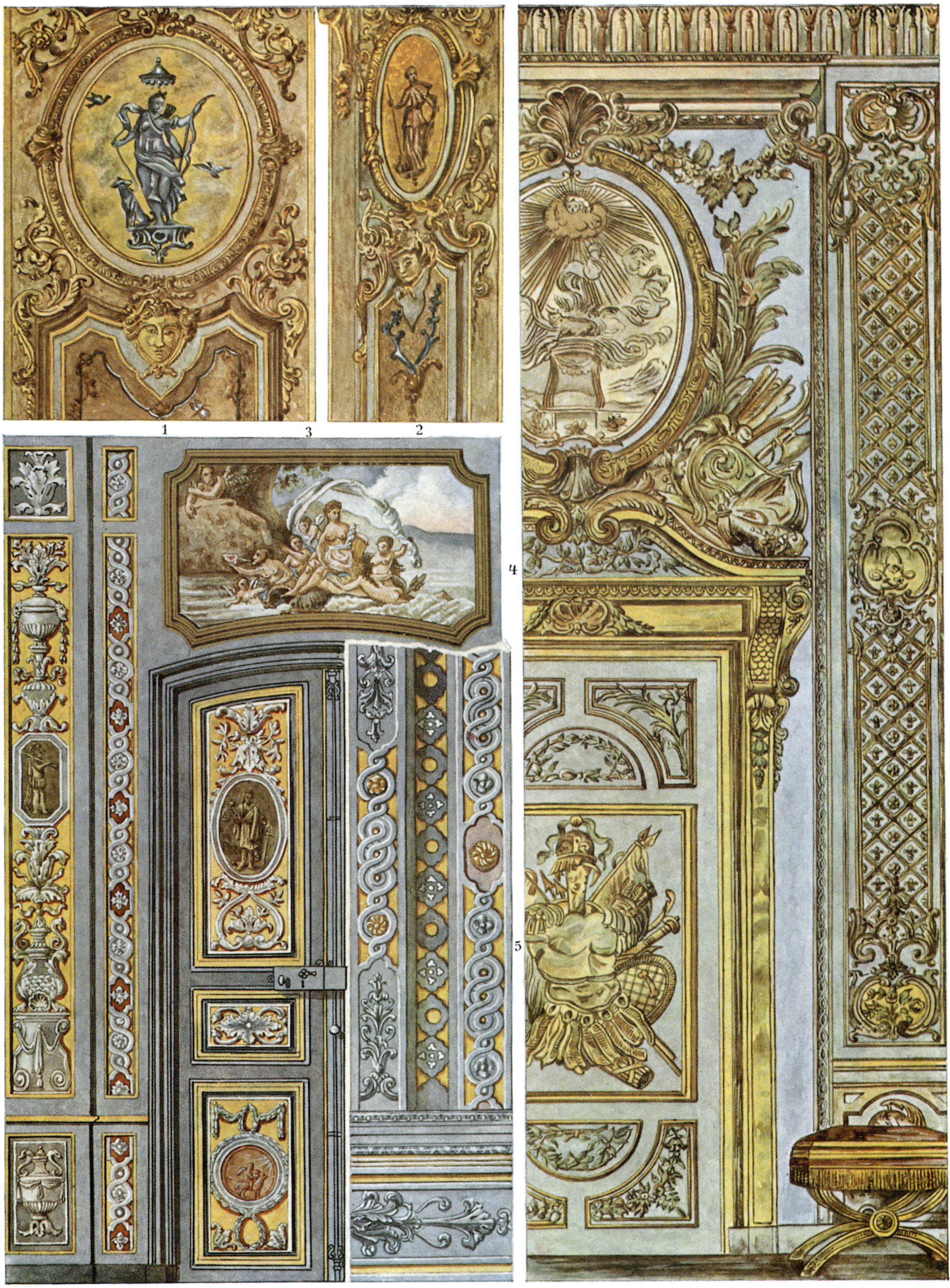
1
3
2
4
5

Bild 102

Boulle-Möbel

1 und 3: Möbelstücke vom Garde mobiliar in Paris (Procinet, *L'Ornement polychrome*); – 2: Kabinett; – 4: Tisch in der Reichen Kapelle, Königliche Residenz, München (Enzler, Zettler und Dr. Stockbauer, *Ausgewählte Kunstwerke aus dem Schatze der Reichen Kapelle der Königlichen Residenz, München*).

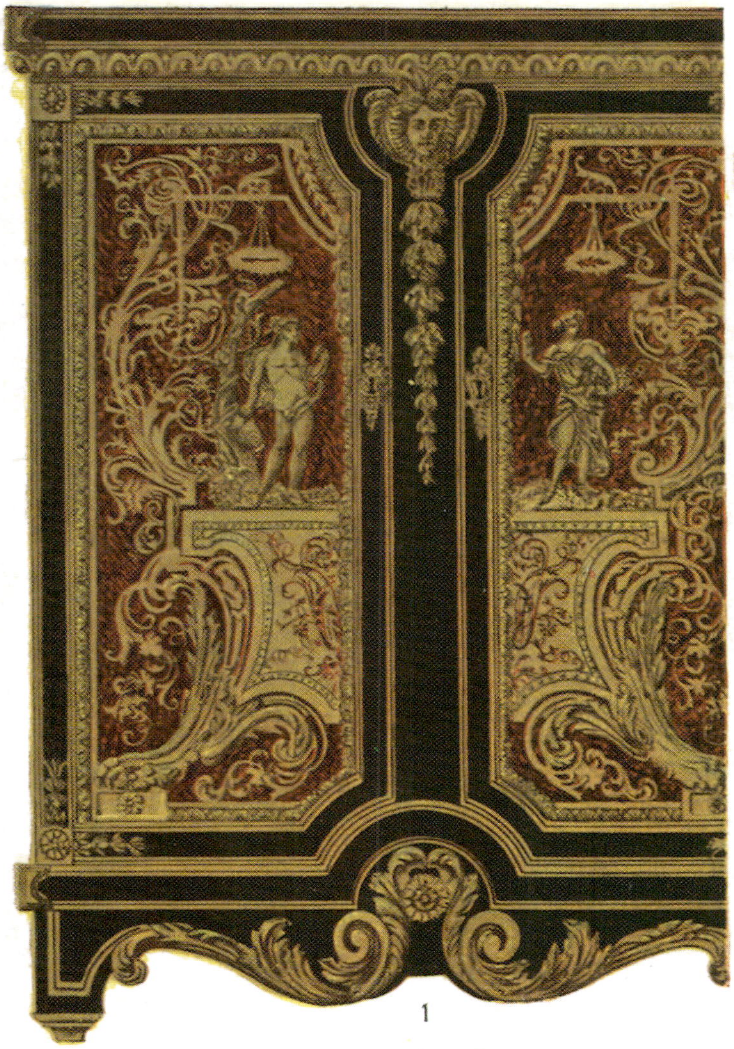

1

2

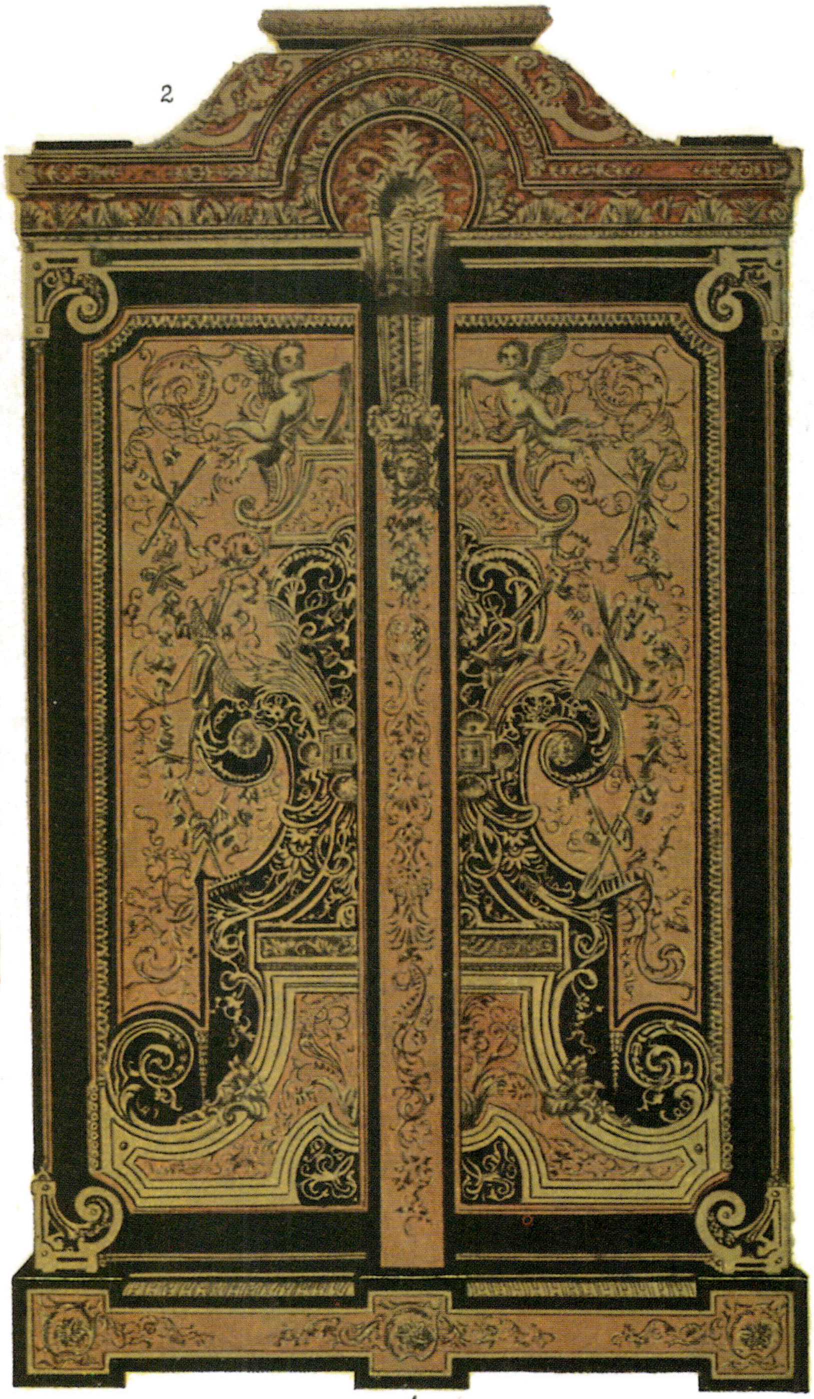

3

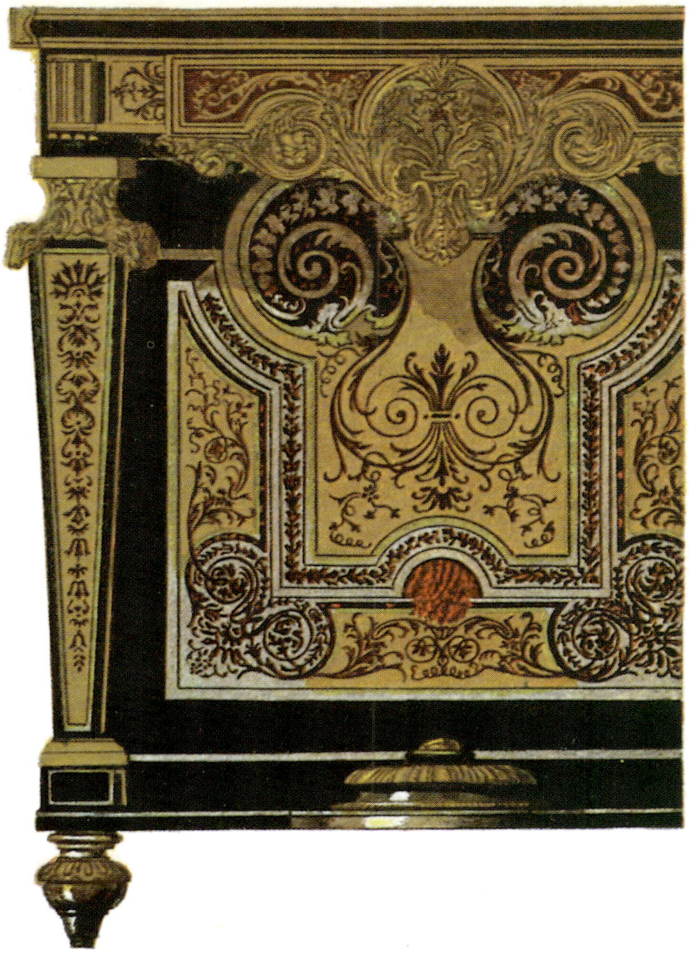

4

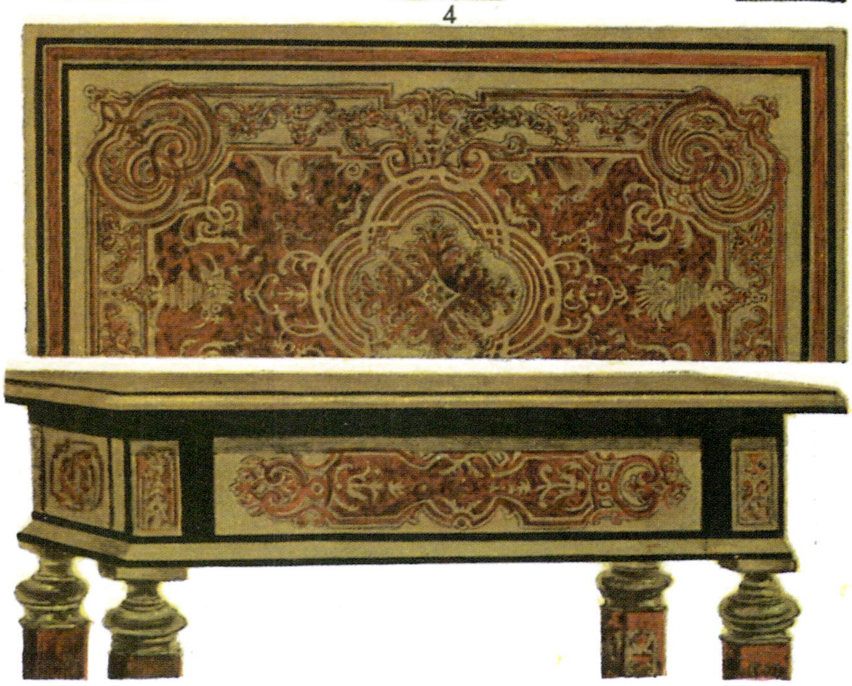

Bild 103

Französische Fayencen des Barocks

1 – 4: Teller aus Rouen (*Histoire de la fayence de Rouen*); – 5: Essigkrug aus Rouen mit dem Wappen des Bischofs Froulag-Peffé de Mans (*Histoire de la fayence de Rouen*); – 6: Teller im persischen Stil, Ende der 2./Anfang der 3. Periode, 1650–1680 (Broc de Segange, *La Fayence et les fayencistes et les émailleurs de Nevers*); – 7: Kaminornament von Rouen (*Histoire de la fayence de Rouen*); – 8 und 10: Teller von Rouen (*Histoire de la fayence de Rouen*); – 9: Weihwasserbecken, Rodrigue de Duplessis zugeschrieben, 1734 (Broc de Segange); – 11: Salzgefäß aus Rouen (*Histoire de la fayence de Rouen*); – 12: Ornament einer rechteckigen Platte aus Rouen (*Histoire de la fayence de Rouen*); – 13: Terrine im persischen Stil (Broc de Segange).

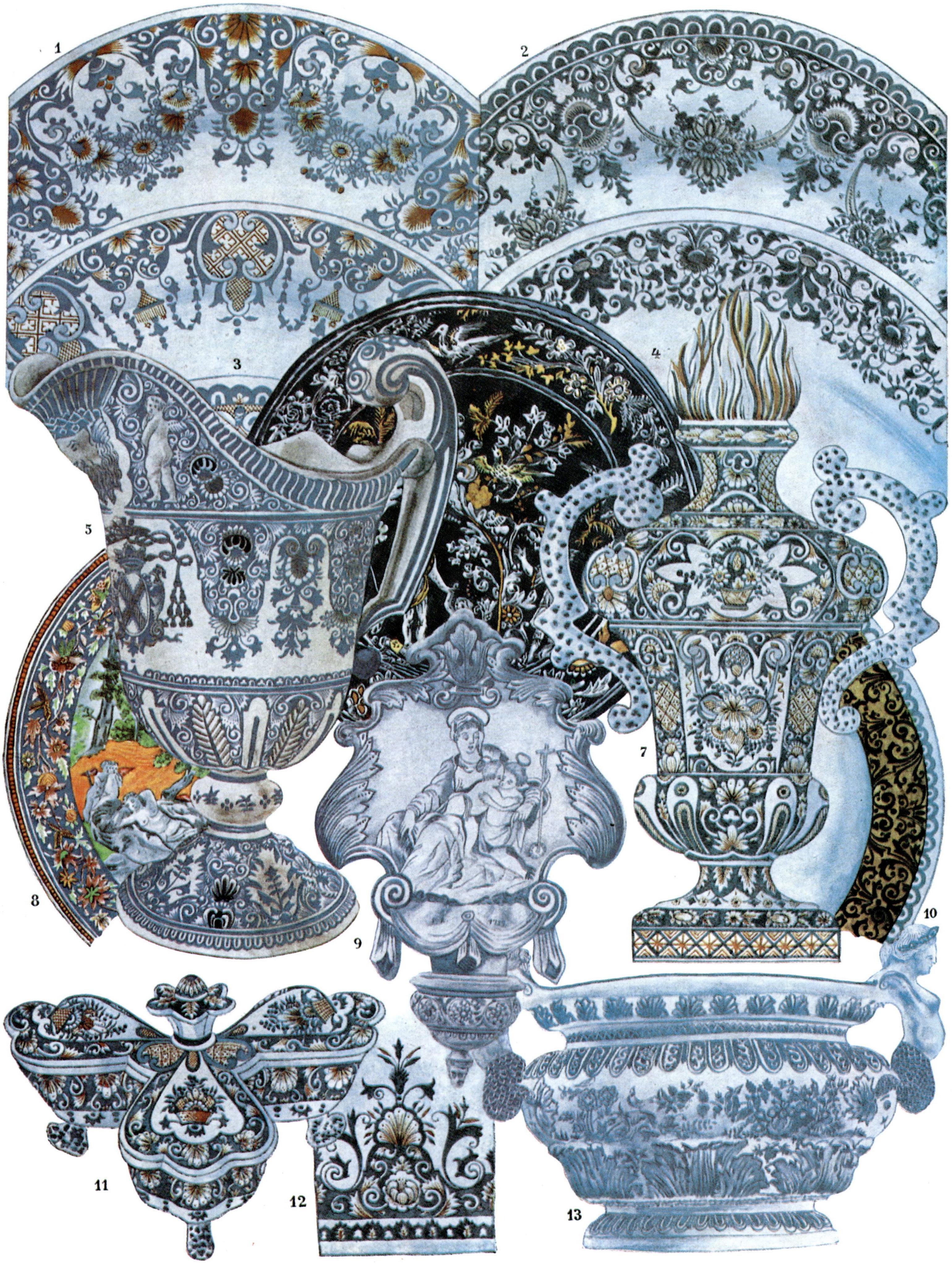
1
2
3
4
5
7
8
9
10
11
12
13

Bild 104

HOLLÄNDISCHE KERAMIKPLATTEN

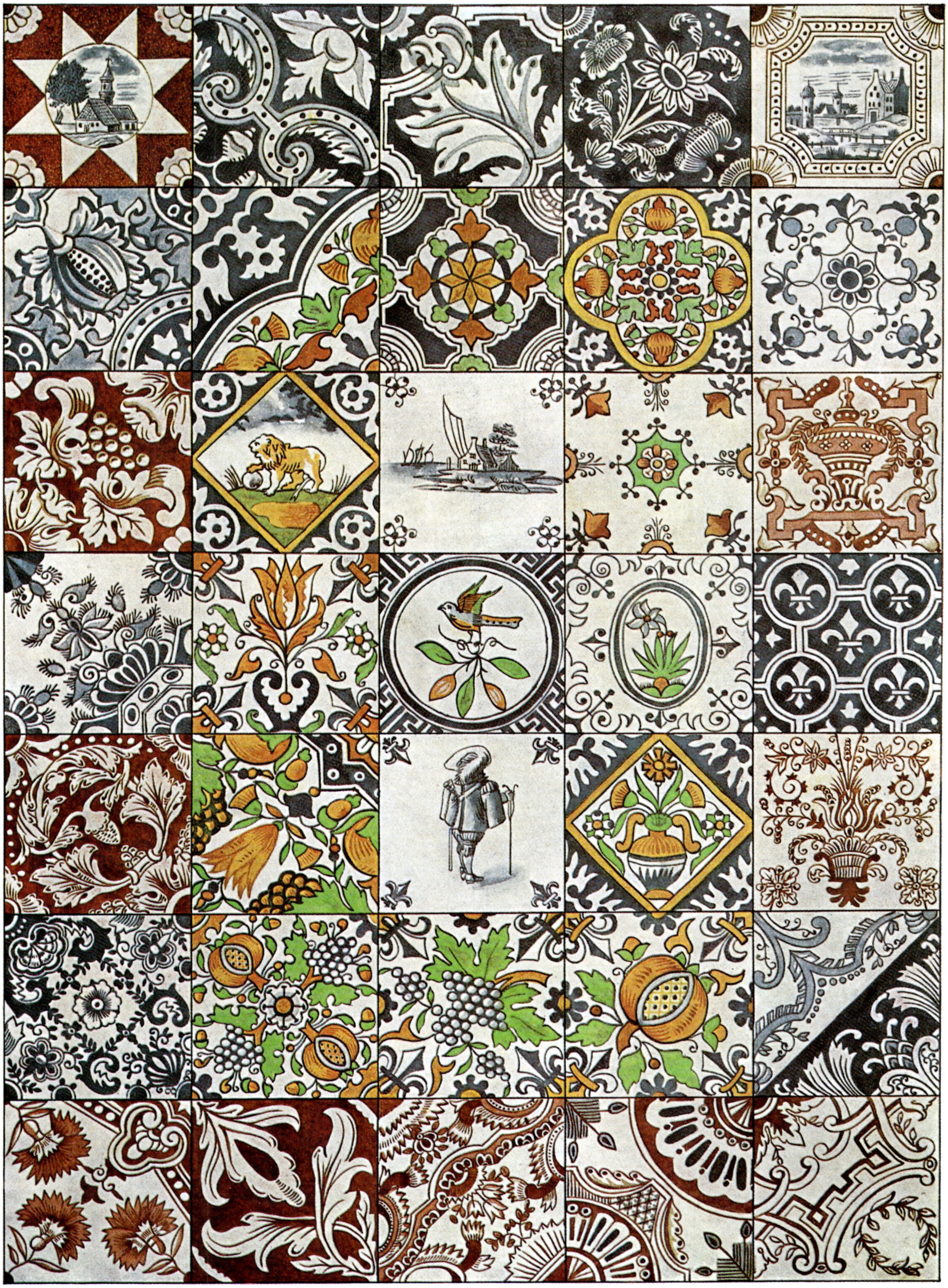

Bild 105

Delfter Fayencen

1: Teller mit dem Wappen Friedrichs des Großen, Dr. Mandl-Sammlung, Paris (Havard, *Histoire de la fayence de Delft*); – 2: Teller aus derselben Sammlung (Ris Paquot, *Histoire générale de la fayence ancienne française et étrangère*); – 3: Teller aus der Rosot-Sammlung, Abbeville (Ris Paquot); – 4 und 6: Violinen mit blauer Kameenverzierung, Sammlung J.F. London, Den Haag (Havard); – 5: Blaue Gemmenplatte von Friedrich van Frympton (Havard); – 7 und 9: Kacheln mit dem Wappen des Fürstentums Oranien von Piet Vizeer, London-Sammlung (Havard); – 8: Rand eines Tellers in der Sammlung von Dr. Mandl, Paris (Ris Paquot).

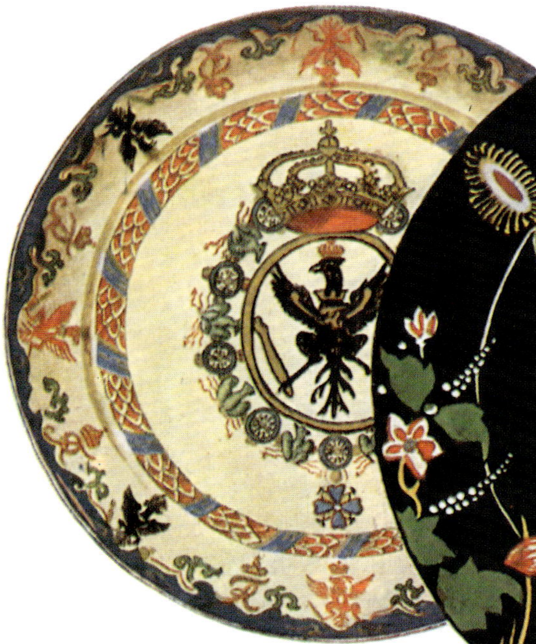

1.

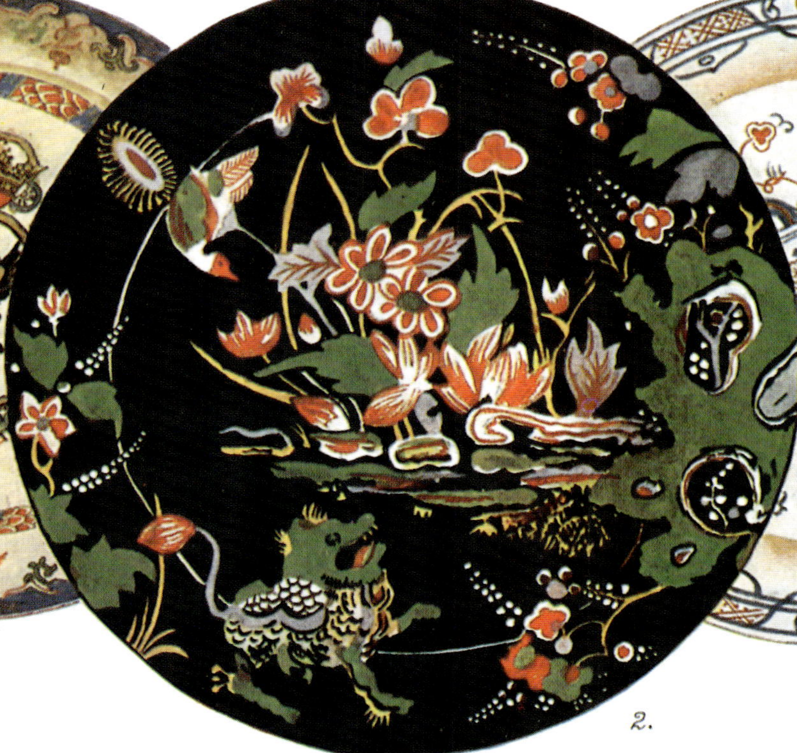

2.

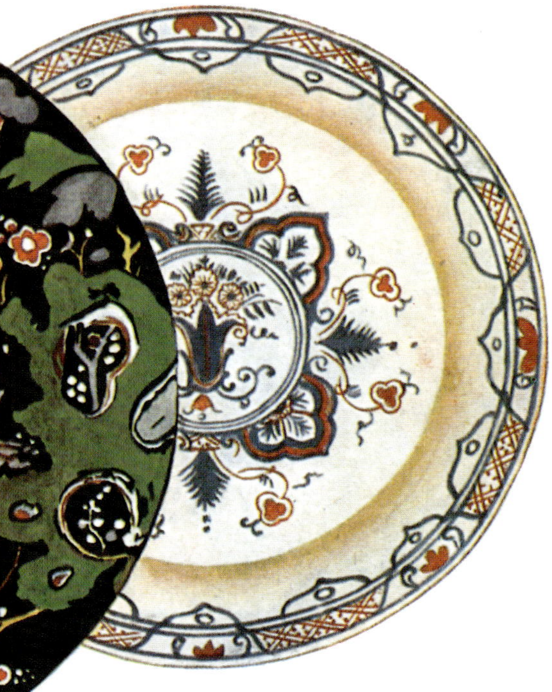

3.

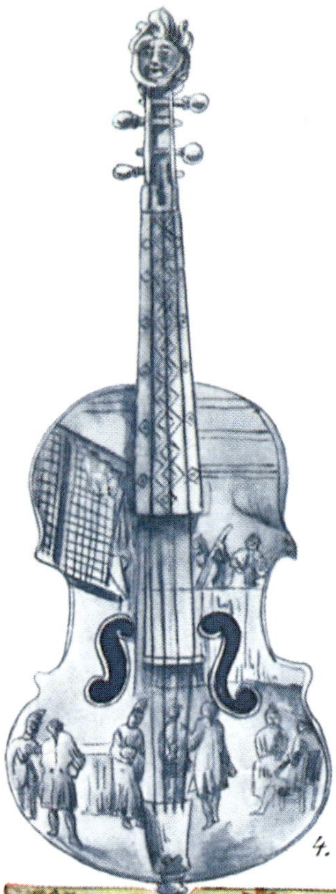

4.

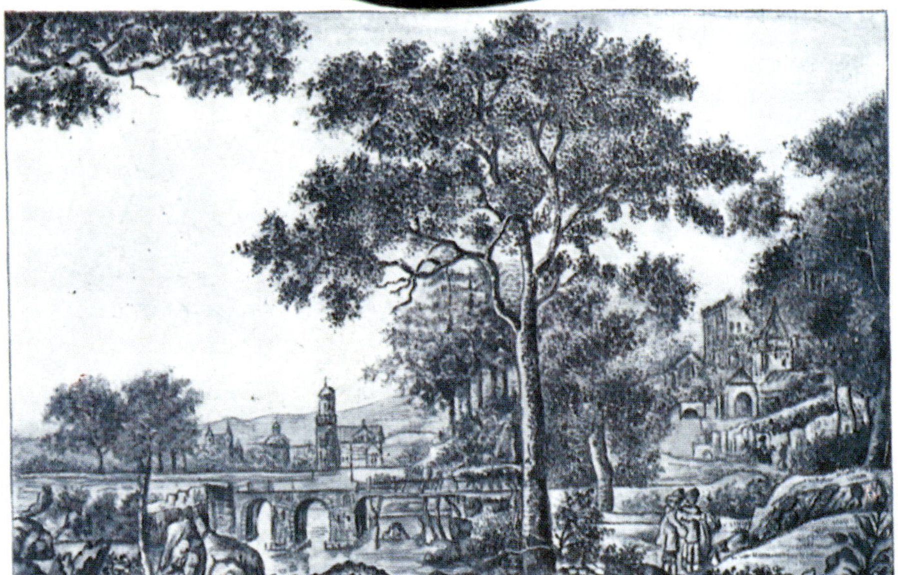

5.

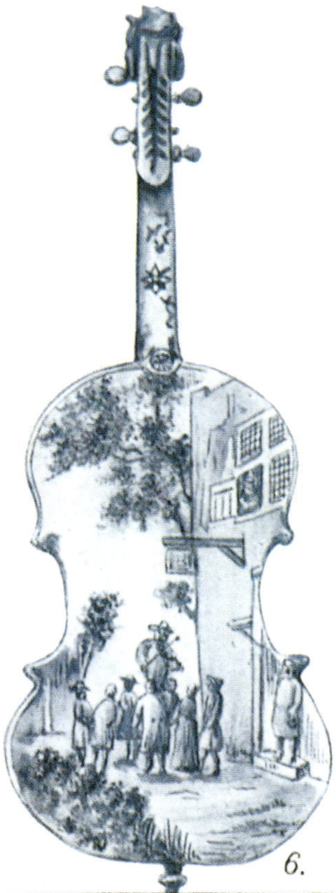

6.

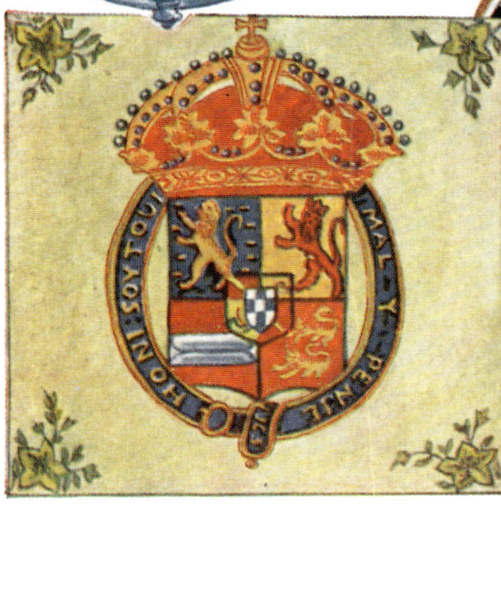

7.

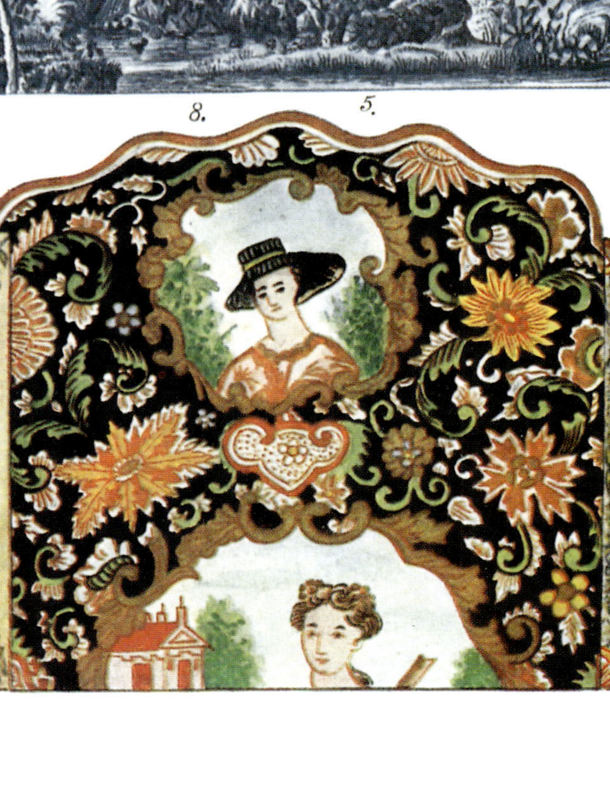

8.

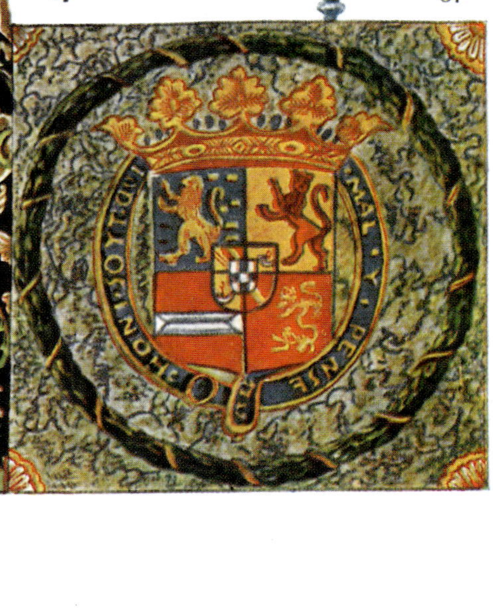

9.

Bild 106

Englische Möbel der Spätrenaissance

1: Lehnstuhl aus der Zeit James I., Knole House, England; – 2 und 3: Stuhl und Rückenlehne des Ruhebetts Abb. 7; – 4 und 8: Stuhl und Sitz aus der Zeit Williams III.; – 5: Lehnstuhl in den Prunkgemächern von Hardwicke Hall, Derbyshire, aus der Zeit Williams III.; – 6: Detail, Baldachin eines Betts aus der Zeit James II.; – 7: Ruhebett aus der Zeit Williams III.

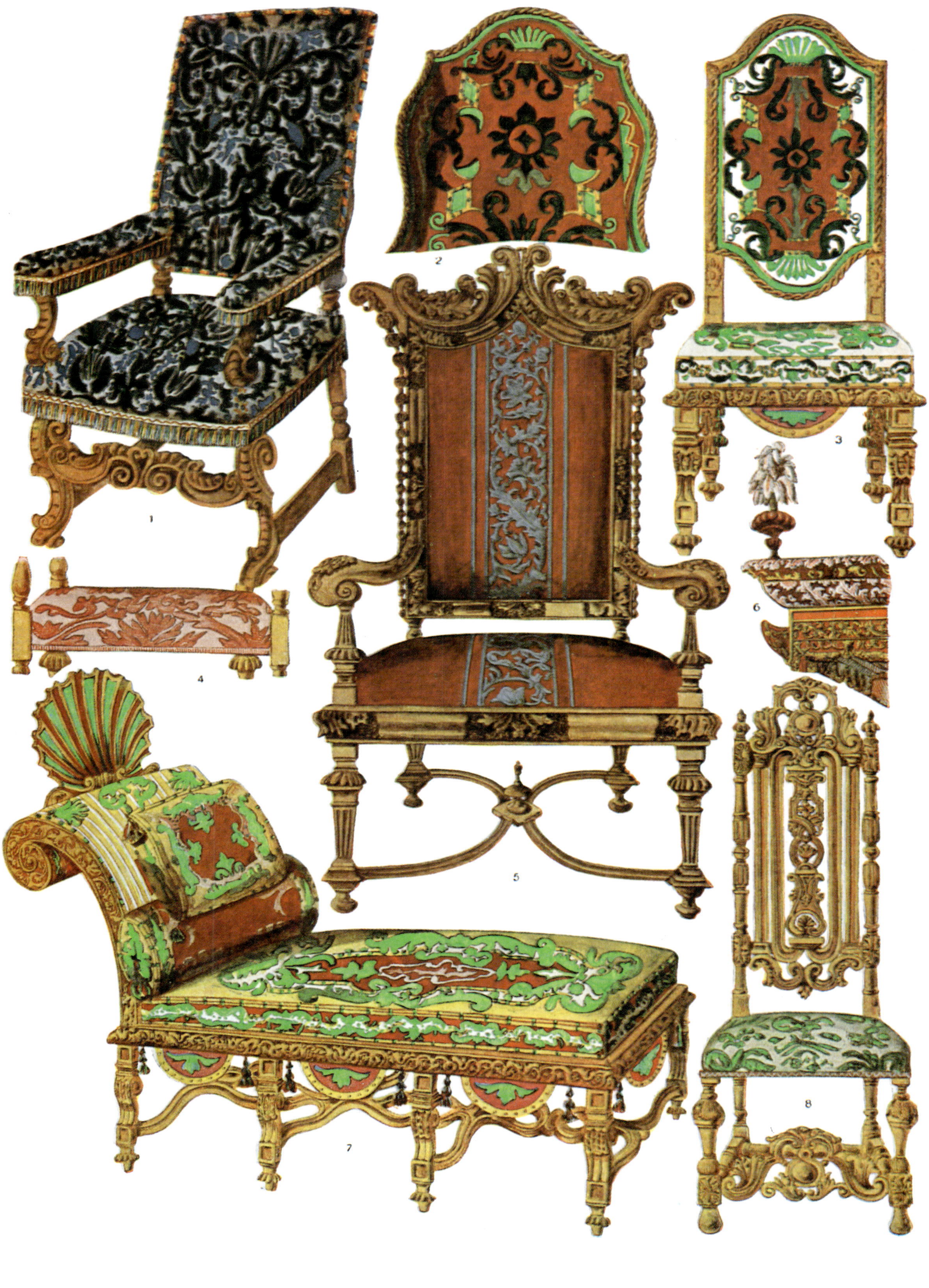
1
2
3
4
5
6
7
8

Bild 107

FRANZÖSISCHE INNENDEKORATION DES ROKOKO

1 und 3: Dekorationen im Schloß von Fontainebleau, ausgeführt von Carl van Loo und François Boucher im Jahr 1743 (Gehlis-Didot, *La Peinture décorative en France du XVIe au XVIIIe siècle*); – 2: Dekoration, bestehend aus geschnitztem, bemaltem und vergoldetem Holz im Salon des Hôtel Koquelaure, Paris (Havard, *Dictionnaire de l'ameublement*); – 4, 6, 7 und 8: Dekorationen im Schloß Fontainebleau, ausgeführt von Pillement (Gehlis-Didot); – 5: Dekoration im Hôtel Soubise, Anfang des 18. Jhs.

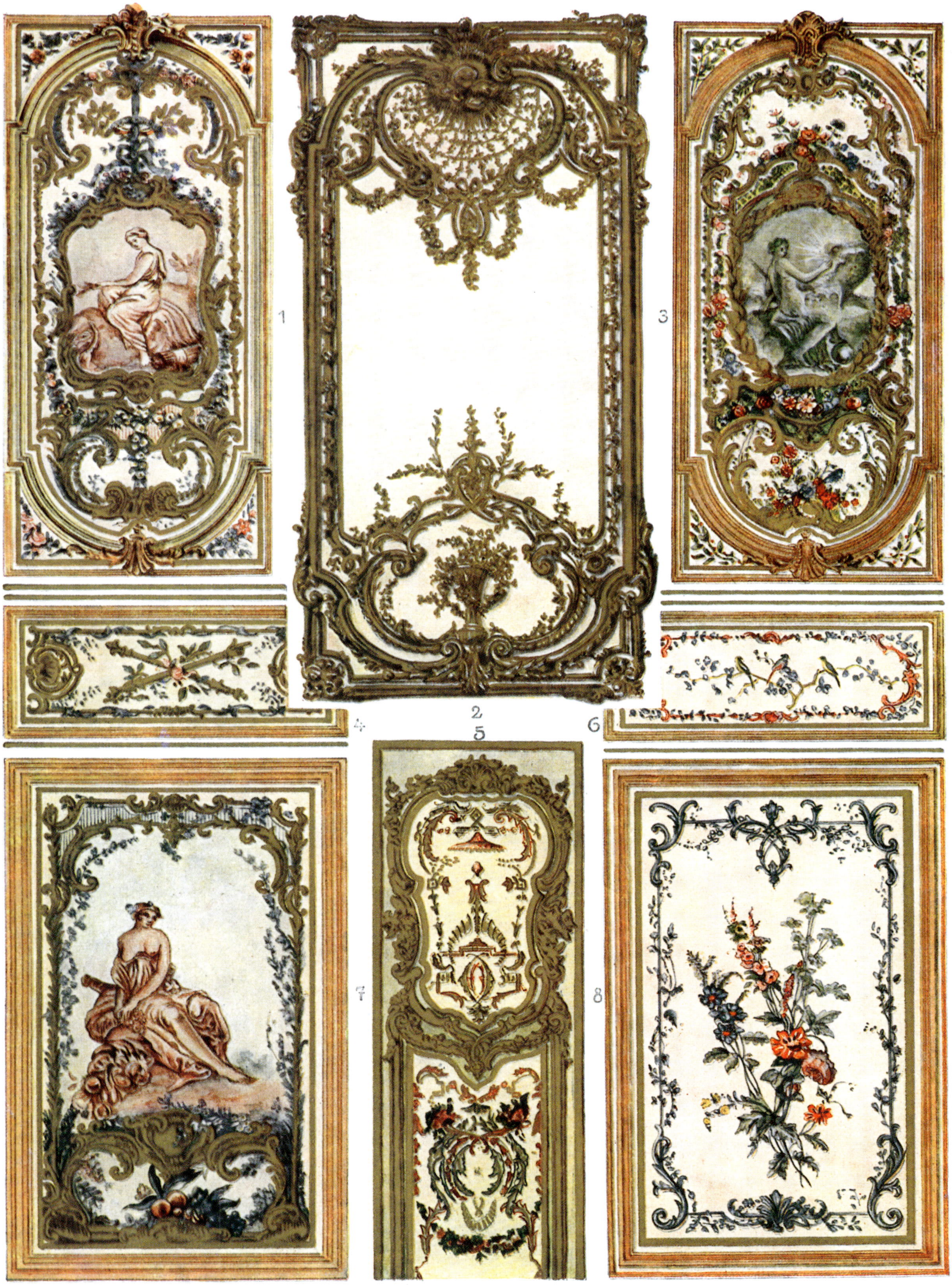
1
2
3
4
5
6
7
8

Bild 108

Sevres-Porzellan

1 und 4: Zuckerdosen; – 2, 3, 5 und 13: Teile eines Eßservices aus der Sammlung des Barons Adolph Rothschild, 1760, gemalt von Dubois, Parpette und Mérault jun.; – 6: Blumenbukett auf einer Vase, 1757; – 7: Kanne, bemalt von Tandart 1757, aus der M.L. Watelin-Sammlung; – 8: Kanne, 1753, Marquis de Vogué-Sammlung; – 9: Wasserkanne und -schüssel, 1755, M. Barre-Sammlung; – 10: Teller, Museum der dekorativen Künste, Paris; – 11: Teller, gemalt von Cremont, 1761, Watelin-Sammlung; – 12: Kaffeeservice im South Kensington Museum; – 14: Teller, 1753, Watelin-Sammlung.

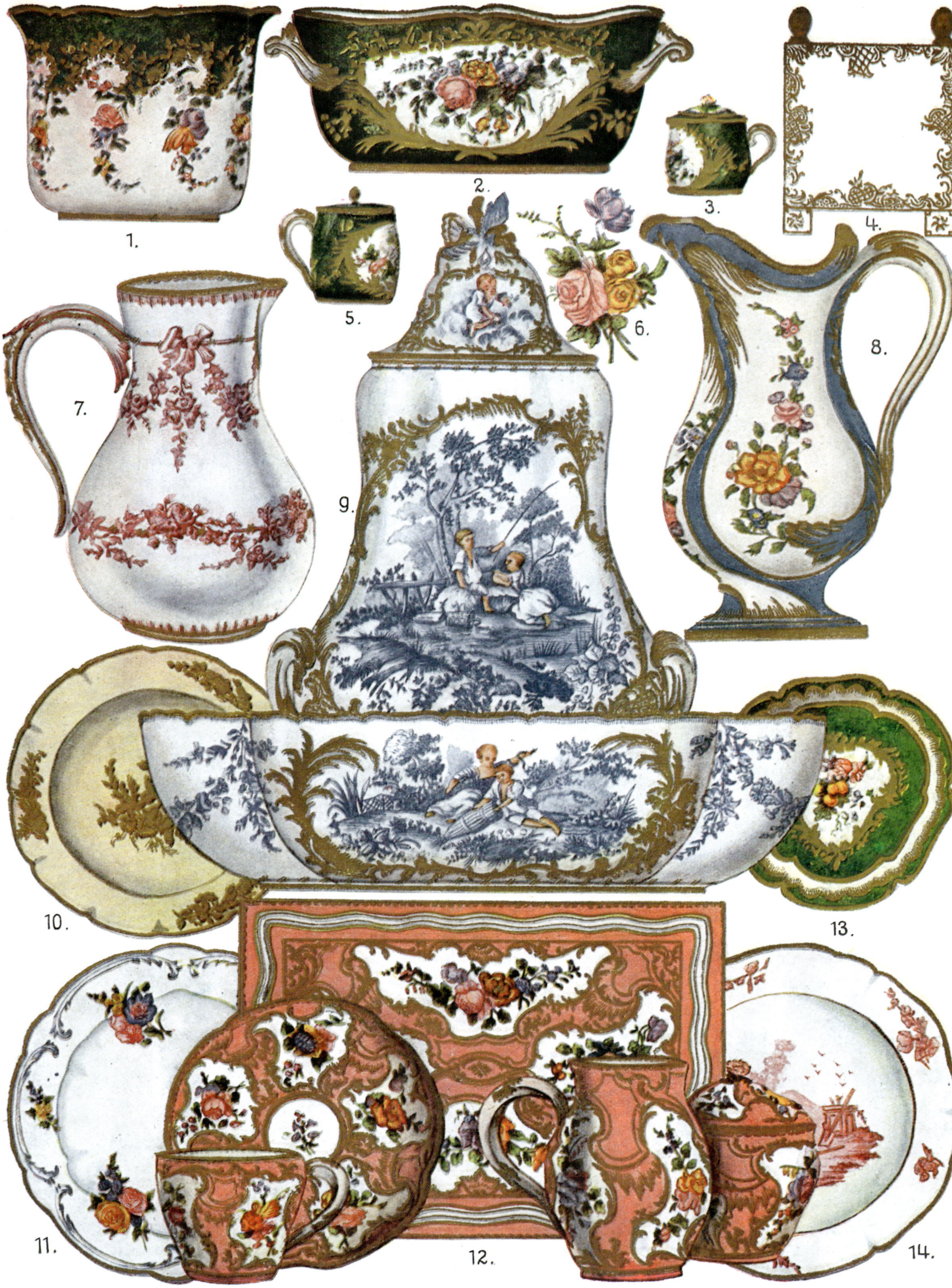
1.
2.
3.
4.
5.
6.
7.
8.
9.
10.
11.
12.
13.
14.

Bild 109

Barock- und Rokoko-Gewebe

1 – 6, 8 und 9: Seidengewebe aus Lyon; – 7: Damast (Dupont-Auberville, *L'Ornement des tissus*).

1

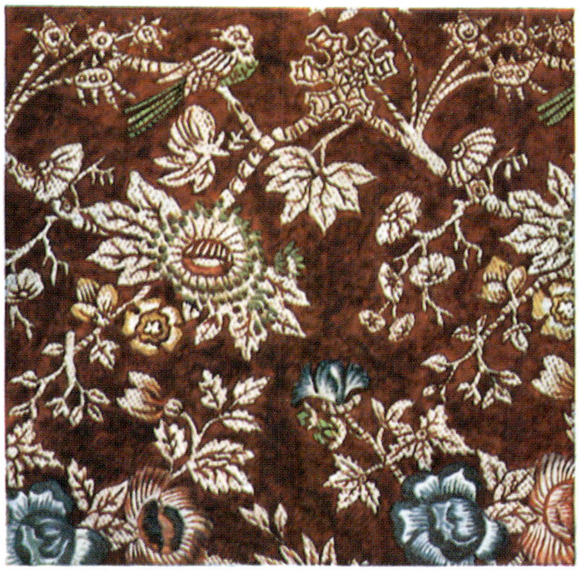

2

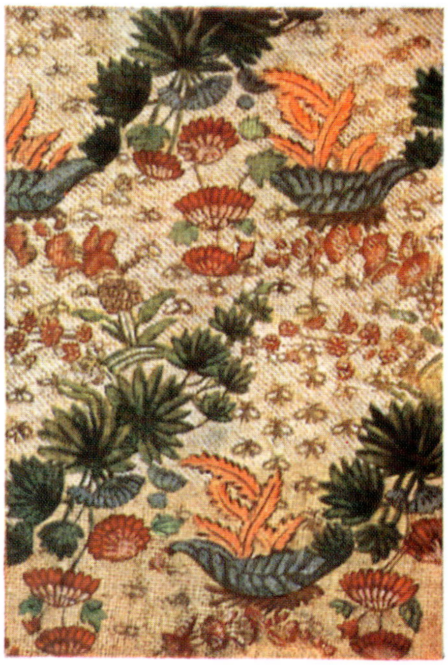

3

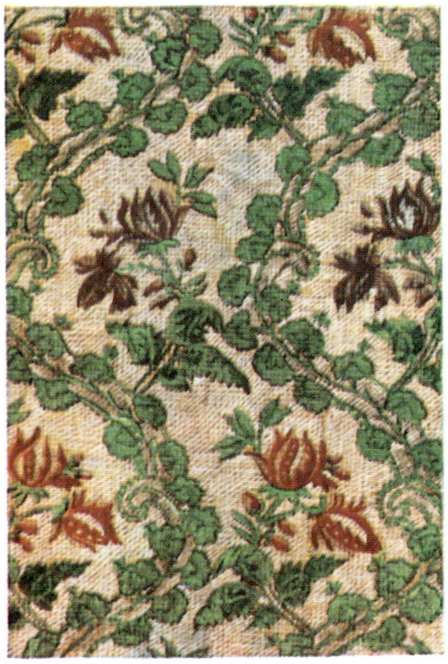

4

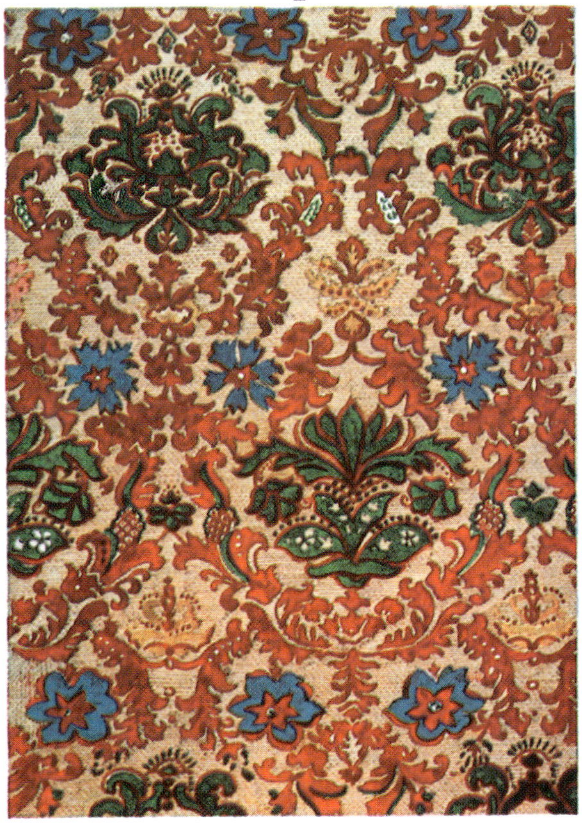

5

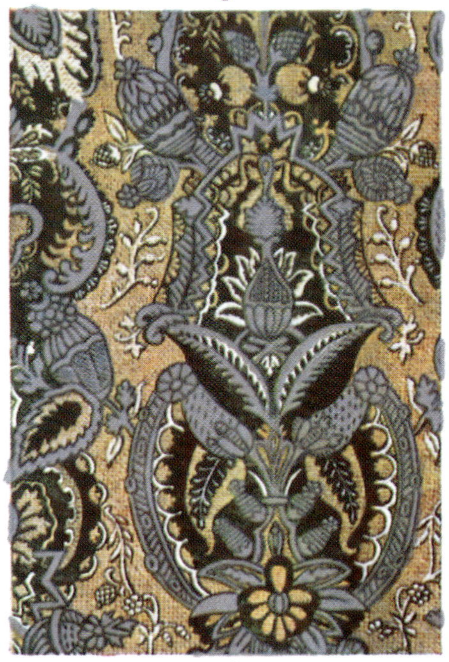

6

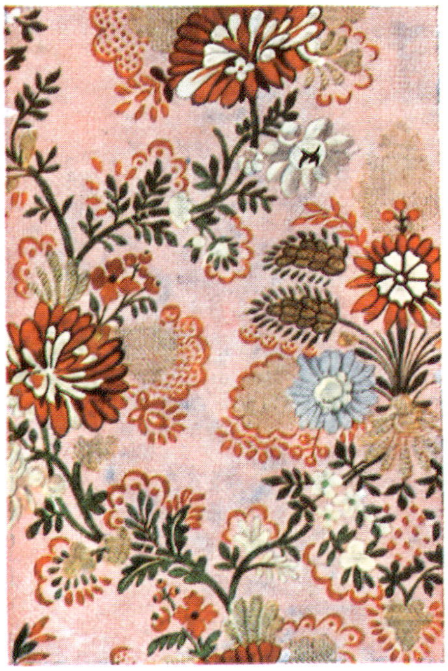

7

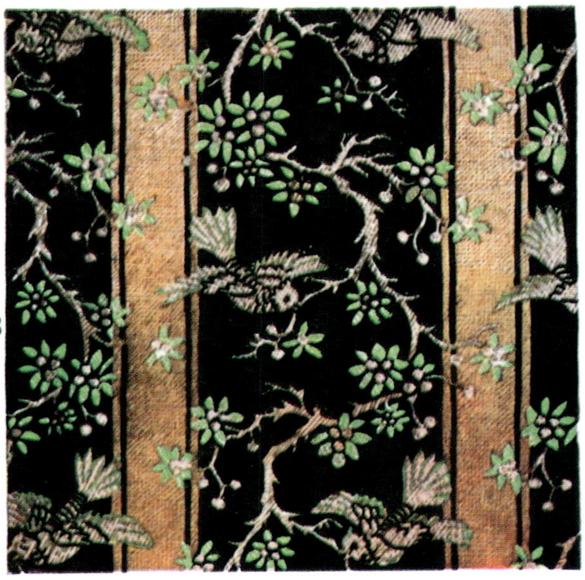

8

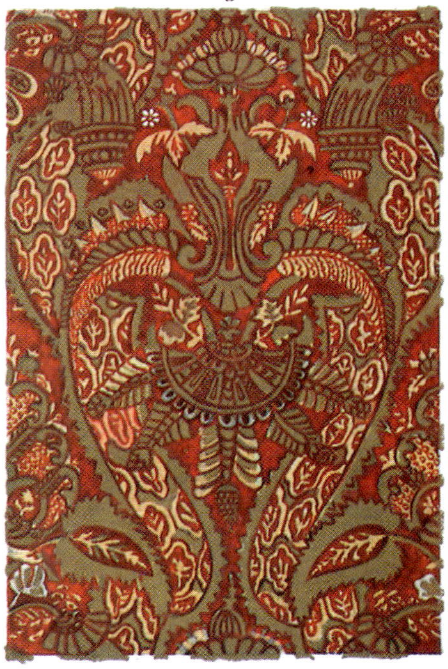

9

Bild 110

Dresdner und Berliner Porzellan

1: Terrine des Schwanenservices von Johann Joachim Kändler, Meißen (Lehnert, *Illustrierte Geschichte des Kunstgewerbes*); – 2: Schüssel des Eßgeschirrs Friedrich des Großen, 1768 (*Berliner Porzellan*); – 3: Verzierte Vase, Meißen (Lehnert); – 4 und 7: Teile eines Kaffeeservice, Schloß Charlottenburg,1768 (Kunstgewerbemuseum Berlin, Heft 18); – 5: Vase (*Berliner Porzellan*); – 6 und 8: Teile eines Kaffeeservice, 1770 (Kunstgewerbemuseum Berlin); – 9: Platte (*Berliner Porzellan*); – 10 und 11: Untertassen (*Berliner Porzellan*).

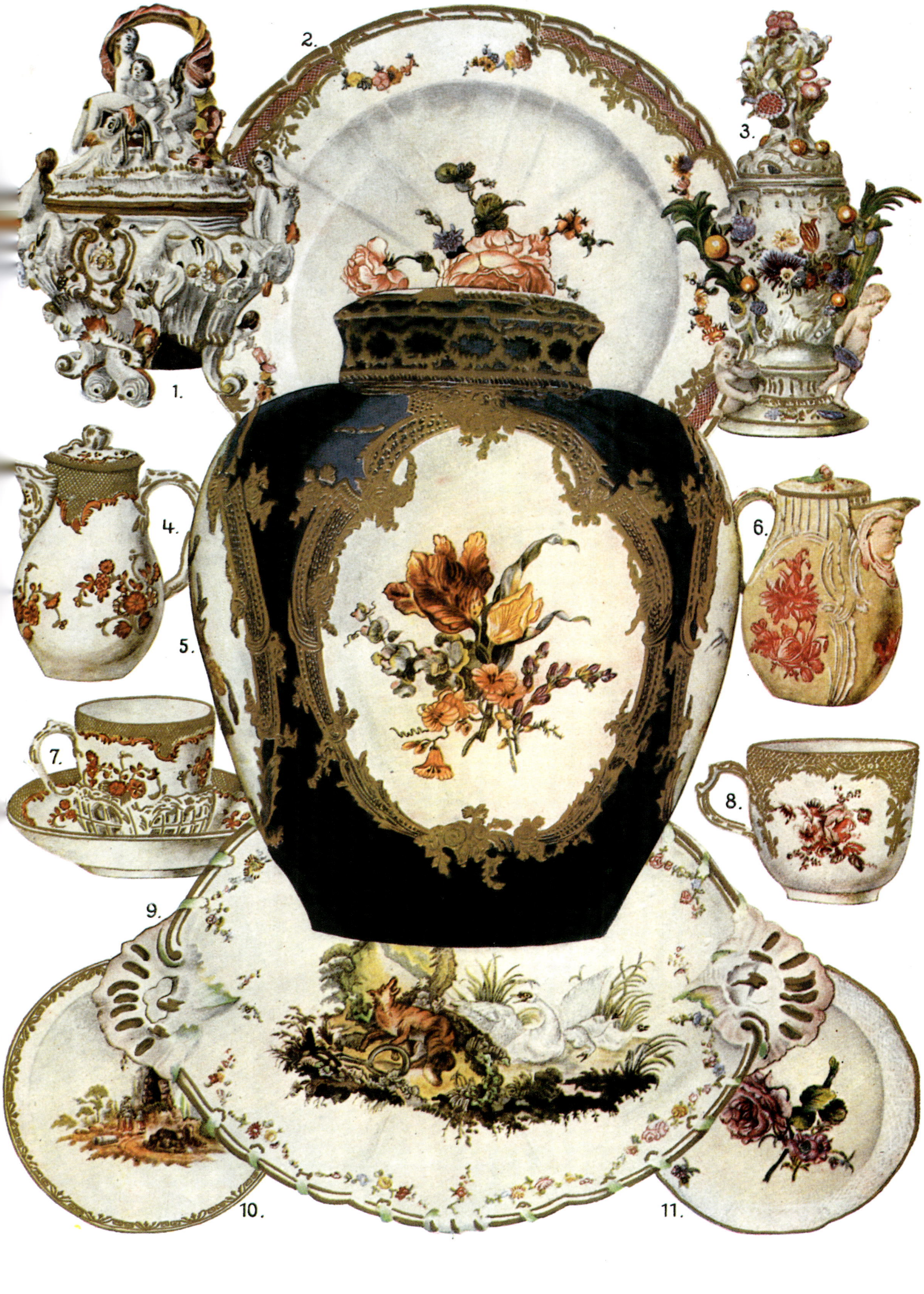
1.
2.
3.
4.
5.
6.
7.
8.
9.
10.
11.